SECURITIES COMPLIANCE

证券合规

市场操纵的法律规制与风险管理

谢杰 著

Legal Regulation and Risk Management of Market Manipulation

法律出版社
LAW PRESS · CHINA
北京

图书在版编目(CIP)数据

证券合规:市场操纵的法律规制与风险管理 / 谢杰著. -- 北京:法律出版社,2022
ISBN 978 - 7 - 5197 - 6633 - 7

Ⅰ. ①证… Ⅱ. ①谢… Ⅲ. ①证券法－研究－中国 Ⅳ. ①D922.287.4

中国版本图书馆 CIP 数据核字(2022)第 058809 号

证券合规:
市场操纵的法律规制与风险管理
ZHENGQUAN HEGUI:
SHICHANG CAOZONG DE FALÜ GUIZHI YU FENGXIAN GUANLI

谢 杰 著

策划编辑 冯雨春
责任编辑 冯雨春 谢瑞忠
装帧设计 李 瞻

出版发行 法律出版社
编辑统筹 法律应用出版分社
责任校对 邢艳萍
责任印制 刘晓伟
经　　销 新华书店

开本 710 毫米×1000 毫米 1/16
印张 20.5 **字数** 321 千
版本 2022 年 7 月第 1 版
印次 2022 年 7 月第 1 次印刷
印刷 保定市中画美凯印刷有限公司

地址:北京市丰台区莲花池西里 7 号(100073)
网址:www.lawpress.com.cn
投稿邮箱:info@lawpress.com.cn
举报盗版邮箱:jbwq@lawpress.com.cn

销售电话:010 - 83938349
客服电话:010 - 83938350
咨询电话:010 - 63939796

书号:ISBN 978 - 7 - 5197 - 6633 - 7
定价:78.00 元

凡购买本社图书,如有印装错误,我社负责退换。电话:010 - 83938349

作 者 简 介

谢 杰

上海交通大学凯原法学院副教授、证券犯罪研究中心执行主任，法学博士、博士后；兼任上海汉盛律师事务所律师，上海国际经济贸易仲裁委员会（上海国际仲裁中心）仲裁员，上海期货交易所监察委员会委员，上海市法学会刑法学研究会理事，上海市律师协会刑法与刑事辩护业务研究委员会委员，广州仲裁委员会仲裁员，上海市涉案企业合规第三方监督评估机制专业人员名录库（第一批）成员等；主要研究方向为证券期货及衍生品监管、金融刑法、法律经济学等。

在International Journal of Law, Crime and Justice、《法学》等境外SSCI期刊、国内法学、经济学CSSCI来源期刊发表英文、中文论文30余篇；多篇论文被《人大复印资料》全文转载。在最高人民法院《刑事审判参考》、最高人民检察院《刑事司法指南》、《人民检察》、《检察日报》等发表法律实务论文200余篇。独著、合著“Financial Market Crime: A Legal & Economic Analysis”、“Criminal Regulation of Capital Market: Theory & Practice”、《操纵资本市场犯罪刑法规制研究》、《资本市场刑法》、《中国刑法的规范解释》、《财经犯罪刑法理论与实务》、《证券期货犯罪刑法理论与实务》、《市场滥用犯罪与刑事合规》、《内线交易犯罪刑法规制研究》等英文、中文专著20余部。

代理与辩护的金融市场重大典型案件：

某上市公司及其实际控制人欺诈发行股票、违规披露重大信息案（创业板退市第一案）

“沪港通”市场操纵第一案

某证券公司原实际控制人内幕交易案（获利金额1.9亿元）

某私募基金实际控制人背信运用受托资金案（造成投资者损失2亿元）

某上市公司实际控制人内幕交易案

某私募基金管理人尾市操纵第一案

某交易商实际控制人期货市场操纵案

某私募基金实际控制人内幕交易案（交易金额10亿元）

某部委司长内幕交易案

某证券中介服务机构证券虚假陈述案

某网贷实际控制人集资诈骗案（集资金额700亿元）

某纳斯纳克上市公司实际控制人集资诈骗案

某上市公司与某证券公司标的额6亿元保荐、承销合同仲裁案

某香港公司与某深圳公司标的5亿元港币清盘诉讼（香港高等法院）

某开曼公司与某香港公司标的额7亿元股权转让仲裁案（香港国际仲裁中心）

序

市场操纵是资本市场违法犯罪中行为结构最为复杂、理论解释与实践认定最为疑难的类型。市场操纵等资本市场违法犯罪不仅是促生与催化资本市场欺诈与非理性繁荣、危机与阶段性崩溃的主要诱因，而且是金融市场固有风险与市场参与者认知偏见的必然产物。在明晰市场操纵法律规制实践逻辑的基础上，设计并完善市场参与者的风险防控机制，不仅有助于优化各类市场主体的证券合规体系，更有助于为中国资本市场参与国际金融市场竞争、有效防控金融市场系统性风险、维护国家金融安全，提供法治层面的理论支撑与实践战略建议。

随着2020年新《证券法》、2021年《刑法修正案（十一）》的颁布与实施，市场操纵法律规制框架已经调整完毕。无论是在法律规制条线的证监、证券犯罪侦查、检察、审判等执法司法机关，还是亟须进行合规风控优化的拟上市公司、上市公司、券商、会计师事务所、律师事务所等，抑或是法律制度安排所保护的中小投资者、普通交易者以及作为机构投资者的基金、保险、信托、银行等各类金融与非金融机构本身及其旗下的各类市场参与主体与交易者，都迫切希望在这场资本市场机制创新、规则重构中寻求法治逻辑的升级。身处其中的市场参与者、执法者、司法者等都能明显感知到这样一种问题意识——如何完善证券市场市场操纵的法律规制措施、如何优化证券市场交易行为的合规风控管理。

2020年12月26日，第十三届全国人大常委会第二十四次会议审议通过《刑法修正案（十一）》并于2021年3月1日起正式施行。这次修改主要围绕维护人民群众生命安全、安全生产、金融市场秩序、知识产权、生态环境、与疫情防控相关的公共卫生安全等领域的刑法治理和保护。[①]《刑法修正案（十一）》关于证券犯罪的修改是其中的重点亮点问题，也是继2020年新《证券法》修改完成并实施后涉及资本市场的又一项重大立法活动。[②]《刑法修正案（十一）》完善证券犯罪规定，其中最主要的内容之一体现为对《刑法》原第182条操纵证券、期货市场罪的修改，即《刑法修正案（十一）》第13条[③]借鉴新《证券法》规定，针对市场中出现的新型操纵情形，进一步明确对"幌骗交易操纵""蛊惑交易操纵""抢帽子操纵"等新型操纵市场行为追究刑事责任。新《证券法》的立法目的是规范证券发行和交易行为，保护投资者的合法权益。《刑法修正案（十一）》联动与协调完善《刑法》操纵证券、期货市场罪，有助于惩治与震慑证券、期货交易领域严重危害投资者权益、阻碍资本市场信息效率的证券犯罪行为，从而为《证券法》的实施提供稳固的最后屏障保护，有效防控金融市场风险，保护国家金融安全，促进实体经济发展。

2021年中共中央办公厅、国务院办公厅印发的《关于依法从严打击证券违法活动的意见》（以下简称《意见》）明确提出：依法严厉查处大案要案。坚持分类监管、精准打击，全面提升证券违法大案要案查处质量和效率。依法从严从快从重查处欺诈发行、虚假陈述、操纵市场、内幕交易、利用未公开信息交易以及编造、传播虚假信息等重大违法案件。对资金占用、违规担保等严重侵害上市公司利益的行为，要依法严肃清查追偿，限期整改。加大

① 参见王俏：《刑法修正案（十一）明年3月1日起施行》，载《人民法院报》2020年12月27日，第1版。

② 参见程丹：《刑法修改落地 零容忍打击证券期货犯罪》，载《证券时报》2020年12月28日A1版。

③ 《刑法修正案（十一）》第13条规定：将刑法第一百八十二条第一款修改为："有下列情形之一，操纵证券、期货市场，影响证券、期货交易价格或者证券、期货交易量，情节严重的，处五年以下有期徒刑或者拘役，并处或者单处罚金；情节特别严重的，处五年以上十年以下有期徒刑，并处罚金：（一）单独或者合谋，集中资金优势、持股或者持仓优势或者利用信息优势联合或者连续买卖的；（二）与他人串通，以事先约定的时间、价格和方式相互进行证券、期货交易的；（三）在自己实际控制的账户之间进行证券交易，或者以自己为交易对象，自买自卖期货合约的；（四）不以成交为目的，频繁或者大量申报买入、卖出证券、期货合约并撤销申报的；（五）利用虚假或者不确定的重大信息，诱导投资者进行证券、期货交易的；（六）对证券、证券发行人、期货交易标的公开作出评价、预测或者投资建议，同时进行反向证券交易或者相关期货交易的；（七）以其他方法操纵证券、期货市场的。"

对证券发行人控股股东、实际控制人、董事、监事、高级管理人员等有关责任人证券违法行为的追责力度。加强对中介机构的监管，存在证券违法行为的，依法严肃追究机构及其从业人员责任，对参与、协助财务造假等违法行为依法从重处罚。加快推进相关案件调查、处罚、移送等工作。依法严格控制缓刑适用。

与市场操纵等证券违法犯罪行为的法律规制体系建设相适应，证券合规层面的制度安排亦在不断完善进程中。2015 年中国证监会开始在证券期货领域开展行政和解试点，并印发了《行政和解试点实施办法》。此后，中国证监会采用行政和解方式处理了一些疑难复杂案件，对及时赔偿投资者损失、提高行政执法效能、尽快恢复市场秩序发挥了积极作用，市场总体认可。2019 年修订的《证券法》第 171 条对证券领域行政执法当事人承诺制度作了原则规定，并要求国务院制定具体办法。《意见》明确要求加快制定证券期货行政执法当事人承诺制度实施办法。2021 年 10 月，国务院颁布《证券期货行政执法当事人承诺制度实施办法》（以下简称《办法》）贯彻落实党中央、国务院决策部署和《证券法》要求，在总结试点经验基础上，以行政法规形式对行政执法当事人承诺制度作了规定。《办法》通过明确基本流程、严格限定适用范围、健全监督制约机制来规范行政执法当事人承诺制度的实施，确保制度公开公平公正实施，切实保护投资者合法权益、提高执法效能、防范道德风险。证券期货行政执法当事人承诺制度在提高执法效率、及时赔偿投资者损失、尽快恢复市场秩序等方面具有重要意义。一是有效提高执法效能，化解资本市场执法面临的“查处难”与市场要求“查处快”之间的矛盾。二是及时赔偿投资者损失，增强其获得感和满意度。通常情况下，证券期货行政处罚案件的罚没款直接上缴国库，而受到损失的投资者通过民事诉讼求偿可能面临举证难、成本高、时间长等问题。适用行政执法当事人承诺，当事人交纳的承诺金可用于赔偿投资者损失，投资者获得及时有效救济的新途径，更加有利于保护投资者尤其是中小投资者的合法权益。三是切实提高违法成本，增强监管实效。行政执法当事人承诺具有涉嫌违法当事人履行意愿强、履行速度快等优势，且国务院证券监督管理机构认可的承诺金数额通常高于罚没款数额，使涉嫌违法当事人付出较高的经济代价。四是行政执法当事人承诺制度能够尽快实现案结事了、定分止争，从而妥善化解社会矛盾，及时恢复市场秩序，稳定预期。① 逐步完善的制度安排对证券合规与法律风险控制实践提出了更为规范的要求。

市场操纵是一种以损害市场价格形成机制为代价而实现非法交易利润最大化的严重危害行为。有的操纵者利用市场风险实施金融违法犯罪行为，操纵“不对称的价格反应”严重偏离疫情风险影响下的正常价格震荡水平，并意图从预期的市场波动中谋取巨额交易利润。有的操纵者通过在短时间内增加制造金融资产价格崩盘或者放大金融商品价格下跌行情中的利空效应从而谋取卖空交易的非法利益。② 还有的操纵者通过控制金融商品发行人释放业绩、引入热点题材等利好信息，控制信息发布节奏、选择性披露、追随市场热点“迎合性”披露，引导中小投资者从众买入，并辅之以二级市场的交易配合，利用市场噪声众多等条件，谋取低价买入、高价卖出的非法交易利润。③ 市场操纵行为会严重阻碍金融监管部门对冲系统性风险的行政措施效率，影响金融体系的正常运行。市场操纵释放误导性信息，放大扭曲信号的市场影响力，诱导投资者跟风追涨，提前建仓、趁乱炒作、借机拉升金融商品价格并从中谋取交易利润，严重撼动新《证券法》等以信息披露监管、保护市场信息效率为核心的金融市场法律基石。

然而，证券期货市场、证券法、刑法等跨学科知识具有交叉性，市场操纵刑法适用存在复杂性，传统刑法解释原理、刑事司法逻辑、刑事诉讼实务经验等客观上已经难以应对一系列疑难问题。法律与金融跨学科知识应用的复杂性、金融市场机制的灵活性、证券期货犯罪刑事司法实践的前沿性，势必对《刑法修正案（十一）》第13条的司法适用构成严峻挑战。尽管最高人

---

① 参见证监会：为完善资本市场基础制度建设提供法治保障——司法部、中国证监会负责人就《证券期货行政执法当事人承诺制度实施办法》有关问题答记者问，载 http：//www. csrc. gov. cn/csrc/c100028/c1598150/content. shtml，访问日期：2022 年 1 月 18 日。

② See Lewis D. Lowenfels, “Sections 9 (a) (1) and 9 (a) (2) of the Securities Exchange Act of 1934: An Analysis of Two Important Anti – Manipulative Provisions Under the Federal Securities Laws”, *Northwestern University Law Review*, Vol. 85, No. 3 (1991), p. 709.

③ 参见陈晨：《证券市场信息型操纵认定难点及监管对策研究》，载《证券市场导报》2017 年第 8 期。

民法院、最高人民检察院于2019年6月27日联合发布《关于办理操纵证券、期货市场刑事案件适用法律若干问题的解释（以下简称《市场操纵解释》），为司法实务部门更为公正、准确且有效地认定《刑法》第182条操纵证券、期货市场罪“兜底条款”中的“以其他方法操纵证券、期货市场”、实际控制账户、市场操纵“情节严重”与“情节特别严重”量化标准、违法所得等证券期货犯罪刑法理论与实践中长期存在争议的法律适用疑难问题，提供了司法规则指引，但是，在未对《刑法修正案（十一）》第13条进行纵深性解释的情况下，投机、过度投机、侵权、违法、市场操纵行为之间的界限在既有金融刑法规范框架下仍显模糊。

作为证券市场的最后保护屏障，操纵证券、期货市场罪法律条款的具体适用，需要根据金融技术发展与资本市场机制创新的最新内容，从法律判断规则层面做出针对性的反应，提升证券期货犯罪的惩治效率；从合规管理的层面做出预防性的风控，通过合规的交易助力于金融商品的价格发现以及资本资源的优化配置。因此，有必要从操纵证券、期货市场罪的金融机理与刑法规制出发，就《证券法》《刑法》相关条款适用难点进行深度实践解构。这不仅有助于推动证券期货犯罪刑法理论研究范式的转换与升级，而且有利于为金融市场系统性风险控制、国家金融安全提供坚实且具体的司法保障措施，更是证券市场合规机制建构与完善的实际需求。作为证券市场的各类交易者、证券服务机构及其从业人员等，应当积极做好法律风险控制与合规管理计划，从而立足于证券市场法治实践的前沿做好合规交易、合规经营，实现高效高质量发展。

由于证券市场、金融交易、证券法、刑法等跨学科知识具有交叉性，人工智能背景下的金融交易技术变革具有探索性，市场操纵法律适用存在复杂性，传统刑法解释原理、刑事司法逻辑、刑事诉讼、合规风控实务经验等客观上已经难以应对一系列疑难问题的挑战。

市场操纵的金融本质是什么？市场操纵的法律本质是什么？市场操纵的金融机理是什么？市场操纵包括哪些类型？市场操纵的罪质、罪量及其关系是什么？实际控制账户、操纵故意、信息操纵、程序化交易操纵等市场操纵具体法律规制疑难问题如何解决？反市场操纵的基本监管政策与刑事司法政策是什么？市场参与者如何建构针对性的合规管理措施从而实现有效的法律风险控制？此类市场操纵法律规制与合规风控中的全新难题均值得进行细致解构，并从市场与制度、交易规范与法律规则、证券法与刑法等多维度互为贯通的角度来研究设计相应的规则。

基于此，本书尝试通过实践角度深度解构市场操纵法律规制疑难问题，以法律与金融的双面向视角解析市场操纵，深化金融刑法解释原理以及相关司法判断规则，以期对证券违法犯罪条款的公平高效实施有所裨益，同时希望通过精细化的司法判断规则更好地服务于资本市场效率与投资者权益的协调和统一，从而为市场交易者提供具有针对性的合规管理计划。

对市场操纵法律条文、司法解释进行深刻反思与细致解构，不仅有助于推动证券犯罪刑法理论研究范式的转换与升级，而且有利于为推进过程中的注册制等各项金融市场基本制度提供坚实且具体的司法保障措施。[①] 更具价值的是，以法律与金融的双面向视角解析市场操纵，进而形成的立法完善意见、补充规则、合规管理措施，能够通过精细化的制度安排更好地实现资本市场效率与投资者权益的协调和统一，对金融市场提供更为周延的司法保护。本书的价值在于深度反思当前市场操纵法律规制的具体措施，提升证券市场资源优化配置与市场竞争效率、投资者权益保障力度、市场流动性平衡程度、市场参与者合规风控管理水平，形成有效整合市场与制度、真实反映证券实务与法律实践现实需求的、效率性与公平性保障兼顾的政策、原则、规则及风控体系。

应当看到，关于市场操纵法律规制与合规风控问题的研究探索，是一个不断完善的过程，也是一场证券市场监管者、交易者与法律领域从业人员之间的思维火花的碰撞。近五年来，我就“资本市场行政监管与刑事司法”相关主题进行了百余场讲座，行业领域覆盖中国证券业协会、中国证券投资基金业协会、各省（自治区、直辖市）律师协会、交易所、上市公司以及各大

① 最高人民法院于2019年6月20日出台的《关于为设立科创板并试点注册制改革提供司法保障的若干意见》，提出了审理证券期货犯罪刑事案件的政策导向：依法从严惩治违规披露、不披露重要信息、内幕交易、利用未公开信息交易、操纵证券市场等金融犯罪分子，严格控制缓刑适用，依法加大罚金刑等经济制裁力度。

券商、从事证券业务的律师事务所等；空间上覆盖北京、上海、天津、重庆、香港特别行政区、广东、浙江、江苏、山东、辽宁、河南、贵州、云南、黑龙江等地区，以及美国、新加坡等国外资本市场及其法治建设成熟地区。在与各行业、各地区证券专业人士的头脑风暴中，进一步丰富了法律与金融的跨学科、跨专业视角。本书正是从这些经验、逻辑、互动中，尝试透过市场操纵的金融实质，对其内在机理进行深度解构，尝试从外部性的法律制度切入，洞察内部性的证券市场行为缺陷，深度借鉴域外规则判例的经验，从法律与金融的跨界互动中，反思规范证券市场交易行为的尺度与合规体系，旨在助力于中国证券法治建设。当然，本书的探索只是一种尝试，显然会有很多局限性，因此恳请各位读者批评指正。

谢　杰

2022 年 1 月 18 日

目 录
CONTENTS

导 论 …… 1

一、文献综述 …… 2

二、问题意识 …… 11

三、概念统筹 …… 14

四、研究方法 …… 18

五、逻辑进路 …… 33

第一章 市场操纵的实质解构 …… 38

第一节 价量操纵 …… 38

一、规范基础与理论诠释 …… 39

二、交易量操纵对价格操纵的颠覆 …… 40

三、交易量操纵的法律与经济解释困境 …… 42

第二节 价格操纵 …… 45

一、立法实例与重要解读 …… 45

二、部分市场操纵行为与价格要素的非直接关联性 …… 48

三、价格机制扭曲中的非价格行为因素 …… 50

第三节 市场欺诈 …… 52

一、判例沿革与法律依据 …… 53

二、市场操纵的欺诈性因素与传统欺诈分析框架的局限性 …… 55
三、作为责任基础与行为运作机制解释的市场欺诈理论 …… 57
四、市场操纵与市场欺诈的关系重构 …… 59
第四节 证券市场要素优势滥用 …… 62
一、资本要素发现对解释市场操纵实质的价值 …… 62
二、市场操纵实质内容的客观性拓展 …… 64
三、中国证券市场违法犯罪法律文本与市场操纵实质的兼容性 …… 66
四、金融商品操纵与市场资本操纵的独立运行或者叠加操作 …… 71

第二章 市场操纵的机理与类型 …… 74
第一节 市场操纵机理 …… 74
一、资本市场基本要素非正当控制的运作机制 …… 75
二、金融商品操纵与市场资本操纵的行为机理 …… 77
三、市场操纵行为机理内化差异的发现及其实践价值 …… 79
第二节 以价量操纵为手段的金融商品非正当控制 …… 84
一、虚假交易操纵 …… 84
二、实质交易操纵 …… 91
第三节 以决策操纵为手段的市场资本非正当控制 …… 107
一、虚假信息操纵 …… 108
二、利益冲突操纵 …… 112

第三章 市场操纵的监管政策与合规原则 …… 121
第一节 市场操纵基本监管策略与合规原理 …… 122
一、保留投机空间 …… 123

二、效率性管控 …… 125
三、信息风险重点防控 …… 129
第二节 交易型操纵的监管与合规策略 …… 133
一、虚假价格信号防控 …… 133
二、市场流动性保护 …… 136
第三节 信息型操纵的监管与合规策略 …… 145
一、数字时代的市场信息监管与合规创新 …… 146
二、信息披露优化 …… 149

第四章 市场操纵的规范解释与合规措施 …… 156
第一节 虚假交易操纵 …… 157
一、洗售操纵 …… 157
二、相对委托操纵 …… 164
第二节 连续交易操纵 …… 176
一、主体结构、价量关系与操纵故意 …… 177
二、短线交易操纵与抗辩事由 …… 182
第三节 利益冲突与虚假信息操纵 …… 191
一、抢帽子交易操纵 …… 191
二、蛊惑交易操纵 …… 198

第五章 市场操纵司法解释疑难问题与证券合规启示 …… 209
第一节 实际控制账户 …… 210
一、"交易决策权"标准 …… 211
二、解锁困境与排解矛盾的具体方案 …… 213
第二节 新型市场操纵行为模式 …… 217
一、重大事件操纵中的虚假性要素 …… 219
二、诱导 …… 220
第三节 市场操纵定罪量刑数量标准 …… 222

一、交易量标准的辩正 …… 223
二、违法所得计算方法 …… 226

第六章 高频交易操纵的法律规制与风险管理 …… 228
第一节 高频交易 …… 228
一、高频交易的主要类型及其核心特征 …… 230
二、高频交易的策略解构 …… 232
第二节 基于高频交易的市场操纵 …… 235
一、高频交易与市场操纵的关系 …… 235
二、监管与风控规则 …… 243
第三节 人工智能应用场景、金融交易责任解构与风控管理 …… 246
一、人工智能实体法律风险基本问题 …… 246
二、人工智能应用场景下的操纵行为解析 …… 248

第七章 证券市场异常波动、市场操纵与证券交易合规 …… 253
第一节 生成证券市场异常波动的特定经济条件与制度安排 …… 253
一、证券市场异常波动的现象 …… 253
二、证券市场异常波动的原因 …… 254
第二节 杠杆资金的机理与规制 …… 256
一、场外配资 …… 257
二、非法经营 …… 258
第三节 恶意做空 …… 261
一、恶意做空的经济机理 …… 262
二、恶意做空的法律性质 …… 265
三、规制盲区与立法完善 …… 266

第八章 市场操纵法治实践与合规管理的优化与前瞻 …… 268
第一节 市场操纵规制政策与合规原则的发展方向 …… 268

一、审慎介入 …… 268
二、规范协调 …… 272
三、风险控制 …… 279
第二节 市场操纵监管理念与合规技术的优化构想 …… 285
一、合理控制资产泡沫与市场非理性因素 …… 285
二、提升规范制定技术 …… 289
三、调整规则结构 …… 297
第三节 市场操纵监管与金融市场合规制度完善展望 …… 301
一、金融衍生品市场反操纵的监管盲区填补 …… 301
二、金融商品发行市场的同等保护 …… 303

结 论 …… 305
一、市场操纵跨学科研究：法律与金融分析方法的价值 …… 305
二、市场操纵法律监管与合规制度设计：政策、原则与规则的建议 …… 308

导 论

资本市场是一部关于癫狂性收益与灾难性损失、繁荣与惶恐的不断轮回的史诗。这部史诗的发展是创新、繁荣、泡沫、危机、灾难、重建的过程及其反复。以市场操纵为典型行为类型的资本市场违法犯罪，不仅是促生与催化资本市场欺诈与非理性繁荣、危机与阶段性崩溃的主要诱因，而且是金融市场固有风险与市场参与者认知偏见的必然产物。

本书尝试通过纵深性地解构资本市场违法犯罪理论解释与实践认定最为疑难、行为结构最为复杂的犯罪类型——市场操纵，以违法犯罪行为的实质解释与相关法律规范的运作效率评估为论证基点，解构市场操纵的行为实质与制度原理，跨越市场与监管，覆盖金融与法律，贯穿证券法（包括期货、衍生品法律）与刑法，透析市场操纵的行为机理，反思法律制度介入市场操纵监管的理性路径，以市场操纵为中心，洞悉资本市场运作与合规风控机制，探索制度安排促进资本市场功能有效发挥的合理边界。

本书以法律与金融分析视角阐释中国资本市场违法犯罪的法律规范、监管规则、合规风控指引，以实际问题为导向、中国资本市场发展经验与实践特点为依托，实地调查并纵向整合美国、欧盟、日本等成熟资本市场立法、司法实践与理论架构，结合对中国、美国、英国等资本市场违法犯罪及其法律监管实践的实证分析，运用法律与金融分析方法，从市场操纵切入，深度评估证券市场违法犯罪法律监管制度的运作效率，旨在为中国证券市场在参与国际金融市场竞争提供法治制度层面的理论支撑与实践战略建议。

一、文献综述

证券、期货、衍生品市场不仅承载着配置全球资本的金融功能，而且对实体经济产生了深远的影响。资本市场的存在与发展相应催生了资本市场违法犯罪。中国证券市场法律监管实践持续面临资本市场违法犯罪的挑战。其中，市场操纵是资本市场违法犯罪中危害最为严重、稽查认定难度最高、法律规制最为困难的犯罪类型。高效监管与控制以市场操纵为核心的资本市场中的违法犯罪，是完善资本市场机制与发挥资本市场支持实体经济增长积极作用的制度基础。因此，如何通过公正、合理的立法、执法与司法措施提升规制市场操纵的制度效率，一直是法律与金融理论研究的重点、难点、热点问题；如何严格遵守法律、法规、司法解释所设定的规范边界而合法从事金融交易，一直是各类金融机构、交易者所关心的重大问题。

以德国、日本为代表的大陆法系国家的理论研究，相对重视资本市场违法犯罪的整体研究与宏观分析，并且主要集中于纯理论层面的探讨、较为形式化的法律条文解释或者常规性实务问题。① 资本市场违法犯罪等白领犯罪保护法益②或市场操纵个罪保护法益与监管必要性③的探讨、德国《证券交易法》、日本《金融商品交易法》等法律中有关市场操纵刑事罚则的规范解释、④ 市

① Tido Park, Kapitalmarktstrafrecht, 2. Auflage, Nomos Verlagsges. Mbh Co. , 2008.

② Roland Schmitz, Derstrafrechtliche Schutz des Kapitalmarkts, ZStW 115 (2003); Roland Hefendehl, Kollektive Rechtsgüter im Strafrecht, Carl Heymanns Verlag, 2002.

③ Yannick Schönwälder, Grund und Grenzen einer strafrechtlichen Regulierung der Marktmanipulation: Analyse unter besonderer Würdigung der Börsen-oder Marktpreiseinwirkung, Duncker & Humblot, 2011; 芳賀良「相場操縦規制：規制緩和の是非に関する若干の考察」（『山口經濟學雜誌』第 49 巻第 2 号、2001 年）；芳賀良「相場操縦規制の保護法益に関する若干の考察」（『山口經濟學雜誌』第 43 巻第 6 号、1995 年）；芝原邦爾「相場操縦の処罰」（『法律時報』第 58 巻第 13 号、1986 年）。

④ Claas Thöle, Die verfassungsmäßige Bestimmtheit der Strafbarkeit der Marktmanipulation nach dem Wertpapierhandelsgesetz, Logos Verlag Berlin, 2009; Andreas M. Schönhöft, Die Strafbarkeit der Marktmanipulation gemäß § 20a WpHG, Peter Lang, 2006; Jan Eichelberger, Das Verbot der Marktmanipulation (§ 20a WpHG), Duncker & Humblot, 2006; 金融商品取引法研究会『相場操縦の規制』日本証券経済研究所、2013 年。

场操纵立法司法问题的一般性法律分析①与判例研究②、欧盟乃至全球资本市场违法犯罪法律制度一体化③等问题构成了大陆法系理论研究的主要范

---

① Christopher Sens, Strafbarkeit von Scalping, Grin Verlag, 2013; Lars Klöhn, Marktmanipulation auch bei kurzfristiger Kursbeeinflussung das "IMC Securities" - Urteil des EuGH, Neue Zeitschrift für Gesellschaftsrecht, No. 24, 2011, pp. 934 - 936; Marc Colussi, Kapitalmarktstrafrecht-Insiderhandel und Marktmanipulation: Einführung, Analyse, Ausblick, Peter Lang, 2010; Babette Nossol, Marktmanipulation versus Pressefreiheit bei der alltäglichen journalistischen Berichterstattung, Verlag Dr. Kovac, 2010; Matthias Schömann, Die Strafbarkeit der Marktmanipulation gemäß § 38 Abs. 2 WpHG, Peter Lang, 2010; Danijel Lazar, Verbot der Marktpreismanipulation, GRIN Verlag, 2010; Katrin Flothen, Marktmanipulation und Kurspflege: Eine Konkretisierung unter Berücksichtigung des § 20a WpHG und der MaKonV, Nomos Verlagsges. Mbh Co. , 2009; 渋谷卓司「近時の相場操縦規制運用実務の分析」(『旬刊商事法務』通号1976、2012年); 小谷融『インサイダー取引・相場操縦・虚偽記載規制のすべて』中央経済社、2009年; 久保寛展「ドイツ第四次資本市場振興法に基づく相場操縦規制の改正」(『同志社法學』第55巻第7号、2004年); 加賀譲治『証券相場操縦規制論』成文堂、2002年; 今川嘉文『相場操縦規制の法理』信山社、2000年.

② 永井紹裕「相場操縦等の加重類型の罪における必要的没収・追徴の範囲」(『法律時報』第84巻第13号、2012年); 加賀譲治「ソキア株相場操縦に関する損害賠償事件」(『創価法学』第38巻第2号、2008年); 黒沼悦郎「有価証券オプション取引に係る相場操縦行為」(『商事法判例研究』2008年7月15日号); 鈴木優典「株券オプション取引での自己両建取引における仮装取引の成否と仮装取引における繁盛等目的における相場操縦目的の要否」(『刑事法ジャーナル』第11号、2008年); 二本柳誠「志村化工株式の相場操縦事件 (東京高判平成16.7.14)」(『法律時報』第78巻第8号、2006年); 堀口勝「キャッツ相場操縦事件 (証券取引法違反事件 (相場操縦、有価証券報告書虚偽記載)) ——東京地判平成17.3.11」(『金融・商事判例』2005年10月1日号); 今川嘉文「刑事事件にみる相場操縦概念と認定要素 (一)」(『大阪府立大學經濟研究』第44巻第2号、1999年); 今川嘉文「刑事事件にみる相場操縦概念と認定要素 (二)」(『大阪府立大學經濟研究』第44巻第4号、1999年); 今川嘉文「刑事事件にみる相場操縦概念と認定要素 (三)」(『大阪府立大學經濟研究』第45巻第2号、2000年); 神山敏雄「株価操作 (相場操縦) 罪及び相場変動目的の風説流布罪についての考察——その法的諸問題・発生状況・対策を中心に」(『判例時報』通号1635、1998年); 十河太朗「相場操縦罪の成立が認められた事例 (最高裁第三小法廷昭和六三年 (あ) 第一一〇二号平成六年七月二〇日決定、刑集四八巻五号二〇一頁、判例タイムズ八六〇号一一九頁、判例時報一五〇七号五一頁)」(『同志社法學』第48巻第6号、1997年); 斎藤正和「相場操縦罪 (協同飼料株価操作事件) ——最高裁決定平成6.7.20」(『判例タイムズ』第47巻第4号、1996年); 小宮靖毅「日本ユニシス株式相場操縦事件 (帝新不動事件) (東京地裁平成6.10.3判決)」(『法学新報』第103巻第1号、1996年); 斎藤正和「相場操縦罪 (藤田観光株株価操作事件) ——東京地裁平成5年5月19日判決」(『判例タイムズ』第45巻第26号、1994年).

③ Oliver Brunke, Die Strafbarkeit marktmissbräuchlichen Verhaltens am Spotmarkt der European Energy Exchange, Peter Lang, 2011; Roland Hefendehl, Addressing White Collar Crime on a Domestic Level: Any Lessons Learned for International Criminal Law?, 8 Journal of International Criminal Justice 769 (2010); Dirk Diehm, Strafrechtsrelevante Maßnahmen der Europäischen Union gegen Insidergeschäfte und Kursmanipulationen, Grin Verlag, 2006; David C. Donald, Applying Germany's Market Manipulation Rules to Disruptive Trades on the Eurex and MTS Platforms, 6 German Law Journal 649 (2005); 芳賀良「相場操縦規制と株式会社の内部統制: 欧州における規制に関する若干の考察」(『横浜国際経済法学』第21巻第3号、2013年).

畴。但是，真正涉及市场操纵等资本市场违法犯罪法律理论难题的研究（例如，市场操纵的本质追问、市场操纵的行为机理与类型细分等问题）比较少见；真正触及市场操纵等资本市场违法犯罪最本质、最突出、最新的法律难题（例如，价格操纵与交易量操纵的判断标准，操纵与金融商品交易价格之间的关系，金融市场技术创新带来的高频交易操纵等全新资本市场违法犯罪类型把握等问题）的实务性研究在质量与数量上相对不足，证券交易合规研究更是罕见。在资本市场违法犯罪研究或者市场操纵研究的方法层面，大陆法系理论研究的最大问题在于忽略对金融原理、市场运作机制、金融实务真实状况的宏观把握、深入透视与细节钻研，导致资本市场违法犯罪规范解释理论异常发达、资本市场刑法理论结构非常严谨[①]的同时，难以深度解构甚至无法触及资本市场、金融风险、市场滥用行为、制度安排等本质问题。

在以美国、英国为代表的英美法系国家的法律与金融（经济）理论研究体系中，内线交易、市场操纵等资本市场违法犯罪的跨学科研究方法占据主流地位。与内线交易违法犯罪法律监管正当性基础激烈论争截然不同，理论上对于市场操纵违法犯罪应当予以监管的基本政策定位问题几乎没有任

① 德国刑法理论对资本市场刑法原理进行了最早且精致的论证分析。在德国法律理论体系中，资本市场刑法（Kapitalmarktstrafrecht）是以刑罚措施规制与震慑资本市场违法犯罪行为的刑法规范总称。在德国的公司、证券、基金、银行、保险、信托等经济与金融法律规范中，存在大量危害资本市场融资与投资机制的刑事罚则，故德国资本市场刑法规范相当部分表现为相关资本市场法（主要是《证券交易法》）的刑事罚则，还有部分则集中于《德国刑法典》（Strafgesetzbuch-StGB）证券犯罪以及其他侵犯资本市场投资秩序犯罪的刑法法条之中。根据德国资本市场刑法理论的界定，资本市场刑法覆盖所有直接或间接与资本市场以及资本市场行为相关的刑事实体规范。参见 Tido Park, Kapitalmarktstrafrecht, 2. Auflage, Nomos Verlagsges. Mbh Co.，2008，S. 2. 资本市场刑法是德国刑法理论与实践中的一个非常年轻却发展迅猛的概念。在金融风险频繁触发的时代背景下，资本市场违法犯罪成为德国经济犯罪法律实践中热点与难点集中的犯罪类型，资本市场刑法相应地成为经济刑法体系下的一个重点领域，在学科建设上成为经济刑法的子学科——资本市场刑法学。资本市场刑法的概念整合可谓德国刑法理论的创新，资本市场刑法概念整合的理论价值在于将所有保护资本市场的刑法规范进行系统性分析，阐释与说明刑法规定的这一类犯罪所预期保护的社会利益的内容以及资本市场违法犯罪的刑法解释原理。

何争议，[①]尽管对于市场操纵的实质界定存在诸多分歧，法律与金融理论对于探索如何优化严重损害资本市场效率的市场操纵监管、如何结构性地调整市场操纵防控政策等反市场操纵基础政策问题的方向是相对一致的。英美法律与金融理论很早就相对集中地进行证券市场操纵违法犯罪概念性分析[②]与类型化研究，[③]尝试揭示证券市场操纵违法犯罪与市场投机的基本界限，[④]阐述市场操纵与价

① 相关中文文献在评述市场操纵监管政策争议时，对经典理论与观点（主要是美国市场操纵监管理论）的评述是不全面的，所谓"市场操纵去监管（去管制）"的提法也是不准确的。例如，比较有代表性的评述指出，丹尼尔·费舍尔与大卫·罗斯发表重要论文——《法律是否应当禁止金融市场"操纵"》（《哈佛法律评论》1991 年），这篇论文发表后，市场操纵应当属于违法犯罪、市场操纵应当强化监管的观点开始受到强烈的批评与质疑。针对费舍尔与罗斯提出的"去监管化"意见，史蒂夫·瑟尔教授于 1994 年在《康奈尔法律评论》发表的《证券操纵机制》提出反驳意见并明确了强化市场操纵监管的原则。参见邵庆平：《论相对委托之规范与强化——从证券操纵禁止之理论基础出发》，载《月旦民商法杂志》2008 年第 19 期。然而，作为美国证券监管与反市场操纵经典论文的《法律是否应当禁止金融市场"操纵"》，实际上并没有主张整体上的市场操纵去监管化的观点，而是认为以真实存在的金融交易为基础的"操纵"策略与执行，并不具有欺诈市场的属性。这种"操纵"事实上难以获取利润甚至通常会出现亏损，具有很强的自我遏制性。（本书第三章第一节结合市场操纵判例以及交易型市场操纵行为的最新发展趋势对这种自我遏制性展开具体解释。）即使市场参与者实施了这种交易并意图实现"操纵"，监管这种市场行为的成本大于监管执行之后对资本市场效率的贡献。因此，对于实质交易"操纵"而言，在法律层面实质上根本不具备将之作为违法犯罪处理的正当性基础。同属经典性论述的《证券操纵机制》一文也只是从实质交易操纵是否具有欺诈性、是否具有充分的获利可能、是否具有足够的自我遏制性、监管成本是否过大等角度论证实质交易"操纵"应当作为市场操纵违法犯罪论述。参见 Daniel R. Fischel & David J. Ross, "Should the Law Prohibit 'Manipulation' in Financial Markets?," 105 *Harvard Law Review* 503 (1991); Steve Thel, $850, 000 in Six Minutes-The Mechanics of Securities Manipulation, 79 Cornell Law Review 219, 1994, p. 221. 因此，以美国资本市场法律与经济理论为代表的市场操纵监管政策争议的焦点并非整体上的监管与去监管的论辩，而主要是具有真实或者实质交易基础的、意图控制金融商品市场交易价格的行为，是否应当在证券欺诈或者市场欺诈的框架下以市场操纵违法犯罪论处的问题，市场操纵应当予以规制本身几乎是不存在争议的。

② See A. S. Kyle, & S. Viswanathan, "How to Define Illegal Price Manipulation", 98 *American Economic Review* 274 (2008); J. A. Cherian & Robert A. Jarrow, "Market Manipulation", in R. A. Jarrow, V. Maksimovic & W. T. Ziemba (eds), *North-Holland Handbooks of Operations Research and Management Science: Finance*, New York: Elsevier, 1995 pp. 611 – 630; Steve Thel, "$850, 000 in Six Minutes-The Mechanics of Securities Manipulation", 79 *Cornell Law Review* 219, (1994).

③ See Tālis J. Putniņš, "Market Manipulation: A Survey", 26 *Journal of Economic Surveys* 952 (2012); D. Cumming & S. Johan, "Global Market Surveillance", 10 *American Law and Economics Review* 454 (2008); G. Huberman & W. Stanzl, "Price Manipulation and Quasi-arbitrage", 72 *Econometrica* 1247 (2004); J. Van Bommel, "Rumors", 58 *Journal of Finance* 1499 (2003).

④ See E. Chancellor, *Devil Take the Hindmost, A History of Financial Speculation*, New York: Penguin, 1999; K. A. Froot, D. S. Scharfstein & J. Stein, "Herd on the Street: Informational Inefficiencies in a Market with Short-Term Speculation", 47 *The Journal of Finance* 1461 (1992); Oliver D. Hart & David M. Kreps, "Price Destabilizing Speculation", 94 *Journal of Political Economy* 927 (1986); Oliver D. Hart, "On the Profitability of Speculation", 90 *Quarterly Journal of Economics* 579 (1977).

格形成机制、信息不对称、上市公司行为之间的关系等一系列基础性问题，①同时亦专门研究期货市场操纵概念界定、实质特征、行为机制与手段、法律与经济分析、监管政策、构成要件、认定难点、重大案例、法律规范完善等问题。② 金融期货与衍生品交易规模在欧美金融市场不断壮大以及证券产品与其他衍生产品之间的紧密交织与高度关联，促进了金融期货市场、各类衍生工具交易市场、外汇市场中广泛存在的市场操纵行为在理论上得到了更为深入的解释。③ 在证券交易合规理论与实践方面，英美法系的研究相对更为深入，不仅

① David C. Donald, "Regulating Market Manipulation through an Understanding of Price Creation", 6 *National Taiwan University Law Review* 55 (2011); George A. Akerlof & Paul M. Romer, "Looting: The Economic Underworld of Bankruptcy for Profit", 24 *Brookings Papers on Economic Activity* 1 (1993).

② Stephen Craig Pirrong, "Squeeze Play: The Dynamics of the Manipulation End Game," 14 *The Journal of Alternative Investments* 26 (2011); Benjamin E. Kozinn, "The Great Copper Caper: Is Market Manipulation Really a Problem in the Wake of the Sumitomo Debacle?", 69 *Fordham Law Review* 243 (2000); Stephen Craig Pirrong, *The Economics, Law and Public Policy of Market Power Manipulation*, Kluwer Academic Publishers, 1996; J. Williams, *Manipulation on Trial—Economic Analysis and the Hunt Silver Case*, Cambridge University Press, 1995; Charles R. P. Pouncy, "The Scienter Requirement and Wash Trading in Commodity Futures: The knowledge Lost in Knowing," 16 *Cardozo Law Review* 1625 (1995); Jerry W. Markham, "Manipulation of Commodity Futures Prices-The Unprosecutable Crime", 8 *Yale Journal on Regulation* 281 (1991); Richard D. Freidman, "Stalking the Squeeze: Understanding Commodities Market Manipulation", 89 *Michigan Law Review* 30 (1990); Jerry W. Markham, *Commodities Regulation: Fraud, Manipulation and Other Claims*, New York: Clark Boardman, 1987; W. C. Perdue, "Manipulation of Futures Markets: Redefining the Offense", 56 *Fordham Law Review* 345 (1987); Frank H. Easterbrook, "Monopoly, Manipulation, and the Regulation of Futures Markets," 59 *Journal of Business* 103 (1986); L. N. Edwards & F. R. Edwards, "A Legal and Economic Analysis of Manipulation in Futures Markets", 4 *Journal of Futures Markets* 333 (1984).

③ Matthew F. Kluchenek & Jacob L. Kahn, "Deterring Disruption in the Derivatives Markets: A Review of The CFTC's New Authority over Disruptive Trading Practices," 3 *Harvard Business Law Review* 120 (2013); A. Chakraborty & B. Yilmaz, "Manipulation in Market Order Models", 7 *Journal of Financial Markets* 187 (2004); Paolo Vitale, "Speculative Noise Trading and Manipulation in the Foreign Exchange Market", 19 *Journal of International Money and Finance* 689 (2000); Arkadev Chatterjea & Robert A. Jarrow, "Market Manipulation, Price Bubbles, and a Model of the U. S. Treasury Securities Auction Market," 33 *The Journal of Financial and Quantitative Analysis* 255 (1998); Edward Swan, "Derivatives Market Manipulation by 'Wash Sales' in Violation of the US Commodity Exchange Act", 3 *Journal of Financial Crime* 53 (1995); Robert A. Jarrow, "Derivative Security Markets, Market Manipulation, and Option Pricing Theory," 29 *Journal of Financial and Quantitative Analysis* 241 (1994); Robert A. Jarrow, "Market Manipulation, Bubbles, Corners, and Short Squeezes," 27 *Journal of Financial and Quantitative Analysis* 311 (1992).

有专门关于内幕交易合规风险管理方面的专题论述,[①] 更有市场操纵与合规的针对性分析。[②] 但是，在研究内容方面，上述文献更多探讨的是金融机构如何通过依法披露客户信息从而配合监管调查、如何通过遵从性合规行为取得更为轻缓的处罚或者直接进行和解——此类分析本质上是证券合规机制研究——并未从交易行为本身如何避免法律风险、如何建构交易规范从而廓清市场操纵与正当交易行为边界等实体规则角度展开纵深分析。

英美法律与金融理论市场操纵研究的优势集中体现在分析方法层面，不仅综合运用法律与经济原理全方位解构市场操纵行为，而且通过大量的实证研究尝试在理论上揭示真实的资本市场违法犯罪行为的运行轨迹。同时，发达的金融交易技术、规模庞大的金融市场、交投活跃的衍生品市场、结构均衡的专业化市场参与者（机构投资者）等不仅为英美法系国家的金融实务提供了稳定的市场条件，更为市场操纵法律监管理论研究积累了丰富的素材。然而，也正如美国学者早在20年前所指出的，现有的市场操纵理论分析与实证研究仍然没有清楚地说明市场操纵违法犯罪的真实危害性、发生频率、损害规模、法律规范影响市场操纵行为的方式、程序与效率。[③] 同时，英美法系的法律与经济理论对于市场操纵的分析还存在体系紊乱、观点零散孤立的问题。以美国的资本市场违法犯罪研究为例，证券犯罪法律理论聚焦于典型判例的分析，至今没有形成固定的资本市场刑法规范分析体系与理论逻辑，加之各联邦巡回上诉法院采取的司法实务判断标准迥异，美国联邦最高法院对绝大多数争议没有做出判例，造成市场操纵等资本市场违法犯罪案件法律实务标准混乱、理论分析零散，缺乏具有整体覆盖能力且有利于解决实践问题的基础性理论分析。

中国资本市场违法犯罪法律理论研究日益深入，不仅从证券期货犯罪的整体

---

① Marc I. Steinberg & John Fletcher, "Compliance Programs for Insider Trading", 47 *SMU Law Review* 1783 (1994).

② See AD Blumenberg, "Market Manipulation and Compliance", In Brodowski D., Espinoza de los Monteros de la Parra M., Tiedemann K., Vogel J. (eds), *Regulating Corporate Criminal Liability*, Springer, 2014, pp. 159－170.

③ See Steve Thel, "$850, 000 in Six Minutes-The Mechanics of Securities Manipulation," 79 *Cornell Law Review* 219, 1994, p. 287.

视角对法律适用与立法完善问题进行了完整、深入的分析，[①] 而且已经覆盖市场操纵的个罪专论与证券市场操纵监管理论研究。法律理论重点探讨了市场操纵的概念、罪名以及责任基础、[②] 域外规制经验、[③] 构成要件规范解释、[④] 市场操纵

---

① 参见刘宪权、谢杰：《证券期货犯罪刑法理论与实务》，上海人民出版社2012年版；林孟皇：《金融犯罪与刑事审判》，元照2011年版；卢勤忠：《基金犯罪研究》，北京大学出版社2010年版；刘宪权：《金融犯罪刑法学专论》，北京大学出版社2010年版；刘建：《资本市场安全与刑法规制》，中国人民公安大学出版社2009年版；最高人民检察院法律政策研究室、中国证券监督管理委员会法律部编著：《证券期货犯罪司法认定指南》，中国人民公安大学出版社2009年版；毛玲玲：《证券市场刑事责任研究》，法律出版社2009年版；王晨：《证券期货犯罪的认定与处罚》，知识产权出版社2008年版；陈建旭：《证券犯罪之规范理论与界限》，法律出版社2006年版。

② 参见郭文龙：《操纵证券、期货市场犯罪罪名探析——从中观的规制对象和微观的判断要素切入》，载《政法论坛》2010年第6期；林书楷：《资本市场刑法——以内线交易及操纵市场罪为中心》，载《月旦财经法杂志》2010年第23期；陈俊仁：《论证券交易法操纵行为禁止之理论基础与规范缺失》，载《月旦民商法杂志》2008年第19期。

③ 参见谢杰：《抢先交易刑法规制全球考察——比较法视野下市场操纵法律完善的启示》，载《海峡法学》2012年第1期；谢杰：《操纵证券市场民事诉讼机制：美国经验与中国选择》，载《金融实务》2012年2月13日，第28版；谢杰：《美国反期货操纵法律监管改革及其启示》，载《江西警察学院学报》2011年第5期；谢杰：《美国金融改革法案对场外市场反操纵法律的完善及其启示》，载《甘肃警察职业学院学报》2011年第4期；谢杰：《美国金融监管改革法案对我国的启示》，载《现代审计与经济》2010年第5期；陈建旭：《日本证券法之操纵市场罪及其借鉴价值》，载《北方法学》2008年第2期；戴冥昇：《论美国证券欺诈之主观意图要件》，载《东吴法律学报》2007年第19卷第2期；唐洪敏：《欧盟关于市场操纵的定义及其特点》，载《证券市场导报》2005年第8期；蔡奕：《英国关于市场操纵的立法与实践》，载《证券市场导报》2005年第2期。

④ 参见廖大颖：《人为操纵市场争议与鉴识会计的诉讼支持——论意图抬高或压低市场交易价格等的构成要件》，载《月旦法学杂志》2012年第202期；赵金龙：《网络环境下操纵市场之法制检讨》，载《月旦财经法杂志》2010年第23期；林书楷：《论操纵市场罪—资本市场价格形成真实性的观点》，载《兴国财经法律学报》2010年第1期；曾宛如：《操纵市场之禁止》，载《台湾法学杂志》2008年第108期；陈锦旋：《论证券交易法反操纵证券价格犯罪之主观要件要素——欠缺“意图”之操纵证券价格犯罪?》，载《月旦法学杂志》2008年第156期；于莹：《证券操纵行为若干法律问题研究》，载《月旦民商法杂志》2008年第19期；黄太云：《〈刑法修正案（六）〉的理解与适用（下）》，载《人民检察》2006年第15期；刘树德、喻海松：《从法治的立场解读〈刑法修正案〉（六）》，载《中国审判》2006年第7期；何泽宏：《解读〈刑法修正案（六）〉》，载《现代法学》2006年第6期；俞和明：《刑法中的操纵市场行为——兼议〈证券法〉相关条文的修改》，载《金融法苑》2005年第7期；刘宪权：《操纵证券期货交易价格罪行为方式之解读》，载《法商研究》2005年第1期；刘宪权：《共同证券期货犯罪疑难问题探讨》，载《华东政法学院学报》2004年第4期；刘宪权：《操纵证券、期货交易价格犯罪行为的刑法分析》，载《华东政法学院学报》2000年第6期；刘宪权：《金融犯罪数额问题的刑法分析》，载《法学》1998年第11期。

行为模式分析、[①] 案例研判、[②] 司法实践认定[③]与立法完善[④]等问题；市场操纵法律与经济学分析的跨学科研究亦对操纵的经济原理、行为规律、市场表现、监管策略、规范控制方法等问题做出了积极的探索。[⑤] 但是，现阶段中国市场操纵法律与金融理论研究仍然在诸多方面存在进一步提升的必要与深化的空间。

在方法上，市场操纵法律理论研究缺乏资本市场概念与金融专业知识支撑，经济与金融理论研究也缺少对资本市场违法犯罪法律制度与市场效率之间关系的评估。尽管法律与经济、金融之间的跨学科研究正在逐步深入，但客观存在的知识结构壁垒，导致市场操纵等资本市场违法犯罪研究脱离金融原理基础与资本市场实际。尤其是法律理论研究与实务人员缺少足够的金融专业知识支撑，造成法律原理与金融原理、法律实践与市场机制之间的脱节。市场操纵等资本市场违法犯罪是根植于金融市场的犯罪行为，资本市场违法

---

① 王崇青：《"抢帽子"交易的刑法性质探析——以汪某中操纵证券市场案为视角》，载《政治与法律》2011 年第 1 期；何荣功：《刑法"兜底条款"的适用与"抢帽子交易"的定性》，载《法学》2011 年第 6 期；蔡奕：《证券市场短线操纵的界定与规制法律难点分析》，载郭峰主编：《金融服务法评论（第二卷）》，法律出版社 2011 年版；鞠曦明：《试论操纵证券市场罪中的"其他方法"》，载《犯罪研究》2010 年第 3 期；侯亚辉、李莹：《新型证券、期货犯罪若干问题》，载《国家检察官学院学报》2010 年第 1 期；陈建旭：《证券市场改革下的新形态证券犯罪》，载《哈尔滨商业大学学报》（社会科学版）2008 年第 6 期；张天一：《论证券交易法上散布流言或不实资料操纵价格罪》，载《中原财经法学》2008 年第 20 期；邵庆平：《论相对委托之规范与强化——从证券操纵禁止之理论基础出发》，载《月旦民商法杂志》2008 年第 19 期；高基生：《德国最高法院"抢帽子交易"案的判决及其启示》，载《证券市场导报》2006 年第 9 期；于莹：《论以虚伪交易方式操纵证券市场》，载《国家检察官学院学报》2003 年第 5 期。

② 林国全：《以散布流言或不实数据方法操纵价格》，载《月旦民商法杂志》2005 年第 7 期。

③ 王志诚：《证券市场操纵行为之规范构造及犯罪所得》，载《台湾法学杂志》2010 年第 165 期；周骏如、张雅芳：《证券、期货犯罪法律适用疑难问题研究》，载《法治论丛》（上海政法学院学报）2009 年第 2 期；陈舜：《操纵市场违法所得的计算方法》，载《中外法学》2005 年第 6 期。

④ 刘博：《完善操纵证券市场罪兜底条款的追诉标准》，载《人民检察》2010 年第 16 期；刘宪权：《证券、期货犯罪的刑事立法及其完善》，载《法学》2004 年第 5 期。

⑤ 张屹山、方毅：《中国股市庄家交易操纵的模型与政策分析》，载《管理世界》2007 年第 5 期；周春生、杨云红、王亚平：《中国股票市场交易型的价格操纵研究》，载《经济研究》2005 年第 10 期；张宗新、沈正阳：《内幕操纵、市场反应与行为识别》，载《金融研究》2007 年第 6 期；张宗新、潘志坚、季雷：《内幕信息操纵的股价冲击效应：理论与中国股市证据》，载《金融研究》2005 年第 4 期；赵涛、郑祖玄：《信息不对称与机构操纵——中国股市机构与散户的博弈分析》，载《经济研究》2002 年第 7 期。

犯罪法律理论研究必须以资本市场为基础、金融理论为起点，围绕资本市场、市场行为、市场参与主体、资本配置规律等核心要素的特征展开与犯罪行为有关的问题展开研究。但是，由于目前的法律理论研究普遍忽视对资本市场核心概念与基础逻辑的关注，造成资本市场违法犯罪监管、法律适用规则、立法建议、合规风控体系等脱离市场实际与金融现实。

方法论的局限进一步限制了市场操纵法律理论研究在内容上的解释能力与现实效果。侧重于规范研究，即对与市场操纵违法犯罪执法规则、法律适用、立法完善有关的问题，在纯粹的法律规范解释论与立法论的层面进行探讨，无法通过更为深入的金融行为解释与市场心理分析，揭示市场操纵的实质与机理，也难以通过缜密的类型化框架细化解构不同模式与结构组合下的市场操纵行为。由于没有在宏观层面审视资本市场效率与公平的价值平衡、在中观层面把握资本市场的运作机制、在微观层面分析操纵行为的内在机理，市场操纵法律监管制度安排与法治实践，既缺乏资本市场效率保护的导向性，又孤立、静态地束缚于法律框架之中怀揣着实现投资者保护功能的希望，导致法律（尤其是刑法）超越制度安排的有限性、忽视市场的调整能力，过度介入通过市场力量之间的有效竞争更有助于实现投资者高效保护的领域。脱离金融机理的法律规则造成司法实践的困惑，这种规则与司法实务层面的不确定性进一步加深了证券合规实务的困惑。

在结构上，与大陆法系、英美法系理论研究一样，中国法律与金融理论对于资本市场违法犯罪的分析存在类似的结构性缺陷。内线交易是资本市场违法犯罪理论研究与实践规制的重点领域，市场操纵研究的系统性、深度性、纵深性相对内线交易研究而言，呈现出一定的弱势。这主要是因为市场操纵的行为机理明显更为复杂、难以把握，需要依托的金融与法律专业知识也更为厚重，亟须积累更多的金融市场反操纵实践经验或者理论研究素材。

综合上述文献分析可见，全球法律与金融研究对市场操纵进行了广泛的理论探索，但依然存在诸多理论与实践创新空间：本书在既有的理论范式与实践经验的基础上，整合大陆法系体系性逻辑的优势、英美法系分析方法洞察力强的特点以及全球核心资本市场法律制度与判例实践[①]的优质内核，立足于中国资本市场与中国问题意识，尝试进一步优化市场操纵法律与经济学分析方法，通过以实用性为导向的、更为清晰的、易于理解的法律与金融分析框架阐释市场操纵的实质、行为机理、类型，以法律与金融、市场与制度的联动性思考方法，探索以市场操纵为代表的资本市场违法犯罪的系统性治理政策、执法司法规则优化路径、立法完善建议、合规风控管理对策，进而对符合金融市场发展趋势的制度性应对策略进行展望。

二、问题意识

市场操纵是造成资本市场资产价格畸高的狂躁与泡沫破裂后投资者崩溃及恐惧的重要原因，严重损害市场效率、摧毁投资者信心。市场操纵的行为内容可以概括性地表述为：操纵者对资本市场投资与融资、金融商品发行与交易、金融商品定价以及与金融商品有关的信息传递等市场运作机制的滥用。严重滥用资本市场机制的行为属性决定了市场操纵是资本市场中的核心违法犯罪类型。

通过资本、信息、经验、技术等市场竞争上的优势建构各种滥用市场机制的策略，剥削资本市场中其他参与者资本的操纵性市场行为，伴随着资本市场存在与发展的全过程。17 世纪荷兰郁金香狂热（The Tulipomania）、[②] 18

---

① 在涉及域外法治分析的部分，本书并非单纯进行制度介绍与案例铺陈，而是将制度、判例比较融入市场操纵实质问题的探讨。

② 1637 年，郁金香球根在荷兰各大城市引发抢购狂潮，价格飙涨，投机者哄抬价格谋取巨额利润。根本没有投资与交易经验的普通市民甚至收入极为有限的贫困阶层都通过借贷等方式参与抢购。整个荷兰的传统行业都因为郁金香狂热而被人们所忽略。但随着投机者开始在市场上不断高位抛售郁金香，几个星期之内郁金香价格暴跌至接近分文不值，郁金香泡沫快速破灭。关于郁金香泡沫最为著名的历史分析，参见 Charles Mackay，*Memoirs of Extraordinary Popular Delusions and the Madness of Crowds*，Library of Economics and Liberty，1852，pp. 6 – 19，http：//www. econlib. org/library/Mackay/macEx3. html，访问日期：2014 年 3 月 18 日。

世纪法国密西西比公司事件（The Mississippi Scheme）[①] 与英国南海泡沫事件（The South Sea Bubble）[②] 等近代欧洲三大资产泡沫中的市场操纵与内线交易，见证了最早期资本市场违法犯罪行为的表现形式。美国资本市场近20年来连续发生的安然（Enron）、世通（WorldCom）、泰科（TYCO）等上市公司极端重大欺诈案件以及金融危机后查处的一批资产管理公司、对冲基金等证券欺诈案件，[③]

---

① 兼具苏格兰经济学者与金融市场投机商身份的约翰·劳（John Law）于1716年在法国建立了通私银行（Banque Générale Privée），实际承担法国国债发行、政府接受的可兑换金银纸币发行的业务，并于1717年收购了密西西比公司并主要从事与法国在路易斯安那进行殖民有关的经济业务。同年，劳所控制的通私银行与密西西比公司共同建立了密西西比证券交易公司，垄断了法国政府在印度西部与北美地区的经济业务。密西西比证券交易公司的股票以法国国债进行结算，购买国债需要支付政府接受的可兑换金银纸币。劳通过一系列的行之有效市场策略夸大受法国殖民统治地区的财富，导致密西西比证券交易公司的股票在1719年被投机者疯狂炒作。为了维系极高的证券市场价格，劳通过大量印刷纸币回购密西西比公司股票。公司股票价格的持续飙升意味着需要印刷更多的纸币用以回购。然而，投机者在股价上涨、形成账面利益之后，纷纷抛售股票并将获利的纸币兑换成金银等硬通货，同时，1720年年底，法国政府宣布通私银行发行的纸币规模远超金银存储量。密西西比证券交易公司股票价格一路狂泻，泡沫最终破灭。参见 Niall Ferguson，*The Ascent of Money*：*A Financial History of the World*，The Penguin Press，2008，pp. 138 – 157；Stuart Banner，*Anglo-American Securities Regulation*：*Cultural and Political Roots*，1690 – 1860，Cambridge University Press，2002，pp. 41 – 88。

② 成立于1711年的英国南海公司系公私合营、旨在削减英国政府债务的公司。南海公司被英国政府授权垄断南美地区的经济业务。当时英国正与西班牙交战，并且南美实际上由西班牙所控制，故并没有合理的理由预期南海公司能够通过这种垄断经营的方式获取高额利润。然而，通过一系列的政府权力腐败、内幕交易等，南海公司以及其他共谋者使用公司资金炒作本公司股票，且通过股票抵押的方式进一步获取融资持续买卖南海公司股票，导致股价飙升至严重脱离其实际价值的水平。泡沫破裂之后，南海公司股票价格于1720年急速崩溃至最初的发行价格。参见 Richard Dale，*The First Crash*：*Lessons from the South Sea Bubble*，Princeton University Press，2004。

③ 2009年6月29日，纳斯达克股票市场公司前董事会主席伯纳德·麦道夫（Bernard Madoff）承认证券欺诈、虚假陈述等11项联邦犯罪罪名，美国纽约南区联邦地区法院判处麦道夫150年监禁。法院委托的清算机构评估麦道夫建构的“庞氏骗局”对投资者造成的实际损失超过180亿美元。参见 United States v. Bernard L. Madoff and Related Cases，http：//www. justice. gov/usao/nys/madoff. html，访问日期：2014年3月18日。2011年10月，美国纽约州南区联邦法院认定，全球著名的前对冲基金帆船集团创始人拉杰·拉贾拉特南利用从企业高管、银行家、顾问人员、交易商和包括高盛等在内的上市企业的董事会成员手中获取的非法内幕消息进行股票交易，非法获利6000余万美元，判决其构成内幕交易犯罪，根据《联邦量刑指南》，全部14项证券欺诈、共谋等罪名的量刑将在20年监禁；同案受审的帆船集团前对冲基金交易员芝威·高佛因直接负责执行具体的内幕交易被判处10年监禁。参见 U. S. v. Raj Rajaratnam，09 Cr. 01184 Rjh，（S. D. N. Y. ）；U. S v. Zvi Goffer，10 Cr. 56 Rjs，（S. D. N. Y. ）. 2012年3月6日，艾伦·斯坦福因在长达20年的时间内通过销售由其控制的斯坦福国际银行（Stanford International Bank）存托凭证建构“庞氏骗局”，造成投资者高达70亿美元的损失，被控11项证券欺诈罪名成立，被美国德克萨斯州南区联邦地区法院判决110年监禁。参见 United States v. Robert Allen Stanford et al. Court Docket Number：H – 09 – 342，http：//www. justice. gov/criminal/vns/caseup/stanfordr. html，访问日期：2014年3月18日。

欧洲金融市场近年来出现的瑞银（UBS）、巴克莱（Barclay）等金融机构操纵伦敦同业拆借利率（LIBOR）案件，[①] 以及中国资本市场20余年来陆续查处的一系列市场操纵案件，实际上都是资本市场与资本市场违法犯罪的历史重演。

市场操纵等资本市场违法犯罪的规制成效直接影响资本市场稳定与效率，故市场操纵监管及其效率构成了法律、金融理论与实践中极为重要的问题。作为市场滥用这一概括性市场现象中行为性质最为严重的行为类型，市场操纵受到市场与制度、金融与法律、民事、行政与刑事法律、普通民众、市场参与者与金融精英等多领域与阶层的高度关注。但是，尽管市场自律机制与合规制度对控制市场操纵等严重资本市场违法犯罪行为耗费了大量的成本，资本市场违法犯罪仍然周而复始地爆发且频繁触发结构性甚至是系统性风险，其根本原因在于现有的金融市场体系与法律制度深刻困扰于下列基本问题：

市场操纵的实质究竟是什么？市场操纵行为在金融市场实务中是怎样操作的？法律规范如何评价市场操纵内含的经济机制、金融行为与市场心理？应当以怎样的理论架构划分市场操纵行为类型，并准确分析不同操纵类型在法律规制体系中的基本定位？如何区分市场操纵行为、市场操纵行政违法或者侵权行为、过度市场投机行为、一般市场投机行为以及推动资本市场迅猛发展的竞争优势与创新机遇的正当交易策略应用？交易者如何在上述规范边界中确立准确的交易准则与合规遵从？法律制度是否应当以刑罚方式控制最

---

① 2012年6月27日，巴克莱银行与DOJ达成不起诉协议，承认其为了谋取自营以及客户的金融交易仓位的利益，实施了操纵伦敦银行间同业拆借利率（LIBOR）以及欧洲银行间同业拆借利率（EURIBOR）的行为，同意向DOJ支付1.6亿美元罚款，并继续配合正在进行的其他相关金融犯罪的刑事调查。根据该不起诉协议，巴克莱银行交易员的电子邮件、电话等通讯记录证实，在2005年至2009年期间，巴克莱银行独立或者联合其他银行，在相关期货、期权、互换等金融衍生交易市场建构以伦敦以及欧洲银行同业拆借利率为结算基础的衍生品交易仓位，并利用其对计算伦敦以及欧洲银行同业拆借利率的影响，提交有利于相关金融衍生品交易的拆借利率数据。巴克莱银行提交的虚假、误导性利率没有真实地反映银行间资金的获取成本，客观上影响了银行间市场固定拆借利率，并从中谋取了巨额衍生品交易利润。同时，不起诉协议肯定了巴克莱银行对于该起市场操纵案件所采取的内部报告措施：在2007年至2008年，巴克莱银行雇员向英国金融服务监管局、纽约联邦储备银行报告了巴克莱银行提交过低且没有合理反应伦敦银行间同业拆借美元利率的信息。DOJ在计算罚款时将之作为从轻处罚情节。参见 Douglas Keenan，“My Thwarted Attempt to Tell of Libor Shenanigans”，*Financial Times*，2012，July 27；Kristen Dooley，“The LIBOR Scandal”，32 *Review of Banking & Financial Law* 2（2012）。

为严重的市场操纵行为？如果资本市场刑法制度介入是理性的，如何富有效率地执行市场操纵的惩治任务与预防功能？如何在刑事司法、行政制裁以及民事诉讼体系中协调刑罚震慑、行政监管及资本市场参与者平等法律对抗或通过市场交易机制公平竞争的边界？法律规范与司法规则如何根据金融市场、互联网、交易技术、“去中心化”数字支付与交易系统暴发式增长等外部条件的变化调整有效规制资本市场违法犯罪的制度安排？

本书的理论与实践价值体现为：以上述问题意识为导向，通过市场操纵的实质、机理、类型的基础性理论分析与法律监管政策、司法规则、立法完善的实践性对策设计与合规安排，尝试回答这些困扰金融市场与制度规范的难题。

三、概念统筹

本书核心研究对象是市场操纵，但中国资本市场法律制度中只有《证券法》意义上的操纵证券市场、《期货交易管理条例》（《期货与衍生品法》）意义上的操纵期货市场以及《刑法》意义上的操纵证券、期货市场罪的规范表述，全球其他核心资本市场法律中对于市场操纵的概念使用也不统一。法律与金融理论使用市场操纵、市场操纵违法犯罪、股价操纵、市场滥用、证券欺诈等诸多类似概念。因此，有必要对市场操纵的内涵与外延进行统一界定。

现有法律理论中有关市场操纵概念界定的各种观点，[①] 无论是从概括的

---

① 中国法律理论长期以来并未在内容上深度分析市场操纵的概念。在1997年《刑法》最初设立操纵证券交易价格罪的阶段，传统刑法理论对于操纵证券交易价格罪的概念界定问题进行了一定程度的探讨。有学者认为，操纵证券交易价格罪是基于牟利、规避损失等目的，操纵证券交易价格，非正当地谋取经济利益、转移市场风险，情节严重的犯罪行为。参见高铭暄、马克昌主编：《刑法学》，北京大学出版社、高等教育出版社2000年版，第418页。同时，1998年《证券法》第71条明确了三个问题：一是所列行为均系操纵证券交易价格行为；二是所列行为的目的是获取不正当利益或转嫁风险；三是所列行为均是为实现获取不正当利益或者转嫁风险之目的的手段或方法。所以，也有学者认为，《刑法》第182条操纵证券交易价格罪在行为性质上与《证券法》的规定实质相同，只是《刑法》另外规定了情节严重要件，在行为严重程度上有所区别。参见胡启忠：《金融犯罪论》，西南财经大学出版社2001年版，第287页。还有学者认为，操纵证券交易价格罪是指行为人以法律明令禁止的各种操纵股票等证券交易价格的方式，非正当地谋取经济利益、转移市场风险，并且属于情节严重

视角归纳操纵证券期货市场犯罪的概念，还是强调以具体化列举的方式梳理操纵证券期货市场犯罪内容的概念，本质上都是一种“形式化”与“静止性”的概念——没有从操纵行为、资本市场以及两者关系的角度，也没有紧密结合资本市场的动态发展和全局对市场操纵进行实质且动态的界定，而只是对现有操纵证券、期货市场罪刑法规范或者证券法等相关反操纵条款的文字归纳与提炼，并在此基础上附加情节严重或者应当受到刑事处罚的刑法犯罪概念外形。从这个意义上分析，目前尚未形成实质化的市场操纵概念，或者没有在理论上实现符合金融市场运作机制与金融行为真实状况的动态化市场操纵概念。

市场操纵的概念并非源自中国法律规范体系内部，而是来源于英美、大陆法系证券法律监管规范。这是中国证券（期货）法或者刑法理论难以从实质的角度界定市场操纵违法犯罪的历史原因。市场操纵的英语表述为“Market Manipulation”；德语表述为“Marktmanipulation”；日语表述为“相場操縦（そうばそうじゅう）”。但是，即使是美国、英国、德国、日本等英美法系或者大陆法系中最先针对市场操纵违法犯罪行为进行法律规制的国家，其证券法、期货法、刑法等相关法律均未对市场操纵违法犯罪的概念进行界定，而只是通过类型列举的方式禁止特定类型的市场操纵违法犯罪行为。司法实践中，市场操纵行为通常与洗售（wash sales）、相对委托或配对指令（matched orders）等典型的资本市场中的非法操纵行为类型密切相关。在证

(接上页)

的犯罪行为。参见周道鸾、张军主编：《刑法罪名精释》，人民法院出版社1998年版，第290页。当然，理论上也有不少观点认为，应当在市场操纵概念中明确操纵证券交易价格罪在具体实施过程中所使用的犯罪模式或者方式。例如，有的学者认为，操纵证券交易价格罪是指行为人基于牟取交易利润或者规避损失、转移风险等目的，通过资本、持股、信息等方面的优势，操纵股票等证券价格，引导其他市场参与者从事证券交易，干扰正当的证券市场秩序，情节严重的行为。参见赵秉志主编：《破坏金融管理秩序犯罪疑难问题司法对策》，吉林人民出版社2000年版，第286页。在《刑法修正案(六)》将操纵证券交易价格罪修改为操纵证券市场罪之后，刑法理论对操纵证券、期货市场罪的概念进行形式上的更新，但实质的概念界定理念并没有改变。比较有代表性的观点认为，操纵证券、期货市场罪是指基于牟取交易利润或者规避损失、转移风险等目的，利用资本、持股、信息等优势，操纵证券、期货市场，情节严重的行为。参见最高人民检察院法律政策研究室、中国证券监督管理委员会法律部编著：《证券期货犯罪司法认定指南》，中国人民公安大学出版社2009年版，第75页；刘建：《资本市场安全与刑法规制》，中国人民公安大学出版社2009年版，第211页。

券法或刑法理论上，国外一般将资本市场中的操纵违法犯罪的实质内涵等同于证券欺诈（securities fraud）。因此，过于原则的证券欺诈与过于具体的操纵行为类型之间难以形成有效的缓冲与衔接，导致各国法律在空泛的欺诈内涵与具体的操纵类型之间，选择通过界定操纵行为类型的模式规定市场操纵违法犯罪。

市场操纵行为本身具有极强的变化性与发展性，导致法律规范难以确定地把握市场操纵的实质内涵。操纵行为与资本市场本身的发展紧密相关，资本市场中的全新交易品种或者交易方式，会导致行为的具体内容发生变化。没有引入信用交易机制时，行为人买卖实际并不持有的证券，构成市场操纵，而在证券交易制度建构融券交易的规范体系下，这种行为方式便不再具有违法犯罪的法律属性。操纵行为本身的易变性也是导致市场操纵较难进行实质界定的客观原因。

由于影响金融商品交易价格的变量在实践中极为复杂，操纵行为与资本市场变动之间的因果关系较难确认。而实质化的市场操纵概念本身的重要任务就在于梳理市场操纵行为与金融商品交易价格、交易量等变动之间典型的因果关系表现模式。市场操纵的概念界定实际上还包含了重要的政策导向因素。包括资本市场刑法保护在内的所有法律规范的建构与完善，都与资本市场发展的政策导向密不可分。在资本市场发展的初期阶段或者瓶颈时期，资本市场法律制度应当以繁荣市场为政策核心；在资本市场投机气氛过度膨胀或者金融资产泡沫岌岌可危的时期，资本市场法律制度应当以严格控制市场系统性风险为重任。可见，对市场操纵的概念进行实质化的界定，确实存在政策导向把握困难与难以协调的问题。

尽管资本市场法律历史发展、金融交易技术演进、金融法律政策导向等综合因素导致市场操纵的实质概念较难界定，但理论上仍然有必要从实质的角度对市场操纵的规范内容进行探索。笔者认为，正是市场操纵行为随着资本市场以及相关交易技术的发展而具有易变性，决定了市场操纵的概念分析应当具有一定的文本弹性与解释张力。同时，执法与司法的实践证明市场操纵的违法性必须建立在相关证券、期货等行政法律规范的基础之上，这决定了市场操纵的内涵界定应当与前置性法律规范本身保持一致性。所以，市场操纵的概念界定应当在理念上确立发展性与规范性、抽象性与具体性的协调与平衡，准确涵盖市场操纵的主观、客观、行为以及对象各个要素及其之间的关系。

从行为要素的角度分析，市场操纵行为的最低程度表现为对资本市场中金融商品、资本等基本元素的控制，最高强度表现为垄断。操纵行为就是通过人为的控制性直至垄断性力量，部分阻碍甚至绝对排斥资本市场价格发现机制与资本竞争机制的自然运行。在操纵行为的具体实施上，可以表现为通过金融商品交易行为或者与特定证券、期货、衍生品等金融商品有关的其他市场中的交易行为，影响金融商品供求关系，从而引发金融商品交易价格变动；也可以表现为通过不具有交易性特征的市场行为，例如，发布虚假市场信息、引诱他人从事相关交易等，影响资本市场中的金融商品供求关系，从而引发交易价格的波动、交易量的变化。

从结果要素的角度分析，市场操纵结果最直观的表现就是，经由操纵行为的控制，特定金融商品在一定的幅度范围之内震荡，稳定在相应的价格水平。受到操纵的金融商品的市场表现会出现上升、下降、维持不变、与其他证券、期货、衍生品交易价格运行挂钩等价格运行结果。

从因果关系的角度分析，特定金融商品交易价格维持在一定水平的结果，是由操纵者的交易行为直接导致的，或者是由操纵者的非交易行为间接影响的，即金融商品市场价格以偏离正常供需关系的方式进行变动的原因可归咎于操纵者的市场行为。

从主观要素的角度分析，行为人应当是故意，即明知其控制资本市场的行为会导致金融商品交易价格维持在一定水平而希望或者放任这种结果的发生。从违法性要素的角度分析，操纵行为应当是法律明确规定为违法的类型。

所以，市场操纵的实质化概念应当是：以违反证券法、期货法、衍生品法等金融法律法规的手段，人为控制资本市场，直接影响金融商品交易价格、交易量，或者间接影响投资于特定资本市场或者特定金融商品交易的资金流向，致使特定金融商品的交易价格、交易量处于在人为控制的状态，阻碍或者排斥资本市场正常运行机制、情节严重且根据刑法规范应当通过刑事处罚的方式进行预防与惩治的市场行为。①

四、研究方法

本书以法律与金融分析方法为中心对市场操纵的行为实质与运作机理展开研究，基于金融原理与资本市场现实特点提出以市场操纵为代表的资本市场违法犯罪的监管政策、法律规则与合规制度优化建议，同时在市场操纵实证分析的基础上充分结合中国资本市场实际情况，综合运用规范解释、比较法解释、历史解释的分析方法，实现市场操纵研究的纵深性与拓展性，确保市场操纵的法律观点契合真实的金融市场制度保护需求。

（一）法律与金融分析方法

法律与金融分析方法的实质是将法律与金融这两门不同的学科及其研究方法整合在统一的逻辑框架下，针对跨越法律与金融的行为或者现象进行纵深性与跨学科的解释。② 法律与金融分析的方法论应用基础是法律与金融在

---

① 需要注意的是，普通商品或者产品市场中亦有操纵行为，市场操纵显得比较笼统，本书所探讨的显然是资本市场操纵。但由于美国《证券交易法》、英国《金融服务与市场法》、德国《证券交易法》、日本《金融商品交易法》等成熟资本市场法律制度均明确使用市场操纵的规范表述，并且理论研究时一般均会开篇明确市场操纵的分析范围限定为资本市场，从方便国际交流、约定俗成、概念简洁、研究范围能够清晰界定的角度而言，本书仍然选择了市场操纵的概念。此外，市场操纵的表述似乎存在语法错误，“市场”不可能作为行为主体实施“操纵”行为，应当使用操纵市场的表述。但这种观察实际上是对市场操纵语法结构的误解。市场操纵是由“市场”这一名词与作为名词的“操纵”（manipulation 是名词）组合而成的专有名词，并非作为主语的“市场”与作为动词的“操纵”（注意此处的“操纵”并非动词 manipulate）构成的主谓词组。“市场操纵”显然不具有市场实施操纵行为的意义，而是行为人实施操纵行为对市场实行非正当控制这一经济与法律现象的名词提炼。当然，从市场操纵具体行为的角度对相关现象与事实描述时，完全可以使用操纵市场、操纵证券市场、操纵期货市场等行为描述性概念。

② 在方法论上更为通俗与流行的表述是法律与经济分析、法律经济学、法经济学等。法律与经济分析方法、制度经济学最早源于 20 世纪 60 年代罗纳德·科斯的著名论文《社会成本问题》。Ronald H. Coase, “The Problem of Social Cost”, 3 *The Journal of Law and Economics* 1 （1960），科斯经典论文的核心启示在于，真实的社会并非一个交易成本很小的环境；在各种不同的现实条件下，当事人之间的交易成本存在很大的差异。交易成本的客观存在与发现，为理论研究提供了非常富有意义的思维方法。首先，交易成本包括协商、信任、还价等不同形式，这些交易成本通常会很高。这就为产权的界定提供了异常重要的切入点。其次，公平并非不重要，但特定情形下，无论立法者采取何种模式建构制度，对于公平性不会产生实质性影响，但对于效率的影响却极为可观。在这种条件下，提升效率的考量就成为分析制度的核心指标。最后，制度设计必须考量每一种不同的产权界定规范下可能造成的结果，评估各种规范建构之后的利弊，然后才能进行最符合效率的取舍。不同制度设计方案所对应的“均衡”中，应当选择相对公平、资源配置效率更高的方案。在科斯提出交易成本、引领法律与经济分析方法之后，法律与经济学原理在公法与私法领域进行了广泛且深入的发展。1991 年，

理论研究与实践探索领域存在明确的客观交集——其一，法律规范以及相关制度设计对于金融市场、金融行为、金融实务、金融参与者具有活动规范的效力与经济效益上的影响。其二，经济、金融理论与实践的分析框架、范式、标准等能够对法律制度作用于金融领域的效用进行客观的评价与解释。

市场操纵的法律与金融分析就是动态运用两种思维路径分析同时构成法律问题与金融问题的市场操纵违法犯罪行为或者现象。①

思维路径一：以资本市场法律制度为框架分析作为金融问题的市场操纵。资本市场法律是整个经济与金融市场的制度要素。制度安排对于金融市场以及生成于该市场的操纵犯罪行为具有重大的效益性影响。制度是金融市场的运作规则，更是改变金融行为模式的重要因素。市场操纵法律与

（接上页）

罗纳德·科斯、圭多·卡拉布雷斯（Guido Calabresi）、亨利·曼勒以及理查德·波斯纳等四人在美国法律经济学会创始会议上被授予法律经济学科奠基人的称号。本书所使用的法律与金融分析方法与概念，实际上是法律与经济分析这一宽泛概念统筹下的子概念或者特定化之后的狭义范畴，即在广义经济、经济学概念之下的金融、金融学与法律、法学的实体规范、程序操作与方法论之间的交叉与跨学科解释。

① 本书在使用法律与金融分析方法阐释市场操纵相关问题的过程中，注意避免以下方法论层面的不合理因素。其一，避免经济学或者金融学原理的泛化使用。法律与经济分析或者法律与金融分析是一种非常有效的思维方式，能够充分揭示制度的理性、决策过程和改革路径，但并不一定适合所有的刑法、民法、宪法等制度问题的分析，应当谨慎地避免法律与经济分析的泛化使用。由于本书所分析的对象是市场操纵，对应的制度安排是资本市场法律规范，因此，金融市场、市场操纵行为、资本市场法律制度等法律与金融的交叉特点决定了法律与金融分析显然是最为有效、核心、重要的研究方法。市场操纵法律与金融分析方法的使用，不仅不会存在经济学理论与工具的滥用问题，而且能够有效地填补中国经济刑法研究在方法论上的缺失或者有限性。法律与金融分析有助于突破传统经济刑法研究局限于规范层面的解释与立法完善建议，使用金融原理检验经济刑法解释的合理性，以经济效率为原则分析相关经济刑法规范与措施的有效性。其二，避免经济学分析工具的庸俗化应用。本书重点使用符合资本市场与金融行为特征的金融原理、实践经验、数量金融实证研究报告等现有成果与方法，深度解构市场操纵，杜绝以经济分析或者金融分析的名义、不具有实质法律与经济分析价值的方法而进行简单化分析（例如，庸俗化的成本效益分析，即罗列制度成本与效益并进行机械对比）。其三，避免故弄玄虚且无实质政策完善价值的数量经济（金融）模型应用。市场操纵法律监管本质上是通过制度介入优化市场效率、通过经济效益评估改良政策内容的问题，分析方法与框架的建构必须以法律理论研究者与实践操作者能够切实理解为导向，而非以繁复的数量模型，将原本已经十分复杂的金融市场与法律监管问题进一步复杂化。事实上以科斯为代表的制度经济学先驱的经典论著都是以清晰、简洁、明快的分析方法阐释重大、宏观、复杂的制度与经济问题。因此，本书主要以法律理论与实践人员能够理解的方式阐述用以分析市场操纵问题的金融原理与金融市场实践经验，仅在确实需要论证的部分使用数量金融理论与实证的研究成果与方法。

金融分析旨在发现当前资本市场法律制度对于保障金融市场免受市场操纵侵扰是否具有效率，并在此基础上评估何种制度优化方式能够进一步提升市场效率。

思维路径二：以金融理论与实践为工具分析作为法律问题的市场操纵。金融理论、数量金融实证研究、金融实践操作经验等均是非常有效的分析工具，综合运用金融理论与实践中经典与最新的研究成果，将金融原理、数量分析方法、金融实践经验应用于市场操纵法律监管理论与实践，有助于对资本市场法律制度做出符合金融实际与金融原理的解释，促进市场操纵法律监管制度改革沿着优化金融市场效率的方向迈进。

金融市场法律制度的创新与变革能够极大地提升市场的运作效率。从历史解释的角度进行分析，证券市场生成与繁荣的基础在于法律制度逐步界定与确立了公司、股权、股东有限责任等基本要素。更大规模的证券市场与流动性注入及其延续，则需要依靠包括法律制度在内的更为广泛的公共政策设计。由于小规模投资者建构的关系长期固定的小型机构对于解决商业运作的代理成本问题而言更为有效与自然，在没有外部制度刺激的情况下，很难实质性影响庞大的证券市场流动性。以美国为代表的高流动性证券市场是有意识的制度建构与政策创新的产物。[①] 例如，美国设立证券交易委员会（以下简称 SEC）的目的之一是通过优化监管激励市场流动性，其推出的一系列政策更是如此：极为广泛的信息披露义务与严格的财务标准；卖空交易的报升规则的建构、废止以及重构；[②] 上市公司高管以及内部人证券交易的监管等。期货市场的产生与发展同样源自以法律规则为核心的制度创造。保证金、日内结算合约、交付商品质量中立判断标准等确保商品交易所能够提供合同履

---

① See Robert J. Shiller, *Macro Markets: Creating Institutions for Managing Society's Largest Economic Risks*, Oxford University Press, 1998, p. 12.

② 17 CFR 240. 10a – 1. 根据该项 SEC 规则规定，报升规则是指卖空交易价格必须高于最新的成交价。该卖空限制最初为 1937 年证券市场崩溃环境下的政策应对之一。2007 年，SEC 基于当时的市场环境以及相关实证研究认为，该项该卖空限制实际上已经转化为降低流动性的因素且对于控制市场操纵而言没有实质性效果，故而废除了报升规则。2008 年金融危机之后，SEC 于 2010 年重构了替代性报升规则——特定证券交易价格较前一交易日收盘价格下跌超过 10% 的，直至下一交易日的所有该特定证券卖空交易均适用报升规则限制。

行保证的规则创造了商品期货市场对特定商品进行价格发现、提供流动性的功能。现金结算合约促成了金融期货市场的诞生与持续创新，使得期货交易产品超越了可供交付的商品、现实的外汇等金融产品，拓展至理论上的金融指数产品。

所以，制度效率制约着市场效率，制度的内容定义了市场的运作。市场操纵是滋生于金融市场的违法犯罪行为类型，加之其复杂的行为结构深刻触及整个金融市场的资金、信息、权力监管的各个层面，市场操纵法律监管制度的优化对整个金融市场而言具有极为重要的价值。法律与金融分析中以法律制度解释作为金融问题的市场操纵，正是着力于完成通过制度优化提升市场效率的价值实现。

经济与金融理论、金融市场实践操作规律与经验、数量金融高级模型①等是分析市场操纵等资本市场违法犯罪以及法律制度介入效果最为有效与最具有针对性的工具。

有效资本市场理论诠释下的资本市场将信息纳入金融商品市场交易价格以及将信息作用于价格动态的机理，② 有助于深度解释作为经济与市场行为的市场操纵的实质、机理与具体运作模式。派生于有效资本市场理论的资本资产定价模型将持有风险资产的不确定性区分为系统性风险与特定风险，并认为对于理性投资者而言，唯一的市场风险是无法通过多样化的投资进行有效分散的系统性风险。③ 资本资产定价模型对于反市场操纵法律监管制度强调系统性风险控制而非专注于特定化风险控制具有重要的指导意义。市场效率与信号效率（市场信息）以及信息系统效率（生成、传递这种

---

① 本书不对各种金融原理的高级数理分析或者数学演示做深入展开，但数量金融分析文献在相关主题的论证内容中将予以注明。

② 关于有效资本市场理论的重要论述参见 Eugene F. Fama，“Efficient Capital Markets：A Review of Theory and Empirical Work”，25 *Journal of Finance* 383（1970）；Eugene F. Fama，*Foundations of Finance*，*Portfolio Decisions and Securities Prices*，Oxford：Philip Allan，1976，pp. 139 – 151；Eugene F. Fama，“Efficient Capital Markets：II”，46 *Journal of Finance* 1575（1991）.

③ 关于资本资产定价模型的重要论述参见 Eugene F. Fama & Kenneth R. French，“The Capital Asset Pricing Model：Theory and Evidence”，18 *Journal of Economic Perspectives* 25（2004）；Craig W. French，“The Treynor Capital Asset Pricing Model”，1 *Journal of Investment Management* 60（2003）；R. A. Korajczyck，*Asset Pricing and Portfolio Performance*，London：Risk Books，1999.

信息的机制）密切相关。[①] 针对资本市场信息运作机制与处理策略展开深度分析，有助于更好地解释市场操纵扭曲市场效率与信息完整性的行为策略。

具体而言，根据有效资本市场理论的理解，在一个富有效率的资本市场中，与特定证券交易相关的信息总是能够充分体现在金融商品市场价格之中。在所有市场信息公开的条件下，当前的金融商品交易价格不存在高估或者低估的问题——价格就是资本市场对该特定金融商品价值所形成的共识。[②] 市场价格快速反映既有信息，并以理性的方式吸收新信息，从而形成新的交易价格。[③] 资本市场完全有效运作的理论前提是市场完全竞争、市场无摩擦、[④] 市场参与者均为理性的利益最大化追逐者、市场信息无成本且即时性地传递至所有市场参与者。但是，完全有效的资本市场只是理论假设，真实的情况是资本市场存在大量的信息不对称、透明度很低。从这一表面现象出发，资本市场的系统平衡度与信息有效性[⑤]很大程度上取决于内线交易、市场操纵等资本市场违法犯罪的控制实效。然而，金融商品价格信息效率越高，滥用资本市场机制的市场操纵等违法犯罪行为的操作难度越大。所以，控制市场操纵等资本市场违法犯罪最为根本且有效的方式在于完成具有提高市场效率能力的制度安排，而非直接着力于控制特定违法犯罪类型的规范设计。

---

① William H. Beaver, Financial Reporting: An Accounting Revolution, Prentice Hall, 1997, p. 106; William H. Beaver, Market Efficiency, 56 The Accounting Review 23, 1981, p. 29.

② Ronald J. Gilson & Reiner H. Kraakman, The Mechanisms of Market Efficiency, 70 Virginia Law Review 549, 1984, p. 554.

③ William T. Allen, Securities Markets as Social Products: The Pretty Efficient Capital Market Hypothesis, 28 Journal of Corporation Law 551, 2003, p. 553.

④ 市场无摩擦的理论状态意味着所有金融商品完美分割且完全适于销售，即自由市场中没有交易成本、交易限制与监管。

⑤ 信息有效性是指金融商品市场交易价格准确且迅捷地反映与基础资产有关的所有信息的程度。参见 Virgilijus Sakalauskas & Dalia Kriksciuniene, "Evolution of Information Efficiency in Emerging Markets", in Emilio Corchado et al. eds., *Soft Computing Models in Industrial and Environmental Applications*, 6*th International Conference SOCO* 2011, Springer, 2011, p. 368; Elroy Dimson & Massoud Mussavian, "Market Efficiency", 3 *The Current State of Business Disciplines* 959, 2000, p. 961。

尽管在经济与金融理论上存在很多争议且自身具有一定瑕疵，但有效资本市场理论始终是理解资本市场及其定价机制的有效分析工具。同时，源于有效资本市场假说的市场欺诈理论促进了市场操纵等资本市场违法犯罪行为损害范围界定、因果关系界定等法律规则在司法实务中的便捷性与实用性，提升了法律监管措施震慑资本市场违法犯罪的实际效率。以市场操纵因果关系界定规则为例，扭曲资本市场价格形成机制的市场操纵不仅损害市场效率，而且对投资者利益制造了现实风险或者实际损失。在市场操纵介入因素与投资者损害结果之间，无须证明投资者的决策、交易及其损失结果具体源自市场操纵者的信息传递还是交易滥用行为。[①] 因为当资本市场价格不受市场滥用行为干扰时，投资者交易意向或者实际交易行为是资产价值评估、未来市场价格预期、投资与消费现实需要等要素的综合权衡。资本市场中的所有参与者都可以依赖这种反映资源配置效果的市场价格进一步评估经济决策。涉嫌市场操纵的行为介入资本市场之后造成价格形成机制扭曲的事实得以确认的，可以推定相应时间范围内从事资本配置行为的投资者所产生的损失应当归责于该涉嫌市场操纵的行为。

根据有效资本市场的理论设定，向市场传递全新信息可以依靠正式的信息披露实现，也可以通过交易与价格"解码"[②] 完成市场信息传递。交易与价格的"解码"是一种自由与内化的信息传导机制：交易所通过网络平台将基本交易信息（交易量与价格）即时公开；市场参与者通过观察其他交易者的价格行为，推论潜在的私有信息。"解码"机制发挥效率的市场前提是，交易者从事金融商品买卖的目的在于金融消费需求满足与获取预期回报。对

---

① 在排除场外交易具有确定的对应性交易对手的情况下，场内交易过程中所形成的金融商品买卖数据完全无法确认特定投资者的交易行为是基于市场操纵者实施的特定交易行为而触发的。同时，在市场操纵者发布虚假或者利益冲突信息的情况下，投资者至多只能在时间上证明其交易行为发生于操纵者的信息发布行为之后，而无法锁定操纵者的信息传递行为是其进行投资决策或者资本配置的原因。

② Thomas A. Lambert, "Overvalued Equity and The Case For An Asymmetric Insider Trading Regime", 41 *Wake Forest Law Review* 1046, 1107 (2006); Ronald J. Gilson & Reinier H. Kraakman, "The Mechanisms of Market Efficiency", 70 *Virginia Law Review* 549, 1984, p. 572.

于特定投资者群体而言，市场中突然出现或者未在市场预期范围内的金融商品价格变动，意味着其他市场参与者已经获取了全新的信息并据此重新评估了收益预期。这种“解码”机制对于市场操纵者与其他市场参与者具有双重的效果。

一方面，市场操纵者可以利用“解码”机制实现对资本市场或者特定金融商品交易的控制。例如，交易型操纵之所以能够实现资本市场控制并从中获取利益，其至关重要的市场基础就是“解码”机制。在对交易信息与价格数据进行“解码”的过程中，操纵者之外的其他资本市场参与者会将造成短期交易量释放与价格波动虚假信息，或者其他操纵者有意释放的信息，解释为基于重大未公开信息而实施的知情交易。“解码”后形成的市场观点会将交易者及其投资决策导入操纵者预期的资本配置模式。交易型操纵正是通过交易行为及其造成的价格变动，经由其他市场参与者对交易与价格的“解码”完成市场操纵。再如，信息型操纵是通过传递虚假性、误导性信息或者其他不正当信息传导手段，直接控制其他市场参与者的信息解释意见从而实现市场操纵。

另一方面，市场参与者对金融商品市场价格与交易信息进行“解码”，一定程度上蚕食了市场操纵者或者部分重大未公开信息知悉人员排他性获取的信息利益。因为“解码”机制具有第二次信息分配的客观效果。市场操纵者、上市公司高管或者其他知悉内幕信息人员以及基金等机构投资者大规模抛售股票，会导致股票市场价格快速跳水。资本市场中的非知情交易者通过大额资金动向，可以推断大额交易者是否持有尚未披露的重要信息，并据此跟随大额资金安排交易策略，从而导致市场操纵者很难在能够抵充融资成本、交易成本的金融商品市场价格上完成交易、套现。上述金融原理既能够充分解释各类市场操纵行为的获利机制，又可以有效凸显特定市场操纵行为在强大的市场运作机制下，其经济上的危害性并非不可控制。

现代金融理论的基本前提是投资行为理性与市场有效，具有信息优势的专业投资者或者信息交易者能够在交易成本较低的市场环境下迅捷地观测、发现、分析、锁定、利用资本市场短期错误定价，从事套利交易。这种信息交易使得机构投资者等具有信息优势的交易者获取交易利润，同时促进金融商品市场价格形成全新的平衡，继而更为准确地反映基础资产的真实价值。

然而，行为金融理论对传统金融理论的基石——投资者理性与市场有效性[①]——提出了直接的质疑与挑战。从20世纪90年代开始，金融理论逐渐开始从金融商品价格、股票分红、收益等问题的计量分析，趋向于以金融市场行为心理为基础的模型开发，行为金融研究领域日趋兴旺。金融市场见证了许多传统金融模型没有敏锐捕捉与深刻分析的市场异常现象，即经济行为主体在选择与判断时，非但不具有完全充分的信息基础，而且不具有完美的理性行为心理。行为金融正是重点从这些异常现象中解释市场主体的认知与情绪对于市场波动、资产价格异常、投机性泡沫的本质影响。

行为金融理论认为，理性人的界定本身就是不切实际的。[②] 市场信息的成本非常大，市场价格也不可能充分反映市场信息。这意味着投入信息成本的市场参与者无法获得有效的经济补偿与激励，实际上很难基于理性与市场有效性实施金融交易。[③]

在行为金融实证研究方面，历史性地分析证券价格数据显示，真实的资本市场价格波动幅度高于严格理性条件下的市场预期，这显然证明市场是由非理性心理而不是理性思考驱动的。[④] 行为金融实验证据还表明：投资者做

---

① 传统金融理论（有效资本市场理论）关于理性与市场有效性的三个基础性假定：（1）投资者推定为理性，所以其理性地对金融商品进行估价。（2）即使部分投资者在某种程度上是非理性的，其交易行为也是随机性的，因此，这种随机性交易互相抵消而不会对市场价格产生有意义的影响。（3）一部分、在某种程度上呈现出非理性状态的投资者会在资本市场中遇到理性的对冲交易者，后者通过竞争消除前者对市场价格的影响。Andrei Shleifer, *Inefficient Markets: An Introduction to Behavioral Finance*, Oxford University Press, 2002, p. 2.

② See Daniel Kahneman, "Behavioral Economics and Investor Protection: Keynote Address", 44 *Loyola University of Chicago Law Journal* 1333, 2013, p. 1333.

③ See Sanford J. Grossman & Joseph E. Stiglitz, "On the Impossibility of Informationally Efficient Markets", 70 *American Economic Review* 393, 1980, p. 405.

④ See Robert J. Shiller, "Do Stock Prices Move Too Much to Be Justified by Subsequent Changes in Dividends?" 71 *American Economic Review* 421 (1981).

出决策的依据通常都是经验法则[①]而非信息获取、整合与分析；[②] 资本市场中的投资者如同所有社会中的行为个体一样，在决策过程中会显示出非常强的行为偏见与非理性。[③] 主张资本市场参与者以利益最大化的理性为导向从事相关交易行为的理论，反而显得相当“不理性”。资本市场中的经济行为具

---

① 这里的经验法则是指人们在面对不确定性时为了解决问题或者判断选择而使用的经验程序或者策略，具体包括代表性法则、可用性法则、定锚法则。代表性法则是指人们对事件可能性评估受制于样本信息与全及总体的相似性程度。在做出决策时，人们倾向于尽可能地寻求与过往模式最为匹配的元素，而忽略实际上可以观察到的模式匹配可能性。同理，代表性法则在资本市场中表现为投资者较大程度地受到近期信息的影响，忽略与判断效率匹配性更高的其他定性或者定量信息，追逐其主观认定的趋势，或者对近期价格信号表现出过度反应。即使在基础资产价值或者深层因素严重缺乏对应条件的情况下，投资者仍然倾向于将金融商品价格模式与当前引发各界关注的、具有一定持续性的价格趋势进行配对，而事实上其观察到的这些极端现象不可能按照预期的收益回报水平在市场中重复性地发生。可用性法则是指人们在评估特定事件发生的可能性时受制于信息呈现于脑海中容易/困难的程度，这种信息搜索或者回忆偏向，决定了人类判断与选择受到其更为熟悉与敏感的信息、经历、感觉的影响。定锚法则是指人们在评估特定事件发生机率时，通常会先建立一个参照点，然后根据所观察的信息在参照点的基础上进行调整。但事实上参照点会制约调整的效率，参考点的确定意味着评估体系的确定，人们通过记忆的唤起建立参考点。当前的信息与事件基于记忆与印象更为深刻，在参考点的建立过程中起到关键作用。在资产定价时，投资者倾向于根据当前信息建立定价参照点，当前信息与资产价值之间的偏差导致预期收益偏离现实。定锚法则深刻凸显出普通投资者信息劣势的本质——非信息交易者的定价误差并非完全源于信息的不充分性。相反，信息过度也是预期收益低于现实收益的重要因素。在市场中存在各种各样的信息时，当前信息具有更大的影响力，相应的，当前的市场定价是非信息交易者预期未来价格的重要因素。See Daniel Kahneman & Amos Tversky, “Subjective Probability: A Judgment of Representativeness”, 3 *Cognitive Psychology* 430 (1972); Amos Tversky & Daniel Kahneman, “Availability: A Heuristic for Judging Frequency and Probability”, 5 *Cognitive Psychology* 207 (1973); Amos Tversky & Daniel Kahneman, Judgment under Uncertainty: Heuristics and Biases”, 185 *Science* (*New Series*) 1124 (1974); Amos Tversky & Daniel Kahnema, “Advances in Prospect Theory: Cumulative Representation of Uncertainty,” 5 *Journal of Risk and Uncertainty* 297 (1992); Jörgen Vitting Andersen, “Detecting Anchoring in Financial Markets”, 11 *Journal of Behavioral Finance* 129 (2010).

② See Daniel Kahneman & Amos Tversky, *Choices*, *Values*, *and Frames*, Cambridge University Press, 2000, p. 189; Amos Tversky & Daniel Kahneman, “Judgment under Uncertainty: Heuristics and Biases”, 185 *Science* (*New Series*) 1124, 1974, pp. 1124 – 1126.

③ See Daniel Kahneman & Amos Tversky, “Prospect Theory: An Analysis of Decision under Risk,” 47 *Econometrica* 263 (1979).

有典型的有限理性[①]与认知偏见并非单纯是投资者无知。偏见实质上是整合了人类智能优势及其弱点的社会行为，并且这种有限理性与认知偏见是系统性的。[②] 正是系统性的人类行为非理性造成了资本市场的错误定价。[③] 在行为理论深入金融领域解释市场与经济行为的引领下，法律理论也随之对行为与认知在法律（尤其是刑法）实践中的应用问题进行了深入探索。[④] 行为金融将分析视角从价格与信息转向市场参与者行为，强调从心理维度出发分析金融行为，[⑤] 联合应用认知心理学与金融经济学的理论与实证调查结果，解释

---

① 有限理性（Bounded Rationality）是行为经济与金融理论最重要的概念之一。有限理性概念的提出起源于行为心理学，并经由诺贝尔经济学奖获得者赫伯特·西蒙解释为经济决策定义因素而延伸至经济学的概念。有限理性是对传统经济理论理性前提假设的矫正以及更符合现实情形的描述。根据有限理性的阐释，人类选择行为往往不仅无法做出效用最大化的决策，而且会基于认知限制、动机限制及其两者之间的互动关系导致选择行为偏离理性。Daniel Kahneman，"Maps of Bounded Rationality：Psychology for Behavioral Economics"，93 *The American Economic Review* 1449（2003）；Gerd Gigerenzer & Reinhard Selten，*Bounded Rationality*：*The Adaptive Toolbox*，MIT Press，2002；John Conlisk，"Why Bounded Rationality?"，34 *Journal of Economic Literature* 669（1996）；Herbert A. Simon，"Bounded Rationality and Organizational Learning"，2 *Organization Science* 125（1991）；Herbert A. Simon，A Mechanism for Social Selection and Successful Altruism，Science 250（4988）：1665（1990）；Herbert A. Simon，"Rationality as Process and Product of Thought"，68 *American Economic Review*：*Papers and Proceedings* 1（1978）；Herbert A. Simon，*Models of Man*：*Social and Rational*，Wiley & Sons，1957，pp. 261 271；Herbert A. Simon，"A Behavioral Model of Rational Choice"，69 *Quarterly Journal of Economics* 99（1955）.

② See Daniel Kahneman，"Maps of Bounded Rationality：Psychology for Behavioral Economics，" 93 *American Economic Review* 1449，2003，p. 1449.

③ See Robert J. Shiller，*Irrational Exuberance*（Second Edition），Princeton University Press，2009，pp. 179 – 180.

④ 例如，保罗·罗宾逊教授等从潜在犯罪人是否了解法律规则、在了解法律规则的基础上是否将对法律的理解作为指导其行为的依据、行为情境、社会文化与环境、生理因素如何影响刑法制裁效果等方面处罚，在行为科学与社会心理既有研究成果的基础上分析刑法规范以及刑事司法实践的是否具有震慑效果以及评估这种震慑效果的应然基础，反思刑事责任的有效性问题。See Paul H. Robinson et al. eds.，*Criminal Law Conversations*，Oxford University Press，2011，pp. 105 – 116；Paul H. Robinson & John M. Darley，"Does Criminal Law Deter? A Behavioral Science Investigation"，24 *Oxford Journal of Legal Studies* 173（2004）；Paul H. Robinson & John M. Darley，Justice，*Liability and Blame*：*Community Views and the Criminal Law*，Westview Press，1996. 再如，妮塔·法拉哈尼教授主编的《行为科学对刑法的影响》完整地覆盖了行为科学对刑事政策、刑事立法、刑事司法乃至刑法理论一系列影响的分析，全面论述了行为科学与刑事法治实践的现实关系以及未来法律与社会背景下可能凸显的政策与道德争议。See Nita A. Farahany eds.，*The Impact of Behavioral Sciences on Criminal Law*，Oxford University Press，2009.

⑤ See Richard A. Posner，*The Crisis of Capitalist Democracy*，Harvard University Press，2010，pp. 249 – 305.

金融市场参与者个体并不以理性为基础的偏见、决策与行为。[①] 搜索全新信息与基础价值在金融投资与投机过程中显得并不重要。[②] 市场剧变与过度波动实际上是非理性投资者对于现有信息流的过度反应。[③] 市场充斥各类利好或利空信息，乐观或者悲观的投资者都会通过各自的交易行为介入市场推动金融商品交易价格的涨跌。[④]

行为金融理论中的特定模型能够有效地应用于与市场操纵有关的特定法律问题的分析。以行为金融理论中的混沌原理为例——资本市场中所有的信息都是有意义的，只是无法使用线性轨迹描述或者根据单变量预测特定信息对于金融商品市场交易价格的作用。[⑤] 信息价值不是一个是否存在的问题，而是能否以及如何被发现与解释的问题。信息与价格之间的动态关系形式上具有随机性，但实质上蕴含着复杂但又确定的模式或者解集。[⑥] 实践中完全无法在市场信息体系中区分扭曲信息与其他信息单元对价格形成机制的作用，也根本无法精确地量化特定的市场操纵等资本市场违法犯罪行为所指向的、

---

① See Ronald J. Gilson & Reinier H. Kraakman, "The Mechanisms of Market Efficiency Twenty Years Later: The Hindsight Bias," 28 *Journal of Corporation Law* 715, 2003, p. 723; Daniel Kahneman, Paul Slovic & Amos Tversky, *Judgment Under Uncertainty: Heuristics and Biases*, Cambridge University Press, 1982, p. 129; Amos Tversky & Daniel Kahneman, "Judgment under Uncertainty: Heuristics and Biases", 185 *Science* (*New Series*) 1124, 1974, p. 1124 – 1126.

② See Lawrence A. Cunningham, "Behavioral Finance and Investor Governance," 59 *Washington & Lee Law Review* 767 (2002); Lawrence A. Cunningham, "From Random Walks to Chaotic Crashes: The Linear Genealogy of the Efficient Capital Market Hypothesis", 62 *George Washington Law Review* 546 (1994).

③ See Andrei Shleifer, *Inefficient Markets: An Introduction to Behavioral Finance*, Oxford University Press, 2002, pp. 28 – 53; Andrei Shleifer & Lawrence Summers, "The Noise Trader Approach to Finance", 4 *Journal of Economic Perspectives* 19 (1990); Lawrence Summers, "Does the Stock Market Rationally Reflect Fundamental Values?", 41 *Journal of Finance* 591 (1986).

④ See Lawrence A. Cunningham, "Capital Market Theory, Mandatory Disclosure and Price Discovery," 51 *Washington & Lee Law Review* 843 (1994).

⑤ See Patrick J. Glen, The Efficient Capital Market Hypothesis, Chaos Theory, and the Insider Filing Requirements of the Securities Exchange Act of 1934: The Predictive Power of Form 4 Filings, 11 Fordham Journal of Corporate & Financial Law 85, 2005, p. 100; Lawrence A. Cunningham, "Capital Market Theory, Mandatory Disclosure and Price Discovery", 51 *Washington & Lee Law Review* 843, 1994, p. 857.

⑥ See Arno Berger, *Chaos and Chance: An Introduction to Stochastic Aspects of Dynamics*, Walter De Gruyter, 2001, p. 1; Thomas Lee Hazen, "The Short-Term/Long-Term Dichotomy and Investment Theory: Implications for Securities Market Regulation and for Corporate Law", 70 *North Carolina Law Review* 137, 1991, p. 159.

信息或者交易行为所内涵的、与金融商品供求关系关联的信息对于价格产生的具体影响。混沌原理对于解释以信息控制为中心的市场操纵行为并不直接控制金融商品的经济机理与行为特征尤为重要，其能够有效揭示价格操纵并非市场操纵的全部实质内容。①

再以行为金融对市场操纵、资产泡沫、金融危机的互动性关系解释为例，投资者的非理性行为造成并维持了金融商品价格与基础资产价值之间的系统性偏离。金融市场中的专业分析人员以及其他机构投资者，会有效利用这种非理性投资者行为实现自身利益最大化，从而加速或者放大价格泡沫。② 市场操纵不仅通过制造虚假的价格信号激发投资者行为体系中固有的非理性因素，而且会受到市场中由非理性投资导致的资产泡沫的影响，更需要借助金融市场投资者有限理性及其所维持的资产泡沫，在出现系统性危机之前套现从而谋取现实的交易利润。因此，系统性的市场操纵等资本市场违法犯罪行为与非理性投资行为的交替与叠加，共同构成了系统性风险与金融危机的成因。行为金融理论关于投机性泡沫与危机的解释有助于引导法律制度安排将主要监管资源配置于滋生系统性风险的市场操纵的规制。

综合分析有效市场理论与行为金融理论可见，行为金融更多地是以“后现代”的方式对传统有效市场假说的各种基本原理、核心意见、主要方法等提出挑战。但传统有效市场理论与行为金融理论在有针对性地、分配性地应用于市场操纵法律与金融分析过程中并不存在根本抵触。有效市场理论在宏观层面解释信息市场、信息效率问题时更具合理性，行为金融理论在解释非线性问题与个案阐释时能够提出更有力的论证。资产定价显然会受到人类行为中的系统性偏见与非理性因素影响，但是，比较地分析，资本市场仍然是目前最为有效且尚无替代性机制的资源配置方式。以持续促进效率定价为导向的资本市场制度相对于其他配置资本资源的机制而言具有显而易见的优势。关键问题在于如何设计、发挥以及运作资本市场中的有利于提升效率的因素。有效资本市场理论与行为金融理论都着眼于资本市场制度性细节的优化设计

---

① 相关观点的具体内容及其论证，参见本书第一章市场操纵实质解构部分的详细分析。

② See Richard A. Posner, “Behavioral Finance before Kahneman”, 44 *Loyola University of Chicago Law Journal* 1341, 2013, pp. 1343 – 1349.

解决法律与金融问题，只是前者从理性的视角观察制度失灵，后者从认知局限的视角发现人类行为有限性作用下的经济效应。市场操纵法律与金融分析能够整合传统与“后现代”金融原理的不同优势，对市场操纵法律监管制度做出符合金融市场现实的解释，并对法律制度介入金融市场后的效果进行合理的评估。

无论理论与实务界对法律与经济分析在理论学科、实践应用层面的价值或者合理性持有怎样的保留意见，金融犯罪与金融监管显然是使用法律与金融分析方法最为适宜且最能发挥其强大的解释能力的领域之一。不仅如此，脱离或者基本脱离经济与金融原理，事实上根本无从解释金融犯罪与金融市场监管问题。在市场操纵法律与金融分析方法的应用结构上，传统资产定价理论与行为金融理论各具针对性。市场操纵者在行为目的上明确的利益驱动性以及市场操纵在行为结构上的缜密性与复杂性决定了从信息效率与市场有效性的角度解释市场操纵显得更为有效。同时，尽管行为金融理论对人类行为的阐释与说明尚具争议性、实验性且未达到内部统一与确定，[①] 但其毫无疑问地完善了法律与经济理论对真实的金融市场以及相关金融市场违法犯罪行为与监管制度的理解。在分析市场操纵法律监管制度的功能、发展方向等问题时，合理地使用行为金融原理，有利于在理论上充分地还原真实的资本市场违法犯罪、市场环境与监管现状并提升政策设计与规范建构的针对性与现实可操作性。

为了在交叉解释经济行为（市场行为）以及法律行为（犯罪行为）的过程中，确保促进监管政策、法律制度、司法规则的制定者、执行者以及法律理论研究者充分理解相关经济概念、金融理论以及资本市场信息与价格的运行机制，本书重点运用金融原理还原市场操纵的经济行为本质与行为机理，合理解释反市场操纵法律规范，反思法律理论在既有规范（包括刑法以及证券法、金融监管法规、规章等罚则性与监管性规范在内的所有与市场操纵相关的法律规范）框架下解释资本市场违法犯罪的局限性，探索优化资本市场

---

① See Richard J. Taffler, “The Representativeness Heuristic”, in H. Kent Baker & John R. Nofsinger eds., *Behavioral Finance: Investors, Corporations, and Markets*, Wiley, 2010, p. 264.

违法犯罪控制效率的制度安排。法律与金融分析方法在覆盖市场操纵法律监管制度解释与规范完善问题的同时，还能够阐释传统法律研究框架较难说明的法律制度如何提升市场资源优化配置、有效激励金融市场创新、释放市场经济与投资者（投机者）潜能等问题。

（二）实证分析方法

全球主要资本市场已经形成判例的市场操纵案件以及与市场操纵紧密关联的金融市场重大事件，是研究市场操纵行为、资本市场法律监管实践最为重要的资料。通过不同视角进行背景探究、历史审视、特征归纳、信息挖掘、情况分析、法律适用解析等，市场操纵刑事判例与市场操纵关联事例的实证分析能够对依托于全球金融市场宏观形势、发生于中国资本市场不同经济与金融发展时期的市场操纵实质、行为特征、逻辑规律、经验提炼等问题进行富有效率的整合，反思与检讨以刑法规范为中心的市场操纵法律监管系统的效率，为制度改良提升资本市场效率的总体宏观机制布局提供充分的实证研究基础。

本书整合了1997年《刑法》实施之后中国资本市场中发生的市场操纵案件信息，以市场操纵的实质、机理、类型、政策、规则、立法完善的逻辑进路纵向性地分析进入中国法院审判程序并最终结案的市场操纵案件。全方位的市场操纵实证研究不仅有助于了解市场操纵行为的实质与特征，并以此检验与市场操纵有关的一系列法律与金融理论分析、假设，而且能够敏锐地发现市场操纵法律监管的技术性难题以及交织法律制度与金融市场的系统性、制度性障碍与困境，提出有针对性的合规建议。本书不仅深入分析中国资本市场中的市场操纵判例，而且以个案解析的方式对全球成熟资本市场国家和地区发生的重大市场操纵案件展开深入研究，在揭示全球市场操纵行为发展历史与最新动向的同时，积累域外市场操纵法律监管实践经验。

（三）综合性与纵深性解释方法

市场操纵研究的核心内容就是从不同的分析视角解释与市场操纵违法犯罪有关的经济与法律现象。只有准确地解释市场操纵现象，才能把握市场操纵的行为实质，提炼与归纳政策、规则与法律完善的方案与策略。本书采取综合性与纵深性分析方法对市场操纵问题进行多层次解释。解释的综合性特征体现在规范解释、判例解释、比较法解释、历史解释等各种解释方法的整合与统一。解释的纵深性特征体现在各种解释方法的使用过程中注重以问题为导向，将通过规范、判例、比较、历史分析等论证方式得出的观点与理由，有机地融合在市场操纵问题分析的进程之中，而非叙述性地对市场操纵法律监管难点、各国法律制度与实践、历史沿革等进行铺成。

具体而言，市场操纵规范解释方法的基本作用在于说明法律规范意义上的市场操纵的构成与实践判断规则。但本书所运用的规范解释不局限于分析市场操纵构成要件理解与行为司法认定中的实践性疑难问题，而是尝试在整体金融市场的架构中解释市场操纵行为与金融市场运作机制之间的关系，在更为宏大的金融市场视角中剖析市场操纵行为与市场机制滥用、内线交易、重大未公开信息、公司治理、过度投机、金融欺诈、交易技术竞争的互动性关系，更为准确地把握资本市场刑法与其他制度性安排有机地、联动性地保护金融市场运作机制、提升市场效率的路径。

在判例解释上，本书不仅深入分析中国资本市场中的市场操纵判例，而且以个案深度解析的方式对成熟资本市场国家和地区发生的重大市场操纵案件展开深入研究，在揭示全球市场操纵行为发展历史与最新动向的同时，积累域外市场操纵法律监管实践经验。

市场操纵比较法解释则纵深性地聚焦于中国、美国、欧盟、日本等资本市场中的市场操纵经济现象、法律监管规则、判例的深度分析。在涉及法律制度文本的部分，本书重在细致且拓展性地对法律规范进行实质论述与技术分析，而非单纯进行资本市场违法犯罪法律监管制度介绍。比较法解释的价值在于：通过对美国、欧盟及其主要成员以及日本等金融市场发生的市场操纵行为以及反市场操纵法律监管应对机制的纵深性比较，在金融市场发展水平、金融市场监管技术、法律规范建构与应用现状等问题的异同辨识与反思中，提出中国资本市场违法犯罪法律监管制度借鉴域外经验优质内核与探索本土化实践路径的思路。本书使用的比较法解释分析区别于传统比较法研究的主要特点是，没有以反市场操纵法律规范文本为比较轴心、集中专门章节对相关法律条文进行单纯与静态的分析，而是重点以成熟金融市场法律制度与执法司法实践中的特色性机制为核心，将域外立法、司法以及理论研究成果精华融入市场操纵具体问题的解释过程之中进行批判性考察，并在结合中国资本市场与法律监管实际情况的基础上，形成有关市场操纵实质、机理、类型、规制策略、立法完善可行性建议的原创性意见与论证。

没有什么能够比在历史上反复重现的资本市场泡沫更为清晰地展现作为人性组成部分的忘性——人类事实上很难做到以史为鉴。[①] 以历史的视角解构市场操纵等资本市场违法犯罪的宏观背景、经济动因、经验教训等显得尤为必要和迫切。本书所使用的历史解释方法集中表现为，通过对市场操纵经典案例、全球资本市场违法犯罪法律规制历史沿革的分析，动态地解释金融市场的不同发展阶段所出现的不同类型的市场操纵问题，以金融市场与市场操纵行为的双重视角，从历史事件与历史规范中，勾勒市场操纵行为的演进逻辑与法律规制的实践经验。市场操纵的历史解释方法具有非常重要的指导价值。历史分析揭示了以市场操纵为代表的资本市场违法犯罪行为，实际上是一个不断轮回与重复的进程。新型的市场操纵行为类型归根结底，都是历史上曾经发生的市场操纵模式的变种，只是金融市场交易技术发展与金融产品创新在结构上将这种具有变迁外观的历史重演复杂化了而已。历史解释的观点有助于促进法律与金融理论研究强化对市场操纵本质的把握，在分析相关法律与金融问题时，避免受困于新型且复杂的市场操纵行为策略与结构。

五、逻辑进路

尽管在社会公众、资本市场以及监管领域广泛地认可市场操纵是造成资本市场机能紊乱、资本配置错位、金融危机的可归责因素，但市场操纵的行为本质、实质危害、行为类型、运作机制、市场影响、监管程度、合规举措等基本问题仍然没有得到充分的解释。现有的法律与金融理论甚至对市场操纵的概念设定、基本内涵都无法形成相对稳定、完整、统一的论断。市场操纵理论与实践基本问题的认识模糊与分歧、解释障碍与困惑的症结在于，传

---

① See Niall Ferguson, *The Ascent of Money: A Financial History of the World*, The Penguin Press, 2008, p. 122.

统证券期货犯罪刑法理论及法律与经济分析没有从市场操纵机理的视角进行深度解构，无法对复杂的市场操纵策略与实际交易结构做出准确的经济解释并将认识偏差传导至法律制度，最终导致监管规范建构的混乱模糊、执法司法合规实践的不知所措。

本书所建构的市场操纵行为机理解释框架，其核心内容是从资本市场操纵者为实现利益获取或风险转嫁的特定目的所实施的操纵性策略与交易、操纵行为系统结构中各要素的内在运作方式及其在特定资本市场环境条件下的相互联系与作用等现象的法律与经济解释中，确定市场操纵的实质、类型及其核心特征，并在此基础上设计有针对性的市场操纵政策控制导向、法律监管原则、合规管理与风险控制策略。市场操纵行为机理分析的价值在于从本质上把握市场操纵的实质、行为内容及其内部结构，解释市场操纵行为的真实样态、把握监管政策的基本定位以及实现法律制度、司法规则、合规体系的优化建构。

本书以层进式的逻辑进路对市场操纵展开法律与金融分析：

导论在细致的文献综述基础上揭示市场操纵国际与国内研究现状、态势、成绩、缺陷以及理论与实践创新空间，提出以法律与金融分析为核心、配合综合性和纵深性的解释方法及实证分析，阐释市场操纵的实质、行为机理、类型，以问题意识为导向，探索以市场操纵为代表的资本市场违法犯罪的系统性治理政策、执法司法规则优化路径、立法完善建议，进而对符合金融市场发展趋势的制度与合规应对策略进行展望。

第一章“市场操纵的实质解构”直接切入市场操纵的本质问题，在综合分析全球主要资本市场金融实践及其法律框下的有关市场操纵实质问题的理论观点与实践认识的基础上，提出全新的、可供实践应用的、充分反映资本市场真实运作机制的市场操纵实质的解释，并据此作为立法、执法、司法、合规的逻辑基础。

第二章“市场操纵的机理与类型”首先解释了市场操纵的机理整体上表现为操纵者通过实施能够向市场传递误导性信号的交易行为，直接影响金融商品市场交易价格，或者通过信息发布诱导市场投资者（投机者）参与特定的金融商品交易而间接影响证券、期货或者衍生品等市场交易价格，同时从事相关金融投资、衍生交易或者私有合约，并从中获取经济利益。然后，在市场操纵的实质探索与机理分析的基础上，进一步对市场操纵进行系统性的类型化解构，深度分析市场操纵的基本类型以及各种行为模式在经济上的运作机理与刑事违法性实质，据此延展性地建构市场操纵的核心法律要素，有利于为控制市场操纵的法律实践提供程序上证据方向定位与实体上构成要素配置的政策引导。

第三章“市场操纵的监管政策与合规原则”建筑在市场操纵实质、机理、类型等契合金融原理与资本市场运行机制的犯罪行为分析基础之上，提出了市场操纵法律监管与合规管理的基本原则以及针对交易型与信息型操纵本质特征的策略：资本市场刑法制度应当以保护市场与信息效率为导向，容忍资本市场的固有风险与投机行为，重点监控市场信息风险。资本市场交易技术、策略、资本等方面的竞争程度不断深化、竞争态势愈发激烈，既淘汰了大部分的洗售、相对委托等孤立使用传统模式的市场操纵行为，又决定了交易型市场操纵会形成相对较强的自我遏制性。交易型市场操纵法律监管应当适度节省制度成本，从而集中优势资源聚焦于规制严重损害资本市场信息效率的跨市场价格关联操纵。云计算、移动互联网、社交网络等全新的信息技术与信息互动媒体推动了市场信息传递效率的实质性提升，也导致了虚假市场信息传递成本更低、市场影响更大的现实后果，反市场操纵法律监管应当将节省的部分反交易型操纵制度资源，优化配置于资本市场虚假信息行为的预防、监测与惩治。利益冲突是抢帽子交易操纵的违法性本质，应当通过信息披露规则的完善，限制利益冲突对资本市场参与者的损害。证券合规显然应当在技术上强化交易数据指标的风控，更为重要的是对信息风险与利益冲突风险进行有效管理。

第四章“市场操纵的规范解释与合规措施”在市场操纵实质、行为机理、法律实践技术性难题的发现及其基本应对政策进行深度阐释与总体论证的基础之上，结合资本市场中市场操纵案件司法实践问题，逐一对虚假交易操纵、实质交易操纵、利益冲突操纵、虚假信息操纵等行为模式在法律适用上的复杂、疑难、实践问题展开分析，为实务部门提供洗售、相对委托、连续交易、抢帽子交易、蛊惑交易等各种市场操纵行为实践认定的规则建议，为证券市场交易者提供合规交易的制度建议。本章立足于中国资本市场违法犯罪法律制度，以市场操纵规范解释为核心，对资本市场违法犯罪法律控制实践中的重点难点问题做出符合罪刑法定原则、资本市场效率保障需求的法律解释，系统化地建构合理的市场操纵法律风险控制规则，为市场操纵法律规制与合规管理困境的切实解决，提供法律与金融原理互为契合的理论支撑与实践标准。

第五章"市场操纵司法解释疑难问题与证券合规启示"针对实际控制账户、新型市场操纵模式、市场操纵定罪量刑数量标准、违法所得计算方法等重大且疑难问题展开深度分析，并据此就交易者的账户管理、新型操纵风险控制、证券交易合规遵从等合规管理问题提出对策建议。

第六章"高频交易操纵的法律规制与风险管理"在分析高频交易核心特点、策略运用、对资本市场影响等问题的基础之上，研究高频交易的运作机制，判断高频交易是否具有实施市场操纵违法犯罪行为的风险，针对不同的高频交易策略提出有针对性的风险控制策略，从而有效防控资本市场风险与交易者的合规风险。

第七章"证券市场异常波动、市场操纵与证券交易合规"从生成证券市场异常波动的场外杠杆、做空机制、程序化交易等特定经济条件及资本市场犯罪的经济机理分析出发，深度分析市场操纵对于证券市场系统性风险所构成的挑战，提出证券市场立法"以退为进"，适度降低非法经营证券业务刑事违法性标准，加强系统性风险防控效率，同时精准把握恶意做空与市场操纵的关系，为交易者合规管理建构更为明确的规范遵从标准。

第八章"市场操纵法治实践与合规管理的优化与前瞻"根据市场操纵机理解析、法律监管政策定位、司法规则系统化建构以及资本市场的发展趋势，进一步展望了以反市场操纵为中心的资本市场违法犯罪法律规制原则、监管理念，以及以技术驱动为核心的证券合规远期规划，提出了在遏制金融市场资产泡沫的理念指引下，将审慎介入、规范协调、风险控制等原则作为市场操纵法律规制的发展方向。以资本市场违法犯罪立法技术优化与司法解释结构完善为规范保障，加强金融衍生工具交易市场、金融商品发行市场的反市场操纵法律监管与合规管理。在程序化交易日益盛行的市场背景下，准确区分正当的高频交易策略与以高频交易为基础的市场操纵之间的界限。面对数字金融加速“去中心化”变革背景下出现的比特币等新型互联网支付系统对资本市场法律制度的冲击，应当充分运用法律与金融分析方法准确理解与把握比特币等新型网络支付工具的实质属性，建构有效的反操纵规范应对策略等资本市场法律制度安排。

结论对本书的核心观点与方法论价值进行总结与归纳，不仅从市场操纵切入发散性地探索法律设计与制度安排最大限度地提升资本市场资源配置效率的空间，而且在方法论层面对如何强化证券犯罪、证券监管、证券研究的纵深性等问题进行反思并提出改革方案。

第一章

市场操纵的实质解构

市场操纵实质内涵的界定始终是全球资本市场法律制度的一大难题。对于法律概念意义上的市场操纵而言，由于法律与金融理论难以对其进行界定或者解释，导致事实上在世界范围内没有一种市场操纵的概念界定能够获得相对广泛的理论认同和肯定。[①] 同时，市场操纵行为类型与结构的复杂性、市场操纵实质法律直接界定的困难性，造成至今全球尚无一种资本市场法律规范体系能够明确市场操纵的实质。[②] 有必要在反思传统法律理论与实践中具有重要影响的价量操纵、价格操纵、市场欺诈等实质解释观点的基础上，建构真正符合资本市场、经济与市场行为规律的市场操纵实质内涵。

第一节　价量操纵

市场操纵的实质是价量操纵（价格操纵或交易量操纵），这是中国资本市场法律文本框架下的规范性解释。这种市场操纵实质内涵理解的价值在于强化交易量在市场操纵界定与认定过程中的重要性，但其在法律、经济的理

---

① See Daniel R. Fischel & David J. Ross, "Should the Law Prohibit 'Manipulation' in Financial Markets?", 105 *Harvard Law Review* 503, 1991, p. 506.

② See Craig Pirrong, "Energy Market Manipulation: Definition, Diagnosis, and Deterrence", 31 *Energy Law Journal* 1, 2010, p. 3.

论与实践层面存在明显的缺陷。

一、规范基础与理论诠释

根据中国《证券法》第55条、[①]《刑法》第182条[②]的规定，市场操纵就是“操纵证券、期货市场”行为，主要包括连续交易、洗售、相对委托、信息操纵、蛊惑交易、抢帽子交易等“影响”或者“操纵”证券、期货合约交易价格或者交易量的具体操纵类型。但是，市场操纵的基本定义或者实质内涵究竟覆盖了哪些内容，法律条文并没有给出直接且确定的回答。

在2006年《刑法修正案（六）》操纵证券、期货市场罪立法完善过程中，中国证券期货犯罪刑法理论有关市场操纵的标准解读是1999年《刑法修正案》修改后的操纵证券、期货交易价格罪的法律规范设计并不合理。证券、期货市场中的信号包括交易价格与交易量。[③] 市场操纵行为既可以是市场价格的操纵，也可以是交易量的操纵。[④] 非法控制证券、期货合约交易过程中的交易量同样具有非常严重的危害，《刑法修正案（六）》将交易量影响或者操纵行为纳入市场操纵的规制范围，是一项非常重要的阶段性立法优化

---

① 《证券法》第55条第1款规定：“禁止任何人以下列手段操纵证券市场，影响或者意图影响证券交易价格或者证券交易量：（一）单独或者通过合谋，集中资金优势、持股优势或者利用信息优势联合或者连续买卖；（二）与他人串通，以事先约定的时间、价格和方式相互进行证券交易；（三）在自己实际控制的账户之间进行证券交易；（四）不以成交为目的，频繁或者大量申报并撤销申报；（五）利用虚假或者不确定的重大信息，诱导投资者进行证券交易；（六）对证券、发行人公开作出评价、预测或者投资建议，并进行反向证券交易；（七）利用在其他相关市场的活动操纵证券市场；（八）操纵证券市场的其他手段。”

② 《刑法》第182条规定：“有下列情形之一，操纵证券、期货市场，影响证券、期货交易价格或者证券、期货交易量，情节严重的，处五年以下有期徒刑或者拘役，并处或者单处罚金；情节特别严重的，处五年以上十年以下有期徒刑，并处罚金：（一）单独或者合谋，集中资金优势、持股或者持仓优势或者利用信息优势联合或者连续买卖的；（二）与他人串通，以事先约定的时间、价格和方式相互进行证券、期货交易的；（三）在自己实际控制的账户之间进行证券交易，或者以自己为交易对象，自买自卖期货合约的；（四）不以成交为目的，频繁或者大量申报买入、卖出证券、期货合约并撤销申报的；（五）利用虚假或者不确定的重大信息，诱导投资者进行证券、期货交易的；（六）对证券、证券发行人、期货交易标的公开作出评价、预测或者投资建议，同时进行反向证券交易或者相关期货交易的；（七）以其他方法操纵证券、期货市场的。单位犯前款罪的，对单位判处罚金，并对其直接负责的主管人员和其他直接责任人员，依照前款的规定处罚。”

③ 参见俞和明：《刑法中的操纵市场行为——兼议〈证券法〉相关条文的修改》，载《金融法苑》2005年第7期。

④ 参见何泽宏：《解读〈刑法修正案（六）〉》，载《现代法学》2006年第6期。

措施。[①] 可见，中国刑法理论明确将市场操纵的实质内涵解释为通过非法交易行为操纵证券、期货合约的交易价格或者交易量，即价量操纵。

二、交易量操纵对价格操纵的颠覆

市场操纵实质为价量操纵的观点最为明显的缺陷是弱化甚至取消了“操纵”的核心法律标准与应然内涵。

中国《证券法》《刑法》规定的价量操纵中的价格操纵与交易量操纵是选择性关系。交易行为对金融商品价格或者交易量两类对象之一形成“操纵”或者“影响”，即构成市场操纵。据此，价量操纵实质解释框架下的市场操纵可以进一步分解为价格操纵犯罪或者交易量操纵犯罪两种具体的犯罪行为类型。市场操纵的本质是价格操纵——这是全球资本市场法律理论与实践中的代表性观点。[②] 交易量操纵可以独立地构成市场操纵，则是中国《证券法》《刑法》所独创——这意味着交易行为对金融商品交易量的控制水平达到一定绝对数量或者相对比例的，就可以脱离交易行为、金融商品市场价格变动、行为与变动之间具有达到“操纵性”或者“影响性”量化标准的因果关系等一系列在法律技术上极为复杂疑难的价格操纵证明要点，直接得出该交易行为成立市场操纵的结论。

交易量操纵量化标准设计上的机械性与证明技术上的简易性导致市场操纵法律判断标准可以整体忽略价格操纵，完全以交易量操纵标准建构市场操纵刑事监管标准——2010 年最高人民检察院、公安部《关于公安机关管辖的刑事案件立案追诉标准的规定（二)》（以下简称《追诉标准二》）规定的操纵证券、期货市场罪中的连续交易、洗售交易、相对委托交易的刑事处罚起点，就是全部以交易行为在特定证券、期货合约的特定交易时间段内所占的

---

① 参见刘树德、喻海松：《从法治的立场解读〈刑法修正案〉（六)》，载《中国审判》2006 年第 6 期。

② 价格操纵的实质解释、经济机理、法律证明等问题将在下文进行重点分析。这部分关于价量操纵解释的批判性分析主要聚焦于交易量操纵与市场操纵应然实质、法律实践、经济原理相抵触这一层面。

持有量、成交量为标准。[①] 同样的，2019 年最高人民法院、最高人民检察院《关于办理操纵证券、期货市场刑事案件适用法律若干问题的解释》（以下简称《市场操纵解释》）作出了基本相同逻辑的规定——持有量、成交量仍然是市场操纵定罪量刑的核心指标。[②]

从这个角度分析，中国资本市场法律规范体系下的市场操纵实践判断根本不需要考察涉嫌市场操纵行为与金融商品价格变动之间的关系——至于特定交易行为介入资本市场之后造成金融商品价格波动是否达到了“操纵性”或者“影响性”标准，则更没有必要予以法律分析。价量操纵这一市场操纵实质界定不仅没有因为置入交易量操纵标准而丰满，反而在市场操纵行为结构中弱化、甚至完全取消了价格操纵——而价格是整个资本市场的核心要素。

---

① 《追诉标准二》第 39 条规定：“［操纵证券、期货市场案（刑法第一百八十二条）］操纵证券、期货市场，涉嫌下列情形之一的，应予立案追诉：（一）单独或者合谋，持有或者实际控制证券的流通股份数达到该证券的实际流通股份总量百分之三十以上，且在该证券连续二十个交易日内联合或者连续买卖股份数累计达到该证券同期总成交量百分之三十以上的；（二）单独或者合谋，持有或者实际控制期货合约的数量超过期货交易所业务规则限定的持仓量百分之五十以上，且在该期货合约连续二十个交易日内联合或者连续买卖期货合约数累计达到该期货合约同期总成交量百分之三十以上的；（三）与他人串通，以事先约定的时间、价格和方式相互进行证券或者期货合约交易，且在该证券或者期货合约连续二十个交易日内成交量累计达到该证券或者期货合约同期总成交量百分之二十以上的；（四）在自己实际控制的账户之间进行证券交易，或者以自己为交易对象，自买自卖期货合约，且在该证券或者期货合约连续二十个交易日内成交量累计达到该证券或者期货合约同期总成交量百分之二十以上的；（五）单独或者合谋，当日连续申报买入或者卖出同一证券、期货合约并在成交前撤回申报，撤回申报量占当日该种证券总申报量或者该种期货合约总申报量百分之五十以上的……”

② 《市场操纵解释》第 2 条规定：“操纵证券、期货市场，具有下列情形之一的，应当认定为刑法第一百八十二条第一款规定的‘情节严重’：（一）持有或者实际控制证券的流通股份数量达到该证券的实际流通股份总量百分之十以上，实施刑法第一百八十二条第一款第一项操纵证券市场行为，连续十个交易日的累计成交量达到同期该证券总成交量百分之二十以上的；（二）实施刑法第一百八十二条第一款第二项、第三项操纵证券市场行为，连续十个交易日的累计成交量达到同期该证券总成交量百分之二十以上的；（三）实施本解释第一条第一项至第四项操纵证券市场行为，证券交易成交额在一千万元以上的；（四）实施刑法第一百八十二条第一款第一项及本解释第一条第六项操纵期货市场行为，实际控制的账户合并持仓连续十个交易日的最高值超过期货交易所限仓标准的二倍，累计成交量达到同期该期货合约总成交量百分之二十以上，且期货交易占用保证金数额在五百万元以上的；（五）实施刑法第一百八十二条第一款第二项、第三项及本解释第一条第一项、第二项操纵期货市场行为，实际控制的账户连续十个交易日的累计成交量达到同期该期货合约总成交量百分之二十以上，且期货交易占用保证金数额在五百万元以上的；（六）实施本解释第一条第五项操纵证券、期货市场行为，当日累计撤回申报量达到同期该证券、期货合约总申报量百分之五十以上，且证券撤回申报额在一千万元以上、撤回申报的期货合约占用保证金数额在五百万元以上的；（七）实施操纵证券、期货市场行为，违法所得数额在一百万元以上的。”

能够完全脱离价格要素而独立运行的市场操纵法律规范体系，显然与资本市场法律规范所赖以生存的金融环境与经济基础格格不入。这种解释会进一步造成证券合规的手足无措与效率低下。市场交易者的任何交易客观上都是影响交易量的有机组成部分，但并非所有在总体交易量中占据相当比例的证券交易都会对证券市场中的特定金融商品制造扭曲信号。相应地，扭曲市场信号的交易量也未必占到特定金融商品交易量的显著比例。

三、交易量操纵的法律与经济解释困境

市场操纵实质内涵为价量操纵的理解会造成资本市场行为的法律解释与经济解释完全脱节。即使承认资本市场法律制度基于实用性考量弱化市场操纵证明压力，将外观上的价量操纵、内容上的交易量操纵作为市场操纵实质的现实选择，[①] 价量操纵的实质概括仍然无法通过市场操纵法律概念应然内

---

① 中国1998年《证券法》规定的是操纵证券交易价格行为及其行政处罚——1998年《证券法》第71条规定："禁止任何人以下列手段获取不正当利益或者转嫁风险：（一）通过单独或者合谋，集中资金优势、持股优势或者利用信息优势联合或者连续买卖，操纵证券交易价格；（二）与他人串通，以事先约定的时间、价格和方式相互进行证券交易或者相互买卖并不持有的证券，影响证券交易价格或者证券交易量；（三）以自己为交易对象，进行不转移所有权的自买自卖，影响证券交易价格或者证券交易量；（四）以其他方法操纵证券交易价格。"1997年《刑法》、1999年《刑法修正案》分别规定的是操纵证券交易价格罪和操纵证券、期货交易价格罪——1997年《刑法》第182条操纵证券交易价格罪规定："有下列情形之一，操纵证券交易价格，获取不正当利益或者转嫁风险，情节严重的，处五年以下有期徒刑或者拘役，并处或者单处违法所得一倍以上五倍以下罚金：（一）单独或者合谋，集中资金优势、持股优势或者利用信息优势联合或者连续买卖，操纵证券交易价格的；（二）与他人串通，以事先约定的时间、价格和方式相互进行证券交易或者相互买卖并不持有的证券，影响证券交易价格或者证券交易量的；（三）以自己为交易对象，进行不转移证券所有权的自买自卖，影响证券交易价格或者证券交易量的；（四）以其他方法操纵证券交易价格的。"1999年《刑法修正案》修改后的操纵证券、期货交易价格罪规定："有下列情形之一，操纵证券、期货交易价格，获取不正当利益或者转嫁风险，情节严重的，处五年以下有期徒刑或者拘役，并处或者单处违法所得一倍以上五倍以下罚金：（一）单独或者合谋，集中资金优势、持股或者持仓优势或者利用信息优势联合或者连续买卖，操纵证券、期货交易价格的；（二）与他人串通，以事先约定的时间、价格和方式相互进行证券、期货交易，或者相互买卖并不持有的证券，影响证券、期货交易价格或者证券、期货交易量的；（三）以自己为交易对象，进行不转移证券所有权的自买自卖，或者以自己为交易对象，自买自卖期货合约，影响证券、期货交易价格或者证券、期货交易量的；（四）以其他方法操纵证券、期货交易价格的。"因此，在2005年《证券法》、2006年《刑法修正案（六）》之前，中国资本市场法律制度将市场操纵违法犯罪的实质界定为价格操纵。仅从执法与司法实用性的角度分析，2005年《证券法》、2006年《刑法修正案（六）》以及2010年《追诉标准二》所建构的以价量操纵为规范外观、交易量操纵为实际判断标准的操纵证券、期货市场违法犯罪法律规则体系确实有效地降低了市场操纵违法犯罪的证明压力。

涵与经济行为基础特征的双重验证。

无论是作为金融概念或者市场操作，还是作为法律概念或者违法犯罪，市场操纵始终是一种完整的、联动的覆盖行为、结果以及因果关系的语义或者表达。市场操纵内涵并不局限于行为意义层面。① 操纵是一个具有结果性内容的概念。以连续交易、洗售、相对委托等法律明确规定的市场操纵行为模式为例，单纯的连续买卖、自买自卖或联合一致行动人在相关控制账户中买卖金融商品的交易，只是市场操纵内涵中的行为侧面，这种具有操纵属性的交易必须在资本市场中制造可归咎的操纵性结果，才能将交易与结果联系起来合并构成市场操纵行为。因此，资本市场受到操纵或者操纵性"影响"是结果性要素，而一种介入因素（如法律规定的连续买卖、洗售、相对委托等交易行为）是否对资本市场实现操纵或者形成操纵性"影响"，其核心判断基准或者作为结果的终极体现，应当是金融商品市场价格是否偏离了抽离这一介入因素条件下的理论价格。如果操纵行为所指向的特定金融商品的市场交易价格，并没有偏离能够合理推论或者计算的、资本市场正常或者自然竞争所形成的定价，则意味着资本市场中特定金融商品的运作环境并不具有结果意义上的操纵性内涵，也就并不存在成立市场操纵的结果性条件。

如果将交易量操纵解释为市场操纵实质内涵的核心组成部分，甚至在法律实践中直接以交易量操纵作为判断市场操纵的指标，市场操纵显然需要被分解为行为意义上的交易与结果意义上的交易量。然而，即使涉嫌市场操纵的交易行为的申报量、持有量、成交量等在特定金融商品总交易量中占据绝对优势（超过50%），也不可能将之视为作为结果的操纵或者操纵性"影响"。因为交易量只是特定交易行为介入金融商品买卖市场之后的自然结果而非具备经济或者法律意义的操纵结果。交易行为通过数据化的形式呈现为交易量；交易量是对交易行为在数量上的规定。无论特定市场参与者交易量的绝对数额有多大规模，或者相对比例在金融商品交易总量中占据何种地位，"量"始终在交易这一"质"的范畴中发展。在能够锁定行为具有操纵属性

① 关于操纵行为的具体内容下文将予以详细论证，此处侧重于对市场操纵结果性内涵的剖析。

的条件下，交易量也只是操纵性交易行为的组成要素，而不可能成为结果要素。所以，交易量操纵事实上并不契合市场操纵的应然内涵。

暂且不论全球资本市场法律规范公认的市场操纵模式洗售与相对委托——通过连续买卖哄抬或者压制金融商品市场价格是否应当在法律上直接根据交易量水平极高而以市场操纵进行评价，实际上存在非常明显的疑问。

根据司法解释关于连续交易操纵刑事处罚量化标准的规定，相对性控制证券、期货合约交易量或者在日内交易中绝对性控制证券、期货合约交易量的，构成市场操纵。但是，在金融市场实践操作中，控制性地持有金融商品，建构在数量上具有优势的交易仓位，发出巨量交易申报又快速撤销，或者垄断性、整体性掌握特定金融商品的所有流通盘等，并非在任何情况下都可以构成市场操纵。例如，单独或者联合一致行动人基于降低收购成本的考量，通过分散持股的方式持续买入上市公司证券。[①] 再如，做市商利用高速交易系统提交巨量非市场化交易指令，这些指令以不断变化的价量水平，在极为短暂的时间里提交与撤销，其中的一部分指令得以成交并根据流动性提供量向交易所结算流动性回扣。[②]

在法律与金融理论领域，有观点甚至直接指出，巨量交易实际上只有在逼仓、挤仓、制造价格趋势后反向操作、基于价格关联同步从事衍生工具交易等极少数条件下才有可能构成市场操纵。[③]

资本市场交易实践以及法律金融理论至少说明，单纯的交易量绝对数额与相对比例完全无法成为验证市场操纵属性的指标。特定的交易量及其在所交易标的市场总体交易量份额中所占比例，并不能与市场操纵进行直接挂钩。

---

① 即使行为人没有按照证券法有关上市公司收购、大额交易报告的要求履行交易信息披露义务，也不能直接根据其控制证券交易量的水平而认定其构成市场操纵。不披露收购信息从事大额交易本身只是信息披露违规而非市场操纵问题。

② 根据 SEC 的数据统计，做市商 90% 以上的流动性提供指令提交后随即撤单。Securities and Exchange Commission, "Concept Release on Equity Market Structure", 75 *Federal Regulation* 3594, 3607 (proposed January 21, 2010).

③ See Gary L. Gastineau & Robert A. Jarrow, "Large-Trader Impact and Market Regulation", 47 *Financial Analysts Journal* 40 (1991).

以交易量为核心的市场操纵认定指标，会给证券合规带来非常大的风险管理困惑。从市场行为的角度分析，在特定金融商品买卖总规模中占据优势性、支配性乃至垄断性地位的交易存在正常投资、投机、过度投机、市场操纵等多种可能。从法律判断的角度分析，单纯的交易量水平与市场操纵违法属性之间没有关联度，甚至不能成为交易行为一般违法性的分析标准。可见，所谓的交易量操纵并没有经济与法律上的“操纵”属性，实际上只能作为特定交易行为在金融商品买卖总量中的数据化说明，而不能成为市场操纵的实质内容。

第二节　价格操纵

批判性地分析价量操纵实质解释与市场操纵经济基础、法律标准之间的混乱关系，可以清晰地看到交易量操纵作为市场操纵实质内容的不合理性，还能够据此引申出对价格操纵这一市场操纵重要内容的反思。与中国《证券法》《刑法》将市场操纵的实质内涵拓展为价量操纵不同的是，美国等成熟资本市场国家和地区的法律制度、法律与金融理论及实践中相对主流观点，[①] 均与中国 1997 年《刑法》、1998 年《证券法》、1999 年《刑法修正案》所规定的操纵证券、期货交易价格违法犯罪法律条文一样，将市场操纵实质解释为价格操纵。

一、立法实例与重要解读

美国纽约棉花交易所前主席亚瑟·马西早在 1928 年就提出市场操纵的本质是扭曲金融商品价格的论断——市场操纵显然不是为了促进期货合约交易价格、根据供求关系等市场力量自由运行的目的而展开的交易，而是精心算

---

① 由于全球资本市场法律条文本身对市场操纵违法犯罪的实质内涵几乎都没有提供有效的、可供明确解释的信息框架，金融市场、监管、司法、学术领域等都对市场操纵提出了实质解释的意见。这未能消弭分歧，更加深了该问题的困惑。价格操纵只是关于市场操纵实质内涵相对多数或者比较经典的一种观点。Benjamin E. Kozinn, “The Great Copper Caper: Is Market Manipulation Really a Problem in the Wake of the Sumitomo Debacle?”, 69 *Fordham Law Review* 243, 2000, p. 248.

计于制造各种价格扭曲的操作。[①] 美国《证券交易法》第10条第b款对包括市场操纵违法犯罪在内的所有操纵性、欺骗性证券欺诈行为建构了反欺诈法律规制条款。[②]《证券交易法》第9条“操纵证券价格”进一步针对虚假性、误导性交易操纵、连续交易操纵、金融机构操纵证券交易价格等价格操纵违法犯罪类型作出专门的规范禁止。[③] 可见，在证券欺诈条款无法确认操纵性或欺骗性手段或策略具体内容的情况下，价格操纵成为从美国1934年《证券交易法》规范中可以合理推断的市场操纵实质内容。美国联邦最高法院在解释市场操纵时也指出，1934年《证券交易法》的立法原旨在于完全禁止各种可能被用作于操纵证券交易价格且尚未被市场所熟悉的交易策略与交易形式。[④]

市场操纵实质为价格操纵更为细化的法律解释，散见于美国各级联邦法院判例中：市场操纵是故意影响金融资产价格的行为、方案、策略，此类因素介入或者不介入直接造成价格是否变动，并制造了不能反映金融资产基本供求关系的价格。[⑤] 市场操纵是洗售、相对委托、联合定价等意图影响市场价格、误导投资者的虚假行为。[⑥] 市场操纵是由单一或者复数主体经过细致预谋后实施的制造虚假价格的行为，[⑦] 此种行为导致其影响下的金融商品价格无法反映特定金融工具真实的供求水平。[⑧] 经由美国联邦法院判例解释的价格操纵具体表现为：特定投资者（投机者）介入资本市场，使得金融商品的价格脱离自由供求关系市场条件，并不断趋向于虚假的价格水平。

---

① Cotton Prices, Hearings before a Subcommittee of the Senate Committee on Agriculture and Forestry, 70th Congress, 1st Session 201 - 03 (1928).

② 15 U. S. Code § 78J-Manipulative and Deceptive Devices.

③ 15 U. S. Code § 78I-Manipulation of Security Prices.

④ Santa Fe Industries Inc v. S Green, 430 US 462, 477 (1977). 尽管美国联邦最高法院判例解释重点在于强调不应当针对市场操纵的范围进行有意识地进行限定，但其同时阐明了市场操纵实质就是价格操纵。

⑤ Cargil, Inc. v. Hardin, 452 F. 2d 1154, 1163, (8th Cir. 1971).

⑥ Santa Fe Industries, Inc. v. Green, 430 US 462, 476 (1977).

⑦ Frey v. Commodity Futures Trading Commission, 931 F. 2d 1171, 1175 (7th Cir. 1991).

⑧ Great Western Distributors, Inc. v. Brannan Great Western Distributors, 201 F. 2d 476, 509 (7th Cir. 1953).

在欧洲资本市场中，德国、法国等国家的法律制度同样是以价格操纵或者价格影响[①]为核心建构市场操纵监管规范。德国《证券交易法》第四章“禁止操纵证券交易与市场价格的监管与合规”第20a条市场操纵行为的禁止性规定，直接指向金融工具价格操纵：（1）向市场传播虚假的或者具有误导性的信息，并且该信息对于金融工具估价具有重要影响；或者违反法律规定持有信息，并且该信息可能对本国受监管市场中的金融工具市场价格或者欧盟其他国家或欧洲经济区其他签署合约国家的受监管市场中的金融工具市场价格产生重要影响。（2）实施证券交易或发布交易指令，可能产生虚假的或者具有误导性的市场信号，影响供求关系、证券交易或金融工具市场价格，或者制造人为的价格水平。（3）实施其他欺诈行为，可能对本国受监管市场中的金融工具市场价格或者欧盟其他国家或欧洲经济区其他签署合约国家的受监管市场中的金融工具价格产生重要影响。[②] 法国《货币与金融法》第465/1至465/3条明确将市场犯罪的实质规定为价格“影响”：任何人直接或通过中介间接实施或者企图实施误导投资者且妨碍证券市场正常运作的操纵行为，或者通过公开渠道散布有关金融市场、金融商品发行人、证券、任何金融工具未来交易可能表现的虚假性、欺骗性信息，影响相关交易价格的，

---

① 价格操纵与价格影响的区别主要在于行为对市场价格的控制力强度的差别。价格影响是控制力弱化后的价格操纵，“影响”在经济与法律判断标准上低于“操纵”，但都强调市场操纵的实质是行为与价格之间的控制与被控制关系。中国资本市场法律规范在反市场操纵条款中同时出现了“操纵”与“影响”两种标准。关于如何合法且合理地解释中国《证券法》《刑法》所规定的连续交易操纵中“操纵”价格或者交易量以及洗售、相对委托操纵中“影响”价格或者交易量问题，将会在本书相关法律规则细化阐释与优化设计部分予以重点分析。

② Wertpapierhandelsgesetz-WpHG § 20a Verbot der Marktmanipulation（1）. 需要注意的是，德国《证券交易法》反市场操纵违法犯罪条款同样在第3项中使用了“其他欺诈行为”这样的原则性表述，在规范形式上更接近于将市场操纵违法犯罪的实质归结为市场欺诈。但是，从实质解释的角度分析德国《证券交易法》反市场欺诈条款，可以清楚地看到，法律条文列举的三项行为尽管都具有欺诈性，但其本质内容最终都必须落脚于对德国本国或者欧盟其他国家的受监管市场中的金融工具市场价格产生影响。所以，德国《证券交易法》第20a条规定的市场操纵的本质是价格操纵而非市场欺诈。

构成市场操纵。[①]

国际证券管理机构组织2003年《证券监管目标与原则》指出，市场操纵行为扭曲资本市场价格发现系统，扭曲金融商品价格，对投资者造成不公正的价格影响。[②] 中国刑法理论上也有观点以价格影响为核心，将市场操纵的本质及其危害实质归结为，滥用证券市场的优势或者影响力，人为控制证券市场行情，破坏证券市场正常供求秩序和自由竞争机制。[③]

二、部分市场操纵行为与价格要素的非直接关联性

从市场行为通过一定的策略安排实现经济利益的角度分析，控制金融商品市场价格并使其按照行为人预期的价格行为方向、波动幅度运作，是市场操纵获取利润的基础。包括内线交易与市场操纵在内的所有市场滥用犯罪，都是在完美信息市场与信息不对称市场之间徘徊的金融商品价差现实存在且能够为行为人加以利用的情况下，才可能形成市场滥用的经济利益。价差的幅度决定市场滥用犯罪的获利程度。内线交易行为滥用的对象是能够反映现时市场价格与基础资产真实价值之间价差的不对称信息。市场操纵则是在金融商品发行与交易市场中创造能够形成这种价差的不对称信息，例如，金融商品价格信号。所以，在经济利益获取机制的意义上，市场操纵就是对金融商品市场交易价格的操纵性或者影响性控制。

然而，并非所有的市场操纵行为都是直接针对金融商品市场交易价格而实施的，这些被资本市场法律制度明确规定为市场操纵的行为，其本身根本

---

① Código Monetario Y Financiero Artículo L465 – 1，Artículo L465 – 2，Artículo L465 – 3. 根据《货币与金融法》的规定，构成市场操纵的，对于自然人应当处以两年以下监禁并处150万欧元罚金或者1倍以上、10倍以下非法获利数额的罚金。对于法人的刑事处罚根据《法国刑法典》的相关规定予以处理。同时，根据《法国刑法典》第131/38条的规定，适用法人的罚金最高额为惩治犯罪法律规定的对自然人罚金最高定额的五倍。如果法律对于自然人犯罪的刑罚没有规定罚金刑，则法人犯罪罚金数额最高为100万欧元。Artículo L131 – 37，Section 2 Des peines applicables aux personnes morales，CHAPITRE Ier De la nature des peines，TITRE III Des peines，LIVRE Ier Dispositions générales，CODE PÉNAL.

② See International Organization of Securities Commissions，Objectives and Principles of Securities Regulation，May 2003，p. 50，http：//www. iosco. org/library/pubdocs/pdf/IOSCOPD154. pdf，访问日期：2014年3月18日。

③ 参见田宏杰：《操纵证券市场行为的本质及其构成要素》，载《国家行政学院学报》2013年第3期。

无法直接决定是否会出现行为人预期的价格波动，也不能控制金融商品市场价格波动的幅度。根据2003年欧盟委员会《关于内线交易与市场操纵（市场滥用）的指令》（以下简称《市场滥用指令》）第1条第2款第3项的规定，市场操纵行为类型之一表现为，基于传统或者网络新闻媒体等渠道，传播有关金融工具或其基础资产价值的虚假的或者具有误导性的市场信息。在传播该市场信息时，行为主体知道或者应当知道该市场信息系谣传信息、虚假信息或者具有误导性的信息。[①] 英国2000年《金融服务与市场法》第118条市场滥用也将明知信息具有虚假性或者误导性的情况下通过信息传递制造虚假性或者误导性信号的行为规定为市场操纵。[②]

这种向资本市场整体或者特定的投资者群体传递虚假性、误导性或者具有利益冲突的信息，诱导投资者根据信息所指向的内容从事相关金融交易，并从市场波动中谋取利润的市场操纵行为，[③] 与金融商品市场交易价格波动

---

① Commission Directive 2003/6/EC of The European Parliament and of The Council of 28 January 2003 on insider dealing and market manipulation（market abuse）, Article 1（2）.

② Financial Services and Markets Act 2000 §118. Market Abuse.

③ 中国《证券法》《刑法》等并未以市场操纵统一概括此类行为，而是根据信息类型与信息传递行为所针对的范围将之分别规定为独立违法犯罪行为类型与市场操纵。以《刑法》相关规定为例——针对市场整体实施欺诈信息传递行为的，构成编造并传播证券、期货交易虚假信息罪。《刑法》第181条第1款规定：编造并且传播影响证券、期货交易的虚假信息，扰乱证券、期货交易市场，造成严重后果的，处五年以下有期徒刑或者拘役，并处或者单处一万元以上十万元以下罚金。针对具体投资者实施的信息欺诈行为，构成诱骗投资者买卖证券、期货合约罪。《刑法》第181条第2款规定：证券交易所、期货交易所、证券公司、期货经纪公司的从业人员，证券业协会、期货业协会或者证券期货监督管理部门的工作人员，故意提供虚假信息或者伪造、变造、销毁交易记录，诱骗投资者买卖证券、期货合约，造成严重后果的，处五年以下有期徒刑或者拘役，并处或者单处一万元以上十万元以下罚金；情节特别恶劣的，处五年以上十年以下有期徒刑，并处二万元以上二十万元以下罚金。在《市场操纵解释》发布实施之前，金融投资咨询机构或其从业人员隐瞒其持仓情况同时向市场推荐其事先建仓的证券、期货合约的，构成抢帽子交易操纵。根据《追诉标准二》第39条的规定，证券公司、证券投资咨询机构、专业中介机构或者从业人员，违背有关从业禁止的规定，买卖或者持有相关证券，通过对证券或者其发行人、上市公司公开作出评价、预测或者投资建议，在该证券的交易中谋取利益，情节严重的，应以操纵证券、期货市场罪予以追诉。《市场操纵解释》剔除了抢帽子操纵构成要件中的金融机构从业人员的主体身份限制。而欧盟等成熟资本市场法律规范通常将此类编造并传递虚假、误导、利益冲突信息，诱导投资者买卖金融商品并从中获取经济利益的行为规定为市场操纵违法犯罪或者与内线交易统一纳入市场滥用违法犯罪的范畴。由于这种行为是通过控制市场信息影响投资者资本配置决策与行为并意图从潜在或者现实的价格波动中获取经济利益，其核心在于操纵资本市场中的资金流动，无论具体的信息类型与信息行为如何变化，本质上都是基于信息而实施的操纵资本配置决策、操纵市场行为。基于统一分析框架的考虑，中国《刑法》中的编造并传播虚假证券、期货交易信息罪、诱骗投资者买卖证券、期货合约罪都将纳入市场操纵中的信息型操纵进行分析。

之间并没有直接的因果关系。分析整个市场操纵的运作机制——行为人操控的是在资本市场中传递的信息内容，投资者的资本配置决策与行为受到的是信息的引导，而金融商品市场交易价格出现变化的直接原因是投资者所控制的资本在特定时间内大量注入或者撤离该金融商品交易，操纵者获取利益源自信息传递之前的建仓价格与投资者基于信息实施资本配置导致市场波动之后的平仓价格之间的差额。

可见，此类操纵者本身没有通过交易行为控制金融商品价格，或者交易行为的强度不足以对金融商品价格施加具有意义的作用力。操纵者实现整体控制的对象只是信息要素，对于投资者资本配置决策与行为只能达到“影响”的程度，对于金融商品市场价格的波动只能进行预期，而非具备直接控制效果的“操纵”。在现有法律规范框架下及金融市场实践操作中，部分市场操纵行为并非金融商品市场价格的操纵，而属于针对金融商品发行与交易市场中的资本流动的操纵。尽管金融商品市场价格波动结果以及基于信息不对称所形成的价差获取经济利益是所有市场操纵的要素与利益实现机制，但不能将价格波动或者价差获利机制模糊性地解释为价格操纵进而直接等同于市场操纵实质。这样的理解会忽略市场操纵结构上的复杂性，进而引起实体上构成要件配置与解释的错误、程序上证明规则设计与应用的紊乱。

三、价格机制扭曲中的非价格行为因素

价格操纵的核心是人为引发、支配、主导金融商品及其基础资产市场的供求，排斥资本市场中的有效价格竞争，并且通过行使这种控制力形成人为的价格波动。资本市场中的价格操纵类似于商品现货市场中的价格垄断。在一个真实且充分竞争的商品市场中，价格垄断是不可能完成的任务。从这个角度进行类比，资本市场中的价格操纵的根本原因是操纵行为的介入生成了暂时性的市场扭曲与不充分竞争。这意味着资本市场在特定的时间阶段是否存在价格操纵，主要是一个事实判断问题，需要分析资本市场中的特定金融商品供求关系是否受到控制或支配，金融商品交易过程中所出现的价格与该

种控制力之间是否存在因果关系，以及金融商品交易的控制主体是否故意制造偏离市场充分竞争下的扭曲价格。

证明价格操纵的关键是确认涉嫌市场操纵行为介入资本市场之后，该特定时间段的金融商品市场价格是否偏离正常竞争市场中的价格。价格操纵驱使金融商品市场价格偏离自由供求关系条件，并朝着虚假价格水平运行。自由竞争状态下的自然价格规律在操纵性交易策略或者市场操作手段控制下趋于异常。[①] 从金融商品价格的角度解释，价格操纵导致金融商品市场价格具有虚假性，即偏离金融商品正常供求关系或者金融商品本身及其所对应的基础资产的真实价值。从市场操纵行为的角度分析，价格操纵导致金融商品市场价格具有人为性，即金融商品价格不受竞争性市场力量控制，而是由特定市场参与者的交易行为或者市场操作手段进行人为控制。在市场参与者通过金融交易行为直接作用于金融商品市场价格形成的情况下，判断价格形成机制是否受到扭曲并形成虚假性或者人为性定价，涉及分析特定时间节点的金融商品市场价格是市场竞争力量的定价，还是受控于该交易行为的结果。尽管这种需要建构于数量金融分析工具基础上的事实判断具有相当的操作困难，并且虚假或者人为价格的经济或者金融分析标准很难代换成为法律实务人员能够充分理解的执法司法标准，但至少操纵行为与价格虚假性或者人为性之间的因果关系解释与证明，仍然是一项可以通过有效的制度设计予以完成的工作。

然而，如果将基于虚假、误导、利益冲突信息诱导投资者资本配置决策并导致市场价格波动的市场操纵类型的实质同样归结为价格操纵，由于信息型操纵行为必须通过资本流动的变化才能产生金融商品市场价格的波动结果，操纵行为与价格虚假性结果之间的客观距离过于遥远、事实联系过于间接，法律实践根本无法完成该种操纵类型实际“操纵”价格的证明。结果无非是市场操纵实质解释错误而引发的构成要件错误理解、证明标准无法实现，导致法律明确规定为市场操纵的非价格操纵行为在实践中无法进行惩治；或者

① In re Vincent W. Kosuga 19 Agric Dec 603, 615 - 616 (1960).

基于严厉控制市场操纵的政策定位而模糊价格操纵要件配置与弱化证明标准，将非价格操纵行为纳入市场操纵处罚范围的同时，将部分不应当进行犯罪化处理的价格操纵行为认定为市场操纵。

通过价格波动证明机制复杂性的理论阐释，我们可以发现，价格操纵并非市场操纵全部实质内涵。形成这种理论认识的实践价值在于，强调不同类型的市场操纵行为与金融商品市场价格异常波动而形成的虚假或者人为价格之间存在直接性与间接性关系的区别。操纵行为与金融商品价格之间的间接关联决定，价格操纵之外对资本市场投资者持有资金流动进行非法控制同样是市场操纵核心且独立的内容。市场操纵法律规范不能忽略对资本配置非法控制行为进行有针对性的监管。

第三节　市场欺诈

市场操纵与欺诈①之间的关系问题在全球资本市场立法、司法实践以及法律与金融理论层面尚未得到清晰的梳理与准确的阐释。理论上有相当数量的观点将市场操纵解释为欺诈的一种特殊类型。② 但是，近年来有一种引发理论界关注的反思性意见认为，欺诈无法有效地对市场操纵等资本市场违法犯罪实质进行界定，以市场欺诈为核心解释市场操纵等违法类型，会造成执法、司法成本过高、侵权、违法、犯罪之间的界限不明、金融市场犯罪行为违法性实质定位模糊等问题。③ 批判性地分析市场操纵实质为欺诈的观点，

---

① 普通法上的欺诈罪（fraud）与我国刑法上的诈骗罪尽管在具体内容上存在显著差异，但本质上都是通过虚假陈述（虚构事实、隐瞒真相）的方式促使被害人基于认识错误交付财产的普通财产犯罪。美国、欧盟等国家刑法中都规定了各种特殊欺诈犯罪类型，例如证券欺诈、保险欺诈、福利欺诈、信用卡欺诈、身份欺诈等。中国刑法同样规定了如保险诈骗罪、合同诈骗罪、信用卡诈骗罪、集资诈骗罪等各种特殊诈骗犯罪类型。因此，此处所使用的欺诈（罪）概念与我国刑法上的（普通）诈骗（罪）具有基本相同内涵并形成对应关系。

② Daniel R. Fischel & David J. Ross, "Should the Law Prohibit 'Manipulation' in Financial Markets?", 105 *Harvard Law Review* 503, 1991, p. 510.

③ Samuel W. Buell, "What Is Securities Fraud?", 61 *Duke Law Journal* 511 (2011).

不仅能够深化认识市场操纵的机理，而且有助于合理定位欺诈性要素在市场操纵实体构成、程序证明、被害人（受偿人）范围确认等法律实践疑难问题解释中的作用。

一、判例沿革与法律依据

英国法院在19世纪的标杆判例中最先提出了市场操纵策略与行为的本质是欺诈的观点。在埃斯皮诺尔案件中，被告人的公司通过欺诈性陈述的手段诱导投资者大规模买卖其公司证券。法院认为，投资者损失的直接证据缺失并不影响行为性质判定，公开且自由的证券交易市场整体受到欺诈，就可以作为认定投资者损害的事实基础。[①] 基于虚假交易计划而实施的市场操纵亦被普通法视为典型的欺诈。英国法院在斯科特诉布朗案件中指出，虚假交易的唯一目的是通过虚构市场中的价格平衡诱导公众购买证券，以投资者的损失为代价使操纵者受益；虚假交易操纵就是骗取投资者购买证券的欺诈行为。[②]

在市场操纵等证券违法犯罪与欺诈之间关系的问题上，美国资本市场法律文本、历史解释、执法规则之间存在潜在的冲突与紊乱。一方面，美国国会制定1934年《证券交易法》时明确提出，操纵概念不能背离普通法欺诈内涵。[③] 另一方面，《证券交易法》第10条第b款“欺骗性”“操纵性”的规范表述[④]明显超越欺诈的法律处罚框架，将市场操纵等证券违法犯罪的行为责任拓展至更宽泛的市场滥用的范畴。由于美国《证券交易法》反欺诈条款过于原则、宽泛、模糊，在实践中无法予以具体适用，SEC根据《证券交

---

① R. v. Aspinall (1876) 2 Q. B. D. 48, 66. 这一判例的里程碑价值在于从法律上潜在地确立了市场欺诈的概念——尽管操纵行为的直接作用对象并非具体的投资者，但只要能够锁定证券交易市场整体受到操纵行为的欺诈性影响，仍然可以认定投资者因为操纵行为而产生直接损害。当然，由于当时的英国法院仍然将操纵行为作为与普通欺诈实质相同的违法类型，并不能认为该判例完整地建构了市场欺诈理论。

② Scott v. Brown, Doering, McNab & Co., (1892) 2 Q. B. 724, 734.

③ Louis Loss, Joel Seligman & Troy Paredes, *Fundamentals of Securities Regulation* (*5th Edition*), Aspen Publishers, 2003, pp. 930 - 936.

④ 15 U. S. Code § 78J (b).

易法》的授权制定10b－5规则细化反欺诈条款的具体内涵。[①] 10b－5规则制定之初的目的显然是要合理限制《证券交易法》，防止市场欺诈禁止性规定范围的过度扩张。但随着10b－5规则本身不断地发展，其覆盖范围也远远超过了制定该规则之初所能想象的范畴。美国联邦最高法院在判例中指出，10b－5规则经过几十年的发展内容相当繁复，应当对反欺诈适用范围进行反思。[②] 美国法律理论上也有不少学者提出，应当限制10b－5规则的解释开放性与内容复杂性，遏制反欺诈证券诉讼在实践中被滥用。[③]

在美国联邦法院有关资本市场违法犯罪的判例体系中，除了上述关于价格操纵的实质解释意见之外，相当数量的经典判例以欺诈为核心对市场操纵的实质内涵进行解读——市场操纵的责任基础在于欺诈。[④] 在控制证券供应量的基础上拉升、稳定、压制证券市场价格的行为，实际上就是欺诈。因为本应当由自由市场完成的定价，基于行为人的歪曲，转变成由其独立控制的价格。[⑤] 交易所关于特定证券的实时报价，是基于一系列真实发生于自由竞争、公开平等的市场平台上的交易而形成的有关证券将基本价值评估，市场价格理应代表证券或者相关基础资产的真实价值。操纵性交易干扰了资本市场价格形成机制，其实质是欺诈投资者对于资本市场的合乎情理的预期。[⑥]

中国《证券法》《刑法》规定的洗售、相对委托操纵都是通过虚假的交易制造市场价量信号从而诱骗投资者进入市场。尽管连续交易操纵中的金融商品买卖行为是具有真实产权变动的实质性交易，但理论上在阐释其违法性问题时，通常也是将之解释为制造虚假的价格信号诱导投资者买卖相关证券、

---

① 17 C. F. R. § 240. 10b－5. 10b－5规则的主要内容：禁止任何人直接或间接利用州际商业设施、工具、媒体或者全国证券交易平台，针对证券以及证券交易实施下列行为：（1）使用任何形式、方法、策略或者计划进行欺诈；（2）就与证券有关的重大事项进行虚假陈述，或者对有必要向他人披露且能够避免他人受到误导的客观事实进行隐瞒；（3）欺诈或可能欺诈市场参与者的交易、操纵或者其他行为。从10b－5规则的条文内容中我们可以看到，市场操纵行为是欺诈的一种表现形式，但并非所有市场操纵的违法犯罪行为类型均需要以欺诈意图与欺诈行为等作为构成要件。

② Blue Chip Stamps v. Maynard Drug Stores, 421 US 723 (1975).

③ See Alan R. Palmiter, *Securities regulation: Examples and Explanations*, Aspen Publishers, 2008, p. 359.

④ Schreiber v. Burlington Northern, Inc. 472 U. S. 1 (1985).

⑤ Harris v. U. S., 48 F. 2d 771, 774 (9th Cir. 1931).

⑥ U. S. v. Brown, 5 F. Supp. 81, 85 (S. D. N. Y. 1933).

期货合约——在法律规范上，完整的操纵就是一个欺骗与被欺骗的过程。操纵者采用各种手段人为制造虚假交易信息和公司信息的行为实质就是虚构事实和隐瞒真相，目的是欺骗投资人，意图使其他市场参与者做出操纵者所期待的交易行为。操纵者利用投资者的错误交易行为，从投资者的损失中获得利益；投资人被骗进行错误交易，将资金转移给了操纵者。因此，操纵者采用虚构事实、隐瞒真相的方法，致使投资人产生错误认识，"自愿"向其交付资金。[①] 可见，中国证券期货犯罪刑法理论与实践中的这种比较有代表性的意见，实际上是将市场操纵等同于发生在资本市场中的一种特殊形式的欺诈（诈骗）。

二、市场操纵的欺诈性因素与传统欺诈分析框架的局限性

洗售、相对委托等通过交易行为直接形成虚假市场价格，这种市场操纵类型具有明显的欺诈性特征——虚构交易（虚构事实）、隐瞒真实的金融商品供求关系（隐瞒真相）。连续交易操纵尽管形式上具有真实的金融商品产权转让关系，但操纵者人为控制的供求关系使得金融商品交易脱离了真实的市场竞争环境，同样具有掩盖资本市场真相的行为内容。就特定金融商品的真实价值或者供求关系问题向资本市场中的投资者释放虚假性或者误导性信息，显然会诱导投资者将资本配置或者撤离该金融商品，从而引发金融商品交易价格变动、方便操纵者从这种价格波动中获取利润。操纵者传递信息内容的虚假性或者误导性直接体现了行为的欺诈属性。

但是，市场操纵具有非常明显的欺诈特征，并不意味着可以将市场操纵的实质归结为欺诈。

其一，从要件配置与证明的微观角度分析，在欺诈犯罪的法律框架下，根本无法建构市场操纵的法律责任。

如果认为市场操纵本质上是发生在特殊经济环节（资本市场）中的一种具体的欺诈犯罪类型，则市场操纵刑事责任成立的基础在于，操纵行为误导

---

① 参见吴卫军：《操纵证券市场罪的理论与实务难点分析》，载陈辐宽主编：《金融证券犯罪疑难问题解析》，中国检察出版社2009年版，第6页。

了在资本市场中从事投资或者投机（配置或者撤离资本）的特定市场参与者。操纵主体在主观上必须具有欺诈市场参与者的故意，在刑事追责实践中甚至需要进一步确立其是否具有非法占有资本市场中从事特定金融商品交易的其他投资者财产目的的事实。同时，投资者是基于操纵行为的欺诈主动交付资金。但是，金融市场高度发达的网络交易技术意味着，法律实践不可能证明市场操纵行为主体与其他市场参与者之间存在直接且具体的接触，也无法确定作为被害人的操纵性交易对手方的具体信息（如精确的损失数额等）。市场操纵至多只是在局部行为结构与结果表现上具备欺诈因素，与欺诈实质内涵并不匹配。因此，以被害人受到犯罪行为的影响而主动转移产权为核心的欺诈犯罪构成要件，不能作为评价市场操纵刑事违法性的法律标准。

其二，从资本市场违法犯罪与传统财产犯罪违法性基础的宏观角度分析，市场操纵具有欺诈实质的解释意见，混淆了经济效率与道德罪错的本质差异。

欺诈的刑事违法性本质集中源自行为道德上的可谴责性或者罪错性。欺诈（诈骗）犯罪不仅与盗窃、敲诈等一样属于侵犯他人财产权的严重不道德行为，而且与杀人、伤害等侵犯生命健康权的犯罪类型相同——行为责任建筑于道德罪错的基础之上。在欺诈（诈骗）、盗窃等传统的产权犯罪中，道德判断能够限制行为责任的范围。强调市场操纵的欺诈实质，等于将市场操纵等资本市场违法犯罪刑事责任的根基回归至与传统财产犯罪相一致的道德谴责与否定。但事实上市场操纵等资本市场违法犯罪不应当也不可能适用低度犯罪化法律标准。而市场操纵是纯粹的经济行为与市场行为，市场操纵的责任问题是纯粹的行为是否严重损害资本市场运作机制的效率评估问题。市场操纵违法犯罪责任设置是基于对市场操纵行为对资本市场效率阻碍进行评估之后的一种法律禁止。市场操纵法律责任的触发无须且不能依赖于道德判断结论。金融市场、法律规范与监管措施侧重于从道德罪错的角度建构市场操纵的实质，反复刻画与强调市场操纵行为唯利是图、贪得无厌、舞弊作乱等道德上的不正当性特征，不仅会阻碍市场操纵刑事法律控制的效率，而且会模糊民事救济措施的边界性、损害法律竞争市场运作机制的有效性、忽略应当由市场安排与经济制度控制市场操纵的基础定位。如果资本市场法律制度整体上以宣示性地弥补投资者损失、阶段性地以打击欺诈、严惩市场不道德行为的运动式控制手段进行市场操纵监管，以此平复资本市场信心缺失、化解道德危机、回应公众诉求，市场操纵将会逐渐褪去其市场行为与经济行为的基本内涵，其结果便是作为资本市场中最为严厉的介入手段刑罚措施逐步演变为道德宣誓与政治权衡，而非资本市场机制与经济效率的保障。

三、作为责任基础与行为运作机制解释的市场欺诈理论

由于市场操纵不可能在欺诈的法律规范框架下完成要件建构与实践证明，加之传统欺诈概念无法解释操纵行为对资本市场效率的实质性损害问题，法律、金融理论与实践在自由市场的基础上逐渐发展出了市场欺诈理论并将其作为市场操纵实质的依据——自由市场概念、市场欺诈理论对于解释市场操纵的市场欺诈实质具有重要意义。①

在公开、透明、自由竞争的市场环境下，金融商品市场价格由与其真实价值有关的所有市场信息所决定。误导性陈述向资本市场传递虚假信息，即使没有直接证据证明投资者基于误导性陈述作出资本配置决策，也应当认定误导性陈述时空条件下的金融商品交易者受到欺诈。资本市场中操纵等市场滥用行为与投资者从事资本配置之间的因果关系强度，不因为行为人与投资者之间不具有主体与对象、交易对手方等直接对应关系而弱于普通欺诈违法犯罪中的欺诈行为与被害人交付之间的因果关系。根据美国联邦最高法院的判例意见，市场滥用行为的责任归咎应当体现出资本市场交易明显区别于传统欺诈案件当面交易的现代性特征。市场参与者基于自主、直接观察商品形成定价结论的交易模式被市场定价机制所替代。在透明且成熟的资本市场基于市场价格从事资本配置决策与行为，市场参与者无须证明其投资决策与虚假陈述行为之间的特定联系。② 自由市场竞争性交易形成的价格充分反应与金融商品或者基础资产真实价值有关、能够对金融商品市场价格产生影响的信息，投资者根据价格信号配置资本，而操纵行为介入市场，制造扭曲本应

① 参见 Louis Loss, Joel Seligman & Troy Paredes, *Fundamentals of Securities Regulation* (*5th Edition*), Aspen Publishers, 2003, p. 845.

② Basic v. Levinson, 485 US 224, 244 (1988).

当是真实的市场价格，从而导致市场失灵或者信息错误，[①] 投资者基于市场传递的虚假价格信号作出资本配置决策。可见，法律标准固然无法确认市场操纵对投资者的直接欺诈，但市场操纵对价格信号的干扰与信息内容的编造，意味着其对资源优化配置所信赖的整个信息市场进行欺诈。从有效市场与市场欺诈的理论视角切入，市场操纵可以被理解为市场欺诈犯罪。

但是，以美国《证券交易法》第 10 条 b 款以及 SEC10b－5 规则为典型法律规范基础的市场欺诈理论，其所勾勒的市场操纵等违法犯罪对整个资本市场、投资者（投机者）所实施的欺诈行为及其损害结果，它的核心价值是对证券虚假陈述责任归咎渠道的重铸，[②] 而非对市场操纵等资本市场违法犯罪实质内涵的解释。

市场欺诈理论的法律实践价值只能具体化为针对市场操纵责任基础（因果关系）提供符合资本市场经济运作机制的解释。操纵行为影响金融商品价格，从而对依赖于该金融商品市场价格判断投资价值的资本市场参与者形成欺诈。这种市场欺诈解释在反市场操纵法律监管实践中解决的是因果关系问题，即市场欺诈理论本质上是对"交易关联"[③] 的一种可反驳推定——资本市场是一个开放的交易系统，金融商品交易价格是由与该金融商品及其发行人有关的重要信息所决定的，故操纵市场行为本身并不直接与投资者发生关系，而是经由市场信息传递机制作用于投资者的资本配置行为。控方实际上并不需要证明操纵行为与投资者受引诱从事的金融交易具有直接性关联，只

---

① 参见 William W. Bratton & Michael L. Wachter, "The Political Economy of Fraud on the Market," 160 *University of Pennsylvania Law Review* 69, 83 (2011).

② SEC v. Tex. Gulf Sulphur Co., 401 F. 2d 833, 864 (2d Cir. 1968).

③ 投资者损失与操纵行为之间具有因果关联是追究市场操纵法律责任的客观基础，但是，因果关系的证明对控方而言是一个艰难任务。在美国市场操纵司法实践中，控方应当提供证据证明"交易关联"与"损害关联"两种类型的因果关系。其中，"交易关联"是指资本市场一般投资者从事的金融交易行为与被告人实施的操纵行为之间具有客观且合理的因果联系。美国证券法理论上有一种观点认为，投资者从事证券交易过程中应当承担注意义务与勤勉责任，如果其本身忽视了保护投资安全的注意义务，法院就不能认定操纵行为与投资者的交易行为之间存在欺诈与被欺诈的因果关系。W. Scott Laseter & Phillip E. Friduss, "10b－5 Reliance Requirement in the Eleventh Circuit After Kirkpatrick v. J. C. Bradford & Co.", 40 *Mercer Law Review* 737, 752 (1989). 这种意见在某种情况下显然具有合理性。例如，投资者忽视显而易见的风险警示从事相关证券交易并由此造成损失。但如果操纵者对市场价格或者相关市场信息进行控制，则投资者基于对有效市场中信息真实性的信赖从事相关金融交易，已经承担了充分的风险注意，可以认定投资者的交易行为与操纵行为之间具有因果关系。

要有证据表明操纵等市场滥用行为实质性地影响市场信息，即对证券交易价格具有重大影响，[①] 就可以认定操纵证券市场案件存在“交易关联”这种因果关系类型。但是，如果被告人能够证明资本市场中的投资者实际上是以合理的市场价格从事相关金融商品交易或者涉案操纵行为对资本市场价格没有产生重大影响，则可阻断操纵行为与被诱惑投资行为之间的因果关系，进而有效阻却涉案操纵行为的违法性。[②]

四、市场操纵与市场欺诈的关系重构

无论是欺诈还是经过市场效率概念重组之后的市场欺诈，都只能被解释为市场操纵高度复杂的操作结构与行为机理的要素，而非市场操纵实质内涵。梳理市场操纵与市场欺诈之间的结构性关系，不仅有助于深化市场操纵实质与机理的认识，而且能够发现传统法律理论误读、甚至忽视的一系列重要问题。

其一，即使有明确且充分的证据证明行为人实施的操纵性交易制造虚假价格信号，造成金融商品市场价格明显偏离其真实供求关系或者基础资产真实价值，投资者（投机者）在操纵行为持续期间从事相关金融交易产生重大损失，也不能必然得出投资者因为信息市场失真、市场整体受到虚假价格信号或者虚假信息的误导而受到欺诈。

根据行为金融对正反馈投资决策机制或者博傻理论（Greater Fool Theory）的解释，资本市场参与者在从事风险很大或者具有较大争议的投资（投机）时，并不以购入资产的价格与资产真实价值之间的关联与偏差作为决策或评估的基础，而是预期未来能够以更高的价格将资产转让给市场中更傻的其他参与者。[③] 在博傻心理的驱使下，或者在相信会有更傻的投资者

---

① Semerenko v. Cendant Corp.，223 F. 3d 165，176（3d Cir. 2000）.

② 参见谢杰：《操纵资本市场违法犯罪刑法规制研究》，上海人民出版社2013年版，第50页。

③ Sandro C. Andrade，Jiangze Bian & Timothy R. Burch，A Practical Anti-bubble Prescription，9 The Economists' Voice 15，17（2012）；Burton G. Malkiel，A Random Walk Down Wall Street：The Time-Tested Strategy for Successful Investing（Tenth Edition），W. W. Norton & Company，2012，p. 43；James Surowiecki，The Wisdom of Crowds：Why the Many Are Smarter than the Few and How Collective Wisdom Shapes Business，Economies，Anchor，2005，pp. 249－251.

（投机者）进入市场的心理博弈过程中，市场参与者从事资产交易并不因为资产在价值上符合买入价，或者相信当时的市场价格具有真实性，而是因为其认为能够获得高价卖出的机会。

例如，在美国房地产泡沫时期，投资者（投机者）明知给付过高对价，仍然大量买入资产或者相关金融衍生工具，急剧推动资产价格猛涨，进而生成过度的投机性泡沫。[①] 有学者认为，这种以博傻心理为主导的资产泡沫时期的集体行为是非理性的投资癫狂。[②] 但是，将基于市场价格的趋势追涨或者杀跌归结为纯粹的非理性金融行为并不完整，将之解释为非理性癫狂、理性选择、人性归属的结合，则显得更为全面与合理。这意味着分析行为人操纵价格信号或者市场信息与市场、投资者之间是否具有欺诈与被欺诈关系，并没有显著的实践价值，或者是一种趋于简单化的理解，应当使用非线性、结构化的金融机制与法律要素，建构符合市场操纵行为与投资者选择之间关系真实特征的解释方法。

其二，相当数量的市场操纵行为完全不具备欺诈属性，或者没有从受到虚假市场价格的投资者获取实际利益，或者使用的交易技术或市场策略被误解为欺诈，应当对各种容易出现解释误区的市场操纵行为类型与欺诈、市场欺诈、欺诈性因素之间的关系进行必要澄清。

首先，并非所有向市场传递信息、引发投资者资本配置行为、造成市场价格波动并从中获取交易利润的信息型操纵行为，都涉及通过编造虚假性、误导性信息欺诈市场或者投资者。金融投资咨询机构或其从业人员在向客户或者市场出具咨询意见、研究报告时，对特定金融商品交易提出建议，但未披露其正在进行的与该金融商品有关的交易信息——在信息内容并不具有虚假性、误导性的情况下，不能认为信息市场以及相关客户、投资者受到欺诈，但其行为性质仍然是对市场参与者资本配置决策的操纵或者信息型操纵。因为信息内容具有利益冲突性，或者从行为与利益的角度分析，金融投资咨询

① See Jeff Holt, "A Summary of the Primary Causes of the Housing Bubble and the Resulting Credit Crisis: A Non-Technical Paper," 8 *The Journal of Business Inquiry* 120, 2009, p. 123.

② See Charles P. Kindleberger, *Manias*, *Panics and Crashes* (4*th edition*), Wiley & Sons, 2000, pp. 15 – 18.

机构或其从业人员传递信息行为所指向的客户、投资者利益与其自身实施的交易行为所指向的个人利益之间具有利益冲突。因此，部分信息型操纵并不具有欺诈特征，而是一种背信行为。

其次，操纵者通过交易行为制造金融商品虚假价格获取的经济利益，并不一定源自信赖市场价格信号的投资者损失。洗售、相对委托等虚假交易制造并不具有真实供求关系基础的金融商品虚假价格，或者连续买卖金融商品制造人为价格，确实会造成投资者受到虚假市场价格信号欺诈入市参与交易，而在金融商品市场价格回归真实价值之后产生严重损失。但市场操纵者同样受制于价格回归理性价值的市场力量，从而在金融商品市场交易中承受损失或者支付相当高额的交易成本。部分操纵者获取经济利益的机制并不在于欺诈其本人实施特定交易行为的金融市场或者其他投资者（投机者），而是通过建构与该金融商品市场价格挂钩的衍生工具交易、私有交易在其他市场获取收益。在跨市场的交易结构下，市场欺诈只能概括一部分操纵性交易行为的内容，难以覆盖市场操纵的整体脉络。

最后，证明特定的交易策略或者市场操作具有操纵性质的事实基础，不应当过度依赖其客观行为层面的欺诈性因素或者主观上的欺诈故意。因为资本市场中的正当技术性策略或者投机操作与虚构事实、隐瞒真相的欺诈之间的界限是极为模糊的。法律、经济理论与实践领域的权威学者伊斯特布鲁克法官认为，市场操纵牵涉隐瞒持仓信息、掩饰持仓目的等粉饰真相的行为，故市场操纵本质上应当属于欺诈。[①] 这种观点将隐瞒持仓信息从而规避持仓限制规则的欺诈性因素作为证明市场操纵的事实基础。然而，隐匿交易、持仓信息或者弱化行为人交易行为对市场的影响，并不一定具有欺诈性。对于自己的交易行为进行隐蔽化处理是资本市场中普遍存在且行之有效的经济决策与操作手法。隐蔽的仓位信息、交易数据等有助于确保特定市场参与者充分有效地使用自己耗费相当成本所获取的信息，并且排他性地实现信息经济价值。所以，资本市场中大量存在隐瞒持仓信息、利用“人头账户”从事交

① See Frank H. Easterbrook, “Monopoly, Manipulation, and Fraud”, 59 *Journal of Business* S103, S118 (1986).

易从而实现分散持仓、弱化单一交易行为市场影响等隐瞒真相的情形，显然不能将这种信息控制行为作为认定市场欺诈的核心证据，更不能据此将相关交易或者信息控制行为认定为市场操纵。

第四节 证券市场要素优势滥用

市场操纵实质应当是金融商品操纵与市场资本操纵的独立进行或者联合展开，即行为主体可以通过价量操纵或决策操纵中的任何一种方式对资本市场形成操纵，也可以通过叠加使用价量操纵与决策操纵强化与提升对资本市场的操纵力度，归根结底就是对证券市场基本要素优势的滥用。

一、资本要素发现对解释市场操纵实质的价值

资本市场是各种金融商品以及相关衍生工具供应与需求的动态组合。单纯基于这种现象化的界定来看，资本市场就是由金融商品交易价格与交易量等现实交易关系的抽象化、数据化信息所组成的定价机制与供求交互平台，市场操纵就是对金融商品的价格（交易量）进行操纵。然而，一旦深入资本市场运作机制的实质，从市场机能的视角剖析资本市场，我们能够清楚地看到，资本市场现象化界定的缺陷在于偏向性地聚焦于资本市场中更具固定性、设计性的要素——金融商品，弱化了对资本市场中更具流动性、金融心理影响性的要素——市场资本要素的考察。安东尼·克罗曼与理查德·波斯纳将市场抽象为：以机会供给为运作形式的交易者利益实现或利益共赢平台，以资源优化配置为经济手段的社会利益优化途径。① 相应的，资本市场本质上是以风险承担与利益获取为运作形式的金融商品与市场资本等产权持有者的价值实现平台，以资本资源优化配置为经济手段的社会福利最大化机制。探索资本市场实质机能的目的是揭示资本市场中内嵌于现象化金融商品要素运动（证券、期货、衍生品等金

---

① Richard A. Posner, "Economic Analysis of Contract Law after Three Decades: Success or Failure?", 112 *The Yale Law Journal* 829, 2002, p. 832; Anthony T. Kronman & Richard A. Posner, *The Economics of Contract Law*, Little, Brown & Company, 1979, p. 2.

融商品市场交易价格、交易量等变动）过程中的另一核心要素——市场资本。

市场资本投入或者撤出证券、期货、衍生品等金融市场中的特定资产载体，具体表现为稀缺性资本资源控制者的资本配置决策及投资（投机）行为。这是资本市场参与者根据金融商品当前价格及其发展趋势评估之后的产权结构性调整。在资本市场中，与市场资本要素有关的所有动态，都是资源控制者作为市场参与者存在与发展的行为呈现和心理状态。市场资本不是自我封闭的结构，相反，它与金融商品要素之间进行着深刻的互动。资本市场参与者决定或者现实买入或卖出特定金融商品的资本要素配置行为，受到金融商品要素的影响，即价格信号、其他市场参与者资本配置信号（交易量信息）会调整投资者（投机者）的行为反应。同时，资本市场参与者买入或者卖出、做多或者做空特定金融商品的市场资本配置决策与行为，直接调整该金融商品的市场交易价格、交投量，从而形成市场资本对金融商品要素的作用力。资本与商品两大要素之间的互为影响，深刻体现为资本市场参与者不仅需要客观评估与金融商品基础资产价值有关的信息，而且受制于其他市场参与者对该金融商品的主观判断与心理趋势。作为资本市场的表象性部分，金融商品要素通过证券、期货、衍生品的市场交易价格等信息化的形式呈现，是金融市场参与者心理决策与投资（投机）行为的信息反射，能够被外部观察者所直接发现、考察与分析——但这种现象化的观测并不一定符合基础资产价值。作为资本市场的内在性部分，市场资本要素通过隐藏于投资者（投机者）决策心理与产权配置行为，内在地构成了影响金融商品市场交易价格、交投数量、流动性水平的根本性资源。

市场操纵的实质应当是对金融商品或者市场资本的非正当控制并从中谋取交易利益，即操纵者通过能够向市场传递误导性信号的信息、交易、市场力量等，直接影响金融商品交易价格（交易量），或者控制市场投资者（投机者）参与特定的金融商品交易、金融投资等间接影响金融商品交易价格（交易量），同时从事相关金融投资并从金融商品市场价格偏离其真实供求关系或者基础资产价值的价差中获取利益。概括性地分析，市场操纵就是通过资本市场基本要素的非正当控制实现经济利益，即市场操纵的实质是金融商品或（与）市场资本的非正当[1]控制。

只有准确且完整地发现、辨识资本市场基本要素，并强调容易被忽略的资本要素以及市场中的资本配置行为，才有可能对市场操纵的实质进行全面的、符合经济原理与资本市场特质的解释。

二、市场操纵实质内容的客观性拓展

市场操纵实质进一步可以从行为、结果、因果关系等相关客观要素侧面予以具体解构。[2]

在市场操纵行为实质层面，操纵行为是针对金融商品或（与）市场资本同时或者这两种资本市场要素之一施加非正当控制。金融商品操纵与市场资本操纵只是行为内容的概括性界定——从行为实施的具体措施上细化分析，实现金融商品操纵的手段为价量操纵，实现资本操纵的手段为决策操纵。就价量操纵而言，正如前文所述，中国资本市场法律规范框架下的价量操纵表现为对金融商品交易价格或者交易量的控制，在法律实践中倾向于异化为以交易量控制标准直接替代操纵行为，对价格影响性进行评估。而作为实现市场操纵实质内涵之一的金融商品操纵行为的价量操纵手段，其准确的法律规范描述不能是对操纵行为选择性或者并发性地作用于交易价格、交易量的线性逻辑归纳，而应当以系统化的非线性逻辑真实地还原操纵行为与金融商品交易价格、交易量之间的关系。操纵性交易行为介入资本市场之后，其对金融商品的交易价格、交易量所产生的影响是关联性的——交易数量支撑着操

---

① 非正当性的判断依据在于：法律明确对各种市场操纵行为模式予以类型化规定，或者法律明确授权的机构对特定的行为模式是否具有市场操纵属性进行解释。下文将在相关章节中就市场操纵具体行为模式与其他法律没有明确规定的非正当控制行为类型的操纵属性解释进行详细论证。

② 在市场操纵案件的事实分析与认定过程中，操纵性交易行为或者信息行为、价格影响等客观要素实际上都可以通过金融监管机构监测的或者交易所留存的交易数据、数量金融分析模型等方式予以确认。同时，操纵故意通常是根据客观行为以及结果的不正常性进行推定的。市场操纵的主观故意、诱使其他投资者从事或者不从事特定的金融商品交易的目的，只能通过相应的客观行为与结果要素进行绑定，并在程序上允许适当的抗辩才能够得以充分且确实的证成。客观要素证据的现实性与可固定性，以及主观故意的推定性，意味着市场操纵的实质内容基本上都是通过核心的各种客观要素予以确立的。参见谢杰：《操纵资本市场违法犯罪刑法规制研究》，上海人民出版社2013年版，第114～118页；刘宪权、谢杰：《证券期货犯罪刑法理论与实务》，上海人民出版社2012年版，第375～379页。从这个意义上来看，没有必要重复从主观性要素的角度对市场操纵的实质进行拓展性分析。

纵性交易对其行为直接作用的特定金融商品市场价格产生影响。因此，价量操纵手段的法律判断标准不能单纯地以一定的交易数量规模或者市场价格波动作为行为构成金融商品操纵的依据，法律实践必须建构一定数量的交易行为与金融商品市场价格波动之间的操纵性联系。就决策操纵而言，其具体表现为行为主体向资本市场中的特定群体或者整个市场发布重大的（公开后对于金融商品市场交易价格会产生影响的）虚假性、误导性或者利益冲突信息，通过影响投资者接受信息之后的资本配置决策，制造金融商品市场价格的波动。

在市场操纵结果实质层面，操纵结果是金融商品或（与）市场资本非法控制之后的价格波动，具体而言，就是出现了金融商品市场价格偏离基础资产内在价值的价差。市场操纵对资本市场效率的损害集中体现为操纵性交易行为或者信息行为介入市场后，金融商品市场价格受到扭曲，即价格与金融商品真实供求关系、基础资产实际价值脱离。因此，由操纵性交易行为直接制造的虚假或者人为价格，或者操纵性信息行为借助投资者由于不对称信息作出的资本配置决策间接形成的价格波动，是市场操纵实质的结果性内涵。这种以价格为核心的结果要素不能通过其他市场指标（尤其是被既有法律规范误读的交易量指标）予以替代。因为只有金融商品价格受到扭曲，才能够为法律监管制度的权力介入提供将特定金融行为认定为市场操纵并予以严格管制的正当性基础。在资本市场中，具有资金、信息等优势的市场参与者针对特定金融资产建构巨量交易仓位，持有金融商品总交易量中的绝大部分，或者进行垄断性持仓，其交易行为属性或者交易量数额本身都不能独立与市场操纵建立起具有经济或者法律意义的联系。资本市场为投资者（投机者）提供了评估金融资产预期供求关系的有效平台。市场参与者持有多头（空头）仓位，意味着其相信金融资产价格会上升（下降）。市场参与者对价格评估的确信度越高，在既定资产能力与流动性水平下持有的多头（空头）数量就越高。市场多空双方中的投资者、投机者、对冲交易者等对特定金融商品交易量所投入的资源成本，是对特定时间节点的金融商品供求关系所表达的观点，也是向市场注入的信息或者释放的信号。这对于金融资产定价与市场风险承担具有极为重要的价值。投入大额交易量并承担巨额风险的市场参与者，一旦在资本市场中证明其判断是正确的，就有机会获取与交易量相适应的收益量。如果金融资产价格如同市场参与者的预期判断一样上涨（下跌），行为人通过做多（做空）谋取巨额交易利润，法律监管制度显然不能直接基于该市场参与者在特定金融资产交易总量中占有份额过大而认为其构成市场操纵，从而作为违法犯罪进行处罚。否则，驱动金融市场持续运作与创新发展的利益激励机制就会被弱化直至根本性地剔除。所以，只要金融商品价格没有受到操纵性交易行为或者信息行为的扭曲，就不存在成立市场操纵的经济基础。

在市场操纵因果关系实质层面，操纵性交易行为或者信息行为与金融商品市场价格偏离基础资产真实价值的价差之间具有影响与被影响的联系，是建构市场操纵责任的客观基础。[①] 一旦确定涉嫌操纵市场犯罪的行为人具有影响金融商品市场价格的经济力量（能力）以及价格在操纵行为期间内具有虚假性或者人为性，就必须进一步考察行为与结果之间的联系，即证明是操纵者的行为导致了价格失常。如果虚假或者人为价格是基于其他影响因素作用而形成的，就不存在金融商品操纵或者市场资本操纵的客观基础。无论是虚假交易还是具有真实产权转移基础的实质交易，此类交易行为形成的客观数据能够说明操纵性力量介入市场之后金融商品价格的波动轨迹，因果关系证明问题相对容易解决。市场资本操纵类型中的信息行为与价格变动之间必须依赖投资者资本配置决策与行为的传导，这种间接性的因果关系在法律实践中具有相当高的证明难度。

三、中国证券市场违法犯罪法律文本与市场操纵实质的兼容性

市场操纵实质的准确解构是对资本市场违法犯罪行为体系中最为复杂的操纵行为及其法律规范进行理论研究与实践应用的基础，除了需要在金融与

---

① 在市场操纵的经济结构中，还存在着其他形式的因果关系，例如，信息型操纵行为与投资者资本配置决策之间的因果关系，操纵者获利与金融商品市场价格波动之间的因果关系等。此类因果关系都是整个市场操纵行为机理框架下的各种构成要素之间的客观联系，并非市场操纵实质内涵意义上的因果关系内容。作为市场操纵实质内容的因果关系就是操纵行为与金融商品价格失真之间的客观联系。

法律理论层面廓清市场操纵实质的基础内涵之外，还应当充分结合法律文本进行规范解释，使得符合资本市场运作机制与市场操纵行为实际的实质解释理论，能够有效地置入法律规范的文本框架，最终落实于本土化的资本市场法律监管实践。

尽管中国《刑法》市场操纵的法律条文没有规定市场操纵的实质内涵，但是，探索并阐释市场操纵实质依然有必要依托于刑法规范的形式化解构。聚焦于中国《刑法》第 182 条操纵证券、期货市场罪的法律文本，并从条文关系、规范结构等角度归纳制度的内在逻辑，我们能够清楚地透视中国资本市场刑法制度上市场操纵前后递进的规范层次——第一层次，行为模式。市场操纵行为模式具体包括：(1) 连续交易，即独立、联合其他行为主体，实施连续性的金融商品交易行为，操纵金融商品的市场价格、交易量。(2) 相对委托，即复数行为主体在交易价格等核心要素约定的情况下，相互买卖金融商品，影响证券、期货合约的市场价格或者交易量。(3) 洗售，即独立行为主体在实际控制证券、期货合约交易账户中买卖金融商品，影响证券、期货合约的市场价格或者交易量。(4) 虚假申报，即不以成交为目的，频繁或者大量申报买入、卖出证券、期货合约并撤销申报。(5) 蛊惑交易，即利用虚假或者不确定的重大信息，诱导投资者进行证券、期货交易的。(6) 抢帽子交易，即对证券、证券发行人、期货交易标的公开作出评价、预测或者投资建议，同时进行反向证券交易或者相关期货交易的。(7) 以其他方法实施操纵行为。第二层次，法律属性。符合市场操纵行为模式特征的，在法律上构成操纵证券、期货市场。第三层次，刑事处罚标准。情节严重是刑法介入的具体标准，不符合情节严重标准但符合行政监管介入标准下的市场操纵法律属性判断的，应当以资本市场行政法律制度进行监管。

可见，中国刑法规范意义上的、没有经过法律与经济分析解构的市场操纵（《刑法》第 182 条操纵证券、期货市场罪）的实质就是规范形式化解构中处于第二层次的、各种操纵性行为模式的法律属性，其法律文本表述为“操纵证券、期货市场”——上述市场操纵刑法规范形式化解构的结论并非机械的、甚至是没有意义的同义反复，其价值在于通过法律文本或者刑法规范罪状的分析方法，揭示行为模式与法律属性之间的层次性区别，以及不同行为模式实质内涵之间的重大差异。连续交易、相对委托、洗售、虚假申报、蛊惑交易、抢帽子交易等《刑法》第182条具体描述的行为模式，在行为内容上是金融商品（证券、期货合约）操纵，在行为手段上是价量操纵，金融商品操纵或者价量操纵都只是市场操纵的类型、部分内涵而非实质与完整内容。

犯罪构成当然可以是传统刑法理论架构下的耦合（如中国刑法）、双层（如美国刑法）、层进（如德国刑法）等逻辑创制，但也可以是不同规范分析视角与行为性质判断程序下的制度发现。通过上述市场操纵条文形式化解构可知，中国传统刑法理论与实践审视下的耦合式犯罪构成，同样能够以行为模式、法律属性、处罚标准这一前后承继的递进式犯罪构成框架，解构市场操纵的成立过程。实体性与静态性的市场操纵构成实际上同时包含程序性与动态性的市场操纵判断。市场操纵罪状中的行为模式、法律属性、处罚标准在不同刑法判断阶段承担着纵深性的评价职能。

行为模式是对操纵性行为的具体规范描述，根据操纵类型复杂程度的差异与法律文本简洁性的需要，调整规范表述的细致化程度，设定判断市场操纵的犯罪样态。

法律属性是对符合刑法规范既定模式所具体描述的各类操纵性经济行为在法律上的属性推定，在这个反市场操纵执法或者司法实践的推定过程中，中国《证券法》第55条与《刑法》第182条有关“操纵证券市场”的法律判断具有相同的机制。适用法律的金融监管机构与审理金融犯罪案件司法机关形成涉案行为应当构成市场操纵的评价之后，涉嫌市场操纵者有权予以反驳。反驳意见有合法证据支撑的，构成具有对抗市场操纵法律属性推定效果的“肯定性辩护理由”,[①] 即承认涉案行为符合行为模式中的规范描述，但属于资本市场以及资本市场法律制度所允许的正当市场运作，不应当作为市场操纵违法犯罪论处。允许的资本市场运作行为是金融商品发行人、金融商品发行人的控股股东或实际控制人、金融中介机构以及资本市场中的其他投资者（投机者），根据金融法律制度或者基于金融监管机构的同意，履行义务、

① Paul H. Robinson, “Criminal Law Defenses: A Systematic Analysis”, 82 *Columbia Law Review* 199, 1982, p. 235.

从事回购、执行预设交易计划、安定操作等金融交易行为。允许的资本市场运作可以排除市场操纵等资本市场违法犯罪的法律属性，不仅在实体标准与证明程序上对实施符合操纵性交易行为模式的市场主体提供了合法且合理的免责空间，而且能够在很大程度上分散资本市场执法与司法的压力，同时又可以通过允许合法的投资或者投机交易丰富资本市场的流动性。成熟金融市场国家的法律制度对允许的资本市场运作完成了较为丰富的规则设定，资本市场违法犯罪案件中的肯定性辩护相对也就会显得比较充分——在内线交易中，预设交易计划是美国证券监管机构明确认可的市场操作行为，因而在资本市场违法犯罪案件刑事辩护中属于非常重要肯定性辩护事由。根据 2000 年 SEC 监管规则《选择性披露与内幕交易》的规定，控方推定持有重大未公开信息的行为人在从事相关证券交易时使用了未公开信息，行为人可以提出以下反驳推定的事由：（1）事先存在从事该项交易的有约束力的合同；（2）执行事先存在的第三方交易指令；（3）事先存在的书面计划预先详细说明了该项交易。[①] 预设交易计划抗辩在实践中又被称为 10b5 - 1 避风港规则，即如果行为人预先计划（包括证券数量、交易价格、交易日期等要素）从事相关证券交易时没有获悉重大未公开信息，随后执行该计划中规定的交易行为，即使届时掌握了该重大未公开信息，亦不能对其提出内幕交易指控。[②] 在市场操纵中，允许的资本市场运行表现为市场参与者根据上市公司股权激励机制、安定操作等法律规定的合理条件或者金融监管部门同意实施金融商品交易行为，尽管可能通过连续交易在特定时间范围内占交易总量中的多数，甚至是金融商品流通总量中的多数，但并不能认定为市场操纵违法犯罪。例如，根据德国《证券交易法》第 20a 条第 2 款、第 3 款的规定，市场操纵违法犯罪的禁止性规定不适用于金融监管机构认定的或者按照欧盟 2003 年《回购程序与金融工具安定的实施意见》规定的，回购、价格安定措施等允许的市场运作行为，不能基于先前缺乏市场广泛认同而将特定的经济行为推定为不属

---

① 17 C. F. R. § 240. 10b5 - 1.

② See Stanley Veliotis, "Rule 10b5 - 1 Trading Plans and Insiders' Incentive to Misrepresent," 47 *American Business Law Journal* 313, 2010, p. 313, 314.

于允许的市场运作。[①] 但是，中国资本市场法律制度及其实践应用没有对允许的资本市场运作及其在资本市场违法犯罪构成中的体系性价值予以足够的重视，也没有设计完整、系统且具有可操作性的法律规则。这一制度性瑕疵在内线交易与市场操纵规范体系中呈现出不同的样态。在内线交易犯罪规范体系中，刑事司法规则明确规定了预设交易计划等允许的市场运作机制，[②] 但资本市场行政法律制度没有对预定交易计划的适用范围与运作程序进行明确与系统的规定。而预设交易计划的法律规则本身又是非常复杂的一个规范结构，缺乏完备的程序规范与实体条件等行政法律配套制度意味着这种肯定性抗辩在资本市场违法犯罪刑事司法实践中不可能得以有效执行。[③] 在市场操纵规范体系中，中国资本市场行政法律制度对允许的市场运作以及相应的排除市场操纵法属性的法律效果作出了相对具体的规定，[④] 但中国传统证券期货犯罪刑法理论与实践将连续交易、相对委托等操纵性行为模式的共同性特征（价量操纵）直接作为市场操纵的实质，或者同质化解释为操纵证券、期货市场的法律属性。这意味着尽管金融行政法律制度完成了配套规则的建构，资本市场刑法却否定了允许的市场运作在市场操纵案件刑事司法实践中的肯定性辩护效果。所以，通过刑法实体规范的形式化解构，在市场操纵法律属性判断环节梳理市场操纵违法类型推定与反驳的程序性内容，不仅能够有效揭示市场操纵行为模式与市场操纵法律属性、价量操纵共性特征与市场

---

① Wertpapierhandelsgesetz-WpHG § 20a Verbot der Marktmanipulation（2）；（3）.

② 根据2012年最高人民法院、最高人民检察院《关于办理内幕交易、泄露内幕信息刑事案件具体应用法律若干问题的解释》（以下简称《内幕交易犯罪解释》）第4条第2项的规定，按照事先订立的书面合同、指令、计划从事相关证券、期货交易的，不属于内幕交易犯罪行为。从规则内容上分析，《内幕交易犯罪解释》规定的预设交易计划抗辩与美国《选择性披露与内幕交易》的10b5－1避风港规则基本一致。参见谢杰：《最新内幕交易犯罪司法解释的缺陷与规则优化》，载《法学》2012年第10期。

③ 参见谢杰：《内幕交易最新司法解释实践应用疑难问题研究》，载《证券市场导报》2012年第11期。

④ 2013年12月25日国务院办公厅《关于进一步加强资本市场中小投资者合法权益保护工作的意见》指出："完善股份回购制度，引导上市公司承诺在出现股价低于每股净资产等情形时回购股份。"2013年11月30日中国证监会《关于进一步推进新股发行体制改革的意见》规定："发行人及其控股股东、公司董事及高级管理人员应在公开募集及上市文件中提出上市后三年内公司股价低于每股净资产时稳定公司股价的预案，预案应包括启动股价稳定措施的具体条件、可能采取的具体措施等。具体措施可以包括发行人回购公司股票，控股股东、公司董事、高级管理人员增持公司股票等。上述人员在启动股价稳定措施时应提前公告具体实施方案。"

操纵实质特征等概念之间的结构性差异，更有助于深化中国反市场操纵刑法规范等资本市场法律制度及其实践应用，对“允许的资本市场运作”这一重要市场机制与制度安排及其在刑法适用上对应的肯定性抗辩问题予以充分关注，进而优化刑法解释规则与金融行政法律配套制度。

刑事处罚标准以综合资本市场、行为与行为人、政策等各种要素的方式对市场操纵行为的危害性进行量化限制，在资本市场刑法制度的法律适用上，承担着协调犯罪化程度的功能，在资本市场刑法制度的效率实现上，旨在以最低的制度成本完成最优的资本市场保护目标。

所以，中国资本市场法律规范文本实际上与金融商品或（与）市场资本非正当控制的市场操纵实质之间具有良好的兼容性，虽然在《证券法》《刑法》等反市场操纵违法犯罪条款立法阶段未能通过制定清晰且明确的规范表述，进而发现市场资本操纵的独立地位与实质内容，但在违法犯罪类型或者罪状建构时，通过行为模式与法律属性、价量操纵共通性特征与市场操纵实质性特征的有效区分，确保资本市场法律制度文本经过无须耗费立法成本的法律解释，便足以应对新型市场操纵行为的挑战以及金融市场与交易技术的变迁。这种符合市场操纵行为本质的金融解释，与中国刑法文本规范解释的内容完全同步、契合，能够为证券合规作出更为清晰的规范指引——对滥用信息优势影响资本要素的行为与滥用资本优势影响金融商品要素的行为进行严格的风控管理。

四、金融商品操纵与市场资本操纵的独立运行或者叠加操作

尽管行为金融原理深入阐释了市场参与者心理决策，投资者（投机者）交易行为、资产配置流动与金融市场信息和证券、期货、衍生品等金融商品价量变化之间的关系，[①] 量化评估能力不足的法律理论与实践还是会因为欠缺有力的分析工具审视信息市场中的金融交易参与者行为，缺少足够的证据

---

① See Harrison Hong, “José Scheinkman & Wei Xiong, Asset Float and Speculative Bubbles,” 61 *Journal of Finance* 1073 (2006); J. Bradford De Long, Andrei Shleifer, Lawrence H. Summers, Robert J. Waldmann, “Noise Trader Risk in Financial Markets”, 98 *Journal of Political Economy* 703 (1990); J. Michael Harrison & David M. Kreps, “Speculative Behavior in a Stock Market with Heterogeneous Expectations”, 92 *Quarterly Journal of Economics* 323 (1978).

材料支撑受到操纵性信息影响的投资者损害数额，从而弱化了对资本市场中的“资本”内在流动及其表象化的投资（投机）行为等要素的关注。所以，除了利用法律与金融分析方法，在解构市场操纵实质的过程中完成金融商品要素之外的市场资本要素发现之外，还需要进一步从市场操纵行为的动态运作视角，揭示金融商品操纵与市场资本操纵的操作机制。

作为独立构成市场操纵实质内涵之一的金融商品操纵，基于交易行为对金融商品市场价格、交易量的形成影响或者控制，部分干扰乃至整体扭曲自由竞争性的价格形成机制，制造人为的、失真的市场价格。金融商品操纵的直接结果是证券、期货合约、衍生品等金融商品交易价格、交易量受到操纵者的人为控制，间接结果是通过受到人为控制的市场价格或者交易量等市场信号，继续作用于资本市场中的其他参与者，促使其按照市场信息所对应的交易内容与交易方向实施资本决策与配置行为。① 市场操纵法律监管实践不应当忽视的是，市场资本操纵也能够独立构成市场操纵实质内涵之一。市场资本操纵基于信息行为对市场参与者资本资源配置决策、投资（投机）行为的影响，干扰市场中的资本要素在正当竞争环境下自由地完成对金融商品价格的发现。市场资本操纵的直接结果、间接结果与金融商品操纵互为相对——直接影响资本要素配置，间接作用于金融商品价格与交易量水平。

商品与货币的产权界定是市场、市场交易的先决条件。② 相应的，金融商品与市场资本的要素界定是资本市场与资本市场交易行为的前提与基础。因此，金融商品操纵并非市场操纵实质的全部。针对资本要素的操纵行为构成市场操纵内涵中同等重要的组成部分。法律理论与实践缺乏对资本要素的考察，市场操纵实质解释缺少对市场资本操纵内涵的发现，既与经济原理与金融市场实际不符，又无法对市场操纵形成完整的法律解释、全面的司法认定以及有效的立法规制。在经济上的实质解释结论是金融商品操纵或者价量操纵手段的独立运作，意味着市场操纵者的金融交易不正当地控制资本市场

① 尽管金融商品操纵性交易形成的人为价格在实践中可能会非常有效地放大市场操纵效果以及市场操纵者的经济利益，但这仍然是间接的影响而非直接的结果。

② See Ronald H. Coase, “The Problem of Social Cost”, 3 *The Journal of Law and Economics* 1, 1960, p. 27.

中的特定商品要素。市场资本操纵或者决策操纵手段的独立运作意味着信息行为不正当地控制资本市场中的资金流动。金融商品操纵与市场资本操纵的叠加操作，使得金融交易行为与市场信息行为对商品要素与资本要素的影响更为深刻、市场操纵者的经济利益实现概率与程度更高。在法律规范上的实质解释结论：市场操纵的实质是金融商品操纵与市场资本操纵的独立运作或者叠加操作，也就是对市场基本要素的优势滥用。在市场操纵问题上，证券合规的重点显然就是对基本要素滥用的风险控制。

中国《刑法》第 182 条操纵证券、期货市场罪所明确类型化的操纵模式，即连续交易、相对委托、洗售操纵等，在内容性实质层面表现为金融商品操纵，在手段性实质层面表现为价量操纵，行为主体直接围绕金融商品实施操纵策略，代表了市场操纵行为体系中非常重要的一部分实质内涵。中国《刑法》第 182 条操纵证券、期货市场罪基于特定立法历史与市场发展水平的局限而未能完成明示性规定的操纵模式，即“以其他方法操纵证券、期货市场”，不仅可以是其他类型的金融商品操纵，更可以是围绕持有资金的资本市场参与者的资本配置实施操纵行为，即市场资本操纵。

第二章

市场操纵的机理与类型

明确了市场操纵实质是金融商品操纵与市场资本操纵的独立进行或者联合展开之后，有必要进一步对市场操纵的机理进行深度阐释。市场操纵机理不仅是对市场操纵实质内涵的细化阐释与具体说明，还能够在法律概念与规则框架下对市场操纵行为、价格波动、投资者行为与心理、资本市场效率损害、操纵者获取经济利益等一系列与市场操纵有关的要素及其内在联系，作出符合金融原理、规范逻辑且便于法律实践操作的法律与金融解释。基于法律与金融分析方法对金融商品操纵、市场资本操纵的机理展开深度解释的价值在于，从整体上把握市场操纵的犯罪行为过程与利益传递机制，以此为指引纵深性地探究市场操纵的核心类型与具体操作模式及其风险防控措施。

第一节　市场操纵机理

市场操纵的机理是特定交易者以实现经济利润或者风险转移为导向，对作为资本市场基本要素的金融商品或（与）市场资本进行非正当控制过程中的，操纵犯罪行为、市场价格变动结果、因果关系、利益实现等核心要素内在运作方式及其在特定资本市场条件下的相互联系与作用。在内容上，市场操纵机理对市场操纵实质进行具体阐释，对市场操纵基本类型进行整体概括。在结构上，市场操纵机理“上承”市场操纵实质，“下启”市场操纵具体类型与行为模式。在方法上，市场操纵机理在充分运用金融原理对操纵犯罪行为、价格波动、交易量影响、资本市场效率、操纵者获利等问题进行解释的基础上，明确了不同市场操纵类型与行为模式的实体构成要件配置与程序证明要点，实现市场操纵法律与金融分析的融合与贯通。

一、资本市场基本要素非正当控制的运作机制

市场操纵发生于资本市场，但并非空泛地作用于无形的市场。市场操纵对资本市场形成控制必须依托于核心的支点——作为资本市场基本要素的金融商品与资本资源。金融商品是融资者获取资本资源的金融化商业工具，同时又是投资者配置资本资源并意图实现资本保值增值的金融化资产载体。市场操纵作用于金融商品要素只有通过交易行为才可能实现。已经投放或者即将新进入资本市场的资本，既是投资者以放弃消费为代价获取期待利益的基础，又是融资者吸收并配置于金融商品所对应的基础资产，并通过生产经营提供未来现金收益的资源。市场操纵作用于市场资本要素必须引导作为资本资源持有者的投资者（投机者）的资金运作决策与行为。市场参与者改变资本配置现状的基础建筑在全新信息介入市场的基础之上。这种全新的市场信息既可以是金融商品最新价格波动信号，也可以是与金融商品定价或者基础资产真实价值有关、不以价格信号间接形式表现的、纯粹市场信息。

因此，控制市场资本要素的操纵犯罪行为包括直接影响金融商品价格的交易行为以及直接引发投资者（投机者）做出资本配置决策与行为的信息传递行为。在资本市场违法犯罪行为的实际操作中，操纵性交易行为与信息行为的市场效果通常具有很明显的交替性与互动性——操纵性交易行为导致金融商品市场价格波动与交易量变动，价量信号本身就可以作为市场信息引导投资者或者投机者所持有的资本介入或者撤离特定金融商品的交易；操纵性信息行为生产并向资本市场传导有能力影响金融商品市场价格的信息内容，市场参与者基于信息所指向的交易标的与交易方向作出资本配置决策，资本快速流动基础之上的交易会制造或者助推金融商品的市场价格变动及其未来趋势。但交易行为直接作用于金融商品价格，信息行为直接作用于市场资本配置——市场操纵行为方式可以混合使用，这种市场操纵的经济机制则是不

能混同解释的。

从操纵犯罪与市场价格波动关系的角度分析，操纵行为与价格结果之间可以是直接性控制（交易行为影响价格），也可以是间接控制（信息行为影响资本配置行为进而传递至价格），但操纵性交易行为与金融商品之间，操纵性信息行为与市场资本之间，必须是直接性控制与被控制的因果联系。

从操纵力量强度的角度分析，操纵行为可以是对金融商品市场价格或者投资者（投机者）资本配置的绝对影响（例如，操纵者控制的实际交易量在特定时间期限内占据金融商品总体交易量50%以上，或者金融机构向其客户定向发布虚假信息、报告，导致其按照虚假信息的指示从事资本配置决策），也可以是对资本市场基本要素的相对影响（操纵者实施的交易行为并没有占据金融商品总交易量的绝对多数，却引发价格变动趋势，或者金融机构或者相关金融分析专业人员在公开媒体上向市场不特定投资者发布利益冲突信息，金融商品市场价格出现了与信息内容吻合的价格走向）。

从操纵与市场方向、趋势关系的角度分析，操纵可以是表现为引发金融商品价格严重背离基础资产真实供求关系，使得价格朝着与真实价值运作轨迹完全相反的方向运行，也可以是显著地加速、夸大基础资产真实供求关系对金融商品市场价格的影响，制造严重的资产泡沫或者严重的价值低估。

以法律要素为核心对市场操纵机理进行具体化阐释，可以内化为市场操纵者通过各种主客观要素的运作制造市场信息与行为主体自有信息之间的不对称性，并利用信息不对称条件下的市场价格与实际价值之间的价差获取经济利益的过程。

市场操纵的行为手段是构建虚假金融交易、利用资本市场特定方面的垄断地位或者资源优势从事金融交易并实现对总体交易规模的控制或者向资本市场传递虚假性、误导性或利益冲突性信息，以此实现对金融商品或者市场资本等要素的控制或者在竞争中占据支配地位。

市场操纵的行为结果是形式上制造金融商品市场价格波动、实质上形成市场价格与实际价值之间的价差。市场操纵的行为目的是从市场价格的波动中获取经济利益，具体可以表现为，哄抬标的金融工具价格后高位出仓（做多操纵），卖空标的金融工具、打压市场价格至后低位回补（做空操纵），或者利用金融商品市场价格的波动从特定金融商品交易市场之外的关联衍生工具交易、私有契约中获取经济利益。

市场操纵的因果关系是多重事实性因果与单一法律因果的结合，主要体现为操纵性交易行为对市场价格的影响与被影响关系，操纵性信息行为对投资者（投机者）市场行为的影响与被影响关系，以及市场操纵行为与金融商品价格波动之间引起与被引起的法律因果关系。

二、金融商品操纵与市场资本操纵的行为机理

金融商品非正当控制的实现手段是价量操纵。中国《证券法》《刑法》反市场操纵条款明确规定的连续交易、相对委托、洗售等具体市场操纵行为模式，都同质性地表现为实施旨在干扰资本市场基于自由且正常竞争机制形成供求结构的金融商品交易行为，制造背离基础资产真实价值的虚假价格，或者强行介入金融商品市场交易价格、交投数量的形成机制，所以，均属于价量操纵。

连续交易操纵是行为人单独或者联合利用资金、证券、信息等综合性资源优势，在资本市场中连续买卖金融商品，拉升、压制或固定金融商品交易价格，或者人为制造金融商品交易量。这种在特定时间阶段以压倒性的综合优势控制资本市场的操纵行为，有的是为了人为控制金融商品供求关系，诱导投资者高位接盘或者低位释放“筹码”；也有的是为了人为控制金融商品市场交易价格，从而在大宗证券交易平台、股指期货、其他场内或场外金融衍生品交易或者私有契约中获取暴利。

洗售操纵是虚假交易的典型情形，是同一行为主体实际控制账户之间的金融商品交易。洗售操纵属于不具有任何经济意义的资本市场交易，行为意图在于制造不具有真实商业或者投资基础的证券、期货、衍生品交易记录，并通过相关金融商品交易向资本市场传递受到虚假交易行为主体控制的、扭曲的金融商品供求关系信号。

相对委托操纵是行为人基于影响证券、期货等交易价格、交易量的意图，通过事先约定，由一方买入或者提出委托买入申报，另一方在相应时间卖出或者提出委托卖出申报。从操纵行为机理的角度分析，相对委托操纵是一种

组织结构上具有进阶性的虚假交易操纵类型。证券、期货、衍生品交易行为发生在由多个主体实际控制的账户之间，资金、证券、信息等要素以大致相同的时间、价格进行流转，但相关金融交易的方向是相对（相反）的。这种受到人为控制的金融市场中的资本与金融商品要素的流动或者进出，向资本市场及其投资者传递着虚假的供求关系信号，虚构了证券等金融商品交易价格、交易量或者交易趋势。相对委托操纵者既可以直接通过这种虚假金融交易行为控制证券、期货等交易价格、交易量，从而在交易市场之外取得非法利益，也可以通过相对委托交易拉升或者压制证券交易价格，通过外部投资者跟进接盘而从中获取金融交易非法利润。[①]

从上述金融商品操纵行为模式的具体特征分析中可以看到，连续交易操纵是基于竞争性资源垄断或者绝对优势的真实金融商品交易，相对委托交易与洗售交易属于没有实际经济效果或者价值，不发生实质意义上的金融商品控制权变动，不能体现资本市场真实供求的虚假金融商品交易。在金融商品操纵因果关系结构中，真实或者虚假的金融商品买入、卖出、做多、做空等交易行为是“因”，金融商品市场交易价格、交易量水平等市场影响是“果”。行为人的连续交易、相对委托、洗售等交易量，在该特定金融商品市场总量中的份额及其变动，是全程被交易所准确记录的；金融商品操纵行为对市场价格的影响客观上同样是能够被量化与识别的。金融商品交易行为与金融商品价量的经济关联，即法律上对应的操纵性行为与操纵性影响的因果关系，构成了连续交易、相对委托等金融商品操纵行为的刑事责任客观基础。所以，在资本市场中，金融商品操纵的机理：特定市场操纵者从事真实的或者虚假的金融商品交易行为，并且需要在经济上通过这种交易行为对相关的金融商品市场产生现实的作用力，而这种力量必须具体表现为对金融商品市场价格、交易量的干扰或者控制。

市场资本操纵则是以市场信息及其对投资者（投机者）的影响为基础的操纵机制，呈现出一种完全不同于金融商品操纵的行为机理：操纵者实施向

---

① 参见谢杰：《操纵资本市场违法犯罪刑法规制研究》，上海人民出版社2013年版，第136页。本节仅就连续交易、相对委托、洗售等市场操纵行为模式进行基本的类型定位，在下一节的具体类型化研究中将对各种操纵模式的金融特征与法律核心要素进行详细分析。

资本市场传导价格信号等信息行为（而非单纯的交易行为），主要通过信息对参与特定、相关的金融商品交易的投资者（投机者）产生市场作用，影响其实施或者不实施一定的金融商品交易行为，对投资者（投机者）持有的市场资本要素的分配决策与产权处分予以操控或者干扰。市场资本操纵整体覆盖了以下行为与心理元素与内容：[①]（1）意图。行为目的明确指向的是从受到市场信息影响之后出现的金融商品价格波动中谋求金融商品交易利润。例如，在建仓买入甚至融资买入证券、期货合约之后，影响其他市场参与者实施方向相同的操作，推动相关证券、期货合约市场价格上涨，在价差出现之后平仓获利。（2）行为。在信息行为部分，操纵者形成符合其价差需求的信息内容，通过媒体、研究报告等形式将信息传导至其他市场参与者。在交易行为部分，操纵者同期或者先期完成金融商品建仓。（3）结果。在信息结果上，受信息影响的投资者（投机者）根据信息指出的方向做出交易决策与行为。在价格结果上，受控于信息影响的市场资本配置行为导致相关的证券、期货、衍生品市场价格出现波动。（4）关联。在信息关联部分，特定金融商品交易者的资本配置决策、行为与信息内容高度一致。在价格关联部分，受到信息影响的相关证券、期货、衍生品交易行为与价格变动高度一致。（5）利益。操纵者同期或者先期完成金融商品交易布局，从信息披露之后发生的价差中牟取实际经济利润。

三、市场操纵行为机理内化差异的发现及其实践价值

金融商品操纵或者价量操纵中的核心行为要素是从事交易，市场资本操纵或者决策操纵中的核心行为要素是传递信息。因此，金融商品操纵的手段是价量操纵，价量操纵的行为内容是交易型操纵；市场资本操纵的手段是决策操纵，决策操纵的行为内容是信息型操纵。在这两组层进式的概念之中，每一个概念实际上都是市场操纵类型化单元的深化阐释，分别从实质内容、操作手段、核心行为形式的角度对市场操纵的内涵与特征进行界定。

---

① 作为客观性元素的行为、结果、利益、关联等是实现市场操纵者主观意图（获取价差经济利益）的经济基础。主观要素的成立依赖于下述客观要素的界定。有证据证明的客观事实的发生意味着主观要素的成立无须纯粹且直接的主观性证据检测。

尽管金融商品操纵与市场资本操纵在目的、手段、结果、因果关系、利益实现等各个机理要素方面均存在明显的不同，但是，两者之间最为重大且最为复杂的机理要素差异，集中体现在因果关系层面。[①] 把握金融商品操纵与市场资本操纵内在差异的重点，有利于更为深入地洞察市场操纵的行为机理。

金融商品操纵中的交易行为直接与金融商品交易价格、交易量发生操纵与被操纵的因果关系，而市场资本操纵中虽然存在交易行为（通过特定时间段的交易行为买卖证券、期货合约、衍生品等获取利益），但市场资本操纵中的交易行为本身并不直接对特定金融商品的交易价格、交易量施加重要影响或者形成具有经济意义的作用力，从而使得交易行为与资本市场之间发生控制与被控制的经济关系进而构成操纵与被操纵的法律因果。市场资本操纵中的交易行为是先于或者同时于信息操纵行为实施的金融商品做多或者做空的准备性交易行为，以及信息操纵现实效果（价差）发生之后了结仓位的获利性交易行为。在金融实务中，纯粹的市场资本操纵者能够完成的交易量规模，基本上不会在经济层面对同期金融商品成交总量构成明显影响，相应的，也不会在法律层面达到诸如连续交易、相对委托、洗售操纵等金融商品交易操纵动辄超过流通总量50%一样的远超市场操纵立案标准的水平。排除流动性极低或者基本无流动性的交易品种，市场资本操纵的交易行为介入特定金融商品市场交易之后，金融商品的价差与该交易行为之间的关联，通常情况下也不会具有经济上的重要性。[②] 同时，市场资本操纵中发布虚假、误导、利益冲突等信息的行为并非意图（实际上也不可能）直接作用于金融商品市场交易价格与交易量，而是通过信息传递作用于资本市场中其他参与者的资本资源配置决策与投资（投机）行为，进而间接地引发特定金融商品市场价格、交易量水平达到受到行为人控制或者符合其预期的程度。

---

① 基于论述的便利性需要，相关分析都建立在行为人单纯实施价量操纵或者决策操纵行为手段的逻辑基础之上。

② 如果市场资本操纵中的交易行为对交易量与价格水平均构成重大影响，则整个市场操纵行为实际上就是结合市场资本操纵与金融商品操纵的复合型操纵。

在价量操纵中，交易行为直接影响金融商品交易价格、交易量，因此，交易行为与市场波动之间关系的判断结论直接影响市场操纵是否能够成立。而决策操纵中最为核心的元素是虚假性、误导性或者利益冲突信息传递行为，这不是资本市场价格波动的直接或者第一层次的作用力量，而是客观上推进金融商品价差形成，从而为操纵者提供获利空间的条件性要素。信息行为与市场波动之间固然存在客观上的经济关联，甚至是刑法上的条件因果，但条件性的影响与被影响关系或者链条式的先发生与后发生的客观联系并不能完成法律上的操纵与被操纵的因果关系证明。针对资本市场参与者资源配置决策而实施的操纵行为与金融商品价量变动（核心是金融商品价差）之间并不是单一层次的因果联系，而是双层次的条件性链式关系。非法的信息制造与信息传递是直接影响资本市场中的投资者（投机者）资本资源配置决策与行为的条件；受制于信息影响的投资（投机）性金融商品交易行为是催生金融商品价差的条件。可见，在市场资本操纵或者决策操纵中，信息、资本配置、价差这三个在刑法上具有归责效果的元素，是由穿插其中的信息影响资本配置、资本配置形成价格这两个经济链条完成法律要素关联的。

从操纵性信息与资本配置行为影响的关系来看——排除部分流动性极低的交易平台或者特定金融商品，资本市场的金融产品、资本资源、信息、市场流动性等相当分散。这种经济上的市场分散性对法律实践的影响是执法司法成本高企。所有受到操纵者信息支配而实施或者不实施相关资本配置的市场参与者的规模、买卖金融商品的市场价格与交易量水平、账户信息、资金动态分布等证据材料过于浩瀚，法律实务资源的有限性决定了上述材料在反市场操纵刑事司法实践中不可能得以全面固定。信息型操纵行为与受到支配、控制的资本配置决策之间的因果关系便很难在法律实践中得以有效验证。进一步加深操纵性信息与资本要素配置行为影响关联性证明难度的是，资本市场中相当数量的投资者（投机者）确实会基于信息传播上的客观原因与主观上的判断等差异性认识而没有受到操纵者编织的资本投资方向与对象等信息内容误导，信息型操纵行为对资本市场参与者的作用效果事实上被稀释了。例如，即使没有操纵性信息行为的介入，一部分市场参与者也会按照信息所指向的交易内容配置资本；一部分市场参与者的投资行为确实与操纵性信息内容相互吻合，但其事实上并没有直接受到信息的影响，而是基于行为金融中的群集心理追随其他投资者交易行为完成自己的资本资源配置。从这个角度分析，作为第一层次经济链条的操纵性信息影响投资者（投机者）资本配置之间的条件关联性在法律上是推定而非直接证明。

从投资者（投机者）资本配置行为与金融商品价格形成的关系链条来看，证券、期货交易所客观上记录了所有与特定金融商品有关的交易数据，资本资源的运动对于金融商品价格形成机制的影响理论上完全是能够予以精准测算的。这一链条的锁定对于操纵性信息行为刑事归责基础的建立（因果关系的证明），并非责任性质意义上的影响，而是责任强度差异上的区分。因为由市场参与者资本配置变动而导致的金融商品价差形成，对于市场操纵刑事归责而言只是进行了必要条件的说明，并没有在法律上完成充分条件的验证。任何由资本运动产生的金融商品价差本身不可能与涉嫌操纵市场的行为主体实施的信息行为发生直接联系。价差在信息行为介入之后的出现，只是对涉嫌操纵的信息行为予以归责的必要非充分条件。但是，有效推定操纵性信息行为与市场投资（投机）行为具有因果关系之后，在刑事责任强度额配置上，应当赋予金融商品流通总量的市值、金融商品价差波动的程度、对应的市场参与者资本资源配置的变动幅度等要素更为重要的影响力，并在司法实践过程中设置更加细致的判断规则。例如，金融商品流通市值极为庞大，即使单位时间内金融商品价格波动比例并没有异常剧烈，也有可能在绝对金额上形成非常巨大的价差，不能单纯基于金融商品价差比例波幅一般而降低、甚至免除市场操纵者的刑事处罚。

因此，价量操纵与决策操纵在行为（信息行为与交易行为）、对象（市场资本与金融商品）以及程度（直接控制价差与间接影响价差）等方面存在的差别，决定了操纵行为与市场控制之间的因果关系表现为两种差异巨大的形态。

掌握市场操纵机理的内在差异，具有极为重要的实践价值——考察金融商品非法控制或者价量操纵的违法性，重点在于分析交易行为与金融商品交易价格、交易量之间的关系，而审查市场资本非法控制或者决策操纵的违法性，重点在于判断信息传递行为与资本市场投资者决策（资本流向）之间的关系。同时，在对市场操纵进行机理解析的同时，也完成了市场操纵行为结构的清晰梳理（参见图2－1）：市场操纵的实质是金融商品与市场资本非正当控制，其手段分别为价量操纵与决策操纵，其核心行为分别表现为交易型操纵与信息型操纵，前者主要包括虚假交易（洗售、相对委托）与实质交易（连续交易），后者主要包括信息误导（编造并传播虚假信息）与利益冲突（抢帽子交易）。基于程序化交易的市场操纵行为，则是覆盖了证券市场两大基本要素优势滥用的综合性行为类型。

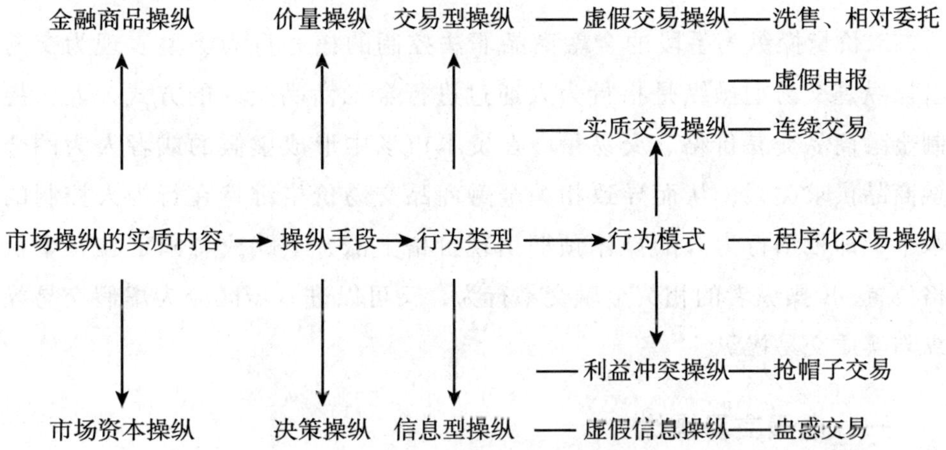

图2－1　市场操纵行为结构

由市场操纵机理解构延伸至市场操纵类型化分析，[①] 有助于在错综复杂

① 市场操纵类型化分析主要是基于现行法律规定与金融实践发展趋势对市场操纵进行系统化归类。近年来中国资本市场发展迅速、证券期货违法犯罪行政、刑事立法、司法解释等文本制定频繁，在对金融实务趋势与资本市场违法犯罪法律规定缺乏统一把握的情况下，难以有效且理性地针对市场操纵等资本市场违法犯罪的特征进行类型化梳理。法律理论与实务对于各种市场犯罪类型的分析也是原则各异、标准不一、范围有别，其根源在于对类型化分析系统性不充分、价值定位模糊。本书基于以下原则展开市场操纵类型化分析，旨在明确法律制度的适用重点与把握资本市场的发展脉络：(1) 充分且合理地将各种市场操纵纳入相应的类别，凸显犯罪类型化的系统性；(2) 便捷地定位市场操纵所对应的法律规范，凸显犯罪类型化的规范性；(3) 有机地整合市场操纵法律规范与资本市场效率保障之间的价值实现关系，凸显犯罪类型化的功能性；(4) 通过符合金融实务与资本市场发展趋势的市场操纵类型划分为立法、司法完善提供指引，凸显犯罪类型化的前瞻性。

的市场操纵策略与行为中，以市场操纵实质为导向梳理一个清晰的结构与脉络，不仅从资本市场运作与经济原理的视角准确透视各种市场操纵计划、技术、实施行为的运行机理，而且从法律规范、司法规则、合规策略的建构与完善方面，全面且深度解释法律制度对不同类型市场操纵行为以及相关属性模糊行为所能够采取的合理政策与应对措施。

第二节　以价量操纵为手段的金融商品非正当控制

以价量操纵为手段的金融商品非法控制的核心行为类型表现为交易型操纵。交易型操纵是指行为人通过进行金融商品交易的方式，人为控制金融商品交易价格、交易量，在资本市场中形成虚假的或者人为的金融商品供求关系，从而导致相关金融商品交易价格维持在行为人控制的水平，即根据行为人的操作预期出现价格上涨、下跌或者固定在一个价格位置。[①] 操纵者的相关金融交易行为，又可以进一步区分为虚假交易操纵与实质交易操纵。

一、虚假交易操纵

虚假交易操纵是没有实质性地完成金融商品所有权或者控制权转移的交易行为。金融商品转让与受让没有完整的金融交易价值，金融商品的买与卖只是在形式上具有金融交易的外观。这种没有经济上实质交易价值的金融商品买卖形成的交易数据、制造的价格信号，能够影响特定金融商品的市场定价。

虚假交易操纵最为典型的表现形式就是洗售与相对委托。洗售是行为人在其本人或者由其实际控制的账户之间，针对相关金融商品实施相反方向的申报或者买卖，虽然在形式上表现为金融交易，但即使相关交易在资本市场集中交易系统中实际完成，也不可能存在具有实际意义与经济价值的金融商

① 参见谢杰：《操纵资本市场违法犯罪刑法规制研究》，上海人民出版社2013年版，第28页。

品转让。因为金融商品交易合约中的当事人均为一人，并不存在交易对手方。由于没有发生产权的实际变动，洗售中的买卖行为没有经济上的意义，但由于在交易系统中形成了现实的交易数据，对于资本市场所产生的影响确实客观存在的，并且能够以此推动或者维持金融商品的市场交易价格。相对委托是一种同盟关系下的约定交易，即金融交易的相关申报指令或者买卖并非由单一行为主体实施，而是两人以上经共谋后以交易价格、申报时间等核心要素实质相同的方式进行对向性金融商品买卖。虚假交易操纵是最为传统的市场操纵行为模式，其行为目的都是在并不存在自然供求的情况下制造特定金融商品买入或卖出的表象。[①] 在非跨市场操纵的交易结构中，没有经济价值的交易行为能够直接造成金融商品定价变动，但最终从这种人为制造的价格与真实金融商品资产价值的价差中谋取实际利益，还必须依靠资本市场中的其他参与者发现、关注并通过资本配置行为跟从这种价格变动趋势。对于跨市场操纵，人为制造金融商品价格走势的虚假交易行为不需要该金融商品市场中的其他参与者实施跟从性金融交易，便可在其他与该金融商品价格关联的市场从价差变动中谋取经济利益。

（一）洗售

洗售操纵的行为本质是以具有证券、期货、衍生品等金融商品自由转移之名，行金融商品交易价格、交易量的实际控制之实——利用本人控制的证券、期货合约、衍生品等交易账户并在这些账户之间从事金融交易，影响金融商品的交易价格、交易量，在市场上制造虚假的价格信号，诱导市场资本推高或者打压金融商品交易价格，最终通过做多或者做空谋取利润。[②] 因此，判断相关行为是否构成洗售操纵，关键是在实际控制权的概念下重点把握行为人实际控制的账户之间的交易行为。实践中，应当摆脱金融商品所有权交

---

① See James Wm. Moore & Frank M. Wiseman, "Market Manipulation and the Exchange Act," 2 *University of Chicago Law Review* 46, 48 (1936).

② 洗售操纵是指在自己实际控制的账户之间进行证券、期货交易，影响证券、期货交易价格或者证券、期货交易量的操纵市场犯罪行为。传统证券期货犯罪刑法理论上对于洗售操纵还有多种称谓，例如，冲洗买卖（交易）、伪作买卖（交易）、冲销买卖（交易）、相对成交、自买自卖、自我交易等等。这些不同的称谓不仅体现了理论上对洗售操纵实质特征的理解与概括上的差异，而且反映了立法与司法实践对于这种具有古老历史的操纵违法犯罪行为缺乏现代性的认识。

易的桎梏，注重从资本市场相关金融交易实际控制权的角度对实际控制账户之间的交易数据进行实质化理解与分析。证券、期货合约、衍生品等金融商品的实际控制权是与金融商品名义持有权互为对应的概念。金融商品名义持有权指证券、期货、衍生品交易账户名义所有人通过该账户对相关金融商品的持有，与证券等金融商品相关的所有交易、登记等事项均基于该交易账户进行记载。金融商品实际控制权是指尽管证券等金融商品并非以本人的名义持有，但行为人以本人或者本人实际控制的资金购买金融商品，并将之放置于由其控制的、以他人名义开立的金融商品交易账户之中，或者对于账户中的金融商品具有管理权、使用权、收益权、处分权，与该账户项下金融商品有关的所有收益或者亏损均由本人承担。对于金融商品交易登记而言，多个名义持有账户之间的金融交易导致所有权在法律上发生了变动效力，但对于金融交易的合法性判断而言，由于这些名义持有账户都现实归属于特定行为主体的排他性控制，相关金融交易不仅在经济上不具有任何实质意义，而且在法律上属于非法的金融交易行为。基于实际控制账户之间的金融商品交易在行为概率上通常表现为对证券、期货、衍生品等市场价格形成机制的非法控制，因此立法机关在制定法律时，将洗售的法律属性归结为市场操纵违法犯罪。

洗售操纵最初的表现形式为同一投资者分别在两家或者两家以上的证券经纪公司开立证券账户，同时委托两家或者两家以上的证券经纪公司按照一定的价格进行方向相反、数量相当的交易并撮合成交，目的是创造交易行情。[①] 这是一种“历史悠久”的市场操纵违法犯罪行为类型。在证券市场发展的早期阶段，国内外都曾出现过同一投资者开立多个同种类证券交易账户的情况。但是，随着证券账户管理的不断严格化与科学化，同一投资者开立多个同种类证券交易账户的情况已经为证券交易实践所禁止。对于洗售操纵而言，在传统金融监管力度较弱的情况下，存在利用本人开立的多个金融账户进行相关证券交易的可能，但现代金融监管决定了这种洗售操纵形式几乎

---

① See Richard J. Teweles & Edward S. Bradley, *The Stock Market*, John Wiley & Sons, 1998, p. 331.

不具备存在的可能。

当前实践中比较典型的洗售操纵行为模式，是由行为主体先以本人、家人以及其他人等名义开立证券、期货、衍生品交易账户，或者通过“人头账户”，利用这些实际处于控制之下的二个以上不同账户以行为人实际控制的时间、价格、数量、方式等，针对特定证券等金融商品进行委托申报或者实际交易。例如，行为人意图拉升证券交易价格，就通过高于即时市场行情的价格，在由其掌握的时间内，使用实际控制账户从事金融商品买卖；行为人意图打压金融商品市场的，就通过低于即时市场行情的价格，在由其控制的时间内在相关控制账户内进行证券交易；行为人意图制造虚假的交易量，也可以通过其控制的账户之间进行证券换手。

一般情况下，为了规避洗售操纵行为受到稽查，并尽可能地持有更多数量的账户，操纵者现在一般极少使用本人或者关系密切人的名义开立的证券、期货等交易账户参与相关交易，而是以大量的“人头账户”从事洗售操纵。相对于大量的“人头账户”而言，本人或者关系密切的人不仅在账户数量上显得无足轻重，还具有极大的案发风险，操纵者实际上没有必要使用这些犯罪成本（案发风险）较大的账户类型。只要是由操纵者实际控制的金融交易账户，相关资金与证券等金融商品的控制权完全集中在操纵者手中，洗售操纵过程中的相关金融商品与资金虽然在形式上发生了具有法律效力的转让，但行为过程与实质效果完全受到操纵者的控制，实际上是“左手到右手”的证券形式转移。[①] 因此，操纵者在支付交易税费等成本的基础上，就可以完成对金融商品交易价格、交易量的虚假建构与控制，从而实现控制资本市场价格形成的目的。

（二）相对委托

相对委托实质上是一种虚假交易类型，这种行为对资本市场构成了天然的操纵性风险。在规范层面解释相对委托操纵，不仅应当重视相对委托的行为要素，而且需要强调市场操纵的实质要素。

构成相对委托操纵的法律条件或者具体要素必须严格按照《刑法》的规

① 参见林国全：《操纵行为之案例分析》，载《证券暨期货月刊》2004年第12期。

定予以归纳。[①] 相对委托具体包括以下规范形式要素：（1）复数行为主体之间进行通谋；（2）基于交易价格、申报时间等核心要素实质相同的意思联络，实施对向性的金融商品交易；（3）相关金融交易是以相互进行的方式操作。同时，相对委托应当包括以下实质要素：（1）相对委托的证券交易应当具有虚假性；（2）相对委托影响证券、期货交易价格、证券、期货交易量。由于相对委托交易是在行为人与他人相互串通和事先约定的情况下进行的，当相对委托行为反复进行时，相对委托交易的特定证券、期货等价格就可能受时间、价格和方式等因素的影响而被抬高或降低，行为人可以在价格被抬高时进行抛售，而在价格被降低时进行买入。

法律与金融分析应当就相对委托操纵的实质定位与行为机理形成更为清晰的解释。从应然的角度分析，资本市场是一种进行自由且充分价格竞争的平台，无论市场参与者之间采用何种方式交易，都应当根据意思自治原则进行，交易者自行承担相关风险及其价格成本。市场参与者之间通过事先约定以特定的时间、价格等条件相互进行金融交易的行为，原则上不应当受到法律监管的干涉。但是，相对委托交易行为被推定为具有操纵市场的实质风险。行为主体经过约定之后从事相对委托，交易的证券、期货合约等金融商品出现交易价格、交易量的波动，资本市场法律制度就推定相对委托对市场形成了操纵的效果，应当构成违法犯罪。法律制度将相对委托规定为市场操纵的依据是，金融实践与概率证明这种虚假交易对资本市场通常会营造出虚假的金融商品价格信号，从而形成错误的市场引导。相对委托的金融交易不会产

---

① 在《刑法修正案（六）》对《刑法》第182条进行修正之前，相对委托操纵实际上还包括“相互买卖并不持有的证券”的行为，这种情况在理论上被称为虚假买卖。但是，由于中国证券市场上建构并不断深入运行融券做空机制，加之卖空交易是商品期货、股指期货以及各种金融衍生工具操作中极为重要的对冲方式，因而买卖并不实际持有的证券或期货合约实际上已经成为一种合法的操作手法，不应在刑法上被评价为虚假买卖。融资融券具体是指证券公司向客户出借资金供其买入证券或出具证券供其卖出证券的业务。由融资融券业务产生的证券交易称为融资融券交易。融资融券交易分为融资交易和融券交易两类，客户向证券公司借资金用于购买证券是融资交易，客户向证券公司卖出为融券交易。《证券法》第142条证券公司为客户买卖证券提供融资融券服务，应当按照国务院的规定并经国务院证券监督管理机构批准。2011年10月26日，中国证监会发布《转融通业务监督管理试行办法》，同时发布《关于修改〈证券公司融资融券业务试点管理办法〉的决定》和《关于修改〈证券公司融资融券业务试点内部控制指引〉的决定》两个文件。这实际上意味着融资融券正式转为证券市场的常规业务。对于相对委托这种操纵证券市场的犯罪类型，理论上也有通谋买卖、配对指令（matched orders）等不同的称谓。尽管操纵资本市场违法犯罪刑法理论与实践对于相对委托操纵行为一般都简单地概括为二个以上当事人共谋预先约定，对相关证券以大致相同时间、数量、价格进行拉锯式交易，但真正能够超越这些形式化的理解，对相对委托操纵的本质特征进行深度把握，就必须对这种操纵犯罪的实质内涵进行深入探索。

生经济上的实际效益，反而会对从事相对交易的操作者制造巨额交易成本（税费）。[1] 相对委托交易纯粹是承担大量交易成本但金融交易关系本身不产出价值的可疑市场行为。因而，法律基于禁止误导资本市场投资者判断的考虑，将相对委托交易行为列为市场操纵行为的一种典型，以避免相对委托对特定金融商品制造不真实或者误导性的交易活跃假象。[2] 相对委托操纵形式上是法律对资本市场交易行为意思自治的限制，实质上则是对方向相反且时间、价格等要素相当的金融商品交易具有虚假性及其市场操纵风险的推定。

准确理解相对委托的主体结构是把握这种虚假交易操纵类型、解决传统证券期货犯罪法律争议[3]的关键所在。

---

① 以我国资本市场中的交易税费计算，如果每年操作15次，用100万元人民币在A股市场做满仓交易，不赔不赚情况下，仅印花税每年就要交9万元；加上券商佣金，交易成本大概为15万元。参见苗夏丽：《十年涨幅趋零 交易成本是成熟市场几十倍——A股投资者正“负重前行”》，载《新闻晨报》2012年3月28日A26版。

② See Louis Loss, Joel Seligman & Troy Paredes, *Fundamentals of Securities Regulation*, 5th Edition, Aspen Publishers, 2003, p. 935.

③ 构成相对委托操纵的核心基础在于“以事先约定的时间、价格和方式相互进行证券交易”。有一种观点认为，对于相对委托操纵而言，行为主体之间可以是就相互证券交易所有的内容进行通谋，也可以就部分内容进行约定，尤其是对于时间要素而言，不以事先约定为限，行为人在向证券经纪商提出委托申报之后再与他人沟通约定交易时间的，也可以认定为相对委托操纵。参见李开远：《证券交易法第一百五十五条第一项第二款处罚股价操纵行为——“相对委托”刑事责任之探讨》，载《铭传大学法学论丛》2006年第6期。还有学者认为，构成相对委托操纵并不以事先约定者之间的买卖为限，只要存在市场操纵的犯罪故意，并且客观上实施了以约定的时间、价格、数量等操作金融商品交易的行为，就算市场外部交易力量介入后导致相对交易无法完成，同样应当认定为相对委托操纵。参见于莹：《论以虚伪交易方式操纵证券市场》，载《国家检察官学院学报》2003年第5期。同时，对于同一行为主体控制之下的方向相对且数量、价格、时间等要素进行控制的金融交易如何认定其行为性质，理论上存在不同的认识。有观点认为，如果单一行为主体以不同的名义进行对向性证券交易，意图影响证券市场中的交易价格或者交易量，但没有与他人通谋，显然不存在相对成交的问题，则不能构成任何形式的操纵资本市场违法犯罪。这实际上是刑法规制操纵证券市场违法犯罪行为的制度漏洞之一。参见邵庆平：《论相对委托之规范与强化——从证券操纵禁止之理论基础出发》，载《月旦民商法杂志》2008年第3期。不同意见认为，相对委托交易操纵犯罪必须是复数行为主体事先约定下的对向性金融商品交易，否则不可能形成虚假的价格信号，完成人为的供求关系，在交易所形成交易记录。相对委托只能是交易方向相反的复数交易者实施，属于必要共犯。在不存在相对交易者而只有多个实际控制账户的情况下，应当分析账户提供者与实际交易操作者之间是否形成共谋。提供账户的家属、朋友等与交易操作者之间具有明知与共谋的，构成《刑法》第182条第1款第3项规定的洗售操纵。参见于莹：《论以虚伪交易方式操纵证券市场》，载《国家检察官学院学报》2003年第5期。上述观点对于相对委托操纵核心行为内容的把握都是不准确的。在刑法已经明确规定相对委托操纵应当在时间、价格、方式等要素上进行事先约定的情况下，法律解释显然不能对规范的直观意思进行“折扣性”理解。同时，这些法律争议观点均误解了相对委托交易操纵与洗售操纵之间的规范关系与操纵类型界限。而解决相对委托法律认识争议的核心在于明确相对委托交易类型的基本经济结构。

其一，相对委托操纵中的事先约定要素的存在，意味着这种交易行为在时间、价格、方式等核心内容上具有整体谋划性与缜密性，并且必须以实际成交的方式完成交易。

相对委托操纵完全可以通过没有实际成交的方式进行，[①] 但不能就此认定被中断的相对委托交易可以构成操纵犯罪。因为相对委托操纵的社会危害性集中表现为虚假金融交易行为对资本市场制造虚假的供求关系信号，而被市场中的其他投资者中断的相对委托交易，意味着一方提出的委托申报并未与事先约定的一方进行成交，而是与市场中没有操纵意图的投资者提出的申报完成了撮合交易。意图进行相对委托一方提出的申报价格已经被市场所认可与执行，相关证券、期货交易记录代表着市场投资者对相关证券、期货交易价格的确认，因此，就该笔证券、期货交易而言，其制造的证券、期货价格信号并不完全偏离真实的资本市场价格发现机制，不应当计入对证券、期货市场非法控制影响的因果关系之中，也就不能将该笔证券、期货交易的性质认定为相对委托。

其二，相对委托操纵与洗售操纵之间的实质性区别在于主体结构上的差异。

相对委托操纵是数个主体之间进行的虚假金融交易，而洗售操纵是单一主体实际控制下的虚假金融交易。单一行为主体实际控制下的相对证券、期货、衍生品等交易，没有与他人进行共谋或者约定，不能构成相对委托操纵，但显然不能直接认定其不构成任何形式的市场操纵。洗售操纵实际上就是单一行为主体控制账户之间的相对委托交易，立法上没有刻意强调洗售交易体系中买卖行为的相对性，是因为实际控制主体控制了所有市场操作就是体系内的相对性交易。这里并不存在市场操纵立法制度漏洞问题。

其三，不能直接认定不同行为主体证券、期货、衍生品等交易账户之间相互发生的金融商品交易就是相对委托操纵。

金融交易账户的复数性是所有虚假交易操纵的前提性要素。相对委托操

---

① 中国《刑法》第182条第1款第2项使用的是“证券、期货交易”的规范表述，这意味着证券、期货交易可以是委托申报，也可以是实际买卖成交，而委托申报显然存在没有实际成交的可能性。

纵行为的相对性显然建立在账户众多的基础之上。但更为关键的是，相对委托必须是两个或者两个以上行为主体之间经过约定，以事先安排的价格、方向进行反复作价。只有在行为上完全符合这些相对性特征，相关行为主体才能够认定为相对委托操纵主体。操纵者在家人、亲属、朋友、公司员工等明知的情况下，利用他们的证券、期货、衍生品账户从事相互之间的金融商品买卖，并不意味着操纵者与这些提供账户的主体之间以约定的价格、数量、方式等相互进行金融交易。在实践中，提供这些账户的主体通常都不会实际参与任何与操纵者有关的金融交易，也不会与操纵者之间形成“约定”。因此，不能以提供账户者明知操纵行为而将其认定为相对委托操纵，不明知的认定为洗售操纵。明知操纵者使用或者控制其交易账户是为了操纵资本市场仍然将自己的账户供其使用的，性质上属于洗售操纵共犯，但在实际认定中应当审慎对待。提供账户之后与操纵者进行概括性的意思联络，不能作为构成相对委托的责任基础，必须同时符合约定的主观要素与相对性交易的行为要素，即约定并实际以特定的时间、价格、数量相互进行金融交易的，才能认定为相对委托操纵。

二、实质交易操纵

实质交易操纵是指行为人实施了转移金融商品所有权或者控制权的交易行为，但主观目的与后续行为均表明前期实施的交易行为是为了人为制造金融商品供求关系，致使金融商品交易价格维持在意图控制的水平。实质交易典型的表现形式是人为制造金融商品交易行情，在实践中最常见的方法是通过连续性金融商品交易行为逐步以高价买入相关证券或者以低价抛售相关金融商品，拉升或者压制市场价格，在成功地将金融商品交易价格控制在相当水平之后，通过与前期交易行为反方向的交易行为套现离场。实质交易的另一种表现形式是通过在开盘、收盘或者盘中的特定交易时间，集中、快速且大量地买入或者卖出特定金融商品，使开盘价、收盘价或者盘中特定时间点的市场价格人为地维持在由行为人控制的水平。

连续做多或者做空是实质交易操纵最基本的行为内容，法律、金融理论与实践通常也将实质交易操纵称为连续交易操纵。[①] 连续交易操纵非法控制金融商品市场价格、交易量的经济基础是具有真实效力的证券、期货、衍生工具交易。这是实务中最为常见的市场操纵策略。从全球资本市场法治实践的情况来看，连续交易操纵是各国反市场操纵制度中最重要的行为类型，[②] 也是实际案例最多、最典型的市场操纵类型。然而，资本市场法律制度在对连续交易操纵进行规定时，都存在法律规范粗陋、层次性欠缺、忽略资本市场最新发展等问题。同一种连续交易操纵行为模式下的具体操作，实际上具有截然不同的经济机理；各种连续交易机制会基于资金量、持仓量、信息量的差异而对市场形成不同程度的控制；金融体系内部及其与实体经济之间的紧密关联意味着存在大量的跨市场操纵——上述因素共同决定了必须对连续

---

① 理论与实践中还有"非法炒作""粉饰行情""连续买卖""价格操纵""市场力量操纵"等多种称谓。众多的概念不仅是认识差异，更体现出对于这种市场操纵类型的理解并不深入。由于资本市场规模不断扩大，当前市场操纵通常需要综合使用多种操纵犯罪行为类型才能真正实现非法控制市场中特定金融商品交易的目的，而司法实践中几乎所有的市场操纵都会涉及连续交易操纵行为的使用。但是，相对于虚假交易行为比较明显的洗售、相对委托等操纵类型而言，连续交易在客观上是行为人与其他资本市场投资者（投机者）之间进行的真实有效的金融交易。根据现行的证券、期货交易规则，连续交易不仅在客观上是交易系统撮合的结果，而且主观上也可以是因为行为人基于持续看多或者看空特定金融商品的经济考量而连续买入或者卖空相关金融商品。正是由于连续交易操纵行为在形式上具备的这些正当性外观，造成市场操纵刑法规制难以准确把握连续交易操纵的核心特征。

② 根据美国《证券交易法》第9条a款规定，单独或伙同他人对全国性证券交易所注册的证券或者以证券为基础的互换合约进行连续交易，致使证券交易出现活跃的表象，或者通过拉升、打压证券价格，诱使证券市场投资者买入或者买入相关证券，构成证券价格操纵。根据欧盟《市场滥用指令》第1条第2款的规定，独立或者联合多个行为主体对单一或者多个金融工具的供求关系或者市场信号进行控制或者支配，直接地或者间接地影响金融工具市场价格或者形成不公允的市场条件或者交易情形，构成市场操纵。根据德国《证券交易法》第20a条第1款的规定，实施证券交易或发布交易指令，可能产生虚假或误导性的信号，影响供求关系、证券交易或金融工具市场价格或者制造人为的价格水平。日本《金融商品交易法》第159条第2款禁止以诱使他人进行证券或衍生品交易为目的，实施下列行为：连续实施证券交易或者提出交易要约，可能误导他人相信有关证券交易繁荣，或者可能造成证券交易价格波动。上述法律规定分别参见15 USC § 78i；Commission Directive 2003/6/EC of The European Parliament and of The Council of 28 January 2003 on insider dealing and market manipulation (market abuse), Article 1（2）；Wertpapierhandelsgesetz-WpHG § 20a Verbot der Marktmanipulation (1)；金融商品取引法（きんゆうしょうひんとりひきほう、昭和23年4月13日法律第25号）第百五十九条相場操縦行為等の禁止2。根据中国《刑法》第182条第1款的规定，联合买卖和连续买卖是连续交易操纵中的两种交易行为。需要强调的是，联合买卖固然强调证券、期货交易行为的"联合性"，即多方市场力量集中信息、资金、持股（仓）等资源优势从事金融交易，但联合买卖行为也是通过连续交易的方式实施的。因此，联合买卖的实质含义是联合实施的连续买卖行为。

交易操纵予以进一步的纵深性解释与模式化细分。

第一步，以交易行为是否跨越金融市场为标准，连续交易操纵可以深度类型化为单一市场与跨市场连续交易操纵。单一市场连续交易操纵是指行为人局限在金融商品交易市场中，通过连续做多或者做空的操作手法，拉抬或打压金融商品市场价格，并从价格波动中获取交易利润。跨市场连续交易操纵的本质是价格关联操纵，即通过各种实质交易影响金融商品市场交易价格，是否直接在该金融商品交易市场谋取交易利润并不重要，操纵者主要是在其他与该金融商品市场交易价格挂钩的衍生品市场或私有契约交易中获取利润。①

第二步，将价格关联操纵的跨市场特征与连续交易行为对市场达到支配程度进行结合，可以递进性地合成一种对资本市场效率损害极强的操纵类型——支配性力量操纵。这种操纵行为不仅聚合了连续交易操纵与价格关联操纵的基本操作手法，而且由于行为人的资金、信息、持仓量等竞争优势达到了支配市场的程度，在特定金融商品交易中占据支配地位或者垄断优势。滥用这种竞争优势，同时控制金融商品市场及其现货或者基础资产市场，并滥用这种跨市场控制或者支配地位获取交易利润的，就是支配性力量操纵。②这种难度系数更大且资源优势要求更高的实质交易操纵的典型表现形式是轧空。例如，在允许进行融券信用交易的资本市场中，行为人通过控制流通盘中的证券现货供应量，在对手方持有大量做空相关证券时，通过大幅拉升股价的方式迫使融券做空证券的对手方以高价回补方式认赔离场，并且利用回补交易持续拉升证券交易价格的态势进一步放大空单未平仓对手方的损失。

---

① 由于价格关联操纵更加契合这一操作手法的实质内涵，故下文统一使用价格关联操纵的概念。

② 单一市场连续交易操纵的规模也可以达到垄断性、支配性地控制金融商品市场交易的程度，但由于其不具有跨市场性，没有形成对金融商品与基础资产市场的跨市场支配，只是相对于占据金融商品市场交易规模相对多数的其他单一市场连续交易操纵而言对特定金融市场的控制力度更为强大。因此，本书仍然将这种对特定金融商品交易市场施加支配性影响力的操纵置于单一市场连续交易操纵的类型中进行分析。

（一）单一市场连续交易操纵

单一市场连续交易操纵是在行为模式上最具典型性、行为结构上最具基础性的实质交易操纵，通过在特定时间阶段控制金融商品市场价格，引导资本市场投资者对金融商品供求关系形成符合操纵者预期的判断，进场追高接盘或者退场低位抛售，而连续交易操纵者在支出一定数量的金融商品交易费用、手续费、差额损失等成本的基础上，通过后续的交易行为获取数量更为庞大的差价利益。

分析单一市场连续交易操纵的行为机理能够充分地体现这种操纵犯罪行为模式通过人为控制资本市场价格、干扰正常价格发现机制、以交易对手方损失为代价获取非法利益的违法性实质。

单一市场连续交易操纵行为人通过单独或者联合他人集中巨额资金，并根据资金量、市场关注度、流动性等要素确定炒作金融商品的盘面规模、具体对象等。在确定炒作对象之后，行为人为了减轻日后炒作金融商品时的建仓成本和反向抛售压力，通过突然拉升或者打压进行“洗盘”，迫使短线交易者斩仓离场释放筹码。在对资本市场交易行情进行初步梳理之后，行为人通过分散下单的方式“吸筹”（可以是连续买入相关证券，也可以是连续卖空相关金融商品）。在交易价格、交易量出现单向（上升或者下跌）运行趋势之后，[①] 通过自身连续交易行为以及利用他人跟进连续买入或者卖空相关证券“积蓄”力量，加速或者放大人为控制价格、交易量的波动幅度。在金融商品交易价格上升或者下跌至一定水平之后，行为人再通过分散下单的方式“出货”，在高位卖出证券或者在低位回补，甚至会配合融券高位卖出或者融资低位回补，交易量出现井喷，交易价格震荡。在行为人清空头寸之后，该特定金融商品之前的交易趋势失去支撑力量，交易量萎缩，市场价格恢复到排除人为控制状态下的运行行情，操纵者又可以低位买入或者高位卖空，继续进行另一轮连续交易操纵。

---

① 行为人通常会通过发布信息的方式在市场中制造与该证券交易有关的行情信息，引导更多的投资者关注并跟进。尽管基于避免理论分析赘述的考量将市场操纵分析抽象为单一行为模式的解释，但需要反复强调的是，实践中的市场操纵行为基本上是综合运用多种行为模式的。

连续交易操纵行为中的"洗盘""吸筹""积蓄""出货"可以反复、循环、同时地多次实施，本质上集中体现了操纵者通过人为控制单一金融市场并从交易对手方中获取非法交易利润的行为机理与实质特征。哄抬后卖出获利的，属于做多型连续交易操纵；打压后买入获利的，属于做空型连续交易操纵。在复数行为主体联合交易的情况下，交易者或者一致行动人联合卖空特定金融商品压低市场价格再以较低的市场价格买入谋取做空利润，属于空头联合；交易者或者一致行动人联合做多特定金融商品哄抬市场价格再以较高的市场价格卖出谋取做多利润，属于多头联合。

单一市场连续交易操纵中的资源优势只是行为的客观基础，行为的违法性本质在于滥用垄断力量并对资本市场正常供求关系与价格形成机制的干扰。①

根据操纵性交易行为对金融市场特定交易品种影响水平的强弱程度，单一市场连续交易操纵可以进一步类型化为绝对控制性操纵与相对控制性操纵。其中，绝对控制性操纵是指市场参与者单独或者与其一致行动人共同垄断证券、期货、期权等金融商品供应与需求，并通过这种垄断性的市场力量控制与其投资利益相关的金融商品市场价格，是单一市场连续交易操纵中对市场控制力最强的交易策略与行为结构。但应当强调的是，绝对控制与相对控制均属于单一市场连续交易操纵形式上具备的资源或者竞争优势，控制行为与状态本身不具有违法性。在价格自由竞争的资本市场中，金融商品交易是基于投资者对于证券、期货、衍生品交易价格的认识而形成的金融商品动态供求，即对于特定时间节点的特定金融商品的特定价格，看空的投资者卖出证券而看多的投资者买入证券。对于价格充分竞争的资本市场而言，即使特定的投资者在信息渠道、证券持有量、资金数量等方面是否具有资源优势，只要优势获取具有合法性，无论实施规模多么庞大、次数多么众多的金融商品交易，都不能作为连续交易操纵违法犯罪处理。因为正是资本市场中的投资者资源程度存在差异，导致投资者对金融商品价格的认识产生分歧，也才会

---

① 由于单一市场连续交易操纵是实质交易操纵的基本结构，其他实质交易操纵行为模式具有相同的实质属性。

出现买入或者卖出的资金与金融商品的流动性。否则，如果所有的资本市场投资者都具有相同的信息、资金、金融商品持有能力与资源掌控水平，所有的资本市场参与者对价格的认识具有一致性，资本市场价格发现机制也就无法运作。

从形式上分析，连续交易操纵是通过信息、资金、金融商品等各种资源的整合而形成对资本市场中特定金融商品交易的非法控制，这种排他性的控制力量可以视为对特定时间期限内的金融商品交易价格或者交易量的垄断。但连续交易操纵的违法性实质或者应受刑事处罚的基础并非源于其对资本市场中特定投资或者投资组合的垄断性影响力。垄断通常是竞争力、（技术、自然等）资源、政府许可等各方面优势集中到个别或者单独的企业从而形成对市场的独占或者联合控制，能够实现价格或者产量的排他性调节。具有市场支配地位的经营者，滥用市场支配地位，排除、限制竞争的，应当根据《反垄断法》的规定，追究其垄断违法责任。相应的，资本市场实际上并不排斥投资者通过竞争性交易持有金融商品达到垄断的程度——投资者或者投资者联合体完全可以按照《证券法》上市公司收购的规定（主要是信息披露），通过连续交易的方式对特定上市公司发行的所有证券进行收购，从而独占上市公司所有股权。上市公司收购的过程是从相对控制股权发展到绝对垄断所有证券的供求，结果无非是具有公众性的上市公司被私有化。所以，连续交易操纵的违法性实质并不在于形式上占据金融商品交易量的相对多数、绝对多数，甚至是全部交易量，而是扭曲资本市场的定价机制，通过人为控制金融商品交易价格、交易量，实现其在金融商品市场以及其他衍生品市场的非法获利目的。

（二）价格关联操纵

连续交易操纵在部分情况下实际上并不需要针对资本市场中的投资者人为制造金融商品供求关系信号，因为并不是所有的操纵者都需要以资本市场中的公众投资者为对手方才能谋取操纵利润。操纵者可以实施价格关联操纵，控制特定时间节点的金融商品交易价格，从而以此为依据在场外衍生品市场中获取以此金融商品交易价格为结算价格的相关交易的利润。价格关联操纵利用的是金融商品市场交易价格与其他市场中的金融商品、现货、基础资产、非监管市场交易或者私有契约价值之间的关联性，基于控制特定金融商品市场价格在其他市场中实现自身利益。在价格关联操纵中，行为人获取的利润并不源自操纵性交易行为本身或者买卖行为所指向的金融商品交易市场，而是来自以受操纵金融商品市场交易价格为结算依据的衍生品市场或者其他协议。

价格关联操纵的基础是跨市场交易。行为人通过实质交易行为影响金融商品交易价格的市场是基础市场。以金融商品交易价格为结算依据的衍生品交易、私有契约交易等市场，是与金融商品交易价格关联的市场，简称为关联市场。价格关联操纵的基础是跨市场交易。金融商品市场价格与关联市场价格可以是直接关联（如证券现货价格与证券期权价格），也可以是间接关联（如商品现货价格与商品期货价格）。

国际证券管理机构组织在2000年《调查与起诉市场操纵》报告中就已经明确指出，基于金融商品、基础资产之间的价格关联而实施的跨市场操纵，在全球金融市场一体化背景下操作越便利，监管越困难。[①] 衍生品市场的发展以及全球金融市场的融合与高度关联，为价格关联操纵提供了多元化的实施路径与充足的套利空间。在衍生品交易、私有契约现金结算之前，通过实质交易制造符合关联市场利益的基础市场中的金融商品市场交易价格波动，短期内会非常有效且成本相对低廉。同时，股权激励、股指期货、交易所交易基金（ETF）等各种以特定时间的特定金融商品市场交易价格为计价依据、结算基础或者交易触发条件的契约，都可以成为操纵特定金融商品市场交易

① 金融市场全球化与市场关联度加剧为市场操纵提供了重要“机遇”。交易所检测、行政机构监管、刑事调查等控制市场操纵的措施在执行过程中会愈发艰难。操纵证券、期货、衍生品或（及）其基础资产的交易行为可能发生在特定市场或者司法区，而操纵者可能在其他国家和地区。行为人会在某个特定的市场中操纵证券、衍生品价格从而影响其他市场中的交易利润。随着金融衍生产品市场的发展，这种操纵基础资产市场行为的经济激励不断得以强化。操纵证券交易价格可以在衍生品市场交易（可转换优先股、证券互换等）中获取利润；以本国或者本地区的股指期货为基础的外国衍生品交易会成为操纵本国或者本地区股指期货成分股交易价格的经济激励。Technical Committee of the International Organization of Securities Commissions, Investigating and Prosecuting Market Manipulation, May 2000, pp. 2-3, http://www.iosco.org/library/pubdocs/pdf/IOSCOPD103.pdf.

价格的获利渠道。

上市公司与股票、债券持有者之间的证券回购、可转债协议的执行条件，通常都与上市公司证券特定时间的市场交易价格挂钩。回购、债转股等衍生交易中的利益会引发价格关联操纵。上市公司管理层薪酬、雇员激励计划等涉及的奖金数额会与上市公司证券交易价格表现挂钩。基金公司经理等金融投资单元管理者的薪酬也会与其所主管投资项目的短期或者特定期间市值进行绑定。针对特定金融商品的短期价格操纵能够有效提升上市公司经理人、雇员以及投资机构管理者的短期收入。这些私有性的薪酬激励契约内含的经济利益波动以及低廉的操纵性交易行为成本，[①] 很容易驱使潜在操纵者尝试短期控制金融商品市场价格。

以跨越证券与期货市场的价格关联操纵为例，股指期货市场交易价格与其成分股的市场交易价格关联，控制成分股交易价格就能够实现对股指期货交易价格的操纵。股指期货在合约到期时，以成分股报收价格为依据的指数价格进行现金交割。操纵者可以做多（做空）股指期货合约并哄抬（打压）成分股市场交易价格，随后以较高（较低）的价格水平对股指期货合约进行平仓。[②] 对于成份股权重相对均衡（如沪深 300 股指期货合约）或者股票篮子规模非常大（如标普 500 指数期货合约等）的股指期货而言，市场参与者一般情况下很难通过控制标的证券的交易来操纵现货市场价格，进而从相应的指数变动中谋取金融期货市场中的交易利润。[③] 在基础市场金融商品流通盘的规模有限、流动性相对较低、基础市场与关联市场价格联动程度较高的情况下，操纵者能够在衍生品交易或者私有契约交易中获取相当可观的交易

---

① 尤其是基金公司等金融投资管理机构从业人员，其实施价格关联操纵的交易行为根本不需要投入任何形式的个人资本或者交易成本，所有金融交易所涉及的资金实际上都是公司所管理的投资者资金。

② 提前做多股票期货（期权）并哄抬基础股票市场交易价格等跨越证券与期货（期权）市场的价格关联操纵的行为模式基础相同。

③ 参见龚国光：《沪深 300 指数的特点及相关期现套利策略分析》，载《国际商务研究》2008 年第 2 期；Narayanaswamy Balakrishnan, Methods and Applications of Statistics in Business, Finance, and Management Science, John Wiley & Sons, Inc., 2010, p. 564; Frank H. Easterbrook, "Monopoly, Manipulation, and Fraud", 59 *Journal of Business* S103, S110 (1986).

利润。[①]

价格关联操纵介入上市公司控制权竞争是资本市场中比较常见的现象。收购公司或者目标公司基于收购、反收购、提高收购价格等目的，通过各类协议操纵上市公司股票市场价格，实现股票交易市场之外的收购、反收购、其他获取高额证券交易利润等经济利益。

健力士股票操纵就是一起典型的、在全球资本市场中颇有影响的上市公司控制权争夺过程中的价格关联操纵案件：[②] 上市公司健力士[③]意图以现金加（健力士公司）股票的方式全面要约收购另一上市公司 Distillers。[④] 健力士公司的高级管理人员组织投资银行及其他公司联合买入健力士公司股票，承诺对收购结束之后股票价格下跌的损失进行补偿，并且额外支付高额操作费用。一致行动人巨量买入健力士公司股票，成功哄抬交易价格。操纵行为有效提升了收购报价的总体价值，最终支持了健力士公司以总价 27 亿英镑的成本实现了对 Distillers 的收购。

健力士股票操纵案的法律争议焦点：共谋买卖健力士公司股票的安排与操作是否严重扭曲市场。这种操作手段预先设定了收购方报价的竞争能力，使股权加现金作为交换目标公司股权的对价在市场价格层面得到不正常的提升，不少判例以及部分学者据此认为应当构成市场操纵。[⑤] 英国贸易与工业

---

① 例如，1986 年首次推出的香港恒生指数期货合约仅由 33 只成分股，直至 2013 年仍然只有 50 只成分股，并且以发行量加权计算指数。市场普遍认为且已经被实践所证明，恒生指数期货合约抗操纵性相对较弱，投机资本在股票现货市场操纵长江实业、汇丰控股、新鸿基地产、中国联通、中国平安等权重股，就可以利用权重股现货市场交易价格与股指期货之间的结算关系，控制恒生股指期货市场。例如，2009 年 3 月 9 日，在尾市竞价交易最后 1 分钟，汇丰控股暴跌 11.5%，当日报收 33 港元，股价创十余年新低，同时创历史单日最大跌幅。恒生指数随即直接暴跌 250 点，报收 11344.58 点。仅汇丰控股一只成分股就占据香港恒生指数当日 70% 的下跌。参见郎咸平等：《操纵》，东方出版社 2010 年版，第 9～19 页；舒时：《恒指神伤 500 点 汇控“临阵脱逃”暴跌 24%》，载《第一财经日报》2009 年 3 月 10 日 B1 版；王洛林、余永定、李薇：《对香港股灾发展过程的经济分析》，载《国际经济评论》1998 年第 5 期。当然，单方面依靠增加成分股数量与稀释个股权重来提升抗操纵性，一定程度上会弱化股票现货与股指期货之间风险对冲的便捷性与有效性。

② R. v. Saunders and Others [1996] 1 Cr App R 463.

③ 爱尔兰著名黑啤酒制造公司。

④ 苏格兰著名威士忌酿酒公司，市值规模远超健力士公司。

⑤ Norman S. Poser, Stock Market Manipulation and Corporate Control Transactions, 20 Securities Law Review 379 (1988); Mobil Corp. v. Marathon Oil Co., 669 F. 2d 366 (6th Cir. 1981).

部经过长时间的调查确定了该案的市场操纵行为结构并将整个收购过程中的市场支持操作定性为公司欺诈。严重欺诈办公室随后对健力士公司的桑德斯、巴尼斯、隆森、莱昂斯等高管展开刑事调查与起诉。法院判决上述四名参与市场操纵的被告人构成犯罪，分别以财务欺诈等罪名分别判处桑德斯5年监禁（上诉改判为2年6个月监禁）、巴尼斯30个月监禁（上诉改判为21个月监禁）、隆森1年监禁以及罚金500万英镑、莱昂斯罚金400万英镑。

实践中还存在收购方以联合相当数量的目标公司股东在全面收购开始之前大量抛售目标公司证券压制其市场价格，以此确保收购公司向目标公司全体股东发出的全面要约收购价格足以在总体较低的价格水平就能形成可观的溢价。[①] 此外，由目标公司实际控制人等实施的股价控制操作主要表现为人为拉升目标公司证券价格，通过快速且显著地提高收购成本的方式阻碍外部股东实现对上市公司的控制，或者使得现有的股东在公司股权交易中获取更高的收购报价。[②]

（三）支配性力量操纵

支配性力量操纵是利用金融商品以及相关基础资产价格关联性实施的跨市场操纵性交易规模发展到垄断性程度的最高级结构。由于操纵性交易行为涉及对金融商品市场以及关联市场的同步控制，支配性力量操纵在金融商品及其基础资产对应性相对较高的期货（期权）市场中比较盛行。

期货（期权）是以特定资产（商品现货、证券现货等）为基础的标准化契约。现货市场中基础资产的价格波动会导致持有期货（期权）头寸的交易者盈利或者亏损。除了只能进行现金交割的股指期货合约等交易品种之外，商品期货、股票期权、ETF期权等均可进行实物交割。尽管多数情况下期货（期权）交易是在到期前对冲了结仓位，但交割期过后持有多头或空头仓位的交易者仍然可以要求没有平仓的、持有相对交易方向合约的交易者通过实物交割的方式履行合约。如果多头交易者要求实物交割而空头无法履行交割义务，后者将支付数量极高的违约金、赔偿金以及其他一系列经济损失和费

① U. S. v. Charnay, 577 F. 2d 81 (9th Cir. 1978).

② Crane v. Westinghouse Air Brake Co., 419 F. 2d 787 (2d Cir. 1969).

用。实物交割机制以及交割违约所产生的极大的经济赔偿风险，为期货（期权）市场中的交易者提供了除套利、对冲、价格投机之外的另一种获利可能——交易者在基础资产现货市场控制交付能力，在期货（期权）市场持有巨量多头合约并不断拉升合约交易价格，对手方于现货市场无法获取交割实物或者交割成本极高，在期货（期权）市场持有巨量尚未平仓的空头合约且到期前市场交易价格极高回补成本极高，空头只能在违约巨额赔偿与了结仓位承担巨额亏损两者之间进行选择，而交易者从中获取巨额利润。期货（期权）市场中的金融商品交易价格实际上是在多头交易方控制下形成的，这种价格并非特定期货（期权）正常市场供求关系的互动结果，而是占据支配性市场地位的交易者逼迫空头交易方高位了结仓位或者支付巨额交割违约赔偿费用的人为拉抬结果。

法律与经济学理论中有观点认为，证券市场中特定交易者及其一致行动人进行控制性或者支配性持有证券并不存在明显的操纵风险，交易者利用支配性市场力量大规模拉升证券交易价格，其他市场参与者可以继续持有或者选择其他投资标的，不存在期货（期权）市场中的空头必须高价回补平仓从而产生巨额亏损或者交割违约问题。[①] 交易者控制性地持有特定证券非常有可能是高位被套的结果——未能有效诱导足够的投资者资本高位买入证券为其高位抛售接盘后，继续投入成本拉抬证券交易价格，逐步在证券交易总量中占据多数地位。因此，证券市场中支配性力量操纵的风险，相对于期货（期权）市场而言，显得更具有可控性。

上述观察对于只能单边做多的证券市场而言是合理的，但是，在融券卖空等信用交易机制进入证券市场且成为一种重要的操作手法之后，显然需要重新评估支配性力量操纵在证券市场中的风险。市场参与者基于特定证券实际价值被高估、做空投机、价差套利、当日冲销等各种考量，均可以向金融机构融券卖出相关证券，同时意图在预期证券交易价格下跌时买入回补归还证券并谋取差价利润。对于特定证券交易中的融券卖空力量，

---

① See Benjamin E. Kozinn, "The Great Copper Caper: Is Market Manipulation Really a Problem in the Wake of the Sumitomo Debacle", 69 *Fordham Law Review* 243, 256 (2000).

控制性地持有相关证券的交易者可以人为制造轧空行情，通过控制市场中流通证券现货数量以及大规模买入证券拉抬价格的方式，引发个股价格飙涨，空头交易方或是基于保证金缺口无法继续融券卖空打压价格，或是由于多方持有优势性现货证券造成市场中缺乏足够的流通证券现货供其融券卖空，只能高位回补平仓并承担巨额亏损，或是直接爆仓。① 证券市场中的轧空实质上是因为证券现货供应不足而引发的证券交易价格上涨。轧空通常发生在市值规模不大的上市公司证券交易过程中，因为交易者更容易在流通盘较小的证券交易中占据支配性地位。证券交易价格短期内上涨会引发先期融券做空者买入证券平仓，但大部分证券现货由多头控制，市场中没有足够的证券现货可供空头买入回补，从而进一步急速推高证券交易价格。

逼仓是最典型的支配性力量操纵手法，② 而资本市场中逼仓最为常见的交易方向就是轧空。③ 根据美国判例的界定，轧空是一种价格操纵计划或行为，交易者单独或者与其一致行动人共同控制基础资产远期供应，迫使空头以其控制的高价购买现货资产履行金融商品交易合约义务或者以其控制的高价购入多头合约了结仓位。④ 作为轧空策略中的重要组成部分，多头交易者掌控基础资产或者金融商品现货的结果，便是有效降低了空头交易者在公开市场中所能获取的可交付现货储备量。以期货（期权）交易为例，一旦市场中的多方在合约到期日之前仍然持有大量多头头寸，空方只能选择两种买入方式履行交易义务——买入期货（期权）合约了结之前卖出的空头头寸；买

① 对于使用自有现金或者融资买入证券的市场参与者而言，其最大的交易损失也就是证券交易价格跌至接近于零，损失绝大部分甚至全部资金，但这种损失具有“封顶性”。对于受到支配性力量操纵轧空的融券卖空者而言，在禁止裸卖空的市场，其损失风险敞口理论上不具有“封顶性”，因为证券交易价格上不封顶，理论上可以飙升到无限高。实践中，交易对手方能够将证券价格拉升到多高的位置，卖空者就必须承担多高的损失。当然，卖空者保证金规模与止损指令、单日涨幅限制、交易所强制平仓等因素决定了其通常是巨亏离场或者爆仓。

② 在金融交易实践操作中，与逼仓交替使用的一个高频概念是挤仓（squeezes）。笔者认为，这两种行为具有实质性区别，划分标准在于交易行为是否具有跨市场性。挤仓不涉及对基础资产、金融商品现货进行买卖，主要是在单一化的金融商品市场进行多空互博。因此，挤仓是单一市场连续交易操纵行为模式下的概念。逼仓需要同时控制现货与期货（期权）或者金融商品与基础资产等关联市场。

③ 反向操作的轧多之所以比较少见，是因为在缺乏基础资产下跌的行情背景下，金融商品市场交易价格急速下跌会被价值投资者或者流动性交易者视为一种价值回归的操作空间或者基础资产与金融商品之间的价差套利空间，价值投资者或者流动性交易者会在其认为金融商品价格超跌时介入市场，推动金融商品交易价格上涨。多头力量介入市场的较高可能性导致空头事实上很难成功轧多和榨多头决定了这种操作手法在实践中很少被使用。

④ Great Western Food Distributors, Inc. v. Brannan, 201 F. 2d 476, 478 – 479 (7th Cir. 1953).

入基础资产或金融商品现货。对于买入合约平仓而言，如果市场中没有足够的多头对手方卖出合约，则只能以多头交易者控制的高价买入巨亏离场。对于坚持到交割日准备买入现货履约而言，如果现货市场中没有足够的现货以供买入交割，则只能承担更为严重的交割违约责任。只要轧空交易者能够将其释放出的卖出期货（期权）合约价格控制在本人能够获取高额利润且空头平仓成本低于交割违约成本的有效范围内，便可获取稳定且高额的轧空交易利润。

美国于20世纪30年代、70年代先后建立SEC与商品期货交易委员会（以下简称CFTC）之前，以美国为代表的全球资本市场中充斥着各种竞争性交易与操纵性交易交织的轧空操作。① 20世纪80年代之后大规模轧空逐渐减少，只有亨特兄弟轧空白银市场②等少数特别严重的事件在金融监管机构

---

① 关于1862年康内留斯·范德比尔特（Cornelius Vanderbilt）轧空哈莱姆铁路公司（Harlem Railroad）股票、1869年詹姆斯·菲斯克（James Fisk）与杰伊·古德（Jay Gould）轧空黄金市场、1901年北太平洋铁路公司股票轧空事件等经典轧空操作的论述，参见Edwin Lefèvre，*Reminiscences of a Stock Operator*，John Wiley & Sons，1994.

② 20世纪70年代末、80年代初，尼尔森·亨特（Nelson B. Hunt）与威廉·亨特（William H. Hunt）兄弟意图轧空全球白银市场，一度控制全球一半以上可交割白银现货。由于亨特兄弟的轧空操作，白银现货与期货交易在1979年9月至1980年3月期间持续被严重高估。1980年1月白银期货合约价格暴涨至每盎司50余美元。为了应对轧空行情，空头加大了打压白银价格的力度。1980年之后，白银现货与期货市场开始同步出现快速下跌。持续大量多头仓位的亨特兄弟不断接到追加保证金通知。由于自有资金已经不足以支撑当时的多头仓位，亨特兄弟面临强制平仓风险，当时唯一的办法只能是卖出现货白银获取资金暂时补充期货头寸的保证金。但这会造成白银现货价格下降从而导致白银期货合约交易价格相应下跌，进一步引发新的一轮保证金吃紧。亨特兄弟选择以白银现货抵押发行债券融资维持多头期货头寸。然而，市场将这一行为视为多头最后无力的、孤注一掷的抵抗，继续做空白银期货。1980年3月27日，业界称之为"白银星期四"，白银价格崩溃式狂泻，最低跌至每盎司11美元。亨特兄弟已经无力补上1亿美元的保证金缺口，同时，据测算，当时白银期货市场中持有多头期货合约的参与者将会面临17亿美元的潜在损失。由于亨特兄弟控制白银现货以及建构白银期货多头过程中使用的资金涉及向多家华尔街投资公司与银行融资，市场一度极为恐慌。为了避免损失牵连效应进一步放大，华尔街多家银行向亨特兄弟联合提供11亿美元信用贷款供其用于偿还债务，亨特兄弟以白银现货作为抵押偿债。1988年亨特兄弟因共谋轧空白银市场承担市场操纵民事责任，向秘鲁矿业公司赔偿1.34亿美元；1989年与CFTC大成和解协议，因意图轧空白银市场、共谋操纵白银市场而支付罚款1千万美元、终身禁止从事商品期货交易等。大规模的赔偿责任最终导致亨特兄弟在德克萨斯州申请个人破产。参见黄运城：《历史资料：亨特兄弟"白银梦"破灭始末》，载《股市动态分析》2011年第18期；R. W. Kolb，Futures，Options and Swaps，Blackwell Publishing，2003，pp. 43－44；Jerry W. Markham，A Financial History of the United States（Volume 3）：From the Age of Derivatives into the New Millennium（1970－2001），M. E. Sharpe，2002，pp. 61－65；S. C. Gwynne，"Bunker HUNT"，Texas Monthly，September，2001；Jeffrey Williams，*Manipulation on Trial*：*Economic Analysis and the Hunt Silver Case*，Cambridge University Press，1995.

与交易所的介入下作为市场操纵予以查处。全球资本市场近 20 年来最为典型的轧空案件当属 20 世纪 90 年代住友商事交易员滨中泰男轧空铜市场以及 2008 年国际金融危机期间保时捷轧空大众汽车股票案件。

住友商事前首席铜交易员滨中泰男轧空铜市场的行为在时间上跨越了大致 10 年，其通过大量下属公司交易账户隐藏其操纵性交易行为从而规避持仓限制，一度有效地控制了大量现货铜并同时持有大量铜期货多头合约，轧空之前持有大量铜期货空头头寸的对冲基金。在美国、英国金融监管机构执法压力及住友商事配合调查下，滨中泰男因轧空铜市场交易行为过程中的犯罪行为被判处监禁。①

① 滨中泰男于 1986 年被住友商事任命为首席铜交易员。在其主管铜交易期间，滨中泰男成为全球铜市场非常令人敬畏的风云人物，其掌控了全球 5% 以上的铜交易量，市场绰号为“百分之五先生”（Mr. Five percen）。20 世纪 80 年代末期，为了填补住友商事在金属交易中的损失，滨中泰男决定操纵铜市场价格。操纵的具体计划肇始于 1989 年滨中泰男与从事金属交易业务的 RST Resources 公司董事长大卫·坎贝尔。滨中泰男操纵市场的第一步为控制铜现货。1993 年坎贝尔从 RST Resources 公司离职并创建环球矿产品与金属集团（Global Minerals & Metals Corporation，以下简称环球集团）。滨中与坎贝尔签订了一系列结构复杂的交易合约，约定 1994 年至 1997 年期间，滨中每月从环球集团购买一定数量的现货铜。环球集团向赞比亚铜供应商购买铜期权合约，并将现货铜卖给住友商事，最后住友商事向赞比亚铜供应商控制的公司卖出相应数量的铜现货。滨中泰男使用这种交易手法从事形式上正当的铜贸易业务，不仅控制了一定数量的铜现货，而且能够以此完成部分虚假的铜现货交割从而对冲其在期货市场建构的多头合约。随后，滨中泰男开始大规模持有期货多头合约。为了控制足够数量的伦敦金属交易所（London Metal Exchange，以下简称 LME）铜期货合约，滨中泰男在美林证券开设了住友商事账户，授权环球集团使用该账户的高额信用额度在 LME 建构了大规模的铜期货多头仓位。1995 年 9 月，住友商事持有 200 万公吨期货铜多头合约以及近一半的 LME 铜期权，并在第四季度整体实现了对铜期货多头合约的支配性控制。与此同时，滨中泰男以实物交割的方式逐步履行多头期货合约从而进一步控制铜现货供应。1995 年 11 月，住友商事几乎控制了 LME 所有仓单。铜价一度拉升至 2800 美元每公吨。滨中泰男不仅在现货市场取得支配性地位，而且建构了足够强大的多头期货合约，其交易结构以及仓位数量促使其能够对铜市场施加支配性操纵影响，强制前期卖空铜期货的对冲基金只能以滨中泰男控制的高价了结空头头寸。正当做空铜的对冲基金以及普通空头投资者（投机者）在轧空行情中遭受巨额损失接近放弃空头位置的抵抗、住友商事逐渐获取高额交易利润时，CFTC 持续向 LME 进行投诉，指控铜市场受到操纵。1996 年 4 月，英国金融监管机构与住友商事最终同意配合 CFTC 展开调查。调查发现了住友商事在美林开设的未经授权账户。住友商事于 1996 年 5 月 9 日解雇滨中泰男。在金融机构以及交易所的调查介入下，空头力量迅速恢复，市场恐慌性抛售铜，铜价格急速下跌，持有巨额多头头寸的住友商事巨亏 26 亿美元。滨中泰男在随后的日本刑事审判程序中承认其使用复杂的财务处理与交易技术隐瞒其未授权交易的行为构成欺诈罪、伪造罪等，最后被日本法院判处 8 年监禁，但没有证据显示滨中泰男基于谋取个人利益的目的而实施轧空操纵。住友商事因在该市场操纵案件中的监督过失与 CFTC 达成和解协议，支付 9900 万美元罚款。参见 Benjamin E. Kozinn，“The Great Copper Caper：Is Market Manipulation Really a Problem in the Wake of the Sumitomo Debacle?”，69 *Fordham Law Review* 243（2000）；In re Sumitomo Copper Litig.，189 F. R. D. 274，277（S. D. N. Y. 1999）；Inga Nasi，“The Sumitomo Scandal：Another Embarrassment for UK Regulatory Authorities?”，4 *Journal of Financial Crime* 182（1996）.

2008年金融危机期间，保时捷公司通过参与大众汽车证券交易轧空对冲基金，成为证券市场中轧空的经典案例。保时捷使用不受德国金融监管局信息披露规则制约的金融衍生工具私下控制市场中的大众公司普通股，在对冲基金等做空力量大肆卖空大众汽车股票且放空规模远远超过实际可回补规模时，突然披露其持有已经通过金融衍生工具实际控制大众汽车近75%股权的信息，致使空头无法获取足够现货证券，大众汽车股票价格暴涨。保时捷轧空大众汽车股票造成各类对冲基金损失约200亿美元。随后有26家对冲基金在美国纽约提起诉讼，指控保时捷通过大规模轧空手段操纵大众汽车证券价格，索赔10亿美元，美国法院以不具有管辖权为由驳回原告起诉。德国斯图加特检察机关对时任保时捷首席执行官的温德林·维德金（Wendelin Wiedeking）与前首席财务官郝格尔·海尔特（Holger Haerter）提起市场操纵刑事指控，认为其故意隐瞒持有大众汽车股票的期权交易，导致卖空大众汽车股票的投资者在无从知悉证券流通数量的情况下超规模融券做空，差生巨额损失。但是，维德金以及海尔特主张，保时捷在收购大众汽车过程中，完全根据德国联邦金融监管局（Bafin）的规定进行信息披露，报告持股情况；根据Bafin监管规则以及交易所交易业务规则，保时捷在场外交易市场通过现金交割期权的方式从事以大众汽车股票为基础资产的金融衍生工具交易，直接以现金结算，不涉及股票交割，有权自行决定信息披露。[①] 斯特加

① 2005年9月，保时捷（Porsche AG）宣布购买大众汽车（Volkswagen AG）20%的股份。2006年保时捷增持大众汽车股权至27.4%。2007年3月，大众汽车股价自保时捷入股后已经上涨了70%，保时捷进一步对大众汽车发出全面收购要约。全面收购要约发布时的财务局面是：要约收购价格较低，实际上其他股东不可能以该价格同意要约收购；即使以该低价完成资产交易，全面收购总额需要超过230亿欧元，保时捷事实上不可能完成资金准备。最终全面要约收购没有完成，但保时捷又进一步增持股份3.6%，持股比例提高至31%，成为大众汽车第一大股东。此时，市场预测保时捷收购大众汽车股票越过50%之后会停止增持。同时，由于保时捷的收购行为，大众汽车普通股从每股30欧元飙升至240欧元，而优先股（无投票权）仍然处于40欧元的价位，普通股与优先股的价差达到了惊人的200欧元。对冲基金开始大规模做空大众汽车普通股。2008年9月，大约13%的大众汽车普通股被出借用于卖空。10月20日，大众汽车暴跌23%，创近20年最大单日跌幅。在此过程中，保时捷仍然逐步买入大众股票。2008年10月26日，保时捷突然宣布，其已经通过市场交易持有大众汽车43%的股权，并通过金融衍生工具持有相当于31%股份的期权，实际已经控制大众汽车约74%的股权。而大众汽车第二大股东下萨克森州（Niedersachsen）州政府持有20.1%大众股份。这意味着已经卖空13%大众股票的对冲基金需要争抢仅有的不到6%的流通股才能了结部分空头仓位。保时捷

特法院于2014年4月以证据不足以移送审理为由撤销了检察机关对维德金和海尔特的市场操纵刑事指控。①

20世纪90年代与近期的典型轧空操纵案件之间的对比性分析，清楚地揭示出轧空操纵内在机理的恒定性与操作手法的变迁性——在内在经济机制上，无论是早期以滨中泰男轧空铜市场为代表的商品现货与商品期货市场之间跨市场支配性力量操纵，还是近期以保时捷轧空大众公司股票为典型的证券与金融衍生工具跨市场配合操纵，轧空操纵的机理集中表现为锁定并狙击特定金融商品市场中实施做空交易的对手方，以排他性控制现货市场有效供给的强大资源与市场力量推高金融商品资产价格，从而压迫空头以高价了结仓位认赔离场。在具体操作模式上，传统轧空交易垄断现货市场供应量、持有巨量期货市场多头仓位的行为均显得非常强势与直白。随着全球期货市场监管对持仓限制规则的不断强化管理，传统轧空操作实际上已经很难完成市场操纵。而新型轧空交易利用金融衍生交易结构上的复杂性与场外交易市场的非监管性，相对隐蔽地实施对证券市场与衍生工具市场的支配性控制，不仅会诱发交易对手方持续放大空头风险（相应地增加多头最后的轧空交易获利规模），而且不受持仓限制等金融市场监管机制的约束。

（接上页）

通过场外衍生工具持有32%股权的信息令做空的对冲基金措手不及，10月27日，卖空者急速抢筹，争先买进股票平仓，狂涨147%。10月28日，大众汽车股价推升至每股1005欧元历史高位，瞬间成为全球市值最大的上市公司。10月29日，保时捷表示将结算5%大众汽车股票期权，通过释放股票供空头回补以避免"市场扭曲"，大众股票当日大跌45%，报收于517欧元，仅该一笔交易即令保时捷获取百亿欧元收入。参见晓蹇：《大众收购保时捷阴谋还是阳谋》，载《时代汽车》2009年第9期；Armin J. Kammel，The Dilemma of Blind Spots in Capital Markets-How To Make Efficient Use of Regulatory Loopholes?，10 German Law Journal 605（2009）；Jonathan Stempel，Porsche Wins Dismissal of U. S. Hedge Fund Lawsuit over VW，Dec. 27，2012 http：//www. reuters. com/article/2012/12/27/us-porsche-volkswagen-lawsuit-idUSBRE8BQ0G320121227；Hendrik Sackmann & Maria Sheahan，Former Porsche CEO charged with market manipulation，Dec. 19，2012，http：//www. reuters. com/article/2012/12/19/us-porsche-probe-idUSBRE8BI0DJ20121219.

① See Karin Matussek，Ex-Porsche CEO Won't Face Criminal Trial Over VW Bid，Bloomberg News，Apr 25，2014，http：//www. bloomberg. com/news/2014 - 04 - 25/ex-porsche-ceo-wiedeking-won-t-face-criminal-trial-over-vw-bid. html.

第三节　以决策操纵为手段的市场资本非正当控制

以决策操纵为手段的市场资本非法控制的核心行为类型表现为信息型操纵。信息型市场操纵是指行为人在实施市场操纵过程中，并非通过金融商品交易行为直接影响资本市场中的供求关系，而是通过向市场发布虚假、误导或者导致信息发布者与信息接收者产生利益冲突的信息，控制资本市场中投资者（投机者）的资金流向，使市场中的资本资源投入或者撤离特定金融商品的交易，间接导致相关金融商品交易价格、交易量维持在行为人意图控制的水平。信息型操纵的实施关键在行为人通过信息的传递，人为控制资本配置决策，引发资本市场中的价格波动。

实践中，信息型市场操纵的主要表现：（1）编造并传播虚假的证券、期货、衍生品交易信息；（2）投资咨询机构及其从业人员针对特定金融商品建仓之后，发布相关投资信息；（3）上市公司内部人通过财务造假、信息披露操控等方式影响本公司股票市场价格。

信息型操纵行为的核心指向是控制市场中的资本资源配置与流动。尽管这种非正当的资本资源控制是通过信息传递与价格信号引导的，但这并不意味着信息型操纵行为过程中完全不需要交易行为的配合，或者完全不针对金融商品施加任何形式的控制性力量。信息型操纵者除了需要通过事先建构金融交易仓位、适时了结仓位等交易行为确保获得实际经济利益之外，也会通过一定的金融交易行为参与到控制金融商品交易价格、交易量的过程之中。更为重要的是，虚假的交易行为本身就是一种释放虚假价格信号的重要路径。操纵者可以通过各种形式的虚假交易诱导市场中的资本资源配置或者投资者决策。尽管虚假交易行为过程中存在所谓的交易因素，但实施这种市场操纵的机理在于通过传递信息或释放信号控制资本配置或投资行为，故本质上仍属于信息型操纵而非交易型操纵。

信息型操纵行为的核心内容是虚假陈述，即向市场传递内容重大失实、内容重大偏差、具有重大利益冲突性且对金融商品市场价格会产生影响的信息。需要特别强调的是，信息内容的虚假性或者误导性是一项非常重要但并非所有信息型操纵的构成要素。在信息传递主体与信息接受对象之间存在重大利益冲突的情况下，信息内容是否真实与全面，原则上并不影响市场操纵法律责任的认定——触发市场操纵法律责任的是信息披露主体在传递信息过程中具有全面公开利益冲突信息义务而没有履行义务。

一、虚假信息操纵

虚假信息操纵又称蛊惑交易操纵，这种操纵行为的实质指向是信息——操纵者编造、传播或者散布的信息在真实性、准确性、完整性等都处于极度不确定状态，却能够影响、诱使、引导资本市场中的投资者（投机者）实施相关金融商品买卖行为，从而通过预期的金融商品交易价格、交易量波动，谋取经济利益。[①] 引起证券、期货、衍生品交易价格波动的信息未必确定且

① 中国《证券法》《刑法》明示性地规定了连续交易、相对委托、洗售操纵等明示性的犯罪行为类型之后，直接通过"以其他方法"概括市场操纵违法犯罪的其他行为类型。由于缺乏具体刑法条文表述的现实支撑，传统证券期货犯罪刑法理论对于蛊惑交易操纵的解释确实存在巨大的不确定性与理解上的分散性。同时，正如前文所述，《刑法》第 181 条规定的两种资本市场违法犯罪类型，编造并传播证券、期货交易虚假信息罪和诱骗投资者买卖证券、期货合约罪，都具有蛊惑交易操纵的性质，但在规范结构上并没有像其他国家和地区的资本市场法律制度那样整体纳入反市场操纵的基础规范架构，在操纵资本市场违法犯罪刑法规制层面存在一定的结构性混乱。但是，通过发布虚假证券、期货市场信息欺诈资本市场投资者的行为在中国法律制度框架下应当受到刑事处罚，其核心犯罪化标准仍然是从相关证券、期货交易中获利、规避损失或者造成证券、期货市场波动的角度进行量化的——《追诉标准二》关于编造并传播证券、期货交易虚假信息罪、诱骗投资者买卖证券、期货合约罪的立案标准实际上都体现出了资本市场虚假信息传播行为的危害性集中反应在通过市场波动谋取交易利益层面。根据《追诉标准二》第 37 条的规定，"编造并且传播影响证券、期货交易的虚假信息，扰乱证券、期货交易市场，涉嫌下列情形之一的，应予立案追诉：（一）获利或者避免损失数额累计在五万元以上的；（二）造成投资者直接经济损失数额在五万元以上的；（三）致使交易价格和交易量异常波动的；（四）虽未达到上述数额标准，但多次编造并且传播影响证券、期货交易的虚假信息的；（五）其他造成严重后果的情形。"同时，根据《追诉标准二》第 38 条的规定，"证券交易所、期货交易所、证券公司、期货公司的从业人员，证券业协会、期货业协会或者证券期货监督管理部门的工作人员，故意提供虚假信息或者伪造、变造、销毁交易记录，诱骗投资者买卖证券、期货合约，涉嫌下列情形之一的，应予立案追诉：（一）获利或者避免损失数额累计在五万元以上的；（二）造成投资者直接经济损失数额在五万元以上的；（三）致使交易价格和交易量异常波动的；（四）其他造成严重后果的情形。"因此，我国《刑法》规定的编造并传播证券、期货交易虚假信息罪、诱骗投资者买卖证券、期货合约罪中相当部分的规范内容实际上涉及蛊惑交易操纵的刑法规制问题。尽管《刑法》第 182 条操纵证券、期货市场罪并没有明示性地规定利用证券、期货市场虚假信息影响资本市场并从事相关交易谋取利益的蛊惑交易操纵行为类型，但通过前述市场操纵行为机理分析可知，《刑法》第 182 条操纵证券、期货市场罪实质上涵盖了金融商品操纵与市场资本操纵两种基本犯罪行为类型，资本操纵就是通过对证券、期货市场信息的操纵实现对整个证券、期货市场进行控制的信息型操纵。归属于信息型操纵的蛊惑交易操纵显然应当属于《刑法》第 182 条操纵证券、期货市场罪"以其他方法"的犯罪行为类型。

真实，虚假的、不确定的信息同样是对投资者金融交易决策形成重要影响的因素。综观全球资本市场法律制度，蛊惑交易操纵包括以下三个核心要素：(1) 编造、传播或者散布不真实、不准确、不完整或不确定的重大信息；(2) 与信息有关的金融商品交易价格或者交易量发生波动；(3) 利用上述信息从事相关金融交易，即在编造、传播或者散布不真实、不准确、不完整或不确定的重大信息之前或者之后进行证券、期货交易。① 在行为要素层面，蛊惑交易操纵中显然也存在交易行为，但蛊惑交易操纵中的交易并非对资本市场形成操纵与被操纵关系的交易，而是专指操纵者在编造、传播或者散布不真实、不准确、不完整或不确定的重大信息之前，从事与该欺诈性信息有关的金融商品交易，同时，在编造、传播、散布不真实、不准确、不完整或不确定的重大信息以及资本市场中特定金融商品的交易价格、交易量出现波动之后卖出或买入相关金融商品谋取做多或者做空的利益。蛊惑交易操纵行为之所以与资本市场之间能够形成操纵与被操纵的关系，其核心在于引导资本市场投资者（投机者）进而达到控制特定金融交易决策行为的效果，最终实现资本市场价格运动方向及幅度与操纵者预期相匹配的结果。

编造并向资本市场传播虚假证券、期货以及相关衍生品交易信息，从预

① 美国《证券交易法》第9条规定，证券经纪人、承销商或其他任何人基于拉升或打压证券交易价格的目的发布信息诱使投资者买卖相关证券，构成证券欺诈。2010年美国金融改革法案在《商品交易法》第6条（c）款1项中增设了虚假信息型操纵：明知相关信息系虚假、误导性、不准确的报告，或者不计后果地漠视相关信息属于虚假、误导性、不准确的报告，仍然通过传递或者促成此类虚假信息传递的手段实质性地影响州际期货交易的价格以及市场反应，同时从事相关期货交易行为的，构成期货市场操纵。2006年日本《金融商品交易法》第157条"不正行为的禁止"规定：禁止任何人实施以下行为：(1) 涉及证券买卖时，使用非法的方式、技术或者策略；(2) 在证券买卖过程中，为了获取金钱或者其他财产而使用有关重大事项的虚假记载的文件或者隐瞒重大事项的误导性文件；(3) 使用虚假陈述等方式引诱他人从事证券买卖。《金融商品交易法》第159条第2款规定：禁止以诱使他人进行证券或衍生品交易为目的，实施下列行为：……(2) 传播谣言影响金融工具交易价格，通过市场价格波动操纵市场；(3) 在实施证券交易过程中故意进行虚假或误导性陈述。上述法律规范及其评析分别参见15 USC § 78i (a)；Wall Street Reform and Consumer Protection Act § 753；金融商品取引法（きんゆうしょうひんとりひきほう、昭和23年4月13日法律第25号）第百五十七条不正行為の禁止；金融商品取引法（きんゆうしょうひんとりひきほう、昭和23年4月13日法律第25号）第百五十九条相場操縦行為等の禁止2；谢杰：《美国反期货操纵法律改革及对我国期货监管的启示》，载《期货日报》2011年8月1日，第4版。

期的价格波动中获取交易利润，实际上是一种非常传统的（甚至可以说是古老的）市场操纵行为模式。[①] 这种信息型市场操纵中的虚假信息可以是关于政治或者经济的宏观性内容，对市场产生系统性影响；也可以是关于金融商品或其发行人的具体信息，影响范围仅局限于特定金融商品或者相关衍生工具的市场价格。

网络的兴起与发展为蛊惑交易操纵提供了成本更低、速度更快、效应更强的虚假信息传递空间。[②] 随着移动互联网、云计算等信息技术不断深入社会与经济生活，微博、推特、轻博客等“自媒体”成为主要社交网络，“股吧”、[③] 门户网站、专业金融网站的财经论坛等成为投资者重要的信息获取渠道，虚假金融信息可以随时随地且更为精准地“投放”给市场参与者。操纵者通过网络传播有关特定上市公司的虚假利好信息、投资者接受该信息并通过网络交易作出投资决策、金融商品价格基于错误的信息以及受到误导的投资者买入而上升、操纵者卖出证券等一系列行为能够在极短的时间内完成。相应的，市场操纵者同样可以快速传递虚假利空信息蛊惑投资者卖出金融商

① 从全球证券、期货市场历史上看，最早发生的一起散布虚假信息案件发生在1814年的英国。当时，正值英法战争期间，战况如何直接影响着股市行情的涨落。一名由德·拜伦格尔假扮的法国军官来到英国港口城市多弗尔，声称拿破仑已经战死，英军进占巴黎。该消息被认为是英国政府的特大利好，股票经纪人以及公众随后大量买入英国政府债券，致使政府债券交易价格疯狂上涨。时隔不久，市场得知拿破仑没有死亡，债券价格又一落千丈。后经查明，该名所谓的法国军官实际上是与一些英国贵族勾结，共谋编造了谎言。在公众大规模购买债券过程中，相关共谋者逐渐以较高的价位卖出了英国政府债券。英国当时没有专门的证券法予以规范，只能根据普通法上的通谋欺诈的罪名对其进行了定罪处罚。参见英国判例：Rex v. De Berenger（1814）3 M&S 67. 这一古典的、与信息型市场操纵有关的判例也从一个侧面反映出市场操纵在行为方式上的新颖性更大程度体现在形式层面。在实质层面，当代资本市场中的市场操纵行为依旧可以回溯到其最初的、“经典的”行为模式。因此，无论现在的金融交易技术、金融市场交易品种如何创新，最核心的分析仍然应当回归到市场操纵的基本行为样态上来。

② The International Organization of Securities Commissions, Report on Securities Activity on the Internet III, October 2003, pp. 38－42, http://www.iosco.org/library/pubdocs/pdf/IOSCOPD159.pdf. 如同当前极为常见的电信诈骗一样，传统资本市场中的虚假性、误导性信息主要是依靠电信技术针对不特定的投资者，通过拨打电话、发送信息等方式进行传递与散布。信息操纵者需要投入较高的人力成本，信息传播具有明显的地域性，潜在被害人的数量也存在一定的有限性。但是，网络技术的介入使得单一操纵主体就可以通过简单、廉价的计算机设备向全球资本市场传输虚假金融信息，并利用社交网络的“链式”效应快速且成倍放大信息的传播范围。

③ “股吧”是股票交流社区的一个概称，提供包括股票推荐、行情分析、个股交流、股票讲堂、股票入门、操盘交流等信息，是目前非常受欢迎的股票信息交流网络平台。参见编首语：《“股吧”对股市监管的挑战与应对》，载《证券市场导报》2012年第3期。

品做空市场，并从人为制造的下跌趋势或者虚假的市场价格变动中获取利润。在网络技术尚未成为资本市场各类信息传递主要渠道的时代，市场操纵者需要雇佣大量的业务人员通过电话等方式向不特定的潜在被害人传播受其控制的信息。传统信息传递的规模与速度都受到地理、语言、人工等技术与成本的限制。而网络信息传递可以使市场操纵者在人力操作成本极低的基础上瞬间向全球资本市场潜在投资者滥发成千上万的虚假、误导性市场信息。基于信息受众基数的庞大性，即使对市场操纵者控制的信息作出“有效”反应的概率极低，操纵者对与信息所指向的金融商品的资本配置的影响力仍然是不容忽视的。

微博等社交网络工具基于全方位通信、链条式聚合性信息传播、个性化用户体验等特点，使得信息传播更为快捷与广泛。资本市场中的机构或个人纷纷注册微博，在与众多“粉丝”分享投资、财经讯息的同时，不乏利用微博传递疑似虚假信息从而受到操纵市场质疑的情况。例如，巨人网络董事长兼首席执行官史玉柱通过微博批评中国人寿：“别虎视眈眈想控股中国唯一民营重要银行民生银行；失去民营机制的民生银行，将失去核心竞争力，告别高速成长。”该微博公布后，民生银行股价在后两个交易日大涨，史玉柱旗下公司所持该行股份浮盈2.36亿元。该微博言论引起“传播虚假信息影响股价”的质疑。[①] 中国证监会明确提出，引导、规范社交媒体发布上市公司信息行为，对新型媒体引发股价异动将进行及时调查。[②]

美联社推特账户被入侵后发布虚假证券信息引发市场波动（图2－2）深刻体现出新兴媒体、移动互联网时代虚假信息操纵对资本市场的传播力度与

---

① 参见谢杰：《微博操纵市场行为监管三原则》，载《证券时报》2011年8月30日A3版；吴敏：《史玉柱微博“谈股”被证监局约谈》，载《新京报》2011年10月21日B1版。

② 中国证监会在新闻通报中指出，中国证监会及证券交易所依法对社交媒体信息发布行为进行监督。社交媒体发布、传播上市公司未公开信息导致股价异常波动的，证券交易所将依法核查是否涉嫌内幕交易或操纵市场，是否存在通过融资融券交易、股指期货交易等做空工具进行跨市场套利等情形。任何机构和个人利用社交媒体实施内幕交易、操纵市场、证券欺诈等违法违规行为的，中国证监会将依法予以查处。参见郑晓波：《证监会：社交媒体发布上市公司信息应守规》，载《证券时报》2013年6月23日A2版；中国证券监督管理委员会：《2013年6月21日新闻发布会》，载http://www.csrc.gov.cn/pub/newsite/bgt/xwfbh/201306/t20130621_229568.htm。

影响深度。2013 年 4 月 23 日下午 1 点 07 分，拥有 200 万“粉丝”（主要为金融专业人士或者金融市场参与者）的美联社推特账户被黑客入侵，发布了一条虚假微博，声称“最新消息：白宫遭受两起爆炸袭击，奥巴马受伤”。道琼斯工业指数瞬间暴跌 145 点。美联社澄清事实之后指数在 5 分钟之内恢复正常。该起虚假信息引发证券市场指数巨幅波动的事件表明，在自媒体时代，一条孤立的、极为简短的虚假信息完全有能力对资本市场造成现实的重大影响。

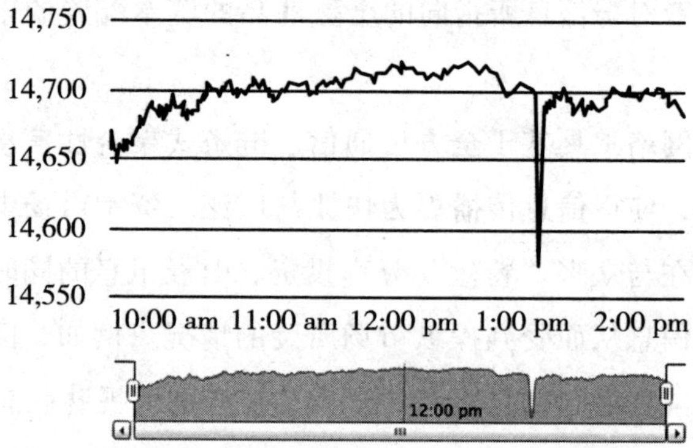

图 2-2　2013 年 4 月 23 日 9 点 30 分至 1 点 30 分道琼斯工业指数分时走势

二、利益冲突操纵

利益冲突操纵在法律理论与实践中更多地被称为抢帽子交易操纵，即证券公司、期货公司、资产管理公司、金融投资咨询机构、其他资本市场中介服务公司或者在上述机构从事资本市场投资研究、咨询业务的从业人员，在市场研究、投资咨询信息发布之前或者同时，从事与该信息相关的金融商品交易或者持有相关证券、期货合约等，对相关金融商品、金融商品发行人、金融商品基础资产等进行信息分析、价格趋势预期、发布咨询报告、研究成果、资产配置对策建议等，从预期的金融商品价格波动中实现利润的信息行为与交易行为。

抢帽子交易操纵案件是中国证监会近年反市场操纵工作的一项重点内容。① 从“中国抢帽子交易操纵第一案”——汪某中、北京首放公司构成操纵证券市场罪②开始，抢帽子交易操纵发展为刑事司法机关严厉打击的市场操纵行为类型。随着一系列抢帽子交易操纵在司法实践中被认定为市场操纵，③ 传统证券期货犯罪刑法理论对抢帽子交易行为的属性展开了激烈的论证与深度的反思。

从事金融市场投资咨询业务的机构及其从业人员，发布研究报告、咨询

---

① 证监会查处的抢帽子交易操纵早期典型案例表现为：（1）高某莉操纵证券市场案。2008 年 1 月到 2009 年 7 月间，广州百灵信先后在多家媒体公开发布荐股资料 295 次，其间公司股东高某莉实际控制的账户先行买入证券，再向公众推荐，最后抢先卖出获利，先后共交易 233 次涉及股票 97 只，累计成交金额 20 亿余元，获利 2570 万余元。证监会认定，高某莉等人的“抢帽子”交易方式已经符合操纵证券市场的行为，并涉嫌构成犯罪。（2）徐某操纵证券市场案。2009 年 5 月到 6 月，曾在江苏现代工作的分析师徐某以其他咨询机构的身份在媒体公开荐股 22 只，吸引投资者买入所推荐的股票，而后与江苏现代关系密切的赵宝明通过控制的涉案账户在当日卖出，累计成交金额 1.3 亿元，获利近 460 万元。参见于扬：《证监会通报五起违法违规案件》，载《证券时报》2012 年 1 月 7 日 A2 版。

② 汪某中操纵证券市场案是中国资本市场历史上首例证券投资咨询机构从业人员构成操纵证券市场罪的判例，同时也是中国操纵证券市场罪判例中自由刑、罚金刑最重的：北京首放投资顾问有限公司（以下简称北京首放）是经中国证监会批准，具备证券投资咨询业务资格的专业咨询公司（资格证书编号：ZX0010），汪某中是北京首放负责人。2007 年至 2008 年，汪某中先在其控制的账户建构特定证券、权证的交易仓位，随后北京首放在《上海证券报》、新浪财经等财经报纸、网站等媒体发布证券市场投资意见或者研究报告，在相关证券、权证市场价格出现波动之后平仓获利。汪某中、北京首放累计获利 1.2 亿余元。2011 年 8 月 3 日，北京市第二中级人民法院一审宣判，以操纵证券市场罪判处汪某中有期徒刑七年，并处罚金 1.25 亿余元。参见何靖：《“股市黑嘴”汪某中一审被判七年》，载《人民法院报》2011 年 8 月 4 日，第 3 版。“汪某中操纵证券市场案”的刑事判决对于操纵证券市场罪刑法适用具有重大的影响，该判例确认了“抢帽子”交易操纵具有市场操纵的属性，符合《刑法》第 182 条“以其他方法操纵证券、期货市场”这一“兜底条款”的构成要件。

③ 比较有代表性的是余某等操纵证券市场案：余某系中国证券业协会登记注册的从业人员，其提前购买证券之后，通过财经媒体发布其编制的证券投资研究报告、炒股文章等，引导投资者购买相应的股票，在研究报告、文章发表之后的两个交易日之内，抛售买入之前的所有证券。余某等人利用上述方式从事证券交易累计交易金额 40 多亿元。2012 年 5 月 17 日，湖北省天门市法院一审判决：被告人余某犯操纵证券市场罪，判处有期徒刑三年，并处罚金 450 万元，没收违法所得 70330235.65 元。参见扬晚：《“黑嘴”四年 30 万炒到 7000 万仅判 3 年》，载《晶报》2012 年 5 月 30 日 B12 版。此外，广东中恒信公司、薛某荣、郑某中等机构和个人操纵证券市场案涉及 552 只股票、571.76 亿元交易金额、4.26 亿元非法获利、148 个证券账户、30 余名证券分析师、9 家电视媒体。该案是迄今为止规模最大、组织运作结构最为周密复杂的抢帽子交易操纵案件。证监会经过调查、审理认定，中恒信公司、郑某中等以“抢帽子”交易方式操纵股票价格，涉嫌违反《刑法》。2010 年 3 月，证监会将该案移送公安机关追究刑事责任。参见徐志峰、马龙：《证监会通报六起违法违规案 广东中恒信操纵股票数量创纪录》，载《人民日报》2011 年 12 月 10 日，第 2 版。

意见、投资建议等信息，并事先或同时实施特定金融商品交易，可能涉及虚假陈述、内幕交易、市场操纵等多种资本市场违规、违法、犯罪等问题，而中国《刑法》《证券法》等法律至今仍然没有建构明示性规范确定性地将抢帽子交易纳入反市场操纵违法犯罪条款，导致传统证券期货犯罪刑法理论与实务只能结合法律明示的连续交易、相对委托等市场操纵行为模式，围绕操纵证券、期货市场罪刑法条款中的“以其他方法操纵证券、期货市场”这一模糊性表述，展开规范上的解释，探索抢帽子交易行为与市场操纵法律属性之间的逻辑关系。①

廖某强抢帽子交易案进一步加深了实践中对于抢帽子交易违法性本质、市场操纵认定标准等问题的争议与困惑。监管部门的行政处罚决定书显示，廖某强利用其知名证券节目主持人的影响力，在其微博、博客上公开评价、推荐股票，在推荐前使用其控制的账户组买入相关股票，并在荐股后的下午或次日集中卖出，具体事实如下：2012 年 2 月至 2016 年 4 月，廖某强在上海广播电视台第一财经频道《谈股论金》节目担任嘉宾主持人。《谈股论金》作为第一财经证券类品牌节目，始终保持较高人气，收视率表现稳定。廖某强还从 2014 年 9 月开始担任第一财经频道周播节目《谈股论金之英强开讲》的嘉宾主持。上述两档节目在上海地区的收视率均高于同时段所有频道财经类节目在上海地区的平均收视率。廖某强作为大股东的上海股轩文化创意有限公司（以下简称股轩文化）通过“爱股轩”网站的 APP，以解盘视频“金钱风暴”“股动钱潮”等节目以及新浪微博、博客、土豆网等互联网平台进行推广和宣传。2015 年，股轩文化在上海举办多场培训讲座，讲座视频放在

① 主张抢帽子交易构成市场操纵的观点指出，根据同质性解释原理，操纵证券、期货市场罪明确规定的连续交易、相对委托、洗售等市场操纵行为类型与抢帽子交易行为具有同质性，在刑法没有明确地对抢帽子交易行为的规范进行描述的情况下，以操纵证券、期货市场罪中的“以其他方法操纵证券、期货市场”这一“兜底条款”认定抢帽子交易构成市场操纵，符合罪刑法定主义。参见王崇青：《“抢帽子”交易的刑法性质探析——以汪某中操纵证券市场案为视角》，载《政治与法律》2011 年第 1 期。主张抢帽子交易不构成市场操纵的意见指出，《证券法》与《刑法》都没有在反市场操纵条款中对抢帽子交易进行明确规定，在经济行政法律与经济刑法双重模糊的前提下，应当倾向于对操纵证券、期货市场罪中的“以其他方法操纵证券、期货市场”予以严格解释或者限缩性解释，抢帽子交易不应当构成市场操纵。参见何荣功：《刑法“兜底条款”的适用与“抢帽子交易”的定性》，载《法学》2011 年第 6 期。

"爱股轩"网站上，以提高股轩文化知名度。随着股轩文化的推广活动，廖某强也积累了一定粉丝，其博客点击率很高。廖某强通过在电视台主持高收视率的证券类品牌节目积累名气和受众，再辅以互联网各类平台宣传和推广，开办培训讲座等形式，具有了相当的知名度和影响力。2015 年 3 月至 11 月廖某强控制其本人及"张某萍"等 13 个证券账户。廖某强承认，"廖某强"账户由其本人控制使用。2015 年 3 月至 11 月，"柴某玉""王某妮""张某""张某萍""韩某""季某燕""许某琴""刘某钟""柴某美""廖某杰""金某"账户等 11 个证券账户交易廖某强推荐股票时委托使用的 MAC 地址与"廖某强"账户所使用的 MAC 地址高度重合。"路某"账户 2015 年以来进行股票交易使用最多的电脑 MAC 地址为廖某强办公电脑 MAC 地址。2015 年 1 月至 2015 年 12 月，"张某"账户全部资金来源于廖某强，"路某"账户 84.97% 的资金来源于廖某强，"刘某钟"账户 84.73% 的资金来源于并全部流出至廖某强配偶郭某琳；"季某燕""许某琴"账户的半数收益经由张某转至廖某强的银行账户，"季某燕""许某琴"账户经委托给廖某强代为操作。廖某强为股轩文化、上海英琪文化传播有限公司（以下简称英琪文化）实际控制人，总经理。张某为英琪文化原股东；路某为股轩文化股东；韩某为股轩文化员工；股轩文化法定代表人柴某英是廖某强的表姐，柴某玉是柴某英的妹妹；柴某美是廖某强的母亲；廖某杰是廖某强的哥哥；金某是廖某杰妻子的姐姐。上述人员与廖某强具有亲属关系或工作关系。综上，可以认定 2015 年 3 月至 11 月，廖某强控制"廖某强""柴某玉""王某妮""张某""张某萍""韩某""季某燕""许某琴""刘某钟""柴某美""廖某杰""金某""路某"账户等 13 个证券账户。2015 年 3 月至 11 月，廖某强利用其知名证券节目主持人的影响力，发布了含有荐股内容的博客 60 篇，平均点击次数为 110, 399 次，在其微博、博客"午间解盘"栏目视频中公开评价、推荐"佳士科技"等 39 只股票共 46 次，在推荐前使用其控制的账户组买入相关股票，并在公开荐股下午开盘后或次日集中卖出相关股票，违法所得共计 43, 104, 773. 84 元。[①]

---

① 中国证券监督管理委员会行政处罚决定书（廖某强）〔2018〕22 号。

正如前文所述，市场操纵的实质内涵以及中国《刑法》规定的操纵证券、期货市场罪的法条建构形式、规范文本内含的逻辑结构均具有很强的特殊性与复杂性，完全不能从法律明确规定的、部分性的交易型市场操纵行为模式中探索市场操纵整体上的实质，也不能将抽象出来的价量操纵或者交易型操纵共通性特征整体覆盖市场操纵或操纵证券、期货市场罪"兜底条款"的实质特征。同时，根据市场操纵实质与机理分析，中国《刑法》第 182 条明示的三种操纵证券、期货市场犯罪行为类型的实质内容是金融商品操纵，这种操纵类型在经济机理上呈现出明显的中心化特征，即市场操纵者聚焦于特定或者关联的金融商品，以交易行为对资本市场的作用力围绕金融商品这一"中心"完成经济控制。而市场操纵在行为实质上的内容还可以包括市场资本操纵。这种市场操纵类型在机理上凸显为发散性特征，即市场操纵者实现市场控制的关键在于发散信息行为对其他市场参与者的作用力，信息发散强度越高，对市场资本配置的控制水平越高，信息介入前后的金融商品价差幅度相应越高。抢帽子交易在本质上归属于市场资本操纵，是具有利益冲突信息披露义务或者利益偏向性信息传播禁止义务的资本市场投资咨询机构或其从业人员，利用其投资信息对于客户、市场投资者的影响，控制特定证券、期货、衍生品的资本资源配置流动，从而从可能的市场波动与先期或者同期的金融商品交易行为中谋取经济利润。因此，抢帽子交易并不具备中国《刑法》操纵证券、期货市场罪明示性规定的连续交易等市场操纵行为模式所内含的同质性，或者说没有与价量操纵或者交易型操纵互通的实质特征，但完全符合市场资本操纵的行为机制与经济机理，在法律属性上构成市场操纵中的决策操纵或者信息型操纵。这才是抢帽子交易构成市场操纵的经济本质，也是罪刑法定原则下抢帽子交易具备中国《刑法》操纵证券、期货市场罪"兜底条款"刑法属性的依据，更是经济解释与法律解释在市场操纵分析框架下的有机统一。

在市场操纵实质解构中发现市场资本操纵的独立类型，并通过规范解释建构抢帽子交易行为模式与市场资本操纵犯罪类型的联系，将抢帽子交易纳入反市场操纵刑法条款的规制范围——这只是在刑法解释上做到了传统刑法同质性解释规则难以清晰梳理的市场操纵实质问题，却未能触及作为独立市场操纵行为模式的抢帽子交易本身的核心内容。所以，仍然有必要进一步从资本市场经济关系的视角探索抢帽子交易操纵具体内含的违法性基础。

中国传统证券期货犯罪刑法理论已经关注到了德国联邦最高法院判决的抢帽子交易操纵案，① 并且对世界成熟金融市场国家和地区的抢帽子交易刑事监管规范、司法判断标准进行了相对全面的分析。② 但是，在研究全球资本市场法律制度的过程中也应当敏锐、清醒、深度地辨识各种规则中的优势与缺陷。这在抢帽子交易操纵实质内涵的规范界定方面体现为，德国、美国的法律规则实际上偏离了利益冲突这一核心要素，而欧盟委员会反市场操纵监管指令则对其进行了准确把握。③

德国《证券交易法》第 20a 条规定的反市场操纵条款并没有明确将抢帽子交易行为纳入市场操纵的行为类型，与中国《证券法》《刑法》相似，只是概括性地将对德国或者欧洲受监管市场的金融工具市场价格具有影响的“其他”操纵行为列入监管范围，④ 并设置了 5 年以下有期监禁或单处罚金的市场操纵刑罚标准。⑤ 但是，德国《证券交易法》第 20a 条第 5 款对“其他”市场操纵行为类型的具体认定作出了一个非常权威、重要、明确且多层次的立法授权：（1）在德国联邦参议院批准的情况下，德国联邦财政部（Bundesministcrium der Finanzen）有权就“其他”市场操纵行为的具体内容与判断标准制定规章。（2）德国联邦财政部可以进一步将该规章的制定权授予具体承担证券监管职能的德国联邦金融监管局（Bundesanstalt für

① 参见高基生：《德国最高法院“抢帽子交易”案的判决及其启示》，载《证券市场导报》2006 年第 9 期；刘博：《完善操纵证券市场罪兜底条款的追诉标准》，载《人民检察》2010 年第 16 期；王崇青：《“抢帽子”交易的刑法性质探析——以汪某中操纵证券市场案为视角》，载《政治与法律》2011 年第 1 期；何荣功：《刑法“兜底条款”的适用与“抢帽子交易”的定性》，载《法学》2011 年第6 期。

② 参见谢杰：《抢先交易刑法规制全球考察——比较法视野下市场操纵法律完善的启示》，载《海峡法学》2012 年第 1 期；谢杰：《操纵资本市场违法犯罪刑法规制研究》，上海人民出版社 2013 年版，第 35～69 页。

③ 参见谢杰：《抢先交易刑法规制全球考察——比较法视野下市场操纵法律完善的启示》，载《海峡法学》2012 年第 1 期。

④ Wertpapierhandelsgesetz-WpHG § 20a Verbot der Marktmanipulation（1）.

⑤ Wertpapierhandelsgesetz-WpHG § 38 Strafvorschriften（2）.

Finanzdienstleistungsaufsicht，以下简称 Bafin）。[①] 2005 年 2 月，Bafin 制定的《市场操纵认定规则——进一步界定反市场操纵（市场滥用）禁止条款的规章》（以下简称《市场操纵认定规则》）第 4 条第 2 项对抢帽子交易行为与"其他"市场操纵行为禁止条款之间的关系提出了非常确定的解释意见——编造、形成或者向市场传递虚假性或者具有误导性的证券研究、投资咨询意见等（主要是扭曲真实的证券市场供求信号），引诱市场参与者不能对市场现状与趋势进行真实的预期与估计，属于"其他"的操纵行为。[②]

美国法律作出了类似的规定——在证券市场信息操纵规制方面，美国《证券交易法》禁止向市场传递信息，意图影响证券交易价格，误导其他市场参与者从事有关交易。[③] 在期货市场中，美国早在 1936 年就在《商品交易法》反期货操纵条款中针对期货、选择权、掉期、基于期货的衍生品等交易过程中的操纵性信息欺诈行为建构了禁止性规定。2010 年《多德 - 弗兰克华尔街改革与消费者保护法案》（以下简称《金融改革法案》）[④] 在《商品交易法》第 6c 条第 1 款中增加了禁止利用虚假信息操纵期货市场的规定——本条所规定的非法操纵行为包括但不限于，知道或者贸然无视虚假的、令人误解的、错误的信息，传播、促使传播该与商品、期货市场、期货市场环境等有关的虚假的、令人误解的、错误的信息，影响或者趋于影响州际商务中任何商品的市场价格。[⑤] 由此可知，美国较为宽泛的反欺诈条款架构下的市场操纵违法犯罪行为禁止性规定，将信息内容的虚假性、误导性等作为抢帽子交易操纵的构成要素。[⑥]

---

① Wertpapierhandelsgesetz-WpHG § 20a Verbot der Marktmanipulation (5).

② Verordnung zur Konkretisierung des Verbotes der Marktmanipulation (Marktmanipulations-Konkretisierungsverordnung-MaKonV) Zu § 4 Sonstige Täuschungshandlungen (2).

③ 15 U. S. Code § 78I Manipulation of Securities Prices (a).

④ The Dodd-Frank Wall Street Reform and Consumer Protection Act (Pub. L. 111 - 203).

⑤ 7 U. S. Code § 9 (1) Prohibition against Manipulation, (A) Special Provision for Manipulation by False Reporting. 关于美国《金融改革法案》中反期货市场操纵法律规定的评述参见谢杰：《美国反期货操纵法律改革及对我国期货监管的启示》，载《期货日报》2011 年 8 月 1 日，第 4 版；谢杰：《美国反期货操纵法律监管改革及其启示》，载《江西警察学院学报》2011 年第 5 期。

⑥ 前文已经详细分析了从欺诈或者市场欺诈的角度对市场操纵进行实质界定的弊端（尤其是对市场操纵法律构成要素错配的负面影响），此处不再赘述。

与德国、美国证券法律规定不同的是，欧盟《市场滥用指令》以利益冲突为核心、以具体化的规范内容明示性地禁止抢帽子交易操纵——先期或者同期于信息传递时买卖特定证券等金融工具，基于传统新闻媒介或者网络信息传播渠道，公开与相关金融工具、金融工具基础资产、金融工具发行主体等具有关联性的估价建议、信息分析、研究报告等，并且在发布上述信息时未能合理公示信息披露者与信息接收者之间现实或者潜在的利益冲突，信息披露者的交易行为利用了上述建议、分析、报告等信息对投资者的影响力、相关金融工具价差等获取经济利益。[①] 可见，在欧盟反市场操纵违法犯罪监管框架下，抢帽子交易构成市场操纵的基础并不在于信息内容上的虚假性或者误导性，而是信息市场中或者信息关系上的利益冲突性，即信息披露主体与信息接收者之间的利益冲突。欧盟采用的监管规范才是从根本上契合抢帽子交易利益冲突操纵实质特征的法律框架。

抢帽子交易操纵刑事控制的目的在于规范作为信息市场的资本市场中的信息关系，即禁止与惩治金融投资咨询机构及其从业人员，以及具有一定影响力的信息传播人员，隐瞒与投资者、信息接收者之间具有明显利益冲突的经济关系，在不进行预先披露利益冲突信息的情况下，通过发布对本人金融交易有利但会阻碍其他市场参与者经济效率实现、甚至损害其利益的信息，谋取本人金融商品交易利润。信息是否虚假并非抢帽子交易操纵构成要件中的考察内容。[②] 从抢帽子交易操纵案件中相关信息本身的基本限制条件上分析，利益冲突信息是一种事实上的存在，即证券、期货投资咨询机构或者相关从业人员发布的信息所指向的证券、期货交易品种，与其先前建仓、信息发布之后平仓的证券、期货交易品种相同的，相关信息就属于利益冲突信息。利益冲突的认定并非一个规范判断过程，而是综合客观事实后直接得出的明确结果。金融投资咨询机构及其从业人员的主体身份与业务属性决定了其应当以客户、投资者利益为导向发布具体的投资咨询报告或者资本配置意见，其与接受相关投资咨询报告的客户、投资者之间实际上是代理与被代理的关

---

① Commission Directive 2003/6/EC of The European Parliament and of The Council of 28 January 2003 on insider dealing and market manipulation (market abuse), Article 1 (2).

② 相应的，构成抢帽子交易操纵不需要行为人主观上对该信息的真实性或者虚假性具有认识。

系，不能基于代理人的利益而影响业务行为的利益指向。特殊业务与代理关系的现实存在决定了金融市场资产管理、投资咨询机构及其从业人员在法律上具有准确、全面、真实、及时披露利益冲突信息的义务，金融监管与刑事法律制度禁止其违背客户或者投资者的信赖，在违规不披露相关金融交易信息的情况下向市场发布投资咨询信息。

第三章

市场操纵的监管政策与合规原则

市场操纵是根植于资本市场的犯罪行为，资本市场法律监管政策与合规原则必须以资本市场为基础，围绕资本市场的特征，根据犯罪行为的实质与机理，制定市场操纵风险控制策略。可见，监管政策与合规原则本质上都是对证券市场中操纵行为风险控制的宏观指导意见——监管就是对行政主体对相对人所提出的规范要求，而合规就是市场主体对于规范要求的遵从。监管与合规的区别主要在于风险控制的角度。监管政策是从国家对市场进行依法管制的角度，通过法律与监管政策控制市场的系统性风险。合规原则是市场参与者对市场操纵风险进行防范，从而避免受到法律责任的追究。

由于当前法律研究普遍忽视对资本市场、市场行为、操纵机制等金融原理与实践问题的关注，造成资本市场法律监管政策与合规原则局限于传统规范框架，法律条文、执法机制、司法规则，脱离市场与经济实际。市场操纵是行为结构最为复杂的金融市场犯罪。市场操纵法律监管政策与合规原则的制定实践，相应地也存在很高的难度与技术障碍。只有在上述法律与金融分析深度解构市场操纵实质与机理的基础上，才可能有机地建构起法律理论与金融专业知识之间的联系与支撑，实现法律与金融原理的融合，提出有利于推动资本市场资源优化配置功能发挥、有效控制金融风险、公正对待犯罪行为的市场操纵政策建议。

第一节　市场操纵基本监管策略与合规原理

近年来中国资本市场监管实践非常重视严厉打击证券期货违法犯罪等方面的政策性文件制定工作。但是，市场操纵等资本市场违法犯罪规制与风控问题，并不是“零容忍”“强化监管”“加强中小投资者保护”等宣示性政策或者单向性管制思维所能完全解决的。市场操纵、内线交易等资本市场违法犯罪行为在操作上似乎也不太可能实现“零容忍”，高强度的市场控制事实上会极大地损害流动性供给。线性思维引导下笼统地提出“强化监管”反而会在执法与司法实践中损害市场效率，导致防控市场价格剧烈波动风险能力最弱的市场参与者承担因效率损耗而产生的经济损失。

权力性的管制措施介入原本完全可以通过资本市场竞争、各种权利或者利益之间的对抗等而化解的市场操纵控制领域，无疑是对市场竞争机制的破坏。行为经济理论解释下的人类市场行为以系统的、可预期的模式持续性地偏离理性，[①] 而资本市场中的中小投资者、个人投资者正是实施这种可系统性观测的非理性金融决策行为的核心构成部分。单纯且机械地以中小投资者保护为导向的资本市场违法犯罪规制政策，在真实的市场与制度实践中无非是两种出路：违背市场规律而不可能得到切实执行，最终停留于口号式宣传；逆市场竞争趋势而维护非理性交易行为支持下的资本定价，最终不仅损害资本市场的价格发现效率，而且会引发资产泡沫或者强化市场价格的剧烈波动性，导致中小投资者出现更大的经济损失。

当然，投资者非理性、投机性癫狂与市场操纵者不正当的市场控制共同作用下的资本市场资源配置效率紊乱，并不意味着投资者应当自己承担全部非理性的责任、市场应当容忍市场操纵等资本市场违法犯罪行为。质疑传统资本市场违法犯罪规制政策的意义在于反思性地提出一种以提升市场效率与

---

① See Jon D. Hanson & Douglas A. Kysar, “Taking Behavioralism Seriously: The Problem of Market Manipulation”, 74 *New York University Law Review* 630, 1999, p. 633.

监管行为自身效率为导向的政策设计策略，在控制市场操纵、保护投资者权益的同时，兼顾作为市场固有投机因素的操纵性交易行为作用于市场效率的经济价值，并在市场操纵监管政策制定与监管行为实施过程中将权力介入市场对资本配置与价格发现效率的损害降至最低程度。

所以，市场操纵基本监管策略与合规原则应当从资本市场投机行为的有价值性、资本市场的效率导向性以及资本市场本质上是信息市场等基本特征出发，建构符合经济规律与行政管制实际需要的基本法律控制定位，理性保留资本市场投机空间，追求效率性管制，实现市场信息风险的重点防控。

一、保留投机空间

资本市场是以资源优化配置为导向的，风险与收益权衡、投资与投机并存、创新与管制同在的一种经济建制。以资本市场刑法为代表的法律监管是资本市场中有关风险控制、保障投资者权益、介入市场管制等内容的制度安排，而寻求收益最大化、基于承担风险的投机行为博取经济利益、创新交易方式获取竞争优势等都是资本市场本身所内含的自发性机制。制度安排显然能够优化资本市场效率，但过度监管，尤其是资本市场刑法制度深度参与市场监管，也会严重遏制自由竞争机制的资源配置效率。所以，市场操纵的监管政策与合规原则应当合理限制市场操纵刑法规范的边界，避免对资本市场形成过度干预，从而影响资本市场竞争机制自由且充分的运行。

资本市场不能脱离投机。投机行为向资本市场注入了非常宝贵的流动性供给。投机者构成了资本市场中极为重要的风险的承担者与竞争性利益探索的证明者。风险承担是套期保值、套利交易等生存与发展的条件；投机利益的广泛存在是市场吸收资本资源从而谋求发展的重要基础。资本市场中的部分投机者具有超过其他普通投资者的信息分析能力与信息资源，或者投入了信息成本。这部分投机者构成了金融商品市场价格与基础资产价值之间价差的有效发现者，他们的交易行为有助于提升资本市场价格形成机制的效率。市场操纵（尤其是连续交易操纵）与市场投机行为具有密切的联系。市场操纵刑法规范在实践中的适用边界愈宽泛，市场投机空间就愈窄，相应的投机性交易利润缩减、流动性供给不足以及市场风险分散力量不均衡等都会造成资本市场效率低下。

对于期货以及期权、掉期等衍生品市场而言，投机性市场力量显得尤其关键。例如，在期货市场中，以各类标准化远期合约为交易对象的、以博取正确的价格运行方向及其程度为核心的市场投机行为，本质上是主动承担期货交易风险并依靠期货价格变动获取利润或相关风险收益的市场行为。[①] 理解期货市场投机的基础在于理解投机行为的风险承担功能。期货市场为套期保值者规避现货市场价格风险提供了一种保险机制，这种期货市场中的价格保险机制区别于金融市场一般意义上的保险，因为其不是将风险转嫁至处于相同情况的保险参与者，而是将特定基础资产所对应的价格风险转嫁至那些愿意且能够承担风险的期货市场投机者。投机交易与套期保值交易的角色定位可以通过其与期货市场关系的角度予以清晰地体现：期货市场具有套期保值的功能，而这种市场功能的发挥依赖于投机交易的风险承担。市场操纵的方法与技术显然局限于极少数具有独创性的市场操纵者的掌控之中，而这些类型的市场交易主体往往交织着从事投机交易与操纵性交易。尽管本书探讨的主要是证券合规以及证券市场中的操纵防范，但以证券为基础资产的期货、衍生品工具跨越了证券与期货及衍生品市场，因而同样具有很强的启示意义。

交易结构与信息运作的机理相对于一般金融市场犯罪行为明显更为复杂的市场操纵本身就已经很难被明确性有限的资本市场刑法规范文本进行有效解释。如果在政策与合规原则上形成“严厉打击”“零容忍”“无死角监控”等倾向，不仅完全切断了性质模糊的疑似市场操纵行为的去犯罪化出路，而且会在市场操纵严格监管过程中误伤一批投机性市场力量，或者以极为苛刻的合规措施限制交易创新。法律监管与合规限制市场操纵违法犯罪方法与技术，最后往往只能是限制市场参与者，尤其是遏制市场投机者的创造力。[②] 因此，容忍市场中的部分投机行为对于发挥资本市场创造力而言具有重要价值。在资本市场监管政策与合规原则上，有必要设定市场操纵有限性管制的基调。

---

① See Stanley W. Angrist, *Sensible Speculation in Commodities*, Simon & Schuster, 1972, p. 205.

② Cargill, Inc. v. Hardin, 452 F. 2d 1154, 1163 (8th Cir. 1971).

二、效率性管控

虚假交易操纵在资本市场中制造完全虚假的、由行为人单独或者联合控制的金融商品市场价格，严重干扰价格形成机制，对资本市场的对效率的损害非常明显，不存在任何弱化合规、放松监管、预留制度空间的可能性。但是，对于实质交易行为而言，操纵性与投机性交易的边界非常模糊，必须基于其金融行为上的特点调整既有资本市场法律规范控制实质交易操纵的策略，从而避免制度资源无效率耗费、虚置、“错杀”市场流动性等法律不合理介入资本市场后对社会与经济整体效率的损害。

构成实质交易操纵的前提在于行为人在特定时间节点实际获取金融商品交易市场的相对或者绝对控制权。而判断涉嫌市场操纵的行为主体是否控制了特定金融商品或者相关基础资产的实际可供应量，必须先行确立市场中可供交易的金融商品或者能够现实交付的基础资产现货的总量以及该行为主体与其他市场参与者持有的金融商品或者相关基础资产的数量。[①] 金融商品或者相关基础资产总量统计尽管需要耗费一定的成本，但至少在技术上能够实现。由于金融操作中广泛地存在隐瞒持仓现象，监管机构很难掌握行为人实际控制的金融商品及其基础资产的可供应量。在物理属性更强的商品与服务市场，计算特定行为主体所控制的交易量就已经显得十分困难。在场内交易市场中，交易者可以通过其他一致行动人分散持仓、代持等操作高效地隐藏其金融商品交易量或持有量。商业银行、证券公司等金融机构从事的场外金融衍生工具交易均系表外业务，实践中没有统一且有效的监管措施掌握场外交易的规模，场外衍生品交易数据及其风险总量更加无从把握。[②] 2008 年金

① See Technical Committee of the International Organization of Securities Commissions, Investigating and Prosecuting Market Manipulation, May 2000, p. 14, http://www.iosco.org/library/pubdocs/pdf/IOSCOPD103.pdf.

② 以德意志银行为例，其 2012 年财务报表现实衍生品交易净敞口的规模仅为 200 亿美元左右，但是，一旦抵押资产链发生断裂，净敞口风险远远无法反映其实际风险，潜在的风险敞口将超过 70 万亿美元。Tyler Durden, At $72.8 Trillion, Presenting the Bank with the Biggest Derivative Exposure in the World (Hint: Not JP Morgan), Apr. 29, 2013, http://www.zerohedge.com/news/2013-04-29/728-trillion-presenting-bank-biggest-derivative-exposure-world-hint-not-jpmorgan.

融危机之前，根本无法有效获取场外衍生交易数据信息。因为全球主要资本市场法律监管制度在相当长的时间里都没有对场外金融衍生交易提出信息披露要求。[①] 尽管2010年美国《金融改革法案》强化了场外衍生交易的信息披露标准，要求从事金融互换等衍生工具交易商向场外交易结算中心报告价格、交易量、持仓数据、日内信用额度等信息并向美国国内以及国际金融监管机构进行数据备案，[②] 但由于全球金融市场并没有对场外衍生交易建构相对统一的信息报告规则，操纵者完全可以通过跨监管区、司法区的金融衍生品交易掩盖真实持仓信息，规避金融监管机构针对与特定金融商品市场价格挂钩的场外衍生交易所进行的风险管理与反操纵执法。

所有类型的连续交易操纵规范控制本质上都是滥用市场影响、力量、支配性地位的法律监管问题。滥用市场力量或者支配地位实际上是反垄断法上禁止经营者利用商品或者服务市场中的相对优势、绝对控制力、垄断地位排斥竞争的法律概念。[③] 在产品市场中，经营者形成控制性的市场力量或者支配性的市场地位本身并不具有违法性，例如，基于规模经济、研发能力限制、技术准入标准、区域经济等原因，经营者在特定产业（能源、高新技术等）或者特定经济范围会形成各种自然垄断。[④] 相应地，在资本市场中，交易者单独或者联合基于资金或者持仓优势控制金融商品或者相关基础资产的价格或者交易量是在自由意志与价格竞争的情况下完成的“自然垄断”，这种具有控制价格与排斥其他资本市场参与者从事进一步交易的市场力量可以是公

---

① See Technical Committee of the International Organization of Securities Commissions, Investigating and Prosecuting Market Manipulation, May 2000, p. 15, http://www.iosco.org/library/pubdocs/pdf/IOSCOPD103.pdf.

② See Viral V. Acharya et al., Regulating Wall Street: The Dodd-Frank Act and the New Architecture of Global Finance, John Wiley & Sons, Inc., 2011, pp. 372 – 373.

③ 中国《反垄断法》第6条规定：具有市场支配地位的经营者，不得滥用市场支配地位，排除、限制竞争。第17条第2款规定：本法所称市场支配地位，是指经营者在相关市场内具有能够控制商品价格、数量或者其他交易条件，或者能够阻碍、影响其他经营者进入相关市场能力的市场地位。关于市场力量与支配地位在反垄断判例中的认定，参见：William M. Landes & Richard A. Posner, “Market Power in Antitrust Cases,” 94 *Harvard Law Review* 937（1984）. 关于滥用市场力量或支配地位概念在反垄断法上的发展以及市场占有量对认定支配地位的影响，参见 Richard A. Posner, *Economic Analysis of Law*, Aspen Publishers, 2003, pp. 302 – 323.

④ See Jeffrey Perloff, *Microeconomics*, Pearson Education, 2012, p. 394.

司控制权竞争、金融商品流动性低或者纯粹的意图控制市场的结果。

因此，构成支配性操纵的决定性要素并不在于操纵者独立或共同在资本市场中处于支配地位，或者对金融商品或相关基础资产交易形成控制性影响，[①] 而是滥用这种支配力量并导致金融商品交易价格处于符合操纵者预期利益的水平。证明这种具有资源优势的交易行为具有滥用性的依据，以及法律制度介入实质交易操纵监管具有正当性的客观经济基础：在抽离行为人市场操作介入因素的情况下，正常的市场供求力量造成相当规模的价格波动以及随之为行为人带来的交易利润或者其他经济利益。[②]

但是，独立连续交易与联合做多、做空交易在经济上更倾向于表现为对特定金融商品远期的潜在运行轨迹或最终的价格逻辑的大胆猜测，并根据这种预期与估计，不惜成本地实施买入或者卖空交易。连续性、联合性的交易行为对金融商品市场交易价格的现实作用，应当视为加速市场按照行为人预期的方向进行变化。如果在因果关系中抽离这种大规模的个体成本投入或者联合、组织化的交投，或者将这种巨量交易稀释在更长的交易时间之中，金融商品市场交易价格可能不会达到剧烈变动的程度。但是，由于连续交易者或联合交易者实施的相关金融商品买入或卖空行为本身，会作为一种价格信号作用于其他市场参与者及其金融交易行为，实践中很难运用金融模型还原巨量交易没有介入市场条件下的价格运作情形。所以，从经济机理的角度分析，连续交易或者买方（卖方）联合等实质交易对于资本市场效率存在两种无法直接确定的可能性影响：（1）巨量交易扭曲市场价格竞争机制，人为哄抬或者压制了金融商品价格；（2）巨量交易及其导致的价格变动，只是自由竞争下资金、持仓、信息优势者战胜其他市场定价观点的结果，不仅没有阻碍市场效率，反而帮助公开市场准确地评估了金融商品的真实价值。

理论上有观点提出，常规投资者总是尽可能地在市场中寻求最优价格完

---

① 对于金融商品或者相关基础资产交易具有支配性或控制性影响是构成支配性操纵的“入门条件”，行为主体是否具有支配性力量的判断通常涉及交易量的判断。

② In the Matter of Indiana Farm Bureau Cooperative Association，[1982 – 1984 Transfer Binder] Comm. Fut. L. Rep. （CCH） P21，796，at p. 27，288 （CFTC 1982）.

成交易，而市场操纵者的交易愿望则正好相反。[①] 然而，以是否坚持成本最小化策略为标准区分常规投资行为与操纵性交易行为，不仅缺乏经济机理依据，而且在法律实践中无法操作。金融商品成交价是买卖双方现实接受的定价结论，从外部评判成交价对特定交易方而言是最优、次优还是较差都没有任何意义。所谓的最优价格只存在于概念与理论中，实践中追求最优价格的交易者，往往在市场价格达到预期的最优标准时早已经丧失了交易机会。从法律层面分析，操纵者以非优化价格（高于市场价格买入或者低于市场价格卖出）从事金融交易，不仅无法成为推定其具有操纵故意的基础事实，甚至在客观上也不是具有违法外观的扰乱市场价格形成机制的交易行为。因为任何市场参与者均有通过交易行为独立评估金融商品价格的自由。同时，资本市场中“追高杀低”的情况极为常见，基于正当的投资或者投机目的，如果看好特定金融商品价格日后可能上升而大量买入，或者看空特定金融商品价格日后可能下降而大量卖空，完全有可能造成交易价格与交易量同时上升或者同时下降。如果将这种资本市场中正常的投资或者投机行为认定为连续交易操纵违法犯罪，显然是对资本市场的过度法律控制，事实上在实践中也不可能得以执行。

实质交易操纵具有结构化的自我遏制性——单一市场连续交易操纵在实际操作中呈现出常态化的亏损结果，具有明显的自我遏制性，而价格关联操纵获益程度现实性较强，故在法律监管实践中应当区别对待，在合规上应当差异化管理。

制造金融商品市场价格波动或者大规模控制交易量的交易者必须在现时的市场价格与抽离其行为介入下的市场价格之间的差额达到相当水平，并持续在这个价差水平了结交易头寸，才有可能获取利润。交易者在高位减持、低位回补或者实施其他与金融商品市场价格具有关联性的交易行为过程中，都会出现市场价格反向变动，缩减价差幅度。一旦价差空间不足以支撑前期已经投入的交易成本，市场操纵者便会出现损失。除非有特定的市场条件促

---

① See Steve Thel, $850, 000 in Six Minutes-The Mechanics of Securities Manipulation, 79 *Cornell Law Review* 219, 1994, p. 237.

使金融商品市场价格在交易者平仓套现的整体过程中持续按照扩大或者维持价差的方向运行，[①] 实质交易操纵具有显著的亏损风险。即使操纵者持有的金融商品市值存在账面上的浮盈，但由于缺乏后续市场参与者高位接盘，一旦资金链断裂，股价便失去支撑，账面浮盈立即演化为巨亏。正是这种内化于实质交易操纵的市场风险决定了这种操纵模式具有相当强度的自我遏制性。这意味着绝大部分传统的实质交易操纵模式不足以支撑操纵者的资金成本、实现稳定的操纵性经济利益，市场竞争本身就足以控制绝大多数实质交易型操纵，尤其是单一市场连续交易操纵，法律监管制度没有必要在这一领域继续积极介入。对于价格关联操纵而言，操纵者的抛售或者平仓行为通常是在其他衍生工具交易市场或者通过私有契约执行，并不会显著抵消操纵性连续交易行为形成的价差，获利机会与水平较高，自我遏制性较低，是连续交易操纵监管机制应当予以重点关注的领域。相应地，合规管理中应当予以重点关注这种法律风险。

三、信息风险重点防控

风险与成本等经济层面的有限性与可控性决定了资本市场中更多的存在与发展的是信息型操纵。同时，交易型操纵在实践中能够得以顺利实施或者使得市场操纵者最后获利盈利，通常需要信息操纵行为的缜密配合。

以美国司法实践中极具代表性的帕罗马市场操纵案件为例：2004 年至 2007 年期间，迈克尔·帕罗马向众多有融资需求的公司开展业务推广，怂恿这些公司在纳斯达克粉单市场[②]融资。部分公司聘用帕罗马为财务顾问并交

---

① 例如，在轧空行情中，即使做多交易者释放出部分现货资源平仓获利，市场中仍然没有足够的现货供做空交易者买入回补，供不应求的市场条件会继续放大做多交易介入市场后的价格与抽离其市场介入条件下的价格之间的差额。当然，不同的连续交易操纵所承担的损失风险、内涵的获利概率等均有所差异，进而导致不同类型的操纵性交易具有不同程度的自我遏制性。经过金融原理与案例实践证明的具有风险控制性、自我遏制性较低的连续交易操纵行为，显然应当是法律监管的重点。

② 粉单市场是美国柜台交易（OTC）的初级报价形式，广义的美国 OTC 市场包括 NASDAQ、OTCBB 和粉单市场，按其上市报价要求高低依次为：NASDAQ→OTCBB→粉红单。粉单市场既不是在 SEC 注册的股票交易所，也不是 NASDAQ 系统的 OTC，而是隶属于一家独立的私人机构（Pinksheets LLC)，有自己独立的自动报价系统——OTCQX。粉单市场的功能就是为那些选择不在交易所或 NASDAQ 挂牌上市、或者不满足挂牌上市条件的股票提供交易流通的报价服务。

由其负责证券承销事宜。帕罗马在获取这些公司证券发行与交易的实际控制权之后，安排相关公司股票在纳斯达克粉单市场交易。与此同时，帕罗马雇佣交易员劳伦斯·卡普兰通过洗售、相对委托、连续交易等交易方式对这些上市公司股票交易价格进行操纵，人为制造价格行情。由于纳斯达克粉单市场上市交易的股票流动性很差，证券市场中的普通投资者很少予以关注，帕罗马不仅通过价格操纵行为向市场传递虚假供求关系信号，而且雇佣上市公司投资者关系中介服务机构大量编造与其进行价格操纵公司有关的新闻、市场评论等引起媒体宣传与市场关注。帕罗马还雇佣“网络水军”发送巨量电子邮件等信息，向资本市场公众投资者散布毫无事实根据的上市公司股票价格预测信息，严重误导市场参与者。经过一系列的价格操纵、媒体宣传、虚假信息发布等铺垫，帕罗马成功诱导大量普通投资者投入证券市场购买由其一手控制的、实际流动性极差的低价股。帕罗马趁机在高位价格卖出大量基本面非常差、基础价值极低的股票，高位套现后共获利200余万美元。在帕罗马卖出这些股票之后，由于相关公司股票价格并无任何业绩支撑，并且本身就处于流动性匮乏的粉单市场，造成股票市场价格急剧下跌，众多投资者持有的股票无法卖出，损失惨重。① 2008年帕罗马与美国司法部达成认罪协议，承认证券欺诈与电子邮件欺诈两项刑事指控，弗吉尼亚东区联邦地区法院最终的量刑结果为10年监禁、赔偿被害人780万美元。②

可见，行为人先利用操纵成本极低的低价股实施交易型操纵行为，随后散布虚假市场信息，最后通过信息网络技术蛊惑市场中的投资者关注并实际投入交易，这种价格、信息、技术、市场蛊惑等交易与信息操纵模式并用的市场操纵行为，是全球资本市场操纵的发展趋势。

然而，从目前的法律文本与实践投入情况来看，中国资本市场监管机构

---

① SEC v. Michael Saquella, a. k. a. Michael Paloma, and Lawrence Kaplan, Civil Action No. 1: 07CV895 (BRP) (E. D. Va.).

② U. S. Securities and Exchange Commission, Stock Promoter Receives 10 – Year Sentence for Orchestrating Spam-Fueled Pump-and-Dumps of Unregistered Offerings, Litigation Release No. 20502 / March 19, 2008, http: //www. sec. gov/litigation/litreleases/2008/lr20502. htm, 访问日期：2014年3月18日；David E. Y. Sarna, *History of Greed: Financial Fraud from Tulip Mania to Bernie Madoff*, John Wiley & Sons, 2010, p. 99.

与制度安排尽管已经开始关注信息型操纵的惩治，但执法、司法资源配置比例仍然存在一定的失调。由此，在政策导向上，当代资本市场法律制度显然应当更多地关注监管效率问题，配置更多的立法、执法、司法资源聚焦于信息型操纵控制。

信息型操纵区别于交易型操纵的要点在于，行为人并非通过金融交易行为影响证券、期货、衍生品市场中的交易价格、交易量，而是通过在内容上具有虚假性、误导性的信息，或者在信息发布者与信息接收者之间具有利益冲突关系，影响资本市场中的投资者（投机者）行为或者资本配置决策。当然，实施效果“成功”的信息型操纵的影响力会经过信息接收者行为的效果传递最终体现在与该信息有关的金融商品交易价格、交易量上。信息型操纵相对于连续交易、相对委托、洗售操纵等交易型操纵而言，犯罪成本明显较低，故这种类型的市场操纵行为在资本市场中的绝对数量与发生概率实际上是非常高的。

信息型操纵执行成本低主要体现在以下几个方面：

其一，经济风险低。连续交易、相对委托、洗售操纵等交易型操纵尽管能够对金融商品市场交易价格、交易量形成直接的控制，但需要大规模的金融商品仓位、资金、技术、信息等优势资源支撑，操纵计划失效或者操纵效果不明显，将会导致巨额的经济损失。而信息型操纵的行为成本只是编造或者传播与资本市场或者特定金融商品交易有关的重大虚假信息。甚至在抢帽子交易操纵的情况下，行为人通常都无须对信息内容的虚假性或者误导性进行编造，只要利用客户或者投资者的信任即可形成资本配置决策的控制。即使存在贿赂媒体从业人员、支付信息传播费用等操作成本，相对于交易型操纵犯罪而言，信息型操纵经济支出仍然极为有限，效果却十分显著。

其二，案发风险低。为了掩盖非法交易行为对资本市场的控制性影响，交易型操纵犯罪在实施过程中通常需要分散资金与金融商品布局，但无论操纵者如何规避监管与稽查，所有的金融交易数据实际上都是清晰且固定的。与此同时，交易行为的分散意味着金融交易操作主体数量的增加，这就造成交易型操纵因为操作环节繁多而可能出现更高的案发风险。固定的交易信息与繁复的交易网络决定了只要稽查执法与刑事司法机关能够承担调查资源与成本耗费，现有的金融交易数据分析技术与特殊侦查手段实际上已经能够有效锁定交易型操纵的客观证据。反观信息型操纵，由于交易规模并不大，交易行为可以隐藏在众多资本市场买卖之中而不会在异常交易系统扫描中被发现。信息型操纵编造、传播虚假性、误导性信息行为可以通过国外网络服务器规避本国监管，也可以通过发布“传闻”“有关人士指出”“不愿透漏信息的相关人员认为”等具有高度模糊性且能够规避传播者法律责任的方式发布信息。因此，无论是交易行为还是信息传递行为，信息型操纵相对于交易型操纵而言案发风险显著较低。

其三，时间成本低。交易型操纵犯罪至少需要通过“建仓－拉升（打压）－平仓”三个环节完成操纵并实现获利，部分复杂的操纵结构甚至需要反复或者循环实施上述交易行为，不仅存在交易税费等经济成本，更耗费大量时间。而信息型交易操纵犯罪的关键在于通过虚假性、误导性、利益冲突性信息的重要影响推动投资群体的决策，市场对相关信息出现反应的时间较短，显著节省了操纵者的时间成本支出。

由此可见，信息型操纵在经济上的成本有限性激发了不同市场参与者实施这种类型的市场操纵违法犯罪的经济驱动，资本市场法律监管制度应当重点控制数量规模上更为庞大的信息型操纵。

进一步分析，市场类型的差异决定了信息型操纵法律监管的重点领域应当有所聚焦，实现监管结构上的有序、有效、有机分配。信息型操纵固然需要实施一定的交易行为并基于交易量的规模获取相应的交易利润，但在交易程度上通常不需要达到交易型操纵直接通过自身的交易行为对资本市场特定金融商品交易量的控制性水平。对于股票、债券等证券产品而言，由于相对容易受到一时供求关系变动现象的影响，信息敏感度较强，市场操纵更有可能在证券市场中获取交易利润。证券类金融商品对于市场信息的敏感性决定了信息型操纵构成了证券市场操纵的主要组成部分与便利模式。期货市场中的金融商品市场交易价格同样具有高度的信息敏感性，但由于期货市场中的交易成本、保证金、交割费用、仓储成本等市场摩擦因素更为显著，市场参与者主要还是需要利用期货市场的摩擦特征，通过具有影响力的交易行为的直接介入实施市场操纵。因此，信息型市场操纵监管的领域应当是证券市场；证券合规需要重点管理好交易领域中的信息操纵风险。

第二节　交易型操纵的监管与合规策略

全新的资本市场发展环境以及高强度的交易竞争状态实际上挤压了绝大部分虚假交易型市场操纵的行为与获利空间，法律监管与合规成本应当最大限度地投入于新类型操纵行为所引发的虚假价格信号监控。实质交易操纵交织着大量的投机性交易因素，为资本市场注入了重要的流动性，在控制实质交易操纵过程中需要注意对资本市场流动性的保护。

一、虚假价格信号防控

资本市场法律制度显然应当严格控制洗售、相对委托等严重的虚假交易操纵。但制度安排的重点并不在于严格监管虚假交易操纵，而是应当敏锐地追踪金融实践发展的现实情况与真实状态，不断调整与优化具有针对性的市场操纵法律监管与合规策略。

虚假交易操纵制造的是虚假的金融商品市场价格，而价格又是对现有市场信息的反映，故虚假交易显然涉及虚假市场信息控制问题。但是，与纯粹编造并传播虚假市场信息内容的信息操纵不同的是，虚假交易操纵向市场传递与特定金融商品供求关系有关的虚假信息并不是通过直接披露信息、隐瞒重大未公开信息或者散布市场谣言的方式，而是通过行为人独立或者联合行动人编造的、虚构的金融商品交易形成完全虚假的市场价格，并利用这种虚假价格信号进一步影响投资者决策。在金融市场中，买入行为的价格信号就是看多，买入的投资者愿意承担价格下跌的错判风险；卖出行为的价格信号就是看空，卖出的投资者愿意转移下跌风险并以特定卖出价格为对价承受上涨后的浮动损失。而洗售、相对委托等虚假交易操纵行为所制造的虚假性、误导性市场价格，是由操纵者虚构或者编造交易形成金融商品市场价格或者价格运动趋势，以一种价格信号呈现，但实际上又是根本不存在的市场多空判断或者价格稳定意见。[①]

因此，洗售、相对委托等虚假交易操纵法律或者合规介入的正当性在于交易行为经济上显著的无价值性导致金融商品市场价格明显的虚假性。金融商品产权形式上的交易并没有实质产权交换的经济意义。这种单一或者联合产权控制主体安排下的金融商品交易及其对市场价格产生的影响严重扰乱了资本市场价格形成机制。资本市场法律制度必须从产权实际控制的角度介入虚假交易操纵的监管与控制。

在上市公司大股东增持与部分要约收购操作中，有的大股东向市场发布信息，拟向目标公司除收购人及其一致行动人之外的股东发出部分收购要约，以高于当前证券交易市场价格的水平增持一定数量的公司股份，但实际上并不存在真实的增持或交易意愿，而只是意图通过部分要约收购行为引发目标公司证券价格上涨（涨幅通常接近收购要约溢价），同步利用其实际控制的账户或者其他一致行动人高位抛售目标公司证券获利。法律与金融理论上有不少观点认为，这种引发目标公司证券价格波动的要约收购交易是一种在经济上不具有真实交易价值的虚假交易，整个要约收购与暗中抛售谋利的操作过程应当以虚假交易市场操纵论处。[②] 这实际上是对资本市场交易行为真实经济意义或者价值的不准确理解。由市场操纵行为主体虚构的金融商品交易在经济上的无价值性，应当从产权是否发生实际变动与是否促进资本市场定价机制运行的角度进行阐释。只要发生产权的实际变动，金融商品买卖合约双方的行为就具备了交易的属性。从资本市场效率的角度分析，真实交易关系中的金融商品产权的实际变动，意味着卖出方与买入方分别持有看空与看多的定价观点并通过在双方许可的特定价位进行交易实现价格平衡，以自由

---

① 洗售、相对委托拉升金融商品市场交易价格的，属于制造虚假的多头信号或者市场参与者的做多意见；压制价格的，属于制造虚假的空头信号或者做空意见；锁定或者固定价格的，属于制造价格稳定信号。

② See Tālis J. Putniņš, Market Manipulation: A Survey, 26 *Journal of Economic Surveys* 952, 2012, p. 956; Emilios Avgouleas, *The Mechanics and Regulation of Market Abuse*, Oxford University Press, 2005, p. 130; Deborah Fanning, Artificially Affecting Market Activity Through Lock-Up Agreements—Manipulation Under Section 14 (e): Data Probe Acquisition Corp. v. Datatab, Inc., 58 St. John's Law Review 616, 617 (1984); Laurie A. Rachford, "Takeover Developments-Defining 'Tender Offer' and 'Manipulation' Under the Williams Act", 40 *Washington & Lee Law Review* 1199, 1983, p. 1213.

竞争的方式向资本市场传递金融商品定价信号。至于交易关系中的一方是否具有真实的定价意愿或者交易目的，并不影响完成产权变动与市场定价影响的金融商品交易行为的真实性。[①] 所以，在市场操纵违法犯罪法律监管政策上，不应当将基于商业判断、以风险承担为代价博取高额收益等市场目的，从事明显或者严重偏离基础资产价值的交易，从而导致金融商品市场价格出现明显异动的情形，直接等同于不具有经济价值的虚假交易操纵违法犯罪。只要存在产权控制关系实质变动，无论交易价格是否严重偏离基础供求关系，都不能否定其真实的经济价值。这是法律应留给资本市场发展的非制度介入空间。

洗售、相对委托等虚假交易操纵都是统一利益驱动下的实际控制账户之间的金融商品、资金流动。洗售是虚假交易操纵的基本结构，相对委托涉及多个交易主体的联合或者一致行动，是虚假交易操纵在行为主体上的进阶结构，两者的行为核心内容都是金融商品账户的统一调配与控制下交易。以洗售的现实状况与监管重心分析为例——实践中，绝大部分证券登记在实际持有人名下，证券账户的开立人与证券实际控制人（受益人）是一致的。这种金融商品实际控制人与产权登记人不相符的“证券代持”存在大量的违法犯罪风险，洗售操纵、规避持股限制等典型的违法犯罪行为都需要通过“证券代持”进行具体实施。因此，规制洗售、相对委托操纵等资本市场违法犯罪最为重要的措施在于强化金融账户的日常监管，这才是控制直观的市场操纵风险与防范金融风险的最有效路径。

随着资本市场金融技术创新与交易竞争不断强化，单纯的虚假交易操纵的实际获利已经难以抵充交易成本，作为传统资本市场法律重点规制甚至是立法驱动之一的洗售、相对委托等虚假交易操纵行为业已成为最为低端的操

---

① 因此，从交易行为并不具有虚假性的角度，完全可以论证通过要约收购引发价格波动并从中抛售谋利的行为并不构成虚假交易操纵。这种操作手法即使构成市场操纵，也应当归属于实质交易操纵，即先期在相对较低的价位买入特定金融商品，然后通过真实存在的要约收购及其所提供的要约价格（相对于当前市场价格通常具有一定溢价）影响金融商品市场交易价格，并在价格波动到一定的高位时抛售获利。但是，将这种操作认定为市场操纵的证据与法律标准应当设定在很高的水平，即必须有充分、确实且紧密关联的证据证明：收购人及其一致行动人先期持有或建仓买入，要约收购与逢高抛售之间具有明确的行为主体共同利益关系、主观共谋以及行为关联，实际获取巨大交易利润。以较低的证据与法律标准将此类操作认定为市场操纵，会抑制公司控制权交易市场的发展，最终损害资本市场效率。

作方法，其更多情况下演变为配合其他市场操纵模式的辅助性手段与策略。出现这种资本市场技术变迁与犯罪行为演进的根本原因在于程序化交易技术的变革与金融产品创新带来的市场层次结构复杂化。以高频交易为代表的新型市场技术促使资本市场交易竞争显著提升，一部分市场参与者拥有更有效率的交易软件（算法交易系统）与更强大的交易硬件（服务器）支撑，很容易探测到传统市场操纵者向交易所提交的对敲、自买自卖申报。拥有高频交易这种私有技术的市场参与者能够以更快的速度与虚假交易市场操纵者完成配对交易，从而通过高价卖出或者低价买入的手段有效截取虚假交易操纵者人为制造的价差利益。① 在国外金融市场中，交易结构极为复杂的资产抵押证券及其各类信用衍生产品的开发，不断加深证券现货市场与衍生品市场、场内市场与场外市场、实体经济与金融市场之间的关联。国内股指期货、国债期货等金融期货产品的上市交易尽管相对于国际金融市场并不具有实质意义上的金融产品创新价值，但确实深化了中国资本市场的层次性以及证券现货市场与衍生市场之间的关联性。不同层次与性质的金融市场高度关联会导致传统虚假交易操纵行为所制造的扭曲性金融商品与基础资产价值之间的价差，被跨市场套利交易所利用，最后造成虚假交易操纵者耗费大量成本人为制造的价差，非但没有成为自己的操纵性交易获利空间，反而沦落为市场竞争性投机力量的“猎杀”对象。交易技术与市场层次的深化发展意味着全新的资本市场竞争条件本身就已经足以通过市场化的手段控制传统市场操纵行为，低端操纵行为正在逐渐被高端操纵策略所淘汰、替代，资本市场法律与合规制度应当将规范建构成本、执法司法合规资源等更大程度地投入新型市场操纵所可能形成的虚假价格信号的风险防控与监管实践中。

二、市场流动性保护

在实质交易操纵法律监管策略方面，应当针对不同操纵性交易的具体模式，在保障资本市场流动性的同时，兼顾严重损害市场定价效率的实质交易

---

① 可见，高频交易技术有助于培植正常的市场竞争手段从而限制操纵行为，但也有可能成为支持市场操纵者的技术而使得操纵行为进行得更为顺畅与快速。高频交易行为属性及其与市场操纵监管关系等相关问题，本书第五章第三节将予以重点分析。

操纵行为。

单一市场连续交易操纵是否应当继续作为市场操纵违法犯罪论处有必要予以进一步深刻反思、分析与评估。这种以真实交易行为为核心的市场操纵模式的实质违法性主要还是建筑在《证券法》《刑法》既定却模糊的法律规范文本的基础上，并没有使用法律与金融分析的视角进行完整且清晰解释。单一市场连续交易操纵是在没有其他市场行为（如控制金融商品所对应的基础资产供应量）或者市场信息传递的情况下，凭借纯粹的、单一市场范围内的金融商品做多与做空来实现对市场价格的操纵，即推动价格上涨或下跌，或者将价格维持在行为人预期的水平。这种操纵策略的实际获利完全依托于资本市场中其他参与者的跟进交易。操纵者耗费交易成本推动价格上涨，其他市场参与者跟进买入金融商品的，可以在高位逐步卖出获利；操纵者打压价格下跌，市场参与者卖出金融商品的，可以在低位买入，以较低的购买成本为日后的高价卖出提前“埋伏”，或者针对之前的做空回补归还证券获利。对于这种颇具古典特征的市场操纵模式的监管必要性问题，在社会公众态度、金融市场以及法律理论与实践的早期便存在极大的争议。[①] 除了前文所述的涉嫌操纵性交易行为与市场价格异常波动之间的经济关系难以在法律实践中被确认之外，从行为金融的角度分析，意图控制金融商品交易价格的实质交易策略更主要地依靠于资本市场参与者的博傻心理、羊群效益等获取利润。这实际上已经显著弱化了法律制度介入单一市场连续交易操纵的必要性与迫切性。这种确实充满投机性特征的哄抬（压制）金融商品交易价格或者联合做多（做空）市场的行为，如果缺少其他市场参与者投资心理因素或者资本市场机制本身具有的投机性、风险性、泡沫性因素的介入，不可能放大金融商品市场价格波动的幅度，也无法使得市场操纵者获取交易利润。在难以明确市场自身机制与投机性交易行为哪种影响因素占据主导地位的情况下，至多只能将单一市场连续交易行为视为具有操纵因素的、导致市场生成风险的刺激性因素，而不应作为市场操纵论处。

---

① See Richard W. Schabaker, “Stock Market Theory and Practice, B. C. Forbes Publishing Company, 1930, p. 570; Adolf A. Berle, Liability for Stock Manipulation,” 31 *Columbia Law Review* 264, 278 (1931); James Wm. Moore & Frank M. Wiseman, “Market Manipulation and the Exchange Act”, 2 *The University of Chicago Law Review* 46, 48 (1936).

单一市场连续交易操纵体现出相当强烈的自我遏制性与提升资本市场效率的能力，足以颠覆传统资本市场法律框架下对连续交易操纵的认识。

中国资本市场发展过程中出现的市场操纵，早期案例都表现为以连续交易方式绝对或者相对控制特定上市公司流通盘——证监会查处的、经法院审判以市场操纵定性的中科创业股价操纵案、① 亿安科技股价操纵案、② 中经开操纵证券交易价格案、③ 德隆系操纵股票交易价格案、④ 啤酒花股票操

① 1998年11月至2001年1月间，吕某（在逃）与朱某良（在逃）合谋操纵深圳康达尔（集团）股份有限公司（以下简称康达尔）的流通股。吕某将康达尔更名为深圳中科创业投资股份有限公司，股票名称改为中科创业，并通过发布开发高科技产品、企业重组等利好消息，引发市场关注中科创业股票。在吕某指使下，丁某根、董某霖等人融资54亿余元、在120余家证券公司营业部开设1500余个账户，通过连续交易、洗售、上市公司信息操纵、编造并传播虚假市场信息等方式，将中科创业股票价格从9元左右拉升至历史最高位84元，其最高控制股票5600余万股（持股占流通股份55.36%）。吕某等资金链断裂后，中科创业暴跌，市值蒸发2/3。法院以操纵证券交易价格罪分别判处相关被告人有期徒刑4年至缓刑不等的刑罚，被告单位被判处罚金2300万元。参见北京市第二中级人民法院刑事判决书（2002）二中刑初字第541号、北京市高级人民法院刑事裁定书（2003）高刑终字第275号。

② 亿安集团董事局主席罗某（在逃）及其控制的广东欣盛投资顾问有限公司等5家公司、李某清（亿安集团副总裁、财务总监）、罗某梓（主操盘手、亿安集团合作人员）等人，调集资金15亿余元，在54家证券营业部先后开设700余个账户，通过连续交易、洗售等方式，将亿安科技股价从7.55元拉升至最高126.31元，其实际控制的持仓量从53万股，不到流通股2%，到最高时3000余万股，占流通股约87%。证监会介入调查之后股价急跌至8元左右。法院以操纵证券交易价格罪分别判处相关被告人有期徒刑3年6个月至2年3个月不等的刑罚，被告单位被判处罚金4.49亿元。参见中国证券监督管理委员会《关于广东欣盛投资顾问有限公司、广东中百投资顾问有限公司、广东百源投资顾问有限公司、广东金易投资顾问有限公司违反证券法规行为的处罚决定》（证监罚字〔2001〕7号）；编者按：《亿安科技：操纵到极致》，载《新财经》2011年第1期。

③ 被告人姜某增在担任中国经济开发信托投资公司总经理期间，与桑某庆（中经开证券部经理、在逃）、桑某庆等人共谋，调集资金7.8亿元、开设26个账户，通过连续交易东方电子股票，致使该股价从22元上涨至60元，涨幅190%；通过连续买卖、自买自卖、相对委托持续推高东方电子股票价格，截至2000年2月17日，东方电子股票价格上涨至90元（复权）。法院判决姜某增构成操纵证券交易价格罪、免予刑事处罚。参见董砚龙：《中经开操纵东方电子内幕》，载《中华工商时报》2003年11月13日B1版；陈晓舒、李德林：《范日旭资本黄昏》，载《财经》2010年第19期。

④ 德隆国际战略投资有限公司、新疆德隆（集团）有限责任公司、唐某新（德隆系公司总裁、实际控制人）、王某奎、董某元、洪某、张某等德隆系公司高管，调集资金600亿余元、使用24,705个证券账户，通过连续交易、洗售等手段，新疆德隆、德隆国际操作新疆屯河、合金投资、湘火炬A的最高持仓比例全部达到91.5%以上，利用自买自卖操纵上述股票的交易量天数占买卖股票天数的比例全部在85.69%以上，自买自卖量占总交易量的最高比例全部在99.83%以上，新疆屯河、合金投资、湘火炬A等股票复权股价最高涨幅分别为984.02%、1941.21%、1736.16%。法院以操纵证券交易价格罪，判处唐某新等人有期徒刑3年至1年9个月不等的刑罚，被告单位新疆德隆、德隆国际分别被判处罚金50亿元。参见中国证监会市场禁入决定书（德恒证券唐某新等19名责任人员）（〔2009〕1号）、中国证监会行政处罚决定书（德恒证券张某光、郭某伟、王某刚）（〔2009〕年1号）；刘宏鹏、周梦榕、李志勇：《德隆主案正式宣判103亿元罚金以儆效尤》，载《经济参考报》2006年5月8日，第17版。

纵案、[1] 百科药业股价操纵案[2]等，其中的市场操纵行为基本上都表现为操纵者控制流通盘、资金链断裂、股价连续暴跌后案发——除了近年来的抢帽子交易操纵案件之外。这类以单一证券市场连续交易为核心的市场操纵行为手法集中表现为综合利用上市公司控制权、财务造假、财经媒体信息影响力、超大规模融资、金融资产泡沫市场基础等，通过连续交易逐步控制相当比例的流通盘，意图将股价拉抬到极端高位后，借助后续接盘的资金与金融资产泡沫的市场趋势套现获取暴利。

但是，操纵者实际控制流通盘，尽管账面浮盈、持有的上市公司股票市值规模庞大，实际操作中却没有抛售套现的路径。因为被操纵者人为拉升的上市公司股票市场价格过高、风险极大，市场已经明显失去了泡沫增长阶段的博傻效应或者羊群效应，市场中持有股票的操纵者、投资者、投机者等都处于意图套现获利离场的心理阶段。由于操纵者已经对市场形成支配性控制，整个流通盘缺乏释放给外部投资者高价介入的空间。更为重要的是，操纵者一旦抛售股票，在没有持续买入力量接盘的情况下，股价势必下跌并触发大量抛盘，甚至造成连续跌停。对于这种在证券市场实行相对控制或者绝对支

---

① 艾克拉木·艾沙由夫（新疆啤酒花股份有限公司董事长、新疆恒源投资管理有限公司董事长、上海宝源投资管理有限公司实际控制人）与宁某虎（上海宝源投资管理有限公司董事长）、亢某（上海宝源投资管理有限公司总经理）、王某东（上海宝源投资管理有限公司副总经理）等共谋，调集资金54.84余亿元，在76个证券营业部开设7943个股东账户，通过连续交易、洗售等交易手段致使啤酒花股票交易价格异常。艾克拉木·艾沙由夫实际控制账户之间累计买卖该股票2.2亿余股。其中，2002年4月24日，宝源公司所涉证券股东账户自买自卖啤酒花公司股票269万余股，占当日该股票成交量的91.32%；2003年8月6日，宝源公司通过上述股东账户持有啤酒花公司股票1.47亿余股，持股比例达流通股84.47%。法院以操纵证券交易价格罪判处艾克拉木·艾沙由夫等有期徒刑3年、缓刑3年至有期徒刑10个月、缓刑1年不等的刑罚。参见证监会行政处罚决定书（新疆啤酒花及相关人员）（证监罚字〔2004〕19号）、证监会《关于对艾克拉木·艾沙由夫实施永久性市场禁入的决定》（证监法律字〔2004〕6号）、上海市浦东新区人民法院刑事判决书（2005）浦刑初字第1652号、上海市第一中级人民法院刑事判决书（2011）沪一中刑初字第163号。

② 被告人朱某明调集资金48.86亿元，在48家证券营业部，设立资金账户273个、下挂6509个股东账户，通过连续交易、洗售等手段操纵百科药业股票交易价格、影响百科药业股票交易价格和交易量。朱某明通过连续交易持有百科药业股票43,591,158股，市值415,859,647.32元。2000年12月26日持股比例达到最大值，占流通股52.348%。朱某明实际控制账户在970个交易日中，有614个交易日有不转移股票所有权的自买自卖行为，累计自买自卖百科药业股票75,779,195股。其中2001年3月6日自买自卖百科药业股票达1,554,280股，占该股当日成交量79.499%。法院判决，朱某明构成操纵证券交易价格罪，有期徒刑2年6个月、罚金10万元、违法所得予以追缴。参见上海市第二中级人民法院刑事判决书（2008）沪二中刑初字第149号。

配性力量的操纵性交易而言，缺乏买入力量接盘导致操纵者难以抛出，低价卖出证券会难以弥补建仓成本，操纵者通常是以严重套牢、巨额亏损收场。① 可见，单纯追逐单一金融市场交易利润在操作中的现实困难与障碍决定了，必须有更大的经济利益驱动市场操纵者耗费大量资源与成本扰乱正常的金融商品市场价格形成机制。例如，通过获取上市公司控制权并拉升股价、维持上市公司高市值，并以上市公司股权进行抵押获取更大规模的融资。而这种特殊的经济驱动与利益诉求并非单一市场连续交易操纵中的常见现象，执法、司法机构也很容易固定相关证据。亏损风险、利益实现渠道特殊、案发概率等多重因素都会促使单一市场连续交易操纵具有很强的自我遏制性。

做多型连续交易操纵不以最佳买入时间与价格为交易目标，反而是在超越现实需求的情况下进行买入操作，吸筹成本很高。如果连续买入行为没有推动金融商品交易价格攀升到能够抛售获利的高度，做多型交易操纵只是一种制造自我亏损的市场操作——市场中的其他参与者反而可以利用做多型交易操纵的买入行为以及这个阶段的整个市场价格上升趋势高位抛售。做多型交易操纵的买入数量愈大，意味着对整个市场的流动性供给贡献愈大，而自身的亏损风险则愈严重。相应地，做空型连续交易操纵中的卖空交易行为能够传递与金融商品价值有关的利空信息，即该金融商品现有价格实际上处于被高估的状态。如果空头交易数量足够大，便可打压市场价格，从而提供低价回补的获利机会。只有在金融商品市场价格下行至空头回补收益大于做空建仓成本的条件下，做空交易才可完成实际获利。这种价差控制难度的现实存在决定了做空型实质交易操纵风险极大。

---

① 在张某坤、韩某河等联合操纵海欣股份案件中，华安基金总经理韩某河、海欣股份董事长袁某林、张某坤三方联手，利用华安基金重仓优势，由张某坤吸纳华安基金股份，同步拉升股价，再由韩某河安排旗下基金与张某坤之间进行倒仓，承接张某坤抛出的股票。期间，袁某林掌握上市公司，制作虚假利润、适时披露利好信息进行配合。张某坤通过旗下一系列公司在83个证券公司营业部开设了135个资金账户，下挂13,843个账户进行操作。尽管张某坤等能够随意控制股价，但由于市场中缺少买家，操纵计划无法实现获利，操纵者反而要承担大量的资金成本。2000年12月8日，张某坤所持海欣股份占据流通股的0.17%；到2006年7月21日，已占到流通股的70.16%。其中，在2005年12月15日达到最高点，为72.44%。如果计入华安基金旗下涉及的七只基金所持仓位，至案发时，庄家方面控制海欣流通股达89.54%，2005年7月28日最高点甚至达97.85%。张某坤炒作海欣股份的股票在2006年案发时间亏损3.07亿元。参见陈中小路、赵何娟：《还原张某坤》，载《中国民营科技术经济》2008年第21期。

所以，单一市场连续交易操纵具有足够的自我遏制性，没有必要以市场操纵的规范强度进行控制，如果连续交易过程中存在隐瞒持仓信息、规避持仓限制的责任或者是实际持有人或者一致行动人没有在持有股份到达报告标准时履行信息披露义务的情形，可以根据信息披露违规进行处罚。[①]

对于连续卖空交易操纵而言，其独有的信息传递与价格发现功能决定了资本市场（尤其是中国等对于卖空交易进行相对严格法律控制的资本市场）应当合理地限制反操纵规范介入卖空交易监管的空间。在成熟资本市场，卖空交易极为常见。例如，在确定发行价格之前，操纵者会通过大规模卖空的方式压制新发证券的价格，然后以更低的价格买入平仓获利。[②] 从事卖空交易的市场参与者主要是上市公司重大未公开信息知情人员与对冲基金。前者主要具有信息优势，可以抢先卖空证券随后披露利空信息并低价回补谋利；后者主要具有资本优势，可以通过巨量卖空驱动金融商品市场交易价格形成下行趋势。卖空交易显然是一种典型的市场投机操作。世界上各国和地区的资本市场法律基本上都对卖空等投机交易进行了"充满敌意的限制"，[③] 但主流金融理论将投机视为风险承担与转移、[④] 优化市场信息效率[⑤]的重要机制。从市场风险的角度分析，并不是巨量做空交易进入市场就会引发、刺激羊群效应或者博傻效应，金融商品市场交易价格并不必然按照做空交易的方向进入下行通道。如果没有形成持续下跌的趋势，做空者无法以较低的价格水平买入金融商品回补平仓，就会出现交易亏损。这也是做空本身巨大风险对市

---

① 自我遏制性的例外情形是，做多型实质交易操纵行为与其他衍生工具交易、私有契约挂钩，特定金融商品的市场价格在符合操纵者预期的情况下，能够保证其在衍生交易或者其他私有交易中获取经济利益。这意味着法律监管政策不能以并不存在的自我遏制性作为论证价格关联操纵弱化监管的理由。对此问题下文将进行细致分析。

② See Thomas J. Chemmanur & William J. Wilhelm, Jr., "New Technologies, Financial Innovation, and Intermediation", 11 *Journal of Financial Intermediation* 2 (2002); Tyler R. Henry & Jennifer L. Koski, "Short Selling Around Seasoned Equity Offerings", 23 *Review of Financial Studies* 4389 (2010).

③ Lynn A. Stout, "Why the Law Hates Speculators: Regulation and Private Ordering in the Market for OTC Derivatives", 48 *Duke Law Journal* 701, 703 (1999).

④ See Jack Hirshleifer, "The Theory of Speculation under Alternative Regimes of Markets", 32 *Journal of Finance* 975, 975 (1977).

⑤ See Albert S. Kyle, "Informed Speculation with Imperfect Competition", 56 *Review of Economic Studies* 317, 341 (1989).

场操纵策略的现实遏制。从市场效率的角度分析，卖空交易可能反映了与金融商品价值有关的真实信息或者独立的市场定价判断。例如，在证券发行中有卖空力量介入，反而可以降低证券发行价格，使得市场的估值恢复到合理的水平。[①] 卖空交易行为过程中确实会出现价格剧烈波动的情形，但如果不存在重大未公开信息知情人员配合性地对信息披露的非法控制或者卖空者传递虚假市场信息，不应当以市场操纵规制单纯的连续卖空投机交易。所以，有必要在信息披露上强化卖空交易的监管，而非直接从法律上禁止大规模的卖空交易，更不能设置一定的连续卖空数额标准并将超过这一交易量限度的卖空交易规定为市场操纵。同时，向市场发布做空报告的机构投资者只要全面披露其卖空交易信息，完全可以在实现市场言论自由的基础上充分实现其掌握的卖空信息所对应的经济利益，不能认为其行为构成市场操纵。[②]

在操纵者获利的现实可能性上，价格关联操纵是一种在经济上非常有效的市场操纵行为模式。以金融商品市场交易价格为基础的关联市场中的衍生品交易及其他私有契约的价值直接受制于基础市场价格。行为人在相关衍生品或私有契约现金结算期间将金融商品市场交易价格控制在预期的水平，同时利用衍生品交易或者私有契约中普遍适用的杠杆机制放大交易利润，就能保证实现相当数量的盈利。实际操作中，尽管控制金融商品市场价格的交易可能牵涉大规模资本投入及损失风险，但是，只要金融商品价格运行方向符合预期，衍生品交易或者私有契约中简单的杠杆条款设计，就可以保证关联市场或者契约中的收益超过金融商品市场中的成本或者损失。当然，行为人实施的交易行为并不一定能够促进基础市场金融商品交易价格符合预期的运行方向或者波动程度。在资本投入没有实现预期价格控制的情况下，价格关联操纵会出现损失，即行为人为拉升或者打压金融商品交易价格所支出的偏离基础资产真实价值的溢价以及券商佣金、交易所手续费等交易成本与关联

---

① 中国A股市场发行的上市公司长期存在严重的高发行价、高市盈率、高超募额的“三高”现象，进入二级市场交易阶段后随即跌破发行价、跌破首日开盘价，使得投资者造成严重损失。参见贾壮：《新股发行改革必须拿下“三高”》，载《证券时报》2013年5月15日A1版。如果能够在制度安排上允许卖空力量促使发行价格理性回归，显然有助于促进A股市场定价效率。

② 抢先、连续卖空后发布做空报告与市场操纵之间的关系及其监管政策将在本章第三节信息型操纵监管策略部分进行重点分析。

市场收益[1]之和为负。但相对于实质交易操纵中的连续交易操纵模式而言，价格关联操纵的操作成本与预期收益比低于其他形式的实质交易操纵或者（过度）投机交易，理论上属于自我遏制性显著低下的行为类型，[2] 应当成为资本市场刑法规制的重点。

资本市场投资者（投机者）参与价格竞争的起点各不相同，部分实际控制大规模资金与金融商品交易量的市场参与者并不因为具有资源、竞争优势与地位而违法，也不因为利用优势实现远超其他市场参与者的获利水平而违法。市场参与者单独或者联合利用资金、持有金融商品数量巨大等优势连续从事金融交易的行为，在多数情况下都不能被评价为支配性力量操纵进而构成市场操纵违法犯罪。法律禁止支配性力量操纵的基础在于这种交易行为或者操作手法使得特定的交易者能够脱离市场力量，即其单方面动用持有金融商品以及相关基础资产数量优势就足以保证其始终在价格竞争（对赌）中获胜。这意味着原本依托于价格竞争而产生的市场价格波动、价格风险对于特定交易者不再具有意义。在支配性力量操纵的介入下，在价格波动与风险承担中实现的金融商品价格发现机制陷入市场失灵的状态。

支配性力量操纵对资本市场定价机制的扭曲集中体现在对金融商品与关联市场的整体控制。对于单一市场连续交易形成垄断的挤仓而言，并不涉及基础资产市场中人为控制现货供应，而是专门在金融商品交易中实施操作，通过建构数量远高于现货市场可交割供应量的多头仓位榨空头。以商品期货市场中的挤仓为例，多头交易者并不在现货商品市场中人为制造供应短缺或者其他造成空头无法交割的情形，而是通过期货市场中的资金操作放大可能造成期货合约交易价格剧烈波动的市场因素。因此，挤仓的实质是利用基础资产现货市场中的当前可供应量限制，通过大规模多头仓位拉抬金融商品交易价格，逼迫部分空头高位了结仓位进一步推升市场价格，并从快速的价格上涨中谋取巨额交易利润。挤仓的市场竞争属性相对而言更为明显。逼仓则是垄断地控制现货市场供应，同时在期货市场持有超出现货市场供应量的多

---

① 基础市场金融商品交易价格变动不符预期时关联市场收益本身可能直接就是负收益。

② See Daniel R. Fischel & David J. Ross, "Should the Law Prohibit 'Manipulation' in Financial Markets?", 105 *Harvard Law Review* 503, 1991, p. 523.

头合约，期货市场中的空头基于现货市场受到垄断性控制供应量的影响，被迫在受到多头控制的高位价格平仓了结期货合约。[①] 逼仓不仅扭曲了基础资产市场中的价格形成，而且限制甚至取消了金融商品市场中的价格竞争。所以，支配性力量操纵对资本市场效率的损害是实质交易操纵类型中最为严重的行为模式，必须配置最强的法律监管措施。

应当进一步认识到，支配性力量操纵法律监管政策亟须解决的、最为根本的问题在于，是否任何形式的控制性、支配性持有金融商品以及相关基础资产的行为都应当作为市场操纵违法犯罪予以查处。例如，市场参与者基于真实的交易目的（投资或者投机）持有相当规模的金融商品并逐渐在现货或者基础资产总流通量中占据多数，进而利用这种支配地位或者控制力量获取交易利润，在交易金额、获利数额特别巨大（甚至达到垄断）的情况下，应否以市场操纵进行定罪处罚？解决这一难题仍然应当从支配性力量操纵的行为机理出发进行思考。在金融市场行为层面，轧空是一种非常极端的市场操纵手法。正是由于操作上的极端性，随着监管制度的完善以及国内市场的透明性竞争，实践中很少发生。因为轧空行为的基础事实相对容易固定，当前金融市场中的操纵者一般不会选择这种极端的方式来操纵市场。[②] 在现实的金融实务中如果出现了轧空操纵，往往是持仓信息披露监管失控的结果，或者既有的信息披露制度根本没有建构起有效的操纵风险预防机制。[③] 所以，支配性力量操纵监管的主要内容应当是强化信息披露与抗操纵风险防范，而非适用市场操纵刑法规范进行事后制约与惩治。

此外，反市场操纵监管政策应当避免对正常轧空行情的限制。轧空行情区别于轧空操作——在轧空行情中，事实上并不存在特定市场操纵者对现货或者相关基础资产市场供应的垄断性控制，而是基于正常的市场原因（包括

---

① Cargill, Inc. v. Hardin, 452 F. 2d 1154, 1162 (8th Cir. 1971).

② See Gary L. Gastineau & Robert A. Jarrow, "Large-Trader Impact and Market Regulation", 47 *Financial Analysts Journal* 40, 1991, pp. 44 – 45.

③ 正如前文分析的保时捷轧空大众公司证券案，制度建构已经相当成熟的德国资本市场金融监管规则、交易所自律监管体系根本没有对证券衍生工具交易信息披露做出规定，导致保时捷能够突然向市场公布其通过金融衍生工具交易掌控大量股票现货。这意味着轧空操纵实际上是信息披露监管的过程失控、缺位，而非市场操纵法律监管制度规制能力不足的问题。

控制供应量行为)，出现交割月的现货供应量较低，而未平仓合约显著超过可交割供应。这时大多数空头头寸不能通过购入现货进行实物交割的方式履行合约，只能在期货市场中通过竞价交易的方式买入期货合约从而了结仓位，期货合约价格随之上升。相当数量的轧空交易者并没有涉及故意的期货合约价格操纵，而是基于市场力量驱动。比如，商品现货市场中的天气因素导致供应量不足，金融现货市场中的证券供应量不足等。

从上述分析中可以看到，支配性力量操纵往往与极端市场行情互为交织，这对于证券合规实务构成了非常严峻的挑战。证券合规需要与监管策略保持一致性与互通性，以更为密集的日常监控与更为迅捷的监管沟通，达到充分的信息披露与有效的法律风险防控。

第三节　信息型操纵的监管与合规策略

云计算技术、[①] 社交网站的发展、移动互联网的便捷共同促使资本市场中的各类信息能够以前所未有的迅捷方式，在任何时间、地点以任何网络设备能够接触的形态呈现到全球所有市场参与者眼前。在互联网技术与数字金融革命性推进的时代背景下，对于伴随着网络技术发展而出现的疑似信息型操纵行为，资本市场法律监管实践有必要及时思考具有针对性且不妨碍公民言论自由权利的法律监管规则与措施。除了在政策建构上积极应对互联网技术革命所带来的挑战之外，传统资本市场信息监管路径还必须针对市场中的难点问题进行适度调整、集中配置法律监管资源。

---

① 云计算（Cloud Computing）是一种能够无所不在、便捷化、灵活性地通过网络接入计算机资源（如互联网、服务器、数据存储、应用等）共享池，以最小运作成本与服务交互损耗进行极速资源分配的信息处理模式。云计算能够让人们在任何时间、地点，在无须个人电脑与存储设备的情况下，通过能够接入互联网的任何设备，接触、处理任何数据、软件，进行社交。Simon Ostermann, Alexandria Iosup, Nezih Yigitbasi, Radu Prodan, Thomas Fahringer & Dick Epema, "A Performance Analysis of EC2 Cloud Computing Services for Scientific Computing", 34 *Lecture Notes of the Institute for Computer Sciences, Social-Informatics and Telecommunications Engineering* 115 (2010).

一、数字时代的市场信息监管与合规创新

云计算技术支持下的信息高速流转以及移动互联网时代下的“新媒体”“自媒体”促使信息型市场操纵法律监管应当以保护公民言论自由权利为前提。资本市场法律监管政策必须高度重视信息网络言论自由的法律关怀。但资本市场对信息披露的法律规范要求以及限制操纵市场的信息传播不应当因为网络言论自由而被完全虚置。由于新型网络信息传输系统能够以非常低廉的成本、迅捷的速度、指数级增长、链条式传播的方式进行信息流转，一旦虚假信息与利益冲突信息在市场中广泛流传，信息型市场操纵行为对资本市场的破坏将难以估量。市场信息自由流动与信息披露法律监管之间的平衡关系极易被打破从而形成权利与权力的冲突。然而，应当明确的是，以信息披露为核心的资本市场法律监管体系，赋予金融监管机构对市场信息是否涉嫌市场操纵的审查权，本质上并没有超越资本市场与政治国家之间的权力配置均衡临界线。关键是资本市场必须推动立法部门、监管层制定“网络友善型”监管规范体系，即以保障公民有权在全新网络世界、媒体环境下享受言论自由权为导向，必要时进行信息披露合法性审查，维护资本市场现实世界已经设定的信息披露法律规范。

微博、微信公众号等“自媒体”与传统媒体只具有信息传播形式上的区别而不存在言论法律属性上的差别，新型网络言论是否涉及信息型市场操纵，仍然应当在现有的金融监管规范框架下进行考察。中国《刑法》《证券法》《上市公司信息披露管理办法》等法律法规明确禁止编造、传播虚假信息，扰乱证券市场；禁止金融监管机构、金融机构工作人员、从业人员在证券交易活动中虚假陈述或者信息误导；各种传播媒介传播证券市场信息必须真实、客观，禁止误导；违规披露信息将承担相应的民事、行政、刑事责任。对于利用各类媒体发表言论影响金融商品价格并从事相关交易牟利的行为，显然构成市场操纵行为，资本市场法律并没有出现规范缺位与监管盲点的问题。通过新型媒体传播信息与其他媒体发布信息没有质的区别，利用新型媒体进行信息操纵不应当游离于法律监管与合规管理之外。

新型媒体与网络时代信息型市场操纵行为的监管与合规，有必要区别于资本市场传统的、以行政监管和司法控制为主导的模式，而应以市场投资者自主监管为导向、以信息能力分配法律义务为基础的信息披露法律规范体系。对于资本市场中的疑似操纵行为，无论是资深市场人士，还是一般投资者，其惯性思维通常是建议或者呼吁监管部门进行调查、司法介入。然而，资本市场法律监管资源与效率都是有限的，在信息加速爆炸的背景下，以行政监管、司法控制为主导进行信息型操纵监管显然是不切实际的。应对“新媒体”时代信息型市场操纵的挑战，必须充分发挥市场监管外部性、独立性、效率性的特点，以完善证券集团诉讼为核心，优化信息型操纵行为的市场监管机制，通过程序简捷、诉讼成本与风险合理、维权效率较高的资本市场诉权运行程序，实现信息披露的有效监管与保护投资者利益的充分保护。①

以云计算为核心的网络处理技术进一步扩大了虚假信息的传播面、强化了信息获取便捷度、优化了虚假信息投放对象精准度，但是，网络交互平台中的资本市场信息质量良莠不齐、信息发布者鱼龙混杂的现实局面是不会被市场参与者忽略的。从传统的有效市场理论的视角进行分析，在无从考证信息发布者身份及其持仓情况的基础上，投资者应当能够合理预期这种网络平台中生成的证券、期货以及衍生品投资信息可信度不具有保障，没有任何理由可以将这种内容真实性存疑且利益冲突风险极大的信息作为资本市场参与者投资决策的依据。虚假信息如果确实影响到投资者判断与决策，也许只能说明投资者自身没有谨慎对待信息风险，而不应当以此证明网络虚假金融信息传递行为的社会危害具有相当的严重性。因此，似乎没有必要将在股吧等网络媒体上制造与传播虚假金融投资信息的行为作为市场操纵违法犯罪处理，而是可以将其视为资本市场中本来就存在且永远无法根除的“垃圾信息”。

然而，相关行为金融研究指出，投资者认知偏见非常重要的表现就在于

① 参见谢杰：《微博操纵市场行为监管三原则》，载《证券时报》2011 年 8 月 30 日 A3 版。

市场参与者在有效信息接触受限的情况下对市场传言极为关注与敏感。[①] 即使在信息发布渠道与利益冲突明显存疑的情况下，资本市场中的投资者经常会相信非监管机构指定或者市场信用认可度较低的网络平台中发布的金融投资信息，并且这种信息与相关金融商品短期流动性以及市场价格波动之间具有非常强的关联性。[②] 甚至对于可信度与透明度极低的、通过网络论坛、手机短信等渠道流传在资本市场中的信息，现有的调查显示，普通投资者仍然会基于过度自信、有限理性等各种认知偏见而在金融商品交易中使用这些信息。[③] 相对于受监管、更正统的传统信息发布媒体而言，网络时代下的普通公众更喜好的是更具“草根”特质的网络媒体。[④] 尤其是中国资本市场，由于仍然没有发展到以机构投资者为主的专业金融交易者构成阶段，绝大部分投资者（投机者）属于“散户”。中小投资者对于市场中流传的信息的依赖度较强。根据深圳证券交易所的数据统计，有40%的投资者表示通过他人推荐和网络类媒体（如“股吧”、论坛、微博等）获取投资决策所需要的信息；超过50%的创业板投资者会通过交易软件的技术指标分析、网络类媒体等获取投资信息。[⑤] 正是由于资本市场中存在着大量不具有专业投资能力与知识结构的中小投资者，没有资金、信息、专业知识等投资技术与优势的支撑，导致其资本配置与交易决策容易受到市场信息的左右与影响。这种非理性成分很高的投资者结构反射到资本市场，就会导致金融商品交易换手率偏高，容易因为不确定的市场信息而导致投资者对于高风险信息反应过度，引发市场波动。这说明“股吧”等非传统平台所发布的信息对于投资者资本配置决策同样具有重要影响，不能因为新兴网络媒体流转信息内容真实性与虚假性

---

① Donald C. Langevoort, “The SEC, Retail Investors, and the Institutionalization of the Securities Markets”, 95 *Virginia Law Review* 2015, 2009, p. 1046.

② See Peter Antunovich & Asani Sarkar, “Fifteen Minutes of Fame? The Market Impact of Internet Stock Picks”, 79 *Journal of Business* 3209 (2006).

③ See Jill E. Fisch, “Regulatory Responses to Investor Irrationality: The Case of the Research Analyst”, 10 *Lewis & Clark Law Review* 57, 82 (2006).

④ 参见编首语：《“股吧”对股市监管的挑战与应对》，载《证券市场导报》2012年第3期。

⑤ 参见《深交所2011年个人投资者状况调查报告》，载《证券时报》2012年3月14日A10版。

的高度不确定而放松虚假信息检测与监管，直接由资本市场普通投资者甄别信息可信性与承担虚假信息风险。

二、信息披露优化

在资本市场中具有信息优势的群体（上市公司中知悉内幕信息的内部人员、具有市场信息分析能力的金融机构或其从业人员、财经媒体从业人员、金融投资顾问等）实施的虚假信息操纵会产生更为严重的市场危害。例如，在资本市场与财经媒体领域具有影响力的明星分析师、财经评论员、财经新闻记者等所发布的利好或者利空信息，足以短期甚至持续拉升①或者压制特定上市公司证券价格，其能够在本人、实际控制或者利益共同体控制的账户中通过相应的高价抛售、低价买入、做空回补等操作谋取大量利润。法律与经济分析理论中有一种观点认为，由于行为主体身份的确定性与虚假信息内容事后的可分析性，上市公司高级管理人员或者其他在市场中具有信息优势的金融专业人员传递虚假证券信息的行为会产生非常高的信誉毁损成本与法律责任成本，这种极高的行为风险能够有效地防范信息优势主体实施虚假信息操纵。② 但是，信息虚假性、误导性的判断并非一个简单的法律认定过程，尤其是在虚假与真实信息掺杂与混合披露的情况下，很难锁定虚假信息操纵的责任。同时，成功获利的虚假信息市场操纵现实收益远远超越虚假信息发

① 在中科创业市场操纵案中，传播虚假信息的财经评论成为配合交易行为持续拉升股价的重要手段。最后在刑事审判中未到案的原证券记者吕某，在财经读者众多《证券市场周刊》上连续发表多篇评论，通过思辨语言、理论深度、宏观高度兼备的分析全面阐释股市，引发市场巨大轰动，在宏观政治与经济环境动荡的情况下，成功预判1999年“5·19行情”。在飙升行情的掩护下，吕某顺势拉抬康达尔股价，同年7月，康达尔股价飙升至约40元每股。随后吕某继续在证监会指定信息披露媒体《中国证券报》上发表文章，整版论述上市公司康达尔资产重组后从事大规模高科技业务的利好预期。同年12月月底，康达尔全年股价飙升幅度超过100%。参见封面故事：《1996－2001：神笔吕某败走中科创业》，载《三联竞争力》2008年第11期。吕某通过财经媒体传递证券信息的虚假性内容集中表现为毫无依据的康达尔（中科创业）的主营业务与业绩前景，但配合核心虚假信息内容的其他要素包括了其知悉上市公司内部信息、在资本市场与财经媒体具有巨大影响力、对宏观形式的准确预判、大规模资金调动与连续交易。本案是具有信息优势的市场参与者传递虚假信息对资本市场特定金融商品交易形成持续且极其重大影响的典型适例。

② See Henry G. Manne, *Insider Trading and the Stock Market*, Free Press, 1966, p. 148.

布信誉毁损与法律责任成本，[1] 市场中各类信息优势参与者经过正常的利益评估更倾向于为了追逐暴利而承担一定的成本。因此，虚假信息市场操纵法律监管的重点应当定位于知悉重大未公开信息的内部人员、金融分析专业人员、具有信息影响力的财经媒体从业人员等市场信息优势者实施的虚假信息传递行为。

在信息内容的法律判断上，应当注意市场概念炒作与虚假信息操纵的原则性差异。资本市场中经常会出现以特定的题材或者概念为核心针对特定行业、产品、技术、事件等进行炒作，导致相关金融商品交易价格出现大幅波动。

2013 年锂电池概念股遭爆炒事件就是比较典型的事例：2013 年 3 月 13 日，复旦大学新闻中心邀请多家媒体对“水锂电”成果进行集体采访。复旦大学吴宇平教授课题组最新实验室成果为新型水锂电池。实验室数据显示，其能量密度比同样大小的传统锂电池高 80%，能量效率达 95%。复旦大学在宣传中指出，该项最新研究成果刊发于国际权威期刊《自然》子刊。采访中课题组指出，该实验颠覆传统锂电池工作原理，选用水溶液制作锂电池。其创新点在于：在金属锂外面包覆一层高分子材料和无机材料制成的复合膜，然后将其置于普通水溶液中，相比黏性很大的有机电解液，锂离子在黏性很小的水里奔跑能提速 10 倍到 100 倍，因而具备快速充放电的能力。在介绍“水锂电”的特性时，吴宇平教授举例说，如果充电设备符合要求，从实验室结果看，6 秒左右可以充满 55% 的电量；未来用于汽车上，电池充满后有望行驶 200 公里至 400 公里。该项研究成果宣传之后，多家媒体将其解读为“电动车充电 10 秒可跑 400 公里”。对于电动车行业与资本市场而言，这意味着尚存诸多技术难题的纯电动车产业一夜之间出现曙光。行业分析报告立即指出，锂资源、锂电池材料和锂电池制造的产业链上市公司将被爆炒。受上述一系列信息刺激，锂电池概念股引发众多资金追捧，相关股票价格波幅随即蹿至上海、深圳证券交易所涨幅前列。然而，“水锂电”科研成果实际上

---

① 法律责任成本由于稽查力量、执法水平等现实因素的制约，本身就具有很高的不确定性。

发表于2013年3月7日《自然》出版集团旗下的网络开放期刊《科学报道》。新型水锂电在尚未经过任何装配与测试的情况下，直接提出使用该电池的电动车单次充满电能之后足以运行数百公里，在技术表达上显得十分不规范。因为按目前纯电动车的技术水平，行驶400公里大约需要70度（千瓦时）的电量，10秒钟充满，不仅需要25兆瓦的充电功率，接近甚至超过微型、小型电厂功率，而且现阶段也不存在可以完成相应输电作业的电线。此外，在短时间内注入这么大的能量，很有可能引发电池爆炸。①

市场信息是对经济行为、事件内容的描述、理解与心理反射，尤其在反射对象的性质与特征不为市场参与者所熟悉、市场参与者的认知水平不同时，市场信息的不确定性与不对称性会非常高。高新技术有关研究成果在科学阐释上不十分严谨、在宣传内容上不十分准确、在媒体解读上不十分全面，加之资本市场对特定领域的先进技术的渴求超越了技术发展的现实水平，共同造成资本市场倾向于认可或者放大一项未经全面论证的科研成果的经济效应——实际上是一系列信息的叠加联合导致与该高新技术相关的“题材股”市场价格出现波动。对于一般的市场题材或概念的炒作而言，尽管在信息生成与传递过程中，或多或少存在夸大性成分与误导性内容，但信息所指向的核心事件是真实的，信息制作、传递及其对市场产生影响并非源于单一主体控制或者复数行为主体共谋，造成金融商品交易价格波动的最主要力量来自资本市场对于特殊题材或概念的高度敏感与需求。即使金融机构、从业人员或者市场参与者介入了此类信息的传递与炒作过程，并提前做多或者做空相关金融商品，但由于该金融商品交易价格的波动主要是市场力量在自由竞争的状态下形成的，至多只能在经济性因果关系上将参与信息炒作评价为放大市场波动效果，而不能在法律因果关系上将之评价为信息型市场操纵行为。

对于中国资本市场而言，转融通业务的全面开展对于改变单边市场、健全交易机制、对冲风险等具有极为重要的价值。随着转融通业务的进一步发展，资本市场中势必有更多的研究力量出现，挖掘上市公司经营与财务、公司治理等方面的信息，全面且深刻地发现上市公司价值，通过发布研究报告

① 参见李虹雨、贺涛：《锂电池还没准备好》，载《财经》2013年第12期。

的方式引导市场准确定价，以市场化的方式推动上市主体的健康发展。其中，在成熟资本市场极为普遍的通过实地调查、制作研究报告等形式发现特定上市公司证券定价虚高、严重偏离其实际价值，融券卖空该上市公司证券，并向客户或者市场发布利空研究报告的做空行为，① 会逐渐在中国资本市场中

① 国际资本市场中存在很多专注于做空上市公司的、以研究公司形式存在的做空机构，香橼研究（Citron Research）、浑水研究（Muddy Waters Research）等因擅长做空中国概念股而被中国投资者所了解。例如，浑水公司2012年做空在美国纽约证券交易所上市的新东方（NYSE：EDU）——新东方于美国时间2012年7月17日开盘之前发布信息，称新东方在7月13日收到SEC关于该公司可变利益实体（Variable Interest Entities）股权变更的调查函。新东方股价随即下跌，当日收盘报14.62美元，较前一交易日下跌34.32%。浑水公司在网站上发布了一份长达97页的研究报告并附相关视听资料，强烈建议卖出（strong sell）新东方股票。该研究报告指出，新东方隐瞒加盟信息、营收财务造假、税收减免不合理、审计漏洞等。新东方股价随后立即下跌5.12美元，当日报收9.5美元，跌幅35.02%。同年7月底，新东方被美国多家律师事务所以信息披露违规为由提起证券集团诉讼，浑水公司借势再度发表观点，表示更加确信新东方的信息误导。再如，浑水公司2013年做空同样在纽交所上市的网秦公司（NYSE：NQ）——网秦宣称是全球领先的移动互联网安全服务提供商，为全球150多个国家超过2.4亿（截至2012年第三季度）智能手机用户提供移动安全产品及服务。浑水公司于美国时间2013年10月24日发布长达81页的研究报告并附视听资料，指出网秦公司在市场份额、产品安全、资产负债表、收购等诸多方面存在财务造假与虚假陈述行为，其目标股价低于每股一美元，并将其列为强烈卖出。受此影响，网秦股价当日暴跌近50%。随后网秦发表声明称，浑水公司针对网秦的指控严重失实，该研究报告系诋毁网秦，故意误导投资者以达到其资本获利的恶意行为。但浑水公司实际上在每份做空研究报告的首页都作出免责声明：在投资过程中使用研究报告的结论、分析、数据等风险自担。阅读报告者应当推定，在研究报告发布之时或者之前，浑水公司及其会员、合作伙伴、下属机构、客户、雇员等均已经建仓做空与该报告有关的证券以及相关衍生工具。在研究报告发布之后，应当推定，无论研究报告既有的观点与分析是什么，浑水公司可能做多、做空或者继续持有与该报告有关的证券以及相关衍生工具。基于浑水公司的能力与判断，研究报告中包含的所有信息是准确与可信的；对于从公开渠道获取的信息，浑水公司相信其是准确与可信的，并且信息提供者并非对特定证券发行人承担信赖义务或者保密义务的内部人。研究报告根据信息的原本状态予以呈现，但是，浑水公司对于信息的准确性、及时性、完整性以及使用信息的结果不予评述。浑水公司不承担更新与补充报告及其相关信息的责任；所有的观点表达都有可能在事先不予通知的情况下进行改变。做空报告就是市场意见的发表与基于这种观点进行谋利的资本配置竞争，不存在所谓恶意与否的问题。香橼、浑水等做空机构都会计提大量的法律服务与诉讼费用应对报告发布所可能产生的诉讼。与做空报告有关的虚假陈述或者操纵指控本质上都是民事纠纷，争议双方可以通过民事诉讼解决。关于上述案例中做空与反做空的具体财经报道参见丁弋弋：《VIE结构成问题导火索 华尔街集体发难新东方》，载《IT时代周刊》2012年第16期；马可佳：《浑水"搅黄"盈利 新东方裁员为扩张埋单》，载《第一财经日报》2013年2月5日B3版；黄作金：《"浑水"先生棒杀网秦 殃及三类A股遭抛售》，载《证券日报》2013年10月28日D1版；吴辰光：《网秦反指美做空机构报告失实》，载《北京商报》2013年10月28日，第3版。浑水公司相关做空报告全文及其视听资料附件参见Muddy Waters Research，Initiating Coverage on EDU-Strong Sell，Published on July 18，2012，载http：//www.muddywatersresearch.com/research/edu/initiating-coverage-edu/，访问日期：2014年3月18日；Muddy Waters Research，Initiating Coverage on NQ Mobile Inc.（NYSE：NQ）－Strong Sell，Published on October 24，2013，http：//www.muddywatersresearch.com/research/nq/initiating-coverage-nq/.

兴起。投资咨询机构发布做空研究报告与信息操纵、抢帽子交易操纵之间的界限把握问题必须在政策层面予以关注与审视。

实践中存在的一种比较典型的质疑性观点是，发布做空研究报告的投资咨询机构抢先做空特定证券及衍生品，意图从利空信息的发布以及市场波动中谋取交易利润，这种行为的动机存在很大的疑问。① 这实际上就是倾向于怀疑建构做空交易并在同期或者后期发布利空信息的行为可能构成抢帽子交易操纵等信息型操纵违法犯罪。

但是，发布做空研究报告的投资咨询机构或者市场人士等融券做空交易本身并没有合法与非法的问题，这只是正当的市场操作行为而非操纵。影响做空交易行为法律属性的关键在于信息披露是否合规，其核心便是信息发布者与信息接收者或者整体市场利益之间是否存在冲突。如果在发布研究报告

---

① 例如，2012年12月4日，北京中能兴业投资咨询有限公司（以下简称中能兴业）与《证券市场周刊》联合发布上市公司研究报告《康美药业（600518. SH）研究》，12月15日，中能兴业与《证券市场周刊》记者联合发表《康美谎言》一文。上述研究报告以及文章的研究结论：在土地购买和项目建设上涉嫌造假，上市公司康业药业至少虚增了18.47亿元的资产，接近公司2002年至2010年9年净利润的总和。12月17日，康美药业一字跌停。2013年3月2日，中能兴业研究员与《证券市场周刊》记者联合发表《康美谎言第二季》并披露：根据现场调查取证，发现康美药业916亩7.6亿元资产，实际位置位于一座140米高的荒山之上。参见中能兴业投资咨询、《证券市场周刊》：《康美药业（600518. SH）研究》，载 http://www.capitalweek.com.cn/sites/www/files/attachment/kangmeihuangyan.pdf；北京中能兴业投资咨询有限公司、高荣华、封莉：《康美谎言》，载《证券市场周刊》2012年第45期；高荣华、韩彦超：《康美谎言第二季：916亩土地是荒山》，载《证券市场周刊》2013年第7期。上述研究报告以及文章发表后，上市公司以及相关券商研究员立即质疑中能兴业融券“做空600万至1000万”康美药业股票、“动机不纯”等。参见陈娇君：《“浑水模式”初现A股市场 勿以道德眼光看待做空》，载《证券时报》2013年1月28日A3版；吴黎华：《康美药业跌停104只基金一日浮亏8亿》，载《经济参考报》2012年12月18日，第3版。直到2020年，关于康美药业的争议问题才逐渐成埃落定，不禁令人唏嘘——中国证监会的行政处罚文件显示——康美药业虚增营业收入、利息收入、营业利润，虚增货币资金、固定资产、在建工程、投资性房地产，所披露的《2016年年度报告》《2017年年度报告》《2018年半年度报告》《2018年年度报告》存在虚假记载，康美药业未按规定披露控股股东及其关联方非经营性占用资金的关联交易情况，所披露的《2016年年度报告》《2017年年度报告》《2018年年度报告》存在重大遗漏，上述行为违反了2005年《证券法》第63条有关“发行人、上市公司依法披露的信息，必须真实、准确、完整，不得有虚假记载、误导性陈述或者重大遗漏”及第65条、第66条有关半年度报告、年度报告的规定，构成2005年《证券法》第193条第1款所述“发行人、上市公司或者其他信息披露义务人未按照规定披露信息，或者披露的信息有虚假记载、误导性陈述或者重大遗漏”的行为。参见中国证券监督管理委员会行政处罚决定书（康美药业股份有限公司、马某田、许某瑾等22名责任人员）。时隔多年，再综合分析早前的做空报告、康美药业的回应以及最终的法律责任追究，关于做空报告的动机与市场操纵的行为属性问题关系的结论，会显得更为直观。

并提出与特定证券及其发行人有关的利空信息或者做空投资建议之前或者同时，金融机构或者市场人士实施了融券卖空该证券及其衍生品的行为，应当在研究报告中明确披露交易时间、价格以及数量，保证阅读研究报告的投资者能够客观评估潜在的利益冲突风险。

无论信息是否属实，利空信息研究、创造与发布者的做空交易行为，能够从利空信息被投资者以及市场接受后所形成的卖空力量中获取做空利润——这是信息发布者的利益。真实的利空信息向市场传递了特定证券全新的定价意见，投资者通过卖出证券或者做空证券规避风险或者谋取交易利润——这是接受研究报告意见投资者的利益。在这个信息发布与传递、各方实施相应交易的市场行为过程中，完全存在信息发布者不顾客户或者投资者利益单纯追逐个体经济利益的利益冲突风险，即向客户或者市场发布研究报告的金融机构或市场专业人士传递没有事实依据与研究价值的利空信息，并从投资者根据利空信息抛售、卖空相关金融商品的市场波动中谋取事先卖空证券的利益。而此时基于该利空信息作出的投资决策实际上是在一个毫无依据的定价基础上卖出或者卖空证券，在毫无依据的信息及其产生的短期市场价格波动被金融商品内在价值以及市场认识修正之后，投资者会出现在较低价格卖出、在较高价格买入或者必须以较高价格回补金融商品等实际利益损失。

但是，只要利空报告发布者准确披露交易信息或者依法向读者宣示免责申明，就应当认为利益冲突风险已经予以充分揭示，资本市场中的投资者（投机者）应自主判断信息风险。市场及投资者认可其利空报告的，信息发布者自身的交易行为甚至可以成为强化投资者卖出或卖空证券的理由。至于披露的信息在实体内容上是否属实，则是能否构成虚假陈述的法律问题而非禁止信息操纵的反操纵监管问题。因为即使发布的利空报告具有虚假性或者误导性，但由于已经披露了之前或者同步的交易信息，不仅构成市场操纵所必备的交易行为要素丧失了成立的基础，传递虚假信息也因为交易信息披露，成为一种混同单纯市场观点表达与影响市场资本配置的行为。金融商品市场价格按照利空报告的指向运行的，只能说明其他市场参与者认可做空者的信息判断、交易策略、定价结论，而不能认为其对市场资本配置进行了非正当控制。市场操纵法律监管没有必要直接介入做空交易行为与做空者发布信息内容的审查，而应当对市场中的做空报告与卖空交易等市场行为保持中立，从强化交易信息披露的角度控制抢帽子交易等市场操纵违法犯罪。向客户或者市场发布投资咨询报告的金融机构必须全面披露与其具有利益关系的个人与机构，以及其自身在金融市场中交易情况的可能性。利益冲突信息披露监管着眼于普通市场参与者基于有限理性等认知偏见无法合理判断市场信息的中立性、安全性与可靠性，[①] 通过排斥具有利益倾向的信息介入资本市场的方式防止投资者及其资本配置决策受到偏倚信息的控制。

最后需要强调的是，在市场操纵法律规范不断优化的中国资本市场，证券合规必须认识到法律条文明确性将长期处于发展进程之中。在可以预期法律制度长期无法明示性地规定信息型操纵类型的情况下，合规部门在把握蛊惑交易操纵、抢帽子交易操纵的行为风险时，应当充分评估构成要件配置，严格分析信息型市场操纵行为实质，并在合规层面提升自我内部防控层面的量化标准，即设定高于法律明示规定的风险门槛，体现出刑法“兜底条款”在明确性不足情况下对相关行为进行合规管理的风险预防“提前量”。

① 利益冲突信息披露机制并不具有提高资本市场中投资咨询报告等各种信息质量的效果。市场信息的质量取决于信息成本投入及其实际产出效用。

第四章

市场操纵的规范解释与合规措施

市场操纵法律规制实践存在一定的障碍，主要症结在于现有的刑事法律规范文本及其实践解释，与金融市场运行机制、金融实务操作经验、金融市场基本原理的脱节。附着于市场操纵监管理论与实践的法律与金融之间的纠缠与混沌，源自市场操纵行为模式的技术性阐释不足。具体而言，就是现有的资本市场违法犯罪法律理论与实践探索，尚未能够充分地以金融市场与金融原理为核心解释与说明市场操纵行为类型与模式。法律实践意欲超越市场操纵法律规范文本的桎梏，针对资本市场的现实形势作出能动的解释与反应，但又受困于罪刑法定的严格要求与刑事立法完善的频率与成本限制，而无法实现规范介入与市场机制自由运作的有机结合、协调运行。解决这种市场操纵监管与合规实践困境的关键是聚焦于作为市场行为与经济行为的市场操纵行为本身，以现有的法律规范文本为基础，以市场操纵行为为核心，沿着市场操纵实质、手段、类型、模式这一缜密的逻辑线条，对市场操纵法律规制实践疑难问题作出符合罪刑法定的细致梳理、合法解释，以及符合逻辑、经验与资本市场实际的规范拓展，系统化地建构合理的市场操纵法律适用规则与标准。所以，本章在既有的市场操纵实质、行为机理、法律实践技术性难题发现及其基本应对政策的宏观阐释与深度论证的基础之上，以虚假交易操纵、实质交易操纵、利益冲突操纵、虚假信息操纵等行为模式为基本框架，进一步纵深性地论证洗售、相对委托、连续交易、抢帽子交易、蛊惑交易等各种市场操纵行为的实践判断规则，同时也为证券合规提供规范遵从的具体标准。

第一节　虚假交易操纵

虚假交易操纵模式具体表现为洗售与相对委托两种犯罪行为。实践中，证明洗售操纵不需要就操纵行为结构中的诸多当事人的主观约定、配合性交易方式、数量、时间、价格等多重法律要素进行考察。但是，由于传统证券期货犯罪法律理论对于洗售操纵本质问题的解释并不够深入，当前反市场操纵法律实践也没有在具体问题的司法认定层面以资本市场不断发展的视角对传统洗售操纵行为的解释性规则予以调整，所以依然有必要结合法律与金融原理对洗售操纵相关司法判断规则问题进行深入研究，从而消解实践误区与困惑。同时，相对委托操纵在非法交易行为与操纵性策略展开过程中，具有明显的结构化特征，法律规定对相对委托操纵更是设置了比较多的规范要件限制，在一定程度上加深了司法认定的难度，应当在法律与金融理论上深度解释这种虚假交易操纵典型的共犯结构特征。

一、洗售操纵

虽然洗售操纵是一种比较传统的市场操纵行为，各国资本市场法治实践对洗售操纵行为已经形成了比较成熟的监管规则，但由于资本市场交易技术与机制的不断创新，加之金融实务中投资者对其实际控制的账户操作存在各种不同的可能性，一部分实际控制账户之间的金融商品交易完全可以是出于合法的目的，因而需要就洗售操纵的操作方式、正当性目的抗辩、全新信用交易机制下实际控制账户之间的倒仓行为等进行深入解析。

（一）洗售行为

法律规范没有就洗售操纵的交易时间、价格、数量、方向等要素作出明确规定，洗售操纵行为人在其实际控制的账户之间从事的金融商品交易，在时间、价格、数量等方面究竟是否具有操作方式的法律条件限制，法律理论与实务中存在较大的认识分歧。有观点认为，冲洗买卖是同行为主体实施的相反买卖，数量、价格、时间自然应完全相符。[①] 支持上述意见的学者进一步认为，洗售操纵应当是行为人在同时期以相同价格进行相反方向的委托买进与委托卖出或者申报买进与申报卖出，不仅不能有时间上的间隔，并且在交易记录上应当实际成交，即时间、价格、数量必须完全相同。因此，从罪刑法定主义的观点出发，应当对洗售操纵的行为方式采取严格解释，不能任意过度扩张意涵。[②] 然而，也有意见认为，由于现代证券交易是在集中交易市场进行的，采用集中竞价撮合成交的交易模式，加上涨跌停板等制度的限制，即使同一个人在同一时间、就同一数量、以同一价格、就同一种证券进行委托买卖，也难免产生偏差，不一定按照行为人委托的内容撮合成交。[③] 持类似观点的学者认为，在对冲洗买卖进行规范适用时，应允许存在时间和价格要素上的差距，但在交易数量上仍然应当坚持完全相同原则——这样才符合冲洗买卖的目的仅仅是制造"记录交易"这一本质。如果同一行为主体所实施的相反交易数量不一致，则仅在相同数量范围内成立冲洗买卖。[④]

尽管中国《刑法》第182条第1款第3项并未明示性地对洗售操纵行为的操作方式进行规定，但构成洗售操纵行为应当在方向、价格等核心要素上予以一定限制。同时，资本市场中金融交易以及竞价规则决定了洗售操纵行为的实行在数量、时间等要素上并不需要具有完全或者实质的相同性。

其一，交易方向的相对性或者相反性。洗售操纵的行为人在自己实际控制账户之间从事金融商品交易，无论动用多少账户，不论占用多少资金或者仓位，金融交易的方向必须是相对或者相反的，即特定金融商品交易账户买入，相对的账户卖出。如果实际控制的交易账户之间不存在相关金融商品一进一出的对应关系，该交易行为在性质上就不属于洗售。

其二，交易价格的相同性。我国资本市场中的证券交易采取集合竞价与

---

① 参见吴光明：《证券交易法论》，三民书局股份有限公司2006年版，第242页。

② 参见王志诚：《洗售操纵之认定基准》，载《法令月刊》2008年第3期。

③ 参见李开远：《从证券交易法之修正论删除第一五五条第一项第二款有关处罚股价操纵行为——"冲洗买卖"刑事责任之探讨》，载《铭传大学法学论丛》2003年11月。

④ 参见于莹：《论以虚伪交易方式操纵证券市场》，载《国家检察官学院学报》2003年第5期。

连续竞价相结合的竞价交易机制。集合竞价的成交价格是以委托买入与委托卖出价格平衡时成交；连续竞价的成交价格是已经受理的委托和新受理的委托价格一致时交易成立。洗售操纵的行为主体在实际控制账户之间从事证券交易，交易的完成必须建筑在买卖指令撮合配对的基础上，而集合竞价与连续竞价中的成交前提就是价格平衡或者价格一致。因此，洗售操纵中方向相反的证券交易应当在价格上具有相同性。

其三，交易数量的相对接近。洗售操纵者控制特定金融商品的交易价格或者交易量，买入与卖出对应金融商品交易账户之间的交易数量应当是相对接近的。之所以无法实现完全相同，主要是因为在开放的金融商品集中电子化交易平台上，市场中存在着众多投资者，完全可能在相同的时间与操纵者提出相同的买入或者卖出价格申报，从而成为撮合成交中的一部分。即使买入或者卖出申报数量完全相同，实际控制金融商品交易账户之间的交易申报并不会在所有情况下全部撮合成功，而是会因为外部投资者介入而在成交数量上与申报数量有所偏差。①

其四，交易时间可以存在先后。根据我国资本市场中的证券交易所的交易规则，在提出申报且无撤单的情况下，委托当日有效。不能成交的申报将等待机会成交；部分成交的申报，剩余部分将处于等待成交状态。投资者的委托如未能全部成交，证券公司在委托有效期内可继续执行，直到有效期满。开盘集合竞价期间未成交的买卖申报，自动进入连续竞价。连续竞价期间未成交的买卖申报，自动进入收盘集合竞价。因此，在洗售操纵行为的操作中，实际控制账户之间的买入申报与卖出申报并不一定在完全相同或者紧密连续的时间进行，只要在申报有效期间内撮合配对即可。

通过对资本市场交易规则与洗售操纵实际手法的考察可知，洗售操纵中实际控制账户之间的金融交易在时间、数量等要素上并不一定要坚持整体上

① 尽管在洗售交易框架下的实际控制账户金融商品交易数量是相当的，但是，实务部门在分析洗售操纵实际控制账户交易量的过程中，还需要注意，从事洗售操纵的相关金融商品交易账户中的部分金融商品与资金是用来影响交易价格或者交易量的，仍然可能有部分金融商品与资金是逢高抛售谋利或者实现卖空事后逢低买入平仓获利的。从这个意义上分析，并非所有参与洗售操纵的实际控制账户中有关特定金融商品的交易数量都是匹配或者相近的。

的绝对相同性或者相近性。只要在交易价格上具有一致性并实际成交，就能够达到影响证券、期货以及相关衍生品交易价格、交易量的操纵性结果。当然，如果稽查机构或者司法机关在实际控制账户的交易记录中发现委托申报的时间、数量、价格完全相吻合或者相对接近，这显然能够成为锁定洗售操纵行为重要的客观证据。但是，即使不存在严格一致或者大体相近的证据，并不妨碍对洗售操纵行为操作机制的把握。

（二）正当目的抗辩

实践中，由于所有证券、期货交易记录都由证券（期货）交易所、证券（期货）登记结算机构等进行备案，即使是场外衍生品交易，也需要在交易当事人的信息系统中进行数据备份。金融监管机构在锁定实际控制账户的情况下，[①] 完全能够向司法机关出具实际控制账户之间的交易数据并且计算出洗售操纵的行为细节。

但棘手的问题在于，资本市场中各种投资者交易目的迥异，涉嫌洗售操纵的行为人通常会提出与正当交易目的有关的各种抗辩——实际控制账户之间的金融商品交易是关联企业之间在证券二级市场中的关联交易，并没有影响市场中特定证券交易价格、交易量的非法目的；本人从事的交易在绝对数量上并不大，但特定证券交易品种处于无量盘整等流动性极低的状态之下，客观上造成本人交易比例在该证券交易总量中占据显著比例，但本人主观上并没有对证券市场价格形成重要影响的目的。

在洗售操纵案件中，即使相关证券、期货、衍生品交易在行为人实际控制的账户之间现实发生，也应当允许控辩双方就疑似操纵行为是否具有正当目的进行充分论辩，但在具体操作时，应当注意原则上推定操纵目的、具体分析个案目的合理性的基本定位。

---

① 当然，这一前提与基础的建构在实践中也是相当困难的。在现有的金融违法稽查技术条件下，金融监管机构全面掌握操纵者实际控制的账户仍然存在实质性的执法能力障碍。故中国证监会、公安部证券犯罪侦查局以及检察机关资本市场违法犯罪专门化办案机构（今后专业化办案发展的方向）应当进行行政稽查、刑事执法、刑事检察的实践平台整合，通过侦查技术的提升锁定实际控制账户、资金来源、操盘网络技术、证券中介机构支持等不同环节的违法犯罪事实，从而为洗售操纵案件提供坚实的证据基础。

其一，洗售交易行为客观存在的事实已足以推定市场操纵的违法犯罪目的。

资本市场中投资者（投机者）从事证券、期货、衍生品交易，无论数量大小，也不论做多还是卖空，正常的市场投资与投机行为都表现为“看多买入与看空卖出”，通常情况下不会出现在实际控制账户中将金融商品进行不正常的、空耗交易成本的左右互倒、自我交易。因为这种归属于同一资金与金融商品控制主体的金融商品交易并不会产生价差利润，反而会产生税费等大量交易成本，明显违背经济规律与资本市场常识。基于正当目的从事的投资与投机交易，相对于洗售交易而言，在行为正当性层面是完全对立的。这意味着控方推定洗售交易具有操纵市场目的具有充分的事实与经验基础，而犯罪嫌疑人或被告人提出正当目的抗辩，如果要达到推翻推定操纵市场犯罪目的的强度，就应当具有坚实的事实与合理性基础，并且最低证明程度应当达到优势证据标准。

其二，对于洗售交易正当目的的分析与判断，应当根据犯罪嫌疑人或者被告人提出的具体抗辩要点进行个案分析，具体规则是正当目的所对应的基础事实具有真实性与合理性。

（1）有关合理避税抗辩。如果犯罪行为人主张洗售交易是为了合理规避资本利得税，[①] 则辩方必须对洗售交易具有合理控制税收的意义与原理进行证明。如果实际控制账户之间的金融商品交易根本没有合理规避税收可能，反而会产生增加交易税费成本的，显然应当否定正当目的抗辩的合理性。

（2）有关资本市场行情判断抗辩。如果犯罪嫌疑人或被告人主张实际控制的多个账户执行买入交易时是基于看多行情、卖出交易时是基于看空行情，

---

① 资本利得税（Capital Gains Tax）是指国家对资本利得（低买高卖资产所获收益）征税。最为常见的资本利税就是对买卖股票、债券、房地产等所获得的收益进行征税。由于资本利得税对证券市场中的中小投资者等附加了实质性的交易成本，同时也不利于降低公司之间的股权交易成本，并不是所有国家都征收资本利得税。See Jean Eaglesham & John Willman, “Final showdown on CGT reforms”, *Financial Times*, Jan. 23, 2008. 国家税务总局于2007年11月发布《关于修改年所得12万元以上个人自行纳税申报表的通知》，股票转让所得开始被置于个人所得税纳税申报表。随后，国家税务总局从2010年起对个人转让上市公司限售股所得征收个人所得税。这意味着我国对部分股票交易已经开征了资本利得税。

则辩方必须对每次交易的依据进行合理说明。因为行为人在相对特定的时间范围内，对同一证券、期货、衍生品交易的行情判断发生看多与看空之间截然相反的转换与反复，显然是不符合常理的。同时，从频繁的申报与成交次数、占总交易量的比例以及同期特定证券基本面等综合因素中完全可以准确梳理实际控制账户中每笔证券、期货、衍生品交易是否具有合理依据。

（3）有关流动性过低抗辩。如果犯罪嫌疑人或被告人主张实际控制账户之间从事特定证券、期货、衍生品买卖的交易量占特定期间内总成交量比例明显较高（如超过20%）并非单方面由其交易行为绝对数量较高导致，而是该金融商品流动性本身过低所引发的，则应当在证明规则层面直接排除这种正当目的的抗辩及其附带证据的相关性。事实上，通过洗售交易操作流动性极低的证券并控制其交易量或者交易价格本身就是这种操纵犯罪的典型手段。控制流动性低的金融商品交易的操作成本低，并且所有被操纵行为介入后的虚假价格信号驱使跟进的投资者实际上都是洗售操纵后续交易的对手方，在因果关系上具有犯罪与被害的准确对应性。所以，以流动性过低作为抗辩理由，非但不具有合理性、相关性与可采性，在司法实践中甚至可以作为强化洗售操纵目的推定效果的基础事实。

（三）信用交易机制下洗售操纵与投资（投机）的界限

在中国资本市场尚未建构信用交易机制时，金融商品交易账户的类型极为单一，其功能只能是局限于存入资金并通过本人资金购买证券或者现有证券在市场上进行卖出。但是，随着我国资本市场融资融券业务的不断发展，信用交易已经成为一种非常重要的市场交易类型。在中国资本市场已经建立起融资融券等信用交易机制的背景下，行为人控制的证券账户类型具有了多样性，既可以是传统的证券账户，也可以是证券信用账户，不同类型的证券账户之间可以通过进行方向相反且数量相同的证券交易。在这种情况下，能否认定为行为人在实际控制的账户之间从事证券交易，从而构成洗售操纵？

实践中，实际控制普通账户和信用账户并在两者之间从事证券交易的典型情形就是当日冲销交易。所谓当日冲销，通常是指证券市场参与者在同一个交易日中对特定金融工具进行买卖操作，并在该交易日收盘前平仓的交易。[①] 从事当日冲销的目的在于通过特定交易日行情的把握，谋取投机利益，并且规避隔日交易可能存在的非交易时间发生的不能管理的市场风险。[②] 尽管"T+0"交易机制在《证券法》上完全不存在法律障碍，并且市场主流呼声支持立即启动"T+0"，但目前我国股票交易市场仍然坚持执行"T+1"交易机制，[③] 在现金账户中无法从事当日冲销交易。但是，由于融资融券信用交易逐渐试点并全面运行，证券交易中也存在运作当日冲销的现实性。

根据2006年中国证监会《证券公司融资融券业务试点管理办法》以及上海证券交易所《上海证券交易所融资融券交易实施细则》等有关融资融券交易的规定，客户信用交易担保证券账户用于记录客户委托证券公司持有、担保证券公司因向客户融资融券所生债权的证券；信用交易证券交收账户用于客户融资融券交易的证券结算；信用交易资金交收账户用于客户融资融券交易的资金结算。客户融资买入证券的，应当以卖券还款或者直接还款的方式偿还向证券公司融入的资金。客户融券卖出的，应当以买券还券或者直接还券的方式偿还向证券公司融入的证券。因此，在融资融券的证券信用交易机制下，当日冲销交易表现为：市场参与者当日通过证券账户买入特定证券之后，在同一个交易日内于信用交易证券交收账户以融券方式放空该证券，然后通过前述买入的证券，偿还从证券公司处融通的证券，从而赚取当日买入证券与卖空证券之间的价差。

当日冲销等信用交易机制下的全新证券交易策略是活跃证券市场的交易模式创新，不仅能够为市场提供更多的流动性，为投资者提供更为丰富的风险对冲策略，而且能够在很大程度上为投资者规避"T+1"隔日交易风险提供交易空间，不应当认定为洗售操纵行为。利用普通证券账户与信用交易账户之间方向相反且数量相近的证券交易套取买入与放空证券之间的价差，本质上是一种短线投机交易行为，是符合市场运行机制的合法价格竞争行为。

---

① See Toni Turner, *A Beginner's Guide to Day Trading Online*, Adams Media, 2000, p. 2.

② See Robert Sale, *Trading Strategies for Direct Access Trading: Making the Most Out of Your Capital*, McGraw-Hill, 2001, p. 16.

③ 参见贾壮：《央行：A股市场实施T+0需审慎对待》，载《证券时报》2014年4月30日A2版。

这种信用交易机制下的全新交易策略，在形式上确实符合“在自己实际控制的账户之间从事证券、期货交易”。但是，洗售操纵中的交易行为本质上不具有任何经济意义，即实际控制人对资金与证券形式化流动的操纵，人为制造了完全没有反映特定证券供求关系的交易价格或者交易量。而信用交易下的当日冲销等实际控制账户之间的证券交易具有真实性，相对于洗售交易的虚假性而言，两者之间存在明确的界限。

除了当日冲销之外，信用交易机制下还有其他表面上具有洗售交易特征但实际上是合法投资（投机）的行为。例如，根据《上海证券交易所融资融券交易实施细则》第17条的规定，会员与客户约定的融资、融券期限自客户实际使用资金或使用证券之日起计算，融资、融券期限最长不得超过6个月。可见，融资融券等信用交易存在一定的信用期限。

实践中确实存在基于信用期限的限制而实施具有洗售交易表面形式的行为：市场参与者以融资的方式买入特定证券，该证券交易行情一路看高，但由于融资期限接近6个月，行为人在没有额外资金的情况下，只能通过卖出证券归还融资。但该投资者继续看好这一证券交易价格可能继续攀升，便在信用账户卖出该证券归还融资的同时，通过其实际控制的其他信用账户融资完成一笔对应的自我交易，从而实现继续买入与持有该证券。

对于这种情形下的信用交易而言，由于市场参与者是基于正当的融资需要进行投机交易，尽管在操作过程中具有较大的风险，但在实际控制的账户之间从事的证券交易并不指向影响证券交易价格、交易量的经济需求与目的，而是在信用交易机制、市场行情判断、风险承担等要素的支撑下，通过一系列具有资金杠杆效能的操作策略等谋取利润，不能认定为洗售操纵。这也在很大程度上提醒反市场操纵刑事立法与司法实践，应当在不断变革的市场交易技术条件下，精准地调整资本市场违法犯罪刑法规制的基本规范与具体规则。

二、相对委托操纵

实践中，以事先约定时间、价格等要素的方式相互从事证券、期货以及衍生品交易的相对委托行为确实存在排除价量操纵性质的其他可能（尽管操纵之外的相对委托行为也会涉及违规、违法或者犯罪)，加之法律理论对相对委托特殊操作机制、共同犯罪结构以及排除市场操纵性质的合法抗辩事由等问题未能进行充分探讨，造成相对委托操纵在司法认定中存在诸多难点与困惑，有必要结合资本市场的实际情况，针对相对委托操纵实践疑难问题集中分析判断规则与交易风控标准。

（一）大宗交易平台相对委托行为

大宗交易通常是指交易量、资本金额等远超公开竞价市场平均交易水平的证券交易。[①] 交易双方直接在金融商品场内交易当日价格波幅范围内或者收盘价（日内无成交）商定成交价，经交易所确认后完成交易。大宗交易的成交量计入特定金融商品总成交量，但成交价格不计入收盘价以及指数。大宗交易价格不影响场内交易价格、大盘指数等。对照《刑法》第 182 条相对委托操纵的规定与上述证券大宗交易的基本规则，大宗交易实际上就是持有大量证券以及资金的证券市场投资者在证券交易所的监管下，以约定的时间、价格、方式相互进行证券交易。单纯从行为上分析，大宗交易具有相对委托的特征。但由于大宗交易不进入指数统计，只是将相关交易量向市场公布，不会直接影响证券市场中的交易价格，法律上并不认为大宗交易构成相对委托操纵违法犯罪。

然而，尽管证券大宗交易平台的相关证券交易具有明确的相互性且一般排除市场操纵属性，但在法律与金融理论上应当进一步辨析是否存在例外情况——不能断言在大宗证券交易平台上实施的这种事先约定的证券交易一律应当排除其市场操纵性质。

其一，大宗交易价格对于证券市场的影响应当具有现实性。尽管大宗交易价格并不计入收盘价格，但证券市场中所有的交易实际上都代表着一定的

---

① 以《上海证券交易所大宗交易实施细则》为例，证券单笔买卖达到如下最低限额，可以采用大宗交易方式：A 股交易数量在 50 万股（含）以上，或交易金额在 300 万元（含）人民币以上；B 股交易数量在 50 万股（含）以上，或交易金额在 30 万美元（含）以上；基金交易数量在 300 万份（含）以上，或交易金额在 300 万元（含）人民币以上；债券交易数量在 2 万手（含）以上，或交易金额在 2000 万元（含）人民币以上；债券回购交易数量在 5 万手（含）以上，或交易金额在 5000 万元（含）人民币以上。

价格信息或者证券供求关系信号而受到证券市场广泛关注。由于单笔大宗交易在数量上远远超过集中竞价市场中的单笔交易水平，建筑在这种大规模交易量上的证券交易价格对于市场是具有现实影响的。[①] 证券市场参与者往往会将大宗证券交易平台上相关证券交易价格作为基准或者参考因素，通过一定的折价或者溢价比例分析集中竞价市场中的证券交易价格。[②]

其二，市场操纵者通过大宗交易平台实质上的相对委托机制相互从事证券交易，确实是一种现实的违法犯罪风险。一般情况下，在大宗交易平台的证券交易是基于减持、收购甚至税收优惠等财务或者商业目的而进行的，不存在违规、违法、犯罪等情形，不过大宗交易往往也会涉及各种类型的疑似市场操纵。实际操作中，大宗交易证券转让价格具有灵活多变的特点，之前交易日收盘价、当日收盘价以及约定的协议价都有可能成为减持价格，只要最终的价格落在当天的涨跌停板范围内，[③] 都符合证券交易所规则。大宗证券交易平台上约定的证券交易价格一般只接受形式审查，监管机构很少对背后的实质意义进行审查。大宗交易通常折扣率较大且手续费成本低，在实践中容易成为市场操纵者的“吸筹”平台。同时，市场操纵者在集中竞价市场拉升或者打压证券交易价格之后，随即便可在大宗交易市场高位抛售或者低位买入。[④] 大宗交易平台上的市场参与者通过事先约定从事的相对证券交易具有一定的市场操纵违法犯罪风险，大宗平台交易价格对于资本市场具有价格引导作用。所以，行为人通过互相串通的方式，以大宗证券交易规则的正

---

① 参见秦洪：《大宗交易折价率提升 A 股估值面临压力》，载《证券时报》2012 年 3 月 27 日 C2 版。

② 通常情况下，由于大宗证券交易数量极大，卖方会根据二级市场的交易价格进行一定的折让将证券专卖给买方，但是，在特殊情况下，如果证券市场中出现与特定证券有关的利好信息，证券需求方无法在一个交易日吸收到足够的证券，也会在大宗证券交易平台上进行溢价收购。

③ 当然，大宗证券交易机制可能存在变革的可能。上海证券交易所近期发布了《关于征求优化大宗交易机制有关措施意见的函》，拟在现有的大宗交易基础上，在每个交易日的 16 时至 20 时，增加一个独立的大宗交易时段。与此同时，上证所还拟大幅放宽大宗交易的门槛从 50 万股降至 10 万股，涨跌幅限制也从 10% 放宽至 50%，并相应增加锁定期。大宗交易的锁定期拟分为两档：涨跌幅限制范围为前一交易日收盘价的 70% 至 130% 的（涨跌幅在 30% 以内），锁定期限至少为 6 个月；涨跌幅限制范围为前一交易日收盘价格的 50% ~150%，锁定期限至少为 1 年。参见胡学文：《大宗交易新政或遭遇两难尴尬——摁住短期行为 浮起避税空间》，载《证券时报》2012 年 3 月 21 日 A6 版。

④ 参见李保华：《新规剑指股价操纵大宗交易利益格局或受冲击》，载《经济观察报》2012 年 3 月 19 日，第 15 版。

当性规定为掩护，以事先约定的时间、价格、方式等相互从事证券交易，有证据证明对二级市场证券交易价格、交易量产生重大影响的，应当认定为相对委托操纵。

（二）共犯结构

实践中，操纵证券、期货、衍生品市场的行为越来越难以单独犯罪的形式实施。在体量庞大的资本市场上，市场操纵行为主体必须有相当规模的资金、信息、持仓等实力与资源。依靠某一个自然人、某一单位的力量要真正操纵资本市场实际上很难做到。同时，单一主体实施操纵资本市场违法犯罪，由于资源有限，通常只能使用多个实际控制账户。由于当前中国金融市场稽查监管技术已经得到了实质性地提升，完全可以发现特定账号证券交易的异常情况。单独操纵资本市场所依赖的有限流动的资金与交易账号相对容易被检测。所以，当前的市场操纵行为往往是由违法犯罪分子联手实施，并通过分散资金与交易的方式进行操盘。相对委托操纵正是充分体现了市场操纵的共犯结构性特征。从构成要件的角度分析，构成相对委托操纵的前提在于行为主体之间的“串通”与事先约定。这就要求法律实务部门在处理相对委托操纵案件时，特别要注意对共同犯罪的认定和处罚。准确认定相对委托操纵共同犯罪，必须对共犯结构进行精准把握，其前提在于确定合法且合理的共同操纵故意与共同操纵行为的司法认定规则。

1. 相对委托的共同操纵故意

共同操纵故意本质上是共同市场操纵行为主体认识到他们的共同操纵犯罪行为和由此行为会引发的影响资本市场的危害结果，并希望或者放任这种危害结果发生的心理态度。① 对于相对委托共同操纵故意的认定而言，还必须进一步深入到“串通”“事先约定”等双向性意思联络。然而，共同操纵故意的类型并不一定局限于双向性犯罪意思联络。在市场操纵法律实践中，完全存在证券公司等明知对方是市场操纵者并知悉对方从事市场操纵行为而仍向其提供交易账号，从而收取巨额委托交易费用的情况。对于这种市场操

① 参见刘宪权、谢杰：《证券期货犯罪刑法理论与实务》，上海人民出版社2012年版，第407～408页。

纵者（实行犯）与资金、账号、交易条件提供者之间形成的关系，在双方具有合意的情况下，与一般共犯不存在差异。但是，在资金、账号、交易条件提供者知悉相对委托操纵实行犯，而该实行犯并未明知前者知悉操纵事实的情况下，是否成立市场操纵共犯，实践中存在一定疑问。

《刑法》第182条操纵证券、期货市场罪的法律条文明确使用“串通”“事先约定”等双向性合意要求十分明确的规范表述对相对委托操纵进行规定，但这只是相对委托等操纵犯罪实行犯的共同犯罪故意内容要求。相对委托市场操纵类型是必要的共同犯罪，犯罪行为成立的前提就在于行为主体必须达到两人以上，否则也就不能称为相对委托。但实行行为犯罪者之间必要的双向性合意并不排斥为他们提供资金、账号、交易条件等帮助的证券公司、“人头账户”提供者等必须与实行行为主体形成双向性的市场操纵合意。片面帮助者完全可以在相对委托实行犯不知情的情况下，单纯基于获取手续费、交易回扣、“返点”、劳务费等利益而单方面向市场操纵实行犯提供帮助。

所以，笔者建议，在今后制定市场操纵司法解释时，有必要在共同市场操纵故意认定部分作出如下规定：证券公司等金融机构或者其他单位或个人，明知行为人操纵证券、期货市场，向其提供资金、账户、交易技术等协助的，以操纵证券、期货市场罪共犯论处。实践中，对于没有与相对委托交易实际操作者进行“串通”“事先约定”的资金、技术、服务提供者，在明知相关人员从事相对委托操纵的情况下，可以根据片面共犯原理追究市场操纵的刑事责任。

2. 相对委托的共同操纵行为

共同的市场操纵行为是指各共同金融犯罪人在共同的故意支配之下，所实施的具有内在联系的同一性质的市场操纵行为。[①] 对于相对委托操纵行为而言，这种共同操纵犯罪行为的结构性关系更为紧密，行为主体必须通过周密的安排在实质相同的时间内，以约定的价格、数量以及方式相互进行金融商品交易。

具体而言，相对委托市场操纵行为可以是共同的实行行为，即每个共同

① 参见谢杰：《操纵资本市场违法犯罪刑法规制研究》，上海人民出版社2013年版，第176页。

犯罪成员都是实行犯（例如，数个私募基金或者自然人投资者共同集中资金与证券优势，同时在相关账户中以约定的数量、价格等要素从事方向相对的证券交易，拉抬股价引起市场参与者跟进后集中出货谋利）；也可以有不同的分工，有的实施实行行为，有的实施帮助行为，而有的则可能是实施组织行为（例如，相对委托操纵市场的组织者联系信息渠道、资金支持、“人头账户”、交易操盘人员等，交易执行者在各自控制的证券账户之间以一定价格和数量相互从事对敲交易）。

相对委托操纵行为内容中最为关键的部分显然是相互进行的金融商品交易行为。尽管处于市场操纵共同犯罪行为体系中的核心位置，但相对于其他不受金融监管机构技术性监管的共犯行为而言，相互进行的金融商品交易行为还是能够受到交易所实时监控的。然而，当前金融监管程序主要属于被动性执法，只能在形成市场操纵相关线索的情况下启动调查程序，通过事后追究的方式惩罚市场操纵违法犯罪主体。基于取证难以及执法效率低的现实，被动性监管措施无法应对市场操纵的挑战。因此，有必要完善市场操纵违法犯罪一线监管制度，确立市场操纵实时监控主动性执法与市场操纵责任追究被动性执法并重的监管格局。完善市场操纵一线监管与实时监控，必须赋予证券交易所对市场操纵更为广泛、直接、主动的监控权与调查权。交易所配备了远远优于证监会的实时监控技术设备，能够主动发现异常交易行为，时时锁定异常交易数据，快速跟踪异常交易资金动向。市场操纵行为经过事后分析往往可以得出交易极度异常的客观数据性结论。事先高度关注异常交易数据往往能够发现并跟踪市场操纵的实际控制力量。有必要细化数据标准，制定异常交易中的价格波动偏离值、换手率等指标，并公告异常交易时段所有会员营业部的名称及交易数额。[①] 相对委托操纵在技术上的本质特征就是通过分散化的相互性金融交易制造虚假的资本市场交易信息，而市场操纵监管技术的提升为刑事司法实践认定相对委托操纵行为提供了重要的制度支撑。

① 关于交易所对资本市场违法犯罪的法律监管权限拓展问题更为详细的论述，参见谢杰：《论资本市场内幕交易法律监管的完善路径》，载《上海商学院学报》2011 年第 2 期；谢杰：《惩防内幕交易应扩大交易所监控权》，载《证券时报》2010 年 7 月 30 日，第 3 版。

（三）真实交易抗辩

事先约定相互进行证券、期货、衍生品交易并影响金融商品交易价格或交易量的行为，之所以构成相对委托操纵，是因为行为非法性的实质基础在于金融商品交易具有虚假性。如果行为人能够提供证据证明相互进行的金融商品交易是基于商业目的等合理基础而进行的真实交易，即使影响金融商品交易价格、交易量，也不应当认定为相对委托操纵。

但是，传统证券期货犯罪刑法理论中有一种比较典型的观点认为，实际转让证券所有权或者控制权的真实证券交易也可以构成相对委托操纵。例如，有学者主张，投资者与他人串通，以约定的时间、数量、价格等相互进行证券交易，随后以相反方向再进行证券交易，由于证券所有权或者实际控制权没有变更，显然属于纯粹虚假的相对委托。然而，即使串通相互进行证券交易的双方在第一次证券交易之后没有进行反向交易，证券与资金之间发生现实转移的，尽管具有真实交易的性质，但由于其交易行为在串通、约定时间、数量、价格等要素、相互进行等层面完全符合相对委托操纵构成要件，对证券交易价格、交易量等产生重大影响，属于具有真实性的相对委托，同样应当构成相对委托操纵。①

根据本书前述市场操纵机理理论，相对委托的机理在于通过虚假的金融商品交易完成对市场价格的不正当控制。交易行为的虚假性是构成相对委托的前提。具有真实金融交易基础的约定交易仍然可以构成相对委托交易操纵犯罪的意见，不仅彻底否定了真实交易抗辩否定相对委托市场操纵属性的实体辩护空间，而且显然违反相对委托操纵的基本机理，更是在市场操纵法律与金融解释上陷入了两大误区：

其一，真实金融交易的判断标准误区。

资本市场不同投资者之间相互进行证券、期货、衍生品交易，如果金融

---

① 参见李开远：《证券交易法第一百五十五条第一项第三款处罚股价操纵行为——“相对委托”刑事责任之探讨》，载《铭传大学法学论丛》2006 年第 6 期；邵庆平：《论相对委托之规范与强化——从证券操纵禁止之理论基础出发》，载《月旦民商法杂志》2008 年第 19 期。

商品实际控制权在对应的两者之间进行转移，一般可以认为金融交易具有真实性。投资者双方约定之后进行方向相对、数量相同的证券、期货交易，并且一方获取证券或期货合约、一方获取资金，就可以认定证券、期货交易是真实存在的。但是，司法实践中并不排斥这种实际发生金融商品与资金互换的交易可以构成虚假金融交易。

我国台湾地区资本市场中发生的、法律适用争议非常大的厚生公司股票操纵案，就是一起相对委托交易真实性判断及其如何影响市场操纵属性确认的典型判例——被告人雷某龙是在台湾证券交易所上市的厚生公司（首次公开发行价 58 元）的总经理。首次公开发行之后，厚生公司股票价格持续下挫，并且跌破发行价。上市公司大股东进行增持，尽管耗费了相当资金成本，公司股价仍然没有上升，甚至没有股价企稳的迹象。为了确保随后的上市公司股票增发计划得以顺利实施，雷某龙决定拉升厚生公司股票市场价格。随后，雷某龙与掌握一定资金与持股资源的市场炒作者被告人徐正新取得联系，商定相互进行股票买卖。根据约定，徐某新在二级公开市场通过其控制的交易账户以 72 元的价格卖出 2000 张（1 张为 1000 股）厚生公司股票；雷某龙则在公开市场通过其实际控制的账户以 72 元的价格买入 1500 张，随后当日又以涨停价再购进 1000 张厚生公司股票。同一交易日，徐某新在非公开交易市场以 62 元的价格卖出 2000 张厚生公司股票；4 个交易日之后，徐某新又以 70 元的价格，非公开转让 4000 张，支付股票转让款的支票等书证表明，购买人依然是雷某龙。检方指控，被告人雷某龙、徐某新以拉升股票价格的目的与共谋，以承诺的时间、价格、方式、数量等通过二级公开市场与非公开交易市场实施约定交易，构成相对委托操纵。被告人雷某龙及其辩护人主张，相对委托是两人以上共谋的虚假交易，人为制造市场繁荣从而误导其他市场参与者，其中的相对性交易应当表现为交易双方各自进行互为对应的买入与卖出，最终必然完全或者大致恢复到相对委托行为实施之前的持股与资金状态。而雷某龙与徐某新则是单方面的买入与卖出的关系，各自持有的证券数量已经完成发生变化，资金交付也已经有效完成，应当属于真实交易而非虚假交易，不应当构成相对委托操纵。台湾地区一审法院采纳控方观点，认可真实的金融交易同样可以构成相对委托操纵。台湾地区二审法院认为，该案证据与事实并不符合相对委托操纵的构成要件，判决撤销原判、发回重审。一审法院重审后判决，雷某龙与徐某新根据约定进行交易的这节事实不构成相抵委托操纵犯罪。

传统证券期货犯罪刑法理论与实务以真实交易亦可构成相对委托为由主张上述雷某龙与徐某新之间的约定交易应当认定为相对委托操纵，在理论上可以基于既然不是虚假交易则显然不构成相对委托的理由而直接否定其观点的合理性。判例实践也证明实务部门不可能认可真实交易与相对委托交易之间存在联系的意见。笔者认为，合理的解释路径在于树立正确的真实金融交易判断标准。结合厚生公司股票操纵案分析，从金融交易的结果来看，雷某龙与徐某新之间确实发生了证券转让以及对应资金的支付与收取，并且没有按照相反的方向重新恢复或者基本恢复原有的持股与资金控制状态，但这并不意味着行为双方控制下的金融交易没有背离资本市场中厚生公司股票这一特定金融商品的真实供求关系或者基础资产价值。在上市公司股票业已形成明显下跌趋势的情况下，上市公司大股东基于保证增发等融资利益最大化的目的，未经信息披露程序，私下作价且客观上通过约定的时间、数量、价格完成交易，证券价格的形成机制并不是真实的市场价格竞争的结果，证券价格是共谋者人为制造的、脱离上市公司基本面与真实市场供求关系的虚假成交价格、成交量，所以，应当以背离市场价格形成机制的本质判定私下作价并成交的行为构成虚假交易而非真实交易。

在跨市场交易、衍生工具交易、信用交易市场规模日益壮大的当代金融市场，如果明显扰乱资本市场正常供求关系的约定交易与作价行为，因符合真实交易的判断标准而不能构成相对委托操纵，反市场操纵法律制度将会出现非常严重的监管缺位。例如，共谋者约定在证券现货市场以跌停价格完成交易从而打压特定上市公司的股票。在开盘之后预先安排好的时间节点，行为人以跌停价格砸盘，放出巨量卖盘，约定的对手方在相同的时间、价格、数量挂出买盘，两者的申报顺利成交，在该时间点上将该上市公司股票压制在跌停价格。在巨量成交以及跌停价格的影响下，市场上的其他投资者产生恐慌，纷纷以跌停价甩出抛盘，导致股票当日封死在跌停价格上。行为人不仅可以通过之前抢先建仓的巨额融券卖空，在跌停价格上将市场上的抛盘全部低价吸入回补，利用信用交易的杠杆机制谋取巨额卖空利润，还可以利用场外衍生交易工具事先建构各种证券期货、证券期权、证券掉期等空头仓位。衍生工具的杠杆倍数越大，将上市公司证券压制在跌停的价差利益就越大。在这种情况下，约定交易者或者私下作价者之间从事的证券交易只有单向的卖出与买入，外观上完成了现实或者真实的金融商品交易，证券与资金的所有权进行了完全且充分的转移与变动。但是，因为私下作价或者约定交易所形成的成交价格及其影响下的市场价格是脱离真实供求关系的虚假价格，不能认为这种交易行为具备真实性。

其二，相对委托交易操纵犯罪实质的认识误区。

相对委托操纵的实质在于行为主体之间经过通谋或者串通完成相互之间的金融交易，影响证券、期货、衍生品交易价格、交易量。其中，行为主体的约定交易行为与价量影响之间的因果关系是推定的。这就决定了立法者在建构反市场操纵的法律规范之时，确认了相对委托交易行为本身及其影响下形成的市场价格的虚假性或者违法性。如果行为人提出有效的证据证明其基于商业目的从事双方约定的金融交易，则可以阻却相对委托交易行为具有市场操纵性质的推定。实践中不能无视相对委托操纵的虚假交易实质，而将具有真实商业基础行为主体之间的相对金融交易全部认定为市场操纵。

实践中，哪些相对委托交易可以认定为具有真实的商业基础，从而可以提出真实交易抗辩阻却市场操纵的属性确认，则应根据具体案件中的情况予以具体分析。

在美国司法实践中曾经出现过不少以真实交易为抗辩事由的相对委托操纵案件，典型判例是美国哥伦比亚特区联邦巡回上诉法院判决的 2005 年落基基金诉 SEC 案——罗纳德·布特扎德、约翰·鲍威尔以及斯蒂文·卡兰德拉均系资产管理公司落基基金的董事，上述自然人与洛基基金均持有纳斯达克上市公司“超级概念”股份公司股份。后布特扎德意图减持“超级概念”公司股份，律师建议通过证券经纪商在公开市场进行减持交易。此时鲍威尔、卡兰德拉等均有收购布特扎德股份的意愿。最后，鲍威尔、卡兰德拉等选择通过实际控制的多个证券账户，与布特扎德在约定的时间内以约定的价格、数量进行证券交易。但是，在布特扎德与鲍威尔、卡兰德拉实际控制的账户之间进行约定交易的过程中，其中有3个月的相关证券账户之间交易数据显示，并非布特扎德单方面向鲍威尔、卡兰德拉实际控制的账户转让证券，而是相关账户之间重复且以相对的方向反复进行证券交易。SEC根据罗纳德·布特扎德、约翰·鲍威尔以及斯蒂文·卡兰德拉以事先约定的时间、价格、数量等反复且相互进行证券交易的事实，起诉上述人员，主张其构成相对委托市场操纵。但是，布特扎德等被告提出真实交易抗辩，主张相关证券账户中的证券相互买卖行为，虽然没有金融市场交易意义上的实质经济价值，但主要是为了实现融资，即通过证券交易商提供的信用交易融通短期资金，并在资金使用之后卖出证券予以归还，没有通过相对委托操纵证券市场的目的，也没有从市场价格波动中谋取交易利润。一审法院认定被告的行为构成相对委托操纵，但二审法院认为，该案中的相对委托交易实际上是具有客观商业目的的真实证券交易，辩方提出的真实交易抗辩具有合理性，能够说明其相对委托交易是基于短期融资的需要，不具有通过相对委托影响证券价格或者交易量的虚假交易型操纵的行为性质。①

尽管上述案件发生在美国，但判例所内涵的问题，对于中国资本市场刑事司法实践分析相对委托操纵真实交易抗辩，具有非常有益的借鉴与参考价值。

当前中国资本市场已经全面铺开了融资融券这一信用交易机制，金融交易实践中也会出现上述案件中相类似的基于融资需求而执行的相对委托交易。根据融资融券交易相关监管规定与交易所规则，融资交易最显著的特征在于保证金交易，即证券公司向投资者融资前，事先向投资者收取一定比例的保证金。保证金可以是现金，也可以通过证券资产充抵。同时，投资者提交的保证金以及投资者融资买入的全部证券和融券卖出所得的全部价款，整体作

① Rockies Fund, Inc. v. SEC, 428 F. 3d 1088 (D. C. Cir. 2005).

为投资者对证券公司融资融券所生债务的担保物。[①] 在融资时间上，融资交易期限为 6 个月。在这样的融资信用交易规范框架下，行为人通过提供一定保证金的方式向证券公司融资进行交易，其买入证券的行为属于直接与交易对手方以事先约定的时间、价格、数量的方式进行金融交易，但实质价值在于通过交易对手方套出短期融资，在融资到期之前反向卖出证券向券商归还融资。这个交易过程在形式上显然属于相对委托，但由于操作者本质上并非意图影响证券市场交易价格，而是为了谋取从证券公司获取短期融资。[②] 对于这种以融资为实质目的的证券交易，究竟能否根据《证券法》《刑法》的相关规定将其认定为相对委托操纵违法犯罪，确实存在极大的争议。

单纯从《刑法》第 182 条第 1 款第 2 项相对委托操纵规范解释的角度分析，行为主体之间通过共谋的方式，以约定的时间、价格、数量等条件相互进行证券交易，如果有证据证明相关证券在行为人交易期间发生交易价格、交易量的异常波动，则符合价量操纵的构成要件。然而，从实质解释的角度分析，行为人提出融资目的的真实交易抗辩对抗市场操纵指控，也具有相当的说服力。因为相对委托交易操纵的本质在于通过虚假的金融交易制造虚假的金融商品供求关系信号，而信用交易机制下基于融资目的实施的相对委托交易，尽管背离了融资证券交易的初衷，但交易行为具有真实性，并且通过这种真实的交易能够为相关人员获取融资利益而非操纵性经济利益。在落基基金诉 SEC 案中，美国哥伦比亚特区联邦巡回上诉法院显然是采纳了实质解释的意见。

当然，直接以实质解释优先于构成要件规范解释从而排除基于融资日的的相对委托交易的市场操纵属性，在论证理由上会显得并不十分充分。笔者

① 具体而言，以《上海证券交易所融资融券交易实施细则》为例，投资者融资买入证券时，融资保证金比例不得低于50%。证券公司在不超过上述交易所规定比例的基础上，自行确定相关融资保证金比例。投资者以现金作为保证金时，可以全额计入保证金金额；以证券充抵保证金时，应当以证券市值或净值按交易所规定的下列折算率进行折算：上证 180 指数成分股股票的折算率最高不超过70%，非上证 180 指数成份股股票的折算率最高不超过65%；交易所交易型开放式指数基金折算率最高不超过90%；国债折算率最高不超过95%；其他上市证券投资基金和债券折算率最高不超过80%。

② 当然，这种融资交易行为是否构成融资或者贷款欺诈，对于融资融券信用交易体系会构成怎样的风险，则是另外需要深度分析的法律与金融问题。

认为，理解构成要件规范解释与市场操纵实质解释的差异化结论的关键在于准确梳理相对委托操纵的证明机制与违法性实质。相对委托交易操纵犯罪的形式要素是行为主体之间的约定交易；实质要素是价格等与金融商品紧密关联的市场要素受到特定意志与市场力量控制下的、相互进行的金融交易行为的影响。在市场操纵案件的刑事证明体系中，从相对委托到价量操纵是一个直接证明过程，而从价量操纵到市场操纵是一个间接推定过程。所以，应当允许辩方提出合理的、排除市场操纵性质的事由。以通过相对委托交易融通短期资金抗辩为例，如果行为人能够提供证据表明其融资交易资金走向——证券公司向融资信用交易账户提供资金供其买入证券，相对委托对手方卖出证券获取资金后转移至融资者实际控制账户供其短期使用，使用后将资金返还，再通过相对委托交易回购证券，融资者根据约定在相同的时间卖出证券向证券公司归还融资。在符合上述证据链条所还原事实的基础上，辩方反驳相对委托交易构成市场操纵的推定，是充分且合理的。如果没有进一步的证据证明行为人从相对委托引起的市场波动中从事相关证券交易谋取利润，就可以排除具有真实交易基础、具有相对委托外观的交易行为构成市场操纵。至于相对委托交易行为过程以及其中的特定环节是否构成非法融资，则属于其他层面的法律问题，不应当基于融资行为的非法性、资本市场事实上的波动性或者其他可适用刑法条款的缺位等因素，而将之强行认定为市场操纵。

第二节　连续交易操纵

实质交易操纵的核心内容在于通过具有真实金融商品产权变动的交易行为，非法控制该金融商品市场或者与该金融商品市场交易价格直接挂钩的证券、期货以及衍生品市场。《刑法》第 182 条第 1 款第 1 项明确将实质交易操纵规定为连续交易操纵。但是，由于连续交易操纵行为在形式上与金融商品投资或者投机中连续买卖没有差异，导致在市场操纵法律理论解释与司法实践中，对于连续交易操纵的把握存在诸多争议。有必要在充分阐释连续交易操纵行为构成的基础上，对司法认定中的疑难问题进行深度剖析，为市场操纵法律监管与合规管理实践提供理论参考。

一、主体结构、价量关系与操纵故意

连续交易操纵在行为主体上可以单独操作也可以联合实施，在行为内容上又与正常的连续交易投资或者投机行为具有形式等同性，在行为结果上具有区别于相对委托、洗售操纵不同的危害程度，亟须在法律理论层面对连续交易操纵构成要件疑难问题进行清晰且有效的规范解释。

（一）联合操纵的主体结构与责任分配

《刑法》第 182 条第 1 款第 1 项连续交易操纵的法律条文并未对这种类型的市场操纵主体设置任何形式条件限制，资本市场中的自然人或者法人投资者以及证券公司等专业投资机构，均可构成连续交易操纵的行为主体。连续交易操纵既可以单独实施，也可以联合操作。联合性的连续交易操纵行为主体是一种复杂的共犯结构形式，有必要予以深入分析。

构成联合性连续交易操纵的两个或者两个以上的行为主体显然必须具有在某一时段内一起买入或卖出特定金融商品的联合意图。形式上的联合意图与实质上的一致性行为都可以作为认定联合买卖主观意图的依据。形式上的联合意图是指行为主体之间具有约定或者通过谈判、协商等方式形成决定或协议。实质上的一致行动是指行为主体之间没有具体的决定或协议，但行为主体之间在资金、股权、身份等方面具有关联、控制等一致行动关系。实践中，联合性连续交易操纵是一种常态，资金提供者或者融资者、账户提供者、金融商品交易操盘者以及交易操纵计划制定与谋划者构成了联合主体结构中的组成部分。

在连续交易操纵联合主体结构中，承担不同犯罪分工的行为人在责任认定上应当对应着不同的司法规则：

其一，对于在连续交易操纵行为中专门负责形成或者促成“资金优势”“持股优势”的行为主体，即融资或者金融商品现货提供者而言，其作用主要在于配合操纵犯罪实行行为人完成一定的资金持有、金融商品持仓量，提供连续交易操纵资金、金融商品等方便的经济支持。只有在其主观上明知他人具有操纵市场故意，且客观上仍然给予资金或者金融商品供操纵实行者进行交易，才构成连续交易操纵的帮助犯。

其二，对于在连续交易操纵中提供证券、期货、衍生品等交易账户从而确保相关金融交易可以分散进行从而规避监管与市场关注的行为主体而言，有的表现为提供本人证券、期货、衍生品等交易账户，有的表现为联系、整合、集中大量“人头账户”，不能仅仅根据行为人在主观上是否明知而判断其是否构成连续交易操纵。明知他人连续交易操纵市场的现实需要而提供本人账户供其使用，尽管主观上存在故意且客观上提供了帮助行为，但由于连续交易操纵实际上是真实的金融商品交易行为，且单个交易账户在操纵账户体系中分担交易数量较少且具有明显的可替代性，并不会直接影响或者人为制造金融市场中的供求关系。因此，从社会危害性的角度分析，偶发性地向连续交易操纵者提供本人交易账户，可以认定为情节显著轻微、危害不大，而不作为连续交易操纵进行定罪处罚。但是，明知他人从事连续交易操纵而提供大量证券、期货、衍生品等交易账户，甚至是证券公司等金融机构利用机构掌握的大量账户或者账户管理权力等帮助市场操纵者分散交易仓位，进而降低交易与价格“解码”效应的，其在连续交易操纵结构中起到了关键性的帮助作用，应当作为联合操纵主体予以认定。

其三，对于根据操纵计划制定者或者谋划者指令具体操盘的行为人而言，应当根据在联合操纵主体结构中的角色定位判断其是否应当作为责任主体承担市场操纵的刑事责任。对于自然人连续交易操纵主体结构而言，操盘者不存在社会劳动分配意义上或者形式上的工作，而是单纯根据指令发布者的安排进行操盘，完全应当根据主观上是否知道或者应当知道本人实施的是连续交易操纵中的金融交易操盘行为，分析操盘者是否构成共犯结构中的一环。对于机构实施的连续交易操纵共犯而言，操盘者实际上是公司、企业员工，形式上具有正当的工作人员身份，实质上也从事部分正当且合法的工作任务，不能仅从主观明知与客观参与的角度直接认定相关员工构成市场操纵。更为合理的判断规则是，对操盘者的责任范围进行一定限制，只有全盘知悉连续交易操纵违法犯罪计划并全程参与连续交易操纵的操盘者，才有必要作为联合性操纵犯罪主体中的责任人员承担市场操纵的刑事责任。

（二）操纵交易价格与交易量

证券期货犯罪刑法理论对连续交易操纵行为构成中的利用资源优势、连续交易行为等核心要素已经进行了全面且深入的分析。[①] 但是，作为客观构成要件的操纵交易价格、交易量，在司法实践中仍然存在一些难点问题，非常值得关注。

构成连续交易操纵需要满足“操纵”证券、期货交易价格或者交易量的法定条件。细致对比《刑法》第182条操纵证券、期货市场罪明示规定的三种市场操纵行为模式可知，连续交易操纵、相对委托操纵、洗售操纵之间非常重要的区别在于，连续交易操纵在行为结果层面必须达到“操纵”证券交易价格或者交易量的程度，而相对委托操纵、洗售操纵只要达到“影响”证券交易价格或者交易量的程度。“操纵”与“影响”在因果关系强度以及刑事证明程度上的要求显然存在显著的差异，“操纵”的因果强度与证明力度必须超过“影响”。

《追诉标准二》在行为程度上设置了一定的量化指标，纯粹从成交量的角度量化“操纵”与“影响”之间的量度差异，并且将这种强度差控制在10%（证券）或者20%（期货）的标准。[②] 这种客观量度上的差异无法通过技术分析辨别优劣，实际上只是一种基于“常识”判断而形成的政策定位，在资本市场法律理论层面没有必要进行过度的肯定或者批判。但是，“操纵”与“影响”之间的区别，除了从成交量的角度进行理解之外，显然还应当着眼于委托申报量、价格波动等要素设定量化指标。同时，除了客观要素上的标准之外，还可以尝试从主观故意程度上区分操纵性故意与影响性故意，从而丰富“操纵”证券、期货交易价格或者交易量与“影响”证券、期货交易价格或者交易量之间的不同衡量与分析标准。[③]

---

① 参见刘宪权、谢杰：《证券期货犯罪刑法理论与实务》，上海人民出版社2012年版，第366~375页。

② 参见《追诉标准二》第39条第1项至第4项。

③ 下文论及的连续交易操纵主观目的限制性解释就是从主观构成的侧面丰富“操纵”与“影响”在整个市场操纵构成要件体系中的差异化内容。

（三）连续交易操纵故意

连续交易操纵主观上应当由故意构成，即明知单独或者联合实施的连续证券、期货、衍生品交易行为会产生操纵金融商品交易价格、交易量的危害结果，希望或者放任这种危害结果的发生。但是，这种主观故意的基本原理性概括实际上并不能完全满足连续交易操纵法律适用的实践需要。

正如前文所述，归属于实质交易操纵模式的连续交易操纵是真实的证券、期货、衍生品交易，涉嫌市场操纵的行为主体与证券、期货、衍生品市场中的交易对手方之间产生了有效的金融交易关系，要对这种具有真实交易基础的行为以市场操纵进行归责，必须在主观故意层面予以更为明确的限定。同时，根据有效资本市场理论，市场充分反映各种信息，作为整合在市场信息中的所有市场内容组成部分的任何交易行为，都是形成金融商品交易价格、交易量的重要因素与条件。即使连续交易行为导致了金融商品交易价格、交易量的显著变动，也不应当直接认定这是一种损害结果，或者以此认定特定市场参与者故意导致这种结果的行为具有违法性。

连续交易操纵行为与相对委托、洗售等操纵犯罪行为具有显著的区别。从行为内容的角度分析，相对委托、洗售等行为本身就是法律所禁止的行为，而连续交易显然是金融商品交易操作中的一种合法且必要的技术、策略，法律全然不应当予以禁止。所以，从法律与金融的双重角度进行分析，连续交易操纵的主观操纵故意不仅是判断能否构成犯罪的核心要素，而且应当在法律条文没有对操纵性连续交易行为与正当性连续交易市场行为进行实质区分的情况下，从故意内容着手进行合理的限制性解释。

尽管《刑法》第 182 条第 1 款第 1 项并没有对连续交易操纵的主观目的进行任何明示性的限定，但为了准确区分正常的连续交易投资或者投机行为与连续交易操纵行为，应当对连续交易操纵的目的进行一定程度的限定与解释，即连续交易操纵者主观上应当具有诱导他人实施相关金融商品交易或者其他人为制造金融商品交易价格、交易量的犯罪目的。

其一，疑似市场操纵者承认，或者执法、司法机构通过技术分析从金融商品交易数据记录中认定，疑似操纵者人为制造金融商品供求关系信号之后，吸引了资本市场投资者跟进接盘，操纵者从交易对手中获取了金融交易利润的，可以认为疑似操纵者具有诱导他人从事相关金融商品交易的目的。

其二，连续交易操纵通常以诱导他人从事相关金融交易为目的，但实践中显然还包括其他人为控制金融市场的犯罪目的。例如，在上市公司股票质押的情况下，对于出质股票者而言存在着一种质权人行使权利的风险，即质押股票有可能出现价值减少时，质权人提前处分股票，以所得价款提前清偿所担保的主债权。这种保全处分实际上是由证券交易价格具有极大的市场风险所决定的。对于通过股票质押获取贷款的行为人而言，该股票在证券市场中的交易价格与其贷款期限稳定性以及股票权利的完整性、可控性等具有密切的关系。实践中，有的股票质押人会通过连续交易操纵行为稳定上市公司股票，从而控制贷款人提前处分股票的风险。因此，对基于其他人为控制证券、期货等金融商品交易价格或者交易量的目的而实施连续交易的行为，也应当认定其具有市场操纵故意。

其三，从客观性的连续交易行为以及相关事实中判断行为人是否具有连续操纵犯罪故意，是一个主观构成要件客观化的分析过程或者规则概括。行为人能够提出相关客观事实证明其不具有连续交易操纵故意以及相关市场操纵目的的，应当排除连续交易行为的市场操纵违法犯罪性质。排除操纵故意的类型化客观事实主要包括：（1）基于资本市场供求关系或者其他优先买入或卖出证券、期货合约的需要，以低于当时市场平均申报价格的水平，甚至以涨停或跌停价格进行申报，从而买入或卖出证券、期货合约；（2）基于上市公司业绩、本人现金实际需要等因素，连续买入或者卖出证券，意图获取交易利润或者套现获取流动资金；（3）基于收购上市公司或者参与公司决策等原因进行提前准备，连续买入上市公司证券；（4）上市公司大股东、实际控制人等在外部力量打压或者做空上市公司证券交易价格时，基于维护上市公司股东利益、稳定证券价格等实际需要对上市公司股票进行增持等。

二、短线交易操纵与抗辩事由

连续交易操纵在司法实践中具有不同表现形式，既可以是极短交易时间内的急速拉升或者打压金融商品交易价格，也可以是通过连续买入使证券、期货合约、衍生品交易价格长期稳定在一定的水平。同时，部分涉嫌连续交易操纵的行为人会提出上市公司收购、控制上市公司股权等抗辩事由。由于司法解释以及实践经验中并未明确归纳连续交易操纵认定规则，造成连续交易操纵在认定上存在诸多疑难问题，有必要予以深入探讨。

（一）短线交易操纵行为属性

在短线操纵模式下，操纵者一般利用资金优势在较短时期内影响特定证券市场价格，在交易方式上具有周转迅速的特点，没有传统坐庄的较长建仓吸筹周期。短线操纵者大量买入或者卖出，将股价迅速拉抬或者打压，在较短时期内旋即完成抛盘，以赚取短线差价。[①] 由于长线连续交易操纵行为在资金、信息、持仓等资源优势集中上需要投入较大的成本，操作周期长，并且实践中出现操纵亏损的案件也不在少数，故当前资本市场中的连续交易操纵行为有相当数量的案件表现为短线交易操纵。例如，中国证监会公开披露的陈某生市场操纵案件，就是利用短线交易手法操纵市场的典型案例——陈某生通过短时间内大量堆积委托申报并立即撤单的方式快速拉升股价至涨停板，从而利用短期内剧烈波动的证券交易价差谋取交易利润。[②]

资本市场中的短线交易操纵行为是一直存在的，尤其是在开市、尾市等形成开盘价格或者收盘价格的集合竞价环节，通过短时间内大量且连续申报或者撤销操纵价格的行为屡禁不止。稽查力度相对较弱固然是短线交易操纵广泛存在的原因，但随着证监会执法力量的不断充实与稽查技术水平的迅速

---

① 参见蔡奕：《证券市场短线操纵的界定与规制法律难点分析》，载郭峰主编：《金融服务法评论》（第2卷），法律出版社2011年版。

② 参见中国证监会行政处罚决定书（2011）10号；强燕：《揭露陈某生短线操纵股价手法》，载《新快报》2011年4月16日A3版。

提高，[①] 反市场操纵违法犯罪认定标准缺乏明确性实际上成为难以有效惩治短线交易操纵的根本性障碍。在过去的市场操纵案件中，通过多账户、广布局等方式坐庄、拉抬股价进行操纵是比较常见的行为模式，行为人的持股量超过30%，比较容易认定。而在当前资本市场操作中，短线交易操纵逐渐成为主流行为手段。行为人在一两天或者一两周内即实施操纵策略、完成操纵行为，资金量相对较小，持股很少超过30%，获利后迅速撤退。[②] 但是，无论是《证券法》还是《刑法》的市场操纵违法犯罪条款都没有明确规定短线交易操纵的属性定位问题——短线交易操纵究竟归属于连续交易、相对委托、洗售操纵等明示规定的行为模式，还是应当根据“其他方法”操纵证券、期货市场进行规制。

对于短线交易操纵问题，行政处罚实践与刑法司法解释之间存在明显的认识分歧。在行政处罚实践中（如陈某生市场操纵案），短线交易操纵是根据《证券法》第77条第1款第4项即“其他方法”操纵证券市场的“兜底条款”认定其行为违法性的。[③] 但是，刑法司法解释规定，短线交易操纵属于《刑法》第182条第1款第1项规定的连续交易操纵的行为模式。[④] 可见，正是由于对短线交易操纵行为属性理解上的不一致，导致法律实践中尚未认定一起短线交易操纵犯罪。相对于长期策划实施、最后巨额亏损但仍然作为市场操纵处理的洗售、相对委托等传统操纵行为而言，以陈某生市场操纵案件为典型代表的短线交易操纵，能够在非常短暂的时间内获取数百万元的操纵利润，却无法根据《刑法》第182条操纵证券、期货市场罪进行规范震慑，反映出市场操纵法律规范的解释以及司法实践运作在配置刑罚措施过程中存在一定的结构性失衡。

---

① 参见吴敏：《肖钢：将新增600证券稽查执法人员》，载《新京报》2013年8月20日B6版。

② 参见证监会：《短线操纵成为目前市场操纵主流手法》，载《厦门商报》2012年7月3日B5版。

③ 在陈国生短线交易操纵案件中，证监会行政处罚文书明确指出，“陈某生采取多次拉抬股价、虚假申报、尾盘巨量堆单方式，影响了股票交易价格和交易量，扰乱了正常的市场交易秩序，违反了《证券法》第七十七条第四项的规定”。参见中国证监会行政处罚决定书（2011）10号。

④ 根据《追诉标准二》第39条的规定，单独或者合谋，当日连续申报买入或者卖出同一证券、期货合约并在成交前撤回申报，撤回申报量占当日该种证券总申报量或者该种期货合约总申报量50%以上的，构成市场操纵。

短线交易操纵在属性上具有连续交易操纵的性质，在符合操纵证券、期货交易价格或者交易量的量化标准的基础上，应当根据《刑法》第 182 条第 1 款第 1 项的规定将其认定为连续交易操纵。

理论上，短线交易操纵就是日内连续交易行为，包含了连续申报或者撤销、部分成交等金融交易行为，在执行相关交易的时间上，可以发生在交易时间的所有时间节点之内。从便利于实务认定与资本市场交易操作特点的角度进行分析，短线交易操纵可以区分为开盘短线交易操纵、收盘短线交易操纵、特定时间短线交易操纵等三种类型，而从这三种短线交易操纵行为机理的角度分析，均完全符合连续交易操纵的规范要素。

一是开盘短线交易操纵。开盘短线交易操纵是指行为人在即将开盘时，通过在集合竞价交易系统进行连续巨量申报或者撤销，或者拉抬、打压或锁定等手段控制集合竞价交易过程中的成交价格，操纵市场的行为。由于开盘价格对整个交易日及未来交易行情具有相当重要的信息指导价值，行为人通过巨量申报或者撤销等方式控制开盘价格，能够引起资本市场中投资者的高度关注，诱导其从事相关金融交易，操纵者则可以在高位抛盘或者低位买入，获取操纵利润。

二是收盘短线交易操纵。收盘短线交易操纵具体表现为：在即将收市时，连续巨量申报或撤销申报，或者实施拉抬、打压或锁定等交易，操纵收盘价格。收盘短线交易操纵的目的在于通过收市或者临近收市时的大额交易，操纵收盘价格的涨跌方向与幅度。在陈某生市场操纵案件中，行为人在尾盘阶段强势拉抬“力合股份”市场交易价格，封住涨停，并于随后的交易日高位抛盘谋利，就是典型的收盘短线交易操纵。需要特别强调的是，除了陈某生短线操纵案中持有多头仓位者通过收盘短线操纵拉高收市价格增加多头价值之外，操纵收盘价还能够为行为人提供各种市场优势或者利益——持有空头仓位者可以通过打压收市价格降低空头价格负担；对于采用保证金交易的融资、融券交易而言，收盘短线交易操纵能够为行为人获取稳定控制保证金数量等利益；对于其他以特定金融商品收盘价格作为结算依据的场外金融衍生品交易而言，操纵收盘价格能够使得行为人通过杠杆交易机制放大场外市场中的交易利润。

三是特定时间短线交易操纵。特定时间短线交易操纵一般是指在计算相关金融商品的参考价格或者结算价格的特定时间，通过巨量申报或者撤销，或者拉抬、打压或锁定等手段，操纵相关金融商品的参考价格或者结算价格的行为。所谓的特定时间，即计算金融商品及其衍生工具的交易价格、结算价格、参考价值的特定期间，包括计算修正可转换债券转股价、证券增发价、证券单位净值、衍生工具结算价格的特定时间等。特定时间短线交易操纵的经济动因在于，特定时间点的金融商品交易价格影响行为人在相关交易中的经济利益，通过连续交易控制特定时间金融商品交易价格，维持、扩大这种场内或场外衍生品交易的利润。

可见，短线交易操纵在行为上均表现为通过连续性金融商品交易的方式，人为控制资本市场特定交易品种的价格。尽管其中掺杂着虚假的巨量申报或者撤单行为，但控制金融商品价格变动的结果都是直接由真实的连续性交易行为造成的。巨量申报或撤单主要是其诱导投资者跟进的行为手段，也充分体现了连续交易操纵的常规性犯罪目的。因此，短线交易操纵行为应当属于《刑法》明示规定的连续交易操纵模式，具有明确的规范基础，符合追诉标准的，应当追究其刑事责任。当然，从《追诉标准二》的具体规定来看，仅仅从日内撤回申报量超过总申报量 50% 的一个分析指标框定刑事处罚的边界，导致短线交易操纵的量化标准显得过于单一。笔者建议，司法解释有必要丰富短线交易操纵犯罪的量化判断标准，并列使用金融商品交易申报与撤销申报比例、交易申报整体规模、非法获利数额等量化指标，将高度控制市场或者通过控制市场获取巨额利润的短线交易操纵纳入刑事处罚的范围。

（二）稳定股价

资本市场中经常出现券商、上市公司大股东、关联关系人以及其他投资者通过连续交易稳定上市公司股价的证券交易行为，这种稳定股价行为习惯上被称为安定操作（Stabilization）或者护盘。但是，这两个概念实际上存在一定区别。

安定操作通常是为了使有价证券的市场交易价格、交易量维持在一定水平，在法律规定许可的情况下，在证券市场连续买卖相关证券，或委托或受托买卖有价证券，稳定证券交易价格的行为。护盘一般是指在股价下跌后会产生较大损失或者其他不利局面的情况下，为了减少下跌的幅度，证券市场参与者会在股票价格下跌时，使用部分资金维持股价。实践中护盘的主要手段是在卖盘强大时适当买入股票，将股票价格控制在一定水平，以避免价格跌幅过大而形成更大损失。稳定股价行为集中表现为证券一级市场向二级市场过渡阶段的安定操作以及二级市场股价运行阶段的护盘操作。由于安定操作在证券法律法规中具有一定的规范基础，而护盘行为非常复杂，游走于投资、投机、过度投机、违规、违法、犯罪等多个模糊的界限之中且缺少有针对性的法律规制依据，理论上对安定操作与连续交易操纵违法犯罪之间界限问题的探讨较多，对护盘行为的分析较少。

中国《证券法》第 33 条规定：证券公司在代销、包销期内，对所代销、包销的证券应当保证先行出售给认购人，证券公司不得为本公司预留所代销的证券和预先购入并留存所包销的证券。基于此，刑法理论上有观点据此推论，我国证券法律制度禁止实施安定操作等稳定股价的行为。[①] 但是，《证券法》第 33 条实际上并未明确且直接禁止任何形式的安定操作等稳定股价行为，而只是从证券承销商的角度禁止单方面预留代理销售的证券。可见，中国证券监管法律规范体系允许在监管机构许可的情况下进行超额配售等具有维护股价稳定效果的操作。超额配售权（over-allotment option）又称为绿鞋期权（green shoe option），实际上就是证券发行人提供给证券主承销商的期权，期权主体有权按照承销证券总额的一定比例超额向市场发售证券。[②] 所以，中国证券市场并不完全或者直接明确安定操作等稳定股价行为的合法性或非法性问题，而是要求在符合证券行政法律规定的情况下进行稳定股价等市场操作。

然而，正是因为超额配售权等稳定股价行为或者相关机制对证券市场中的价格形成确实施加了人为控制影响，并且在形式上表现为通过连续买卖证券的方式控制证券交易价格、交易量，理论上对于此类稳定股价行为与操纵

---

① 参见鞠曦明：《试论操纵证券市场罪中的“其他方法”》，载《犯罪研究》2010 年第 3 期。

② See Stefano Lombardo, “The Stabilisation of the Share Price of IPOs in the United States and the European Union”, 8 *European Business Organization Law Review* 521 (2007).

证券市场违法犯罪的关系以及前者引发后者的风险问题，存在较大的认识分歧。有观点认为，安定操作是暂时缓解证券供大于求的措施，可以帮助发行公司迅速而有效地取得所需资金。[①] 反对意见认为，安定操作等稳定股价行为没有积极改变证券市场的交易价格，但这种消极维持价格操作同样阻碍了自然市场竞争的价格形成机制，本质上仍是市场操纵。[②] 安定操作是人为控制证券价格的上涨或下跌，或者维持证券价格稳定，同时造成证券市场交易活跃的虚假繁荣。一旦承销活动完成，安定操作结束，证券价格可能因为失去人为支撑而发生异常波动，导致安定操作期间交易的投资者造成损失。[③] 折衷的观点认为，实施安定操作前，行为人须向证券监管机构、交易所报告，安定操作证券价格不得高于实施安定操作前日的收盘价，并有义务进行充分的信息披露；只有违反程序性规定的安定操作才构成市场操纵。[④]

无论是具有规范基础的安定操作，还是在现有规范框架下没有具体操作依据的护盘行为，本质上都是通过连续性交易将相关金融商品人为控制在一定的价格、交易量水平。主观上，安定操作与护盘的行为主体都具有影响金融商品交易价格、交易量并从中获取利益的目的；客观上，市场价格发现机制与充分竞争秩序被人为干扰。人为造成金融商品交易价格波动与人为控制证券交易水平或维持价格稳定，是连续交易操纵行为的两种不同表现形式，都具备市场操纵的行为特征。

当然，在认定安定操作与护盘等稳定股价行为是否具有连续交易操纵违法犯罪性质时，应当进一步从正反两方面予以具体分析：

其一，人为控制股价的行为应当构成连续交易操纵违法犯罪。《刑法》第182条第1款第1项连续交易操纵的法律规定，旨在震慑与规范通过资源优势人为控制证券交易价格、交易量的行为，对于在资本市场中发行与交易的证券，均不能直接或间接地受控于特定市场参与者的证券交易行为。意图以人为力量

---

① 参见沈厚富：《证券交易市场操纵行为的法律分析》，载梁慧星主编：《民商法论丛》（第7卷），法律出版社1997年版。

② 参见陈建旭：《日本证券法之操纵市场罪及其借鉴价值》，载《北方法学》2008年第2期。

③ 参见鞠曦明：《试论操纵证券市场罪中的“其他方法”》，载《犯罪研究》2010年第3期。

④ 参见岑剑平：《论证券操纵行为》，载《河北法学》1999年第5期。

控制证券交易价格、交易量，不仅具有诱导他人从事相关证券交易的风险，而且本质上使证券交易机制脱离了市场竞争，扰乱了正常供求关系。一旦证券交易失去人为的价格支撑，会出现剧烈震荡进而损害证券市场中的投资者利益。

其二，安定操作、护盘等稳定股价行为本身也是证券市场交易行为的重要组成部分，在进行充分且及时的信息披露的情况下，通过自由竞争实现稳定股价目的，是正常利用资金、证券、信息优势的竞争性证券交易行为，不应当作为连续交易操纵违法犯罪处理。连续交易操纵的违法性实质在于通过滥用资源优势人为控制证券市场，扰乱正常价格发现机制与资本竞争秩序。但是，在信息披露充分且及时的情况下，连续交易者相当于向市场公开了其对证券交易价格的阶段性评估与认识，排除了具有诱导投资者从事相关证券交易并从中获取欺诈利益的违法犯罪目的。实践中，大股东增持是一种常见的护盘行为，上市公司大股东按照规定进行信息披露之后的连续交易行为，意味着大股东对上市公司股票价值的认同，对于证券交易机制不但没有破坏作用，反而具有价格指导意义。① 证券市场投资者认可相关连续交易者定价结论的，可以采取交易方向相同的策略，证券市场投资者否定其定价意见的，可以通过证券交易与其竞争。在市场充分竞争的基础上，即使连续交易者人为控制了证券交易价格，将价格稳定在一定的水平，也只能将之评价为市场竞争的结果，而非市场操纵的损害结果。② 所以，连续交易主体披露稳定股价措施具体内容、安排、稳定股价措施条件、最终状态（如持股比例，增持计划时间区间、价格区间和投入金额区间等）的，是通过连续性证券交易参与竞争而非排除竞争的单纯人为控制，不应认定为连续交易操纵。

（三）正当目的抗辩

中国资本市场中的市场操纵案件往往涉及行为人实际控制大部分或者绝

① 参见杨磊：《大股东增持稳定股价 重仓基金跟着沾光》，载《证券时报》2012 年 1 月 9 日 B5 版。

② 应当看到，不仅《刑法》第 182 条第 1 款第 1 项规定的连续交易操纵条款以及相关司法解释完全没有从实质违法性层面纵向规定不具有市场操纵性质的安定操作、护盘等稳定股价行为类型，而且《证券法》在这方面的规定也是相当粗陋。尽管中国证监会从部委规章层面规定了安定操作的信息披露要点，但法律层级过低；有关护盘行为的信息披露规定甚至主要是由证券交易所规则予以监督与管理。因此，有必要全面梳理与稳定股价行为有关的信息披露规则与排除市场操纵性质判断规则（“安全港”规则），以便行政执法与刑事司法准确适用反操纵条款。

大部分上市公司股票流通市值,[①] 而通过连续交易大量收购、控制并持有上市公司流通股份本身并不是一种操纵市场行为。司法实践中，行为人通常提出其证券交易以及持有巨量股票具有正当性目的（例如，连续买入股票后准备并实际持有；意图通过较大规模的持股从而通过委派董事等参与上市公司经营管理；准备实施上市公司私有化等），而目前的法律实务中并没有明确总结出具有针对性的司法认定规则，从而难以依据一套具有可操作性的实务规则，判断上述正当目的抗辩是否具有合法性与合理性。

基于正常的投资或者商业目的的连续证券交易行为应当排除在市场操纵违法犯罪之外。因为市场参与者基于获取上市公司控制权或者经营权的目的，通过在公开市场中连续交易买入上市公司证券，完全不具有操纵证券市场的目的与现实影响。但是，这种连续交易操纵案件中的正当目的抗辩应当建筑在行为人在连续交易证券中履行了信息披露的法定义务，如果违反信息披露规定并通过连续交易控制上市公司股票，除非提供反证说明不存在操纵证券市场的行为与目的，否则，应当认定为连续交易操纵。

连续证券交易控制上市公司股份应当进行充分且及时的信息披露。[②] 正当的收购上市公司、获取控制权等商业或投资目的以及与其相关的连续性证券交易行为，必须按照信息披露实体规范与程序操作进行，根本不会涉及市场操纵违法犯罪的问题。如果行为人规避信息披露法定义务，通过分散证券

---

① 例如，在农凯集团、周某毅等操纵股票交易价格案中，1999 年 6 月 24 日，周某毅旗下的农凯集团首次买入徐工科技股票66 万股，涉及资金758 万元。11 月 26 日，上述账户持有徐工科技3034 万股，持股比例首次超过了流通股股本（下同）50%；2000 年5 月16 日，持股4298 万股，持股比例为70.90%；2001 年7 月16 日，持股1.42 亿股，首次超过90%；11 月21 日，最多时持股1.85 亿股，持股比例高达95.93%. 此后，农凯集团开始减持徐工科技股票，抛售的价格是高于持仓成本10 元左右。至事发的2003 年 5 月 27 日，持股超过 1.79 亿股，比例仍高达 92.26%。参见伊奋元、田雨：《周某毅一审被判有期徒刑3 年》，载《检察风云》2004 年第12 期；上海市第一中级人民法院刑事判决书（2004）沪一中刑初字第77 号。

② 根据《证券法》有关上市公司收购的规定，通过证券交易所的证券交易，投资者持有一个上市公司已发行的股份的5%时，应当在该事实发生之日起3 日内，向国务院证券监督管理机构、证券交易所作出书面报告，通知该上市公司，并予以公告；投资者持有一个上市公司已发行的股份的5%后，通过证券交易所的证券交易，其所持该上市公司已发行的股份比例每增加或者减少5%，应当进行报告和公告。通过证券交易所的证券交易，投资者持有一个上市公司已发行的股份的30%时，继续进行收购的，应当依法向该上市公司所有股东发出收购要约。但经国务院证券监督管理机构免除发出要约的除外。

账户交易的方式陆续控制上市公司大量流通股，则在整个行为过程中剥夺了证券市场投资者在公开、公平、公正的条件下进行投资决策的权利，具有操纵证券市场的高度风险。在相关连续交易行为符合《刑法》以及司法解释有关连续交易操纵标准的基础上，应当推定这种行为具有操纵证券市场的性质，除非行为人提供反证合理反驳推定。

以沸点公司、张某坤、韩某河等操纵股票价格案为例，张某坤以及华安基金控制下的账户通过连续高价买入上市公司股份，取得上市公司绝大部分流通盘的实际控制权，[①] 沸点公司、张某坤等提出获取上市公司控制权抗辩，但这一辩护意见并不能推翻连续交易操纵的性质判定。除了连续交易操纵行为完全符合《刑法》以及司法解释的规定及量化标准之外，在行为手段上，沸点公司、张某坤等通过实际控制的证券账户分散控制上市公司流通盘，逃避《证券法》规定的持股信息披露义务；在行为结果上，在其连续交易操作期间，由于实际控制绝大多数上市公司股份，证券交易价格的上涨与连续交易行为直接相关；在行为目的上，张某坤等通过分散操作、规避监管等方式从事连续性证券交易，可以推定具有诱导投资者接盘并伺机出货谋利的目的，并且沸点公司、张某坤等亦没有提供证据证明通过隐蔽持仓的方式获取公司控制权的正当商业目的。尽管沸点公司、张某坤等在相对长的期间内持有上市公司证券，但根本原因并非行为人不具有操纵故意，而是由于同期证券市场整体行情较差，操纵者被高位“套牢”。

因此，在违反信息披露法定义务的情况下，行为人连续买入证券后，即使长期持有，甚至取得上市公司董事席位等管理权限，此类正当目的的抗辩并不能直接阻却市场操纵性质。操纵证券市场与取得经营权、对上市公司股份进行实质控制等可以同时存在。行为人应当进一步举证其逃避信息披露义务

---

① 在2000年12月8日至2006年7月21日期间，韩某河利用担任华安基金管理有限公司总经理的职务便利，为张某坤在二级市场操纵海欣股份股票交易价格提供帮助，在股价被拉升至近30元、涨幅近90%时，证券市场行情突变，经历了长期的熊市，海欣股份股价持续下挫，张某坤被无法抛售。案发时张某坤控制的海欣股份持股总量超过3400万股；华安基金、张某坤实际控制账户最高时期持有海欣股份流通盘超过91%。参见陈中小路、赵何娟：《还原张某坤》，载《中国民营科技与经济》2008年第21期；陈中小路、杨海鹏：《张某坤案终局》，载《财经》2008年第14期；上海市第一中级人民法院刑事判决书（2007）沪一中刑初字第221号。

的行为不具有市场操纵目的、长期持有上市公司证券并非基于高位“套牢”等，才能推翻市场操纵的合理推定。

第三节　利益冲突与虚假信息操纵

在信息型操纵中，利益冲突市场操纵的违法性实质并不在于信息本身所具有的虚假性或者欺骗性，而是金融市场中的信息发布者与接受者之间存在利益冲突。正是这种利益冲突决定了特定市场参与者只能在信息发布行为和与该信息有关的金融交易行为之中选择其一。如果特定市场参与者在发布信息的同时实施与该信息有关的金融交易行为，就会基于非法控制信息接收者的资本配置行为而触发市场操纵违法犯罪的法律责任，即构成抢帽子交易操纵。中国资本市场的反市场操纵法律实践之所以对抢帽子交易是否构成市场操纵存在极大的争议，表面原因是中国法律规范并没有十分明确地对抢帽子交易的法律性质进行界定，但根本原因是对抢帽子交易利益冲突的法律与金融层面的双重实质缺乏深刻的把握。有必要在利益冲突违法性实质的指引下，对抢帽子交易操纵法律实践判断中的疑难问题进行深入的审视与洞悉。此外，对于不存在信息披露义务或者利益冲突问题的行为主体而言，其向市场发布信息从而可能触及反市场操纵条款的前提与基础，应当限定为相关信息具有虚假性、误导性或者欺诈性。这种市场操纵行为模式在理论上归属于虚假交易操纵，实践中称为蛊惑交易操纵。法律理论与实践对于虚假交易操纵并没有进行准确的定位，这在很大程度上造成了惩治与防控蛊惑交易操纵时存在一定的规范不明确性或者不确定性。因此，亟须通过虚假交易操纵的法律与金融分析研究蛊惑交易操纵的细化规则。

一、抢帽子交易操纵

抢帽子交易操纵的行为机理决定了在技术层面难以量化性地确认证券、期货投资咨询机构、资产管理公司、财经媒体等行为主体发布的证券、期货信息对资本市场投资者（投机者）决策行为的影响。因此，在认定抢帽子交易操纵的过程中，应当坚持相对严格的把控，从而控制抢帽子交易操纵法律监管的合理边界。

（一）媒体从业人员发布利益冲突信息谋取交易利益

抢帽子交易操纵意图实现谋取证券、期货、衍生品市场中的交易利润，需要控制特定证券、期货等金融商品所对应的相当数量的资本流动。由于电视、电台、报刊、网络等财经新闻媒体对于证券、期货市场投资者的决策具有重大影响，相当数量的抢帽子交易操纵中的信息发布需要依靠媒体从业人员的协助予以实施以及实现证券、期货投资信息的大规模推广与传播。在此过程中，确实有一部分媒体从业人员利用发布利益冲突信息谋取证券、期货交易利益。甚至也有部分媒体从业人员在事先持有相关证券、期货仓位的情况下，独立发布或者联合其他媒体共同发布有关上市公司及其发行证券利好或者利空的报道，随后通过实施相关金融商品交易谋取利益。

财经新闻媒体从业人员的这种行为是否能够认定为市场操纵，法律实务中存在较大的疑难与困惑。尽管财经新闻媒体及其从业人员在我国现有的反市场操纵法律以及司法解释的规范框架下，不能单独构成抢帽子交易操纵的行为主体，① 但在部分成熟资本市场的法律监管框架下，媒体从业人员可以独立构成抢帽子交易操纵违法犯罪的主体。例如，英国《金融服务与市场法》第118A条规定，对于新闻从业人员实施的传播信息行为，应当充分考量其职业准则，一般不作为市场滥用处理，除非其直接或者间接从传播信息中获取任何好处或者利益。② 同时，财经新闻媒体从业人员在与证券、期货投资咨询机构通谋的情况下完全可以构成抢帽子交易操纵。所以，分析新闻媒体从业人员利用利益冲突信息从事相关证券交易谋利行为是否能够构成抢帽子交易操纵，具有重大的实践意义。

---

① 根据《追诉标准二》第39条第7项的规定，证券公司、证券投资咨询机构、专业中介机构或者从业人员，违背有关从业禁止的规定，买卖或者持有相关证券，通过对证券或者其发行人、上市公司公开作出评价、预测或者投资建议，在该证券的交易中谋取利益，情节严重的，应当以操纵证券、期货市场罪立案追诉。所以，根据我国的法律规定，抢帽子交易的犯罪主体只能是“证券公司、证券投资咨询机构、专业中介机构或者从业人员”，媒体及其从业人员不能构成抢帽子交易操纵的主体。

② Financial Services and Markets Act 2000 § 118A Supplementary Provision about Certain Behaviour.

在判断财经新闻媒体从业人员是否构成抢帽子交易操纵违法犯罪问题时，应当采取相对严格的司法认定理念与法律判断标准以及具有纵深性的司法判断规则。在司法实务中审慎判断相关新闻媒体从业人员的交易行为是否构成抢帽子交易操纵，应当严格按照明知利益冲突、排除一般违规、附加处罚条件、严格审查信息内容等四个层次的纵深性规则，限制此类行为的入罪范围。

第一，在金融投资咨询机构、资产关机公司等编制具有利益冲突的金融投资信息，经媒体从业人员审核后在媒体平台发布的情况下，只有新闻媒体机构及其从业人员明知相关金融投资咨询机构在发布信息之前或者同时已经持有与信息所涉及的证券、期货交易仓位的，才具有将媒体机构及其从业人员认定为抢帽子交易操纵共犯的归责基础。

在媒体机构及其从业人员对金融投资咨询机构拟在媒体平台发布的信息进行必要的审查之后，根本无从知悉证券、期货投资咨询机构在发布信息之前已经持有相关证券、期货仓位的，不能根据操纵证券市场违法犯罪追究法律责任。因为新闻记者、编辑、评论员等媒体从业人员，客观上没有必要的条件判断与审查金融投资咨询机构是否持有其推荐、评价的股票或者债券。媒体只需完成形式审查义务，法律显然不应当强求媒体从业人员对研究报告、金融分析背后的证券、期货投资咨询机构及其从业人员的金融交易情况进行实质审查。因此，认定媒体从业人员构成抢帽子交易操纵的共犯，应当在主观故意上就上述明知内容进行充分且确实的证明。

第二，媒体机构及其从业人员的行为符合抢帽子交易基本要件的——在事先持有或者建构相关证券、期货、衍生品仓位的情况下，发布与金融商品及其发行人有关的利好或者利空信息，随后进行相对应的卖出或者买入的证券、期货、衍生品交易操作，并且获取巨额利益的——仍然不能直接认定为抢帽子交易操纵。

资本市场实务操作或者司法实践中，确实存在财经记者、评论员等对投资者具有较大影响力的财经界“意见领袖”，提前买入或者做空相关证券，利用新闻媒体从业的职务便利，针对证券及其发行人的情况发布利好或者利空信息，在随后的证券交易价格上升时抛售股票，在随后的证券交易价格下降时买入，谋取巨额交易利润。传统证券期货犯罪刑法理论上有一种具有代表性的观点认为，这种通过发布信息影响市场并从中赚取价差的行为，应当认定为具有市场操纵的故意与行为。[①]

然而，在新闻媒体机构及其从业人员根据对市场公开资料的分析发布相关意见或者评论时，只要没有对基本的事实进行虚构或者编造，没有对评论意见进行夸大与扭曲，这种资本市场中的信息传递行为并不属于失实的新闻报道与评论。同时，新闻媒体机构及其从业人员向证券、期货市场投资者发布信息，本身就是要通过这种信息传播的方式进行言论阐释，对于资本市场或者相关投资者的资本配置行为产生影响，显然也是言论自由权利行使的当然结果，不能直接认定具有市场操纵的违法犯罪故意。新闻媒体机构及其从业人员针对其评论、报道的证券从事相关金融交易，就交易行为本身而言，实际上就是财经媒体人员根据专业知识进行市场投资或者投机，并不具有市场操纵违法犯罪的行为属性。当然，新闻机构及其从业人员没有向市场披露其评论、报道的金融商品相关的交易信息，在法律上应当属于对利益冲突信息的隐瞒，应当根据相关财经新闻媒体证券交易禁止性规定以及新闻职业道德规范，认定其利用利益冲突信息谋取证券交易利益的行为构成违规、违法，但直接不能认定其构成抢帽子交易操纵。

第三，媒体机构及其从业人员撰写、报道、发表、评论、传播严重背离事实、未经查证、编造的虚假金融投资信息，在事先或者信息发布同时建构相关仓位的情况下，通过发布虚假信息引发资本市场波动，随后从事相关金融商品交易谋取巨额利益的，应当认定为抢帽子交易操纵。

正如前文市场操纵机理部分所述，抢帽子交易操纵的实质在于信息发布者与信息接收者之间的利益冲突，故通常情况下构成抢帽子交易操纵不需要就信息是否具有虚假性问题进行考察。但是，为了针对新闻媒体这一特殊行业的言论自由与新闻自由施加一定的制度保护，有必要在信息内容要素层面设置一定的附加条件，建构专属于新闻媒体从业人员抢帽子交易操纵的独立要件。在符合抢帽子交易操纵基本构成要件的基础上，新闻媒体从业人员构

① 参见刘连煜：《新证券交易法实例研习》，元照出版2007年版，第453页。

成抢帽子交易操纵的前提是其传递的信息具有虚假性。在认定相关行为是否符合发布、评论虚假金融市场信息时，应当根据案件中的客观情况进行严格的、限定性的解释与分析。因为资本市场中的信息具有极强的专业性，新闻媒体从业人员基于专业知识、经验、判断能力、调查水平等综合情况的限制与差异，不能要求必须对失实报道承担市场操纵违法犯罪的责任。即使传播的信息属于虚假证券、期货信息，但如果媒体机构及其从业人员能够提出失实报道的合理来源与依据，例如，对相关报道或者评论进行采访、对上市公司财务情况进行了调查等，则不能认定为编造并传播虚假证券、期货信息。目前以《追诉标准二》为代表的资本市场违法犯罪司法解释并没有将新闻媒体机构及其从业人员利用利益冲突信息从事证券、期货交易谋利的行为作为市场操纵处理，主要也是基于保护新闻媒体言论自由的宪法价值考量而在刑法适用层面采取的司法克制定位。所以，在法律实践中，只有对特别严重的虚假证券、期货信息传播媒体机构及其从业人员实施的非法利益特别巨大的证券、期货交易行为，才能以市场操纵追究其法律责任。

第四，判断新闻媒体从业人员发布金融市场投资信息是否具有虚假性，应当适用独立的标准。

如何确立新闻媒体从业人员发布证券期货投资报道等市场信息的虚假性判断标准是反市场操纵司法实践中的疑难问题。我国台湾地区资本市场中发生的劲永公司股票操纵案就是一起典型案例：张某宽是台湾证券交易所上市部中级专员，负责公司股票上市审查、上市公司财务报告出现异常的项目查核等业务。2004 年 11 月，张某宽根据证交所主管指示，协助其同事陈某怡对在台湾地区证交所上市的劲永公司进行实地查核，在履行职务过程中知悉证交所准备对劲永公司疑似财务造假事件展开调查。张某宽意图提前卖空劲永公司，利用利空信息造成劲永公司股价下跌，并从股票价差中谋取卖空利润。张某宽通过林某宏、林某达的信息传递，在没有证据材料依据的情况下，将劲永公司财务造假将被证交所调查的信息转达至“联合报”记者高某亿。基于这一信息渠道，高某亿与其同事张某业撰写了《劲永财报疑不实两成“灌水”》的财经报道，并发表于“联合报”2005 年 1 月 25 日 A5 版。利空信息经报纸向市场传递之后，劲永公司股价从立即下跌 1 元/股。直至 2005

年3月中旬，记者高某亿使用类似方法，通过撰写并发表新闻报道的方式向市场散布与劲永公司有关的、没有证据材料依据的利空、利好信息，提前买入劲永公司股票，利用利好信息拉升股价之后，高位卖出获利，或者提前卖空劲永公司股票，利用利空信息压制股价之后，低价买入回补，反复操作共计获利2000余万元新台币。相关报道使用“疑似财务造假”（利空信息）、“目前股价水平属于低估，未来股价下探空间不大，有机会挑战12元关口”（利好信息）等措辞；报道中对上市公司的评估、质疑都不符合实际情况。检察官以违反“证券交易法”起诉该记者操纵有价证券，但一审、二审法院均判决被告人无罪。本案的争议焦点在于如何确定记者报道证券信息虚假性的判断标准。主张有罪的核心理由是，记者在没有证据材料的情况下发布与上市公司业绩有关的利空或者利好报道，经查证与事实不符的，应当认定其新闻报道为虚假信息。主张无罪的主要论据是，要求记者一定要在掌握确切证据材料的基础上才能够报道相关财经新闻，否则该信息就是虚假信息，显然严格限制了媒体与记者的言论自由与新闻自由，这种信息虚假性判断标准不应当适用于新闻媒体从业人员抢帽子交易操纵案件。

金融市场新闻报道信息的虚假性认定应当适用独立的司法判断规则。普通市场信息与实际情况相背离、对特定事件的信息化反应不真实，可以认定为虚假信息。但是，维护新闻自由与保障金融市场参与者产权之间价值平衡的现实需要决定了金融市场中的虚假新闻报道应当从信息内容、行为主体主观认知等角度进行区别于一般虚假信息认定标准的甄别。其一，在信息内容上，媒体从业人员基于现有的资料对上市公司的财务状况进行猜测、对上市公司基本面进行推论、对上市公司股价发展趋势进行评估，以“看好”“看空”“估值较高”“估值较低”“疑似”等估计、推断、揣测等意见发表的方式发表信息，均属于常规的新闻报道模式。即使事后将信息内容与事态发展进行比对能够确认报道的信息是错误的，亦不能将该报道认定为虚假信息。因为新闻记者对信息进行发布、对新闻事件进行推测或者评价，本来就不可能形成统一口径或者精准符合事件客观情况。如果要求新闻报道的结论、评价、意见均符合事件的性质与过程，新闻自由也就丧失了存在的基础与价值。

但是，如果媒体从业人员在新闻报道中编造证据、材料支撑其错误的评价与猜测的，该信息则超越了失实报道的界限而具备了虚假信息的客观特征。其二，在媒体从业人员对其进行的新闻报道的主观认识上，即使其不能证明报道、言论所内含的信息是真实的，但只要根据自己拥有的资料和自主判断能够合理相信信息是真实的，就不能认定其散布虚假信息与利益冲突信息进而构成抢帽子交易操纵。媒体从业人员对与特定金融商品市场表现有关的事件进行报道，除了搜集、整理、表述相关事实与材料之外，不可避免地会融入报道主体对事件的认识、评价以及对未来发展趋势的预测。这种新闻报道中的主观判断与趋势揣测是媒体从业人员基于当前有限的材料作出的分析与推论，只要没有严重违反新闻报道的专业标准、写作规范，不仅不受到现行法律规范的禁止，而且没有义务保证报道内容与客观事实及其发展完全吻合。媒体从业人员合理相信新闻报道是真实的，无须达到向市场传递的信息具有客观真实性的证明标准。没有确实与充分的证据排除合理怀疑地证明新闻报道者明知其撰写与发表的信息是虚假的，就不能认定信息具有虚假性。结合上述新闻报道虚假性判断标准，就劲永公司股票操纵案中的新闻报道虚假性判断问题而言，该记者发表的新闻报道具有一定的新闻价值与信息来源渠道，报道所使用的措辞相对普通、保守与克制，没有证据证明其明知信息失实，不应当认定该篇新闻报道构成虚假信息。

（二）实害结果

抢帽子交易操纵的实际损害结果可以是受到利益冲突信息诱导的投资者在证券交易过程中产生损失，也可以是证券市场中特定证券的交易价格、交易量发生重大异常波动。抢帽子交易操纵的实际损害结果应当以非法获利数额为核心进行评估。同时，抢帽子交易操纵的起刑点数额标准不仅应当在非法获利金额上明显高于抢帽子交易操纵违法行为，而且应当明显高于与市场操纵具有相当性的其他资本市场违法犯罪（如内幕交易罪、利用未公开信息交易罪）非法获利入罪标准。所以，作为抢帽子交易操纵入罪标准的非法获利数额可以界定在一个相对较高的数量层级如3000万元。此外，还有必要增设其他条件，进一步对情节严重予以量化，例如，抢帽子交易操纵行为引起

5000人以上的代表人诉讼或者金融集团诉讼。这种量化性的实际获利、实际衍生损害标准，不仅具有限制资本市场刑法介入程度的效果，而且可以为司法实务部门提供简便且确定的技术性判断尺度。

二、蛊惑交易操纵

蛊惑交易操纵表现为向资本市场及投资者编造、传播、提供、发布不真实、不准确、不完整或不确定的重大信息，诱导投资者在不了解真实且全面信息的情况下从事相关证券、期货、衍生品交易，从而通过预期的资本市场价格波动谋取金融交易利润。可见，蛊惑交易操纵在行为机理上是比较复杂的，在实践中通常会涉及多方面的判断难题，亟须厘清虚假信息重大性、信息欺诈行为、上市公司信息操纵行为等问题的司法认定规则。

（一）虚假信息重大性

在蛊惑交易操纵中，作为行为对象的虚假信息应当具备重大性，即行为人编造、传播、散布不真实、不完整、不确定的欺诈性、虚假性信息，必须可能对资本市场中的投资者造成重大影响，或者可能对特定金融商品市场价格产生重大影响。虚假重大信息是能够对具有一般资本市场知识的普通投资者（投机者）的资本配置决策产生重大影响的事实或事件内容的信息化反应，只是这种反应是资本市场中人为编造、虚幻失实的干扰性价格信号。在认定蛊惑交易操纵虚假信息重大性的过程中，应当注重从其他资本市场违法犯罪中与重大信息有关的个罪中，对信息重大性的基本规范标准进行定位。内幕交易、泄露内幕信息罪、利用未公开信息交易罪中涉及内幕信息与内幕信息之外的其他未公开信息。《证券法》《刑法》中内幕信息与未公开信息所覆盖的证券、期货法律规范，已经内含了相对全面的信息重大性判断规则，完全可以在蛊惑交易操纵信息重大性的分析中予以适用。①

---

① 详细的信息重大性判断规则参见谢杰：《操纵资本市场违法犯罪刑法规制研究》，上海人民出版社2013年版，第259~270页；谢杰：《利用未公开信息交易罪的规范解释与实践应用》，载彭东主编，《刑事司法指南（总第51集）》，法律出版社2012年版，第99~102页；谢杰：《内幕信息形成时间判断规则研究》，载《证券市场导报》2013年第8期。

蛊惑交易操纵案件中的虚假信息在内容上通常与上市公司资产、财务、经营、管理等重大事项有关，信息重大性判断一般不存在很大的争议。

例如，2012年“散布网络信息攻击上市公司伊利股份案”是近期在我国资本市场中引发高度关注的编造并传播证券交易虚假信息罪判决。张某林（在逃）、李某晓、张某军、周某、姜某等人炮制了名为《内幕惨不忍睹：伊利被这样掏空》的文章并在互联网上广泛传播。虚假信息公开后不到1小时就导致市场出现恐慌性抛盘，伊利股份旋即跌停。[①] 信息内容涉及上市公司资产被掏空这样的敏感且重大问题，决定了该案中的虚假信息具备重大性。

再如，1997年《刑法》实施后我国首例编造并传播虚假证券交易信息罪案件中，被告人李某兴连续向深圳证券交易所、上市公司江苏三山实业股份有限公司（以下简称三山实业，现更名为四环生物，股票代码：000518）、《深圳特区报》《特区证券报》等单位电话告知、邮寄、传真虚假信息，谎称“广西北海正大置业有限公司”共收购三山实业股票250.33万股，占三山实业流通股的5.006%，要求予以信息披露。后《特区证券报》原文刊登了被告人李某兴提供的虚假收购信息。经查证，工商登记系统中并不存在“广西北海正大置业有限公司”的信息，证券交易所交易记录中亦不存在被告人李某兴编造的收购信息与交易数据。[②] 信息内容涉及上市公司收购意味着该案中的虚假信息显然具备重大性。

蛊惑交易操纵司法实践中相对困难的法律适用问题：行为人所编造并传播的信息内容虚假性颇为明显、信息所内含的事件发生概率非常低、信息实际上很难令人相信，但是，相当数量的市场参与者受到信息影响改变资本配

---

① 法院认为，被告人李某晓等4人故意编造并传播影响证券交易的虚假信息，扰乱证券交易市场，造成严重后果，其行为均构成编造并传播证券交易虚假信息罪，分别判处4人8个月至1年零6个月不等的有期徒刑，并处以1万元到3万元罚金。参见李静：《“网络攻击”伊利案4人一审获刑》，载《新京报》2012年1月18日B4版。

② 法院审理查明，被告人李某兴编造并传播的虚假信息由报纸披露之后，三山实业股票价格随即上涨每股3.2元，当日收盘上涨每股3.1元，当日成交量约2000万股，超过总流通股42%，总成交额超2亿元。被告人李某兴先后抛售其持有的三山实业股票，共完成交易额近150万元。法院判决，被告人李某兴编造并传播虚假证券交易信息，造成三山实业股票价格异常波动，其行为构成编造并传播证券交易虚假信息罪，判处有期徒刑2年零6个月，并处罚金1万元。参见湖南省株洲县人民法院刑事判决书（1997）株法刑初字第230号。

置决策，相关金融商品市场价格基于虚假信息所指向的方向进行明显调整时，此时应当如何判断虚假信息重大性？

日本金融市场中发生的“占星术操纵股价事件”就是一起非常典型的、由显而易见的虚假信息引发的市场操纵案件：日本的一本博彩类杂志《赌博秘籍》主要发表与赌博、彩票、证券市场投机交易等有关的文章与信息。一位“星座学”（占星术）研究者连续三期在《赌博秘籍》发表文章，以星座分析方法向读者推荐“熊沢制油”等三家上市公司股票。经查证，文章中阐述的内容纯属作者虚构。但文章登载之后，熊沢制油等上市公司股票迅速上涨，该星座研究者卖出相关股票获利。东京简裁法院以传播虚假证券信息判决文章作者罚金50万日元。[①] 质疑该案判决合理性的观点认为，不能以虚假信息披露之后的股票价格剧烈波动直接认定信息具备重大性，基于星座等毫无根据的分析所形成的证券市场信息，明显是虚假的或者不可信的，投资者应当自担风险，信息发布者不应当承担蛊惑交易操纵的责任。[②]

笔者认为，信息的重大性确实是受到信息内容虚假性程度现实制约的。虚假信息之所以会对资本市场参与者产生影响进而引发金融商品市场价格波动，本质上是因为信息本身存在不确定性。如果信息内容具有显而易见的荒谬性或者非理性，信息的属性趋向于确定虚假性，或者说丧失了不确定性，理论上也就不应该对资本市场参与者以及金融商品市场价格产生影响。相应地，虚假信息也就丧失了具备重大性的客观基础。但是，正如行为金融理论关于资本市场参与者有限理性所分析的那样，投资者（投机者）在现实的金融市场操作中往往是非理性的，绝大多数市场参与者实施的金融交易通常表现出很强的随机性与混沌性。基于显而易见的甚至是荒唐的虚假信息而引发的市场参与者关注，并导致金融商品价格波动或者金融资产出现高度的投机性泡沫，这种现实风险也不应当在蛊惑交易操纵的法律控制规范体系中予以彻底且绝对的排除。资本市场刑法规范将特定的

---

① （判决）平成9.1.30（東京簡裁）罰金50万円（略式命令）；金融庁証券取引等監視委員会『証券取引等監視委員会の活動状況〈平成15年〉』国立印刷局、2003年、154頁.

② 神山敏雄『日本の経済犯罪—その実情と法的対応』日本評論社、2001年、37頁；张天一：《论证券交易法上散布流言或不实数据操纵价格罪》，载《中原财经法学》2008年第20期。

蛊惑交易纳入犯罪化的范围，不仅对行为人施以最为严厉的刑罚震慑，也是对资本市场所有参与者的强化保护，更是对资本市场信息自由竞争环境的介入。在制度安排上，不应当遏制市场淘汰虚假信息的自主化能力，也没有必要为市场参与者的无知甚至愚蠢而产生的非系统性损害设置蛊惑交易市场操纵的赔偿机制。所以，如果基于常识即可认为普通投资者（投机者）接触到相关虚假信息时不会予以关注，也不会基于该信息对金融商品配置决策予以调整的，则该信息不能认定为重大信息。但是，如果蛊惑交易者针对并利用市场参与者的非理性、易受操控性、交易行为的混沌性等金融行为心理，传播显而易见的虚假信息却引发市场参与者高度关注、金融资产价格剧烈波动并具有制造系统性风险危机的，则应当认定相关虚假信息具有重大性。

（二）信息欺诈

蛊惑交易操纵在控制市场行为的实施过程中，客观上至少应当存在编造、传播的行为，其本质就是资本市场信息欺诈。当然，操纵者可以不直接编造资本市场信息，而是明知并预见到虚假证券、期货、衍生工具交易信息对市场的影响，通过向市场传播并利用投资者可能出现的市场反应谋取市场波动之后的利润。

对于如何理解传播证券虚假信息行为，传统证券期货犯罪刑法理论一般认为，传递虚假的证券信息，范围应具有公众性、扩散性与拓展性，信息传播对象必须是不特定多数人。[①] 传播虚假证券市场信息的违法性本质根植于妨碍证券市场信息管理秩序，行为人传递虚假信息的范围如果限定于特定人，难以达到扰乱证券市场信息管理秩序的严重程度。[②] 我国台湾地区有关市场操纵的刑法理论中也有类似观点认为，传播通常是指将信息散布于众，是对多数人进行信息传递的行为。蛊惑交易操纵中的信息传播行为应当限定于向证券市场中的多数人进行虚假信息传递。[③] 如果仅仅对特定投资者进行虚假

① 参见李宇先、贺小电：《证券犯罪的定罪与量刑》，人民法院出版社2000年版，第101页。

② 参见王晨：《证券期货犯罪的认定与处罚》，知识产权出版社2008年版，第253页。

③ 参见庄永丞：《论证券价格操纵行为之规范理论基础——从行为人散布流言或不实资料之操纵行为开展》，载《东吴法律学报》2008年第1期。

陈述、信息诱导，尚且不足以影响证券市场交易价格，所以，向特定证券市场投资者的传播虚假信息行为，可以按照普通证券欺诈犯罪处理，[①] 而不是具有市场整体影响力的市场操纵。

上述意见具有一定的合理性。因为传播信息的行为就是向社会公众扩散，蛊惑交易操纵中的传播虚假证券信息行为显然应当包括向资本市场中的多数公众或者不特定投资者（投机者）传递虚假信息。

但是，蛊惑交易操纵的实质在于通过虚假证券、期货信息的传播诱导投资者的行为，从而通过期待的证券、期货市场波动谋取利润。只要能够产生证券、期货市场波动的效果，受到虚假信息欺诈的投资者是否具有公众性、多数性实际上并不是绝对的法律限制条件。这是资本市场信息传播行为区别于普通信息传播行为的重要特点。资本市场信息传播的关键在于实质上的市场价格效果，普通信息传播则侧重于形式上受众的不特定性与多数性。在资本市场中，并非只有公众性、多数性的投资者才能影响金融商品交易价格或者交易量，个别投资者由于持有巨量证券、期货仓位或者掌握巨额资金，个别性的投资者行为负载了巨额交易量或者资金量，完全可以凭借一己之力，引起资本市场金融商品的价格波动。传统证券期货犯罪刑法理论中的部分观点认为，通过信息诱导个别投资者无法引起市场波动，显得比较片面与绝对，与金融实践中的真实情况也不尽相符。

例如，投资银行经纪部门向特定客户发布内部邮件，传递虚假证券交易信息，相关持有巨额资金的客户根据邮件中发布的虚假信息从事相关交易，由于资金量巨大引发市场波动，投资银行自营业务部门事先建构仓位，从这种预期的市场效果中谋取巨额交易利润。从这个角度分析，蛊惑交易操纵中传播行为的实质内涵完全可以区别于刑法其他个罪（传播淫秽物品牟利罪等）中传播行为，即可以不完全等同于向公众、不特定或者多数主体发布虚假信息，而是向特定、个别、少数证券市场投资者进行虚假信息引导。

实际上，《刑法》第181条第2款诱骗投资者买卖证券、期货合约罪中的一种客观行为，即提供虚假信息，尽管大多数情况下只能产生欺诈特定客户

---

① 参见林国全：《以散布流言或不实数据方法操纵价格》，载《月旦民商法杂志》2005年第7期。

的效果，但是，如果特定客户资金量或者金融商品持仓量特别巨大，对特定客户的欺诈行为完全可能引发资本市场中相关金融商品交易的整体价格或者交易量。作为欺诈特定资本市场投资者的诱骗投资者买卖证券、期货合约罪，完全可能形成对资本市场中特定交易品种的非法控制。所以，根据中国《刑法》第181条第2款构成诱骗投资者买卖证券、期货合约罪，但具有影响资本市场交易量或者交易价格实质风险或者实害结果，且行为人实施的金融交易从价格波动中的获取利润的，本质上应当归属于蛊惑交易操纵。

（三）上市公司内部人信息操纵

蛊惑交易操纵的核心在于对与金融市场投资者决策具有重要影响的信息形成非法控制。这种非法控制表现为对虚假信息从无到有的内容控制（编造），以及从暗到明的范围控制（传播）。上市公司内部人对上市公司的信息具有绝对的控制优势，所以，实施蛊惑交易操纵在操作上更为简捷，在实践中也比较常见。司法解释也对上市公司内部人信息操纵犯罪或者蛊惑交易操纵的认定规则进行了说明，但规定的内容并不十分明确[①]——究竟什么是利用信息优势操纵证券交易价格、证券交易量？司法解释并没有进行准确的指引。信息优势是否包括内幕信息的知情优势？如何区分内幕交易行为与蛊惑交易操纵行为？这一系列问题都有必要在上市公司内部人信息操纵行为认定过程中进行阐释。

市场操纵中的信息优势完全可以包括内幕信息知情优势。蛊惑交易操纵者编造、传播的信息可以是具有欺诈性、虚假性的内幕信息。所以，上市公司内部人通过编造虚假内幕信息实施信息操纵行为，或者利用内幕信息知情优势从事相关证券交易谋利，可能涉及内幕交易犯罪与蛊惑交易操纵的行为属性辨识。区分两者的关键在于是否存在编造、传播、散布虚假重大信息，诱使投资者实施相关金融商品交易的事实。内幕交易属于“静观其变”，即期待内幕信息所指向的事实或者评价得以执行，使相关证券交易价格实现符

---

① 根据《追诉标准二》第39条的规定，上市公司及其董事、监事、高级管理人员、实际控制人、控股股东或者其他关联人单独或者合谋，利用信息优势，操纵该公司证券交易价格或者证券交易量的，应当以操纵证券市场罪追究刑事责任。

合自己预期的变动。蛊惑交易操纵属于“兴风作浪”，即通过积极行为编造、传播没有实际依据却能够引起证券交易价格波动的信息，诱使投资者在不明真相的情况下作出投资决定并形成期待的市场性效应，从中谋取违规交易利益。当然，内幕交易犯罪与蛊惑交易操纵完全可能同时进行，在这种特殊情况下应当按照根据刑法原理准确认定行为性质。

其一，上市公司董事、经理、大股东、实际控制人等内部人利用信息优势操纵证券交易价格、交易量，其中的“信息优势”可以解释为明知与上市公司重大事件有关的信息系不真实的信息而仍然予以发布或者传播，并通过子虚乌有的“内幕信息”在市场上发散之后对投资者形成的干扰而影响本公司证券的交易价格、交易量，上市公司内部人利用对真实情况的把握而在虚假内幕信息披露前，买入或者卖出证券。在这种情况下，上市公司内部人即使利用了对真实内幕信息的知情优势，但信息操纵行为是影响证券市场投资者决策并进而引发市场波动的决定性因素，应当认定为蛊惑交易操纵。

其二，上市公司董事、经理、大股东、实际控制人等内部人利用信息优势操纵证券交易价格、交易量，其中的“信息优势”也可以解释为在市场对与上市公司有关的重大信息发布后没有引起任何有效反应，而通过新闻媒体进行夸大性宣传，在引起投资者关注与反应之后，通过市场的波动谋取交易利润。这种信息操纵最典型的表现形式就是内幕交易失败之后实施蛊惑交易操纵。实践中，并非所有上市公司重大事件在公开之后都会引发市场的高度关注从而引发证券交易价格、交易量的剧烈变化。此时，上市公司内幕信息知情人员在内幕信息公开前建构的仓位根本无法通过预期的市场波动谋取非法利益。并且，由于在内幕信息公开之前实施的证券交易可能已经支出了较大的融资、融券或者操作成本，如果内幕信息公开之后市场效果产生的证券价格变动利润不足以弥补行为人实施内幕交易的成本，内幕交易者也无法获取非法利润。在这种情况下，有的内幕交易者会通过新闻、网络等各种信息传播平台对与上市公司有关重大事件的效果进行夸大，刺激证券市场投资者对信息进行高度反应，导致证券交易价格、交易量上出现强势波动。例如，做空股票者通过媒体夸大上市公司利空事件的效果，引起投资者恐慌后大量抛售急速打压股价，做空者低位回补获利；做多股票者通过媒体夸大上市公司利好事件的效果，引起投资者跟进买入之后高位抛售获利。对于这种内幕交易获利机制失败之后通过发布不真实的信息夸大重大信息实际效果的，在信息操纵过程中实际上存在内幕交易与蛊惑交易操纵两个性质不同、时间先后的行为，交易量、违法所得等情节标准符合追诉条件的，应当分别认定为内幕交易罪与操纵证券市场罪。

其三，上市公司董事、经理、大股东、实际控制人等内部人利用信息优势操纵证券交易价格、交易量，其中的"信息优势"还可以解释为明知与上市公司重大事件有关的信息系不完整、不确定的信息而仍然予以发布或者传播，并通过证券市场投资者对于信息全貌并不完全知悉的信息劣势影响投资者行为，而上市公司内部人或者其他相关知悉内幕信息的人从期待的市场波动中受益。在这种情况下，内幕交易与蛊惑交易操纵的界限是很模糊的。

例如，2011 年年末上市公司重庆啤酒"疫苗门"疑似信息操纵事件引起资本市场与社会各界高度关注，① 但对于其行为性质究竟属于蛊惑交易操纵还是内幕交易，各方观点并不明确。从重庆啤酒重大信息披露以及停牌的时间节点来看，2011 年 11 月 27 日（周日）揭盲工作会议是对乙肝疫苗研发情况的分析和讨论，而上市公司重大研发项目信息的具体内容实际上已经客观形成。在没有使用停牌机制对潜在的内幕交易行为进行限制的情况下，11 月 24 日至 25 日两个交易日出现巨幅上涨，难免引发市场对于乙肝疫苗研发信息可能泄露并引发内幕交易的怀疑。同时，上市公司在 11 月 23 日晚间公开的疫苗研发数据揭盲工作会议将于 12 月 5 日召开，实际上是将一个高度不确定、不完整且极易引发市场猜想的信息留给市场，加之根

① 市场公开信息显示，2011 年 11 月 23 日晚（周三），重庆啤酒公告称，公司控股的重庆佳辰生物工程公司研发将近 13 年的治疗用（合成肽）乙型肝炎疫苗将于 2011 年 11 月 27 日（周日）召开揭盲工作会议，公司股票将于 11 月 28 日（周一）至 12 月 2 日（周五）停牌，在 12 月 5 日公告揭盲工作会相关信息后复牌。受此消息刺激，重庆啤酒股价 11 月 24 日涨停，11 月 25 日上涨 7.28%，两日累计涨幅达 18%，卖单基本出自机构席位。12 月 7 日晚，重庆啤酒发布揭盲信息：安慰剂组有效反应率为 28.2%；治疗用（合成肽）乙型肝炎疫苗 600μg 组有效反应率为 30.0%；治疗用（合成肽）乙型肝炎疫苗 900μg 有效反应率 29.1%。这组数据意味着疫苗研发几乎失败。12 月 8 日重庆啤酒复牌后连续 11 个交易日跌停，市值蒸发逾 260 亿元，包括证券投资基金在内的部分机构者以及个人投资者均造成重大损失。参见谢杰：《动态判断内幕信息的形成》，载《财经》2012 年第 27 期；张珈：《重庆啤酒流通股东质疑信息操纵》，载《证券时报》2011 年 12 月 15 日 B1 版。

据之前的市场惯性，在相关研发数据公开之后均会有一个股价的上升性波动，这种模糊、不确定、不完整的信息披露对证券市场中的投资者将会产生重大影响，事实上也确实在两天内连续推高了证券交易量和交易价格。这种利用不完整、不确定信息影响投资者决策的行为同样符合蛊惑交易操纵的行为特征。在知悉内幕信息与不完整信息发布并存的信息优势情况下，相关交易行为在形式上可能出现内幕交易与蛊惑交易操纵的交织。因此，上市公司内部人或者其他明知揭盲数据的行为人，于11月24日至25日两个交易日进行减持重庆啤酒的证券交易，存在内幕交易的问题；由于在减持证券的过程中，行为人通过对信息的绝对控制优势，利用市场投资者对信息知悉存在的不完整性、不确定性，在持续暴涨的市场环境下使其在一个快速拉升的高位进行减持，整个行为过程在客观上又存在蛊惑交易操纵的性质。在根据相关证据以及信息披露规则能够确认上市公司发布不确定、不完整信息以及上市公司内部人利用市场波动效果高位减持的情况下，应当认定其行为同时符合内幕交易犯罪与蛊惑交易操纵，内幕交易与蛊惑交易操纵互为手段与目的的牵连，应当根据牵连犯原理从一重罪论处。比较内幕交易罪与操纵证券市场罪的法定刑，操纵证券市场罪的罚金刑是无限额罚金，重于内幕交易罪以违法所得为基础的倍比罚金，故操纵证券市场罪应当是重罪。同时，由于市场操纵中“利用信息优势”整体覆盖了利用内幕信息从事相关交易，应当以构成要件覆盖面更广的操纵证券市场罪认定这种蛊惑交易操纵与内幕交易同时实施的、在结构上相对复杂的上市公司内部人信息操纵犯罪行为。①

上市公司内部人员实施的信息操纵行为判断还存在一个疑难问题，即上市公司董事、经理等高级管理人员在没有完整、全面、准确的财务依据的情况下，向市场公布重大盈利预期，意图从市场价格波动中谋取金融交易利润的，能否认定为蛊惑交易操纵。

---

① 上述信息操纵行为的法律理论分析都是建筑在当前市场公开资料基础之上的理论推断，与该疑似信息操纵事件有关的相关行为的法律性质判定，并非本部分的讨论对象与目的，而完全应当根据相关部门的调查结果予以确定。

我国台湾地区资本市场中发生的“台肥股价操纵案”即属典型案例——西某某是台湾肥料股份有限公司（以下简称台肥公司）董事长。西某某认为，台肥公司股票价格过低，因而组织公司定期通过媒体向投资者、社会公众汇报公司经营状况，吸引公众投资，意图提振股价。西某某本人更是在台肥公司第27届第2次临时董监事会议时发表讲话，当年营业额为80亿元新台币，下一年的营业额目标为220亿元新台币，预期营收增长超过2倍。西某某讲话稿经台肥公司投资者关系与宣传部门完善后形成新闻稿并送交其审核，审核通过后随即发往各大媒体。信息发布后，市场立即将其解读为重大利好，信息公开后的10个交易日内，台肥公司股票从53元上涨至68元。同期，西某某指示下属以旗下的台埔公司、台胜公司、台庄公司、联生公司等四家子公司名义连续购买台肥公司股票，共计35,469张、19亿余元新台币。信息公开之后的第12天，西某某指示下属在不影响股价的情形下将买入的股票分批全部卖出，但由于第二天媒体就披露台肥公司下属子公司私下购买母公司股票等信息，台肥公司股价当即跌停导致之后没有能够继续卖出股票。

“台肥股价操纵案”在法律适用上的争议比较大：一审判决认为，在没有精确财务数据的情况下向市场传递无法合理验证的巨额营收预期，造成证券市场价格剧烈波动，且同期实施证券交易意图从价格波动中获取利益，应当构成蛊惑交易操纵。二审判决则认为，预估营业额超过当年营业额数倍的确实具有一定的夸张成分，上市公司董事长等高级管理人员仅仅基于下属部门提供的经营计划就向市场公开提出非常激进的盈利方案和预期，同样非常草率，但并没有证据证明上市公司内部人员的财务预期是虚假的，所以，不能认定这种行为构成蛊惑交易操纵。

上市公司内部人员实施的信息操纵行为，在行为内容上主要表现为不正当地控制与上市公司财务有关的信息向市场公开的方式、时间、表述等。由于上市公司内部人信息操纵属于一个相对广义的行为概念，在判断行为属性时，应当严格区分非法信息披露与蛊惑交易操纵的界限。上市公司内部人员向市场传递夸张的财务预期与虚假的财务报告，都属于对上市公司重大信息的操纵，并且都具有引发证券交易价格剧烈波动的重要影响力，但两者的核心差异在于财务信息披露不实是对上市公司重大信息进行造假的行为，客观上能够根据财务报告、实际经营数据与会计材料等予以证明。上市公司内部人员通过财务造假并向市场传递虚假财务信息，意图从虚假财务数据引发的市场价格波动中谋取金融交易利润的，应当构成蛊惑交易操纵。而传递夸张财务预期只是对上市公司未来盈利能力、现金流水平的估计，尽管信息操纵者不能提供有效的证据证明其向市场传递的信息具有真实性、准确性、全面性，但指控其构成蛊惑交易操纵的控方实际上也没有能力排除合理怀疑地证明这种预期就是虚假的。在信息真实性与虚假性均无法被彻底或者有效证明的前提下，承担证明责任的控方显然应当承担不利的诉讼结果，即不能认定上市公司内部人员向市场公布夸张的财务预期构成蛊惑交易操纵。①

① 当然，证券监管机构可以根据信息披露制度追究其虚假陈述的法律责任。

第五章

市场操纵司法解释疑难问题与证券合规启示

最高人民法院、最高人民检察院于2019年6月28日联合发布《关于办理操纵证券、期货市场刑事案件适用法律若干问题的解释》（以下简称《市场操纵解释》）。市场操纵是金融市场犯罪中行为结构最为复杂、理论解释与实践认定最为疑难的犯罪类型之一。《市场操纵解释》的出台，有利于推进司法实务部门更为公正、准确且有效地认定《刑法》第182条操纵证券、期货市场罪“兜底条款”中的“以其他方法操纵证券、期货市场”、实际控制账户、市场操纵“情节严重”与“情节特别严重”量化标准、违法所得等证券期货犯罪刑法理论与实践中长期存在争议的法律适用疑难问题。《市场操纵解释》的实施对于依法惩治证券期货犯罪，防范化解金融风险，维护投资者合法权益，保障科创板改革有序开展，促进资本市场稳定健康发展，具有十分重要的意义和作用。①

然而，由于法律与金融跨学科知识的交叉性与纵深性、金融市场机制的创新性与技术的前沿性、市场操纵司法实践问题固有的复杂性与特殊性、科创板试点注册制的探索性与改革性，② 实际上已经明显超越了单一学科框架下证券期货犯罪刑法理论的预期以及传统司法解释的逻辑准备与技术能力。

---

① 参见姜佩杉：《“两高”公布关于证券期货犯罪司法解释 为打好防范化解重大金融风险攻坚战提供有力司法保障》，载《人民法院报》2019年6月29日，第1版。

② 参见侯捷宁、苏诗钰：《易会满：在新的起点上全面深化资本市场改革》，载《证券日报》2019年6月14日A2版。

因此，有必要针对实际控制账户的认定、特定市场操纵模式的判断规则、市场操纵定罪量刑的数量标准、违法所得的计算方法等重大且疑难问题，就《市场操纵解释》相关条款进行批判性审视与建构性优化。

对市场操纵司法解释进行深刻反思与细致解构，不仅有助于推动证券期货犯罪刑法理论研究范式的转换与升级，而且有利于为正在推进的科创板试点注册制提供坚实且具体的司法保障措施。更具价值的是，以法律与金融的双面向视角解析市场操纵司法解释，进而形成的完善意见与补充规则，能够在《证券法》大修和加快推进《期货法》制定的关键时刻、《刑法》证券期货犯罪条款协调修正的重要节点，提供立法参考。基于此，本章尝试反思与解构最新市场操纵司法解释存在的问题并提出规则优化建议，以期对金融立法与司法及时应对证券期货犯罪的挑战有所裨益，希望通过精细化的制度安排更好地实现资本市场效率与投资者权益的协调和统一，并对交易者证券合规方案提供指引与参考。

第一节　实际控制账户

实际控制账户的认定是市场操纵适用法律与合规管理首先需要解决的问题。因为只有明确可以归属于特定行为主体的账户范围，才能将之作为潜在的操纵主体及其操纵行为进行刑法评价。《市场操纵解释》第 5 条所设置的核心标准是：（1）区分本人账户与他人账户。（2）实际控制他人账户表现为：控制资金流动并承担损益；行使管理权、支配权或者使用权；基于投资或者协议方式行使交易决策权；基于其他方式行使交易决策权。（3）以没有交易决策权作为免责事由。① 可见，司法解释在吸收证券监管文件相关条款

① 《市场操纵解释》第 5 条规定："下列账户应当认定为刑法第一百八十二条中规定的'自己实际控制的账户'：（一）行为人以自己名义开户并使用的实名账户；（二）行为人向账户转入或者从账户转出资金，并承担实际损益的他人账户；（三）行为人通过第一项、第二项以外的方式管理、支配或者使用的他人账户；（四）行为人通过投资关系、协议等方式对账户内资产行使交易决策权的他人账户；（五）其他有证据证明行为人具有交易决策权的账户。有证据证明行为人对前款第一项至第三项账户内资产没有交易决策权的除外。"

的基础上，进一步提出实际控制账户的核心判断依据是对他人账户的交易行为具有决策权。这确实能够在很大程度上基于刑法实质判断规则，将普遍认为具有隐蔽性的操纵交易关联账户予以有效且全面的规制，并通过例外规则允许辩方提供排除交易决策权法律属性的证据进行反驳。实践中比较典型的控股关系、投资关系、代持关系、融资关系、委托代理关系、近亲属或者关系密切人的身份关系等，在司法解释作出了上述规定之后，基本不会出现较大争议。但上述司法解释仍不乏重大疑问。

一、"交易决策权"标准

《市场操纵解释》第5条不仅没有对"其他有证据证明行为人具有交易决策权的账户""有证据证明行为人对前款第一项至第三项账户内资产没有交易决策权"中的"有证据证明"提供方向性的证据规格指引，而且并未就证券、期货市场中交易结构相对复杂的账户类型提供明确的判断指引。

一是信托计划项下的证券账户。在典型的证券投资集合资金信托计划的交易结构中，投资者委托信托公司担任管理人并从事相关证券交易，信托公司进一步委托各类专注于二级市场交易的私募机构担任投资顾问。在具体交易时，投资顾问通过软件向管理人下达投资建议指令，信托公司基于风控指标、管理人职责等选择接受或者拒绝投资顾问的建议；接受建议的，信托公司根据建议指令，在信托计划对应的证券账户下达交易指令。如果相关证券账户中特定交易行为构成市场操纵——投资者虽然是信托计划受益人，对账户资产享有投资权益，但显然不是账户实际控制人。信托计划管理人（信托公司）尽管是证券账户的客观交易主体，但交易策略并非由其制定，很难将证券账户中的操纵性交易归责为信托公司的实际控制行为。根据《市场操纵解释》第5条的"交易决策权"标准，真正形成并提出操纵性交易策略与建议的投资顾问，能否构成对案涉账户的实际控制，实际上存在极大争议。投资顾问的行为性质是投资建议，权利属性是交易建议权，所以，将信托计划投资顾问认定为对信托公司管理的、投资者享有财产权的账户具有"交易决策权"，不无疑问。

二是各类场外衍生工具挂钩的自营账户。在场外个股期权、[①] 股票收益权互换[②]等各类场外衍生工具交易中，证券公司通过场外交易专用的自营账户进行个股风险对冲交易。以实践中常见的股票收益权互换交易为例，客户向证券公司就其收益权互换账户的交易发出指令（买入或者卖出挂钩股票标的），证券公司有权根据风控指标、合规要求或者其他全权自主认定的因素，决定接受还是拒绝互换交易指令；证券公司选择接受并执行指令的，互换交易双方采用现金净额进行结算；证券公司有权根据互换交易指令决定是否在自营账户中进行对冲交易，如进行对冲交易的，互换交易成交价格以甲方对冲交易实际成交结果为准。可见，在客户与证券公司互为对手方的场外衍生工具交易中，客户在系统中下达的是互换要约、买入或者卖出期权要约等衍生交易指令，证券公司针对挂钩股票在其自营账户中进行对冲交易。从法律关系上分析，似乎是归属于券商独立决策下的自营交易行为。但实践中确实存在且已经查处了部分客户利用场外衍生工具交易作为"通道"实施市场操纵等违法行为的情况。[③] 如果客户下达的收益互换、期权交易等衍生交易策略具有操纵性，而证券公司又根据衍生交易指令在其自营账户中对挂钩股票标的进行实时完全对冲交易，[④] 根据《市场操纵解释》第 5 条的"交易决策权"标准，由于自营账户的交易决策、盈亏风险等均归属证券公司，能否认定客户对终端买入或者卖出股票的证券公司自营账户形成实际控制，值得商榷。

《市场操纵解释》第 5 条将实际控制账户的核心依据定位于"交易决策

---

① 关于证券公司场外期权业务的内容及其监管标准，参见中国证监会《关于进一步加强证券公司场外期权业务监管的通知》（证监办发〔2018〕40 号）、《关于进一步规范证券基金经营机构参与场外衍生品交易的通知》（证监办发〔2016〕81 号）等监管文件。

② 股票收益互换通常是指客户与证券公司互为对手方，双方通过合同约定，在未来特定期限内，就特定股票的收益表现与名义本金的固定利息进行现金流交换。See John C. Hull, *Options, Futures, and Other Derivatives* (*6th Edition*), Prentice Hall, 2006, p. 1.

③ 参见蔡奕：《证券创新交易模式对市场监管的挑战及法律应对》，载《证券法苑》（第十一卷），法律出版社 2014 年版，第 43 页。

④ 实时完全对冲策略在场外衍生工具交易实践中通常是指，客户通过互换交易操作终端发出互换交易申请，并通过证券公司风控审核，证券公司在其专用的自营对冲账户中买入或者卖出相同数量的标的股票，将标的股票的交易收益按照合同约定的现金交割模式与客户进行结算。

权”，其内部逻辑进路是稳定且自洽的，即尝试在“隐蔽”的操纵性交易中，基于主观意图与实行行为相统一的“决策”概念来锁定异常账户之间的实质关联。但在法律适用过程中，一旦遭遇结构复杂且合约设计精细的金融交易，司法解释便容易陷入困境——对下达投资建议或者衍生交易指令的客户不予认定其实际控制证券账户，存在市场操纵刑法规制不力的风险；基于“其他有证据证明行为人具有交易决策权的账户”的“兜底条款”认定其实际控制相关账户，又与显而易见的部分证据①与法律解释相矛盾。

二、解锁困境与排解矛盾的具体方案

刑事司法实践有必要还原真实的证券、期货市场交易逻辑与场景，在厘清复杂金融交易民事法律关系的基础上完善认定实际控制账户的证据规格，回归实控关系的“行为”本质而非“权利”依据，针对金融行为作出刑法实质判断。

第一，通过交易所大数据分析系统监控异常证券账户组，据此调取证券公司等金融机构留存的客户交易数据，以客观的金融交易及其账户信息将“隐蔽”还原为“透明”。

信托计划、场外衍生工具等复杂金融交易确实具有隐蔽交易主体与持仓规模的金融功能。② 例如，股票收益互换交易只对收益进行现金流交换，不需要进行股票实物交割，股票实物交易的实施、股票的投资者权益均归属于证券公司，作为交易对手方的客户表面上是“隐蔽”的。尤其是我国证券、期货市场充斥着类型繁多的通道业务，券商、保险、信托等都可成为各种资金进出股市、债市、期市的管道。尽管“资管新规”执行一年多以来通道业务明显收紧、收缩，③ 但毕竟层层嵌套的金融交易

---

① 投资顾问建议权通常不能直接解释为信托计划项下对证券账户的决策权，客户的互换交易指令权通常也不能直接解释为对证券公司进行对冲的自营账户的决策权。

② Henry T. C. Hu & Bernard Black，“The New Vote Buying：Empty Voting and Hidden（Morphable）Ownership”，*South California Law Review*，79（4），2006，p. 825.

③ 中国人民银行、中国银行保险监督管理委员会、中国证券监督管理委员会、国家外汇管理局《关于规范金融机构资产管理业务的指导意见》（银发〔2018〕106 号）明确规定：金融机构不得为其他金融机构的资产管理产品提供规避投资范围、杠杆约束等监管要求的通道服务。

结构并未全面禁绝，通道业务的客观存在进一步加深了操纵性交易形式上的隐蔽性。

然而，当前我国交易所的自律监管模式与技术能力，已经足以将看似“隐蔽”的账户及其操纵性交易还原为透明的客观数据。一方面，看穿式监管切实提高了市场监察效率、加强了市场风险监测，能够有效识别特定投资者对应的不同账户的交易、持股等信息。① 另一方面，随着交易所大数据分析已经提升至每秒百万笔以上的信息处理水平，数据监测在对象、手段、模式、管理、资源等方面均实现了重大转变，违规监测模型更加智能化，能够支持不同金融产品的差异化监察、跨市场监察。② 交易所自律监察、证券行政监管、刑事司法有必要在线索信息共享的基础上实现案件移送与证据移交，以交易所移送异常交易数据与调取金融机构客户交易信息为核心，还原交易者、各类通道、证券账户客观且透明的金融数据，尤其是将以投资顾问、场外衍生交易等间接形式参与证券、期货交易的 IP 地址、Mac 地址、投资建议指令、场外衍生交易指令等数据与对应的金融机构账户信息进行比对，供司法机关进行法律判断。如果投资顾问建议指令、场外衍生交易指令在网络协议、时间、价格等数据均金融机构实际交易证券、期货的账户数据高度一致，或者金融机构接受客户指令、账户执行交易比率极高，则可以作为投资顾问、场外衍生交易对手方等行为主体实际控制他人账户的初步证据。

第二，复杂金融交易结构所内含的民事法律关系是市场操纵刑事案件法律适用的基础，可以将民事法律关系背后所隐藏的异常要素作为补强证据方向，但不宜以“权利”依据为导向设定实际控制账户的核心判断规则。

无论是普通市场参与者还是涉嫌市场操纵的主体，其实施相关金融行为都必须借助于一系列合约安排。刑事司法分析相关账户是否受到特

① 参见皮六一、薛中文、刘苏：《看穿式监管的国际实践及主要模式研究》，载《证券市场导报》2019 年第 1 期。

② 参见深交所综合研究所：《丰富监管手段，加强交易监控和风险管理》，载《证券时报》2018 年 9 月 18 日 A12 版。

定行为主体控制，还是需要依托于民事法律对基础法律关系、权利义务要素等进行判断。刑法评价不宜直接超越或者打破民事法律框架，否则会造成刑法过度介入证券、期货市场，妨碍金融市场优化资源配置效率，继而导致证券期货犯罪刑事立法、司法解释反倒成为制约进一步深化金融改革的制度成本。因此，就前述信托计划、股票收益互换等复杂金融交易所内含的民事法律关系而言，信托账户、证券公司自营账户中的权益都不可能在民事法律层面归属于信托计划投资顾问、券商场外衍生交易业务对手方。

以股票收益互换为例——在金融交易的法律属性上，收益权互换交易与股票交易完全不同，场外衍生工具交易主体根本不可能对证券账户行使任何形式的“交易决策权”；在账户的区分层面，客户的收益权互换账户显然独立于证券公司用于风险对冲的自营账户，客户的控制权限仅限于针对收益互换账户发出交易指令，且该账户并不交易实物股票；从交易策略角度分析，客户制定的是收益权互换策略，自营账户的风险对冲策略由证券公司全权制定并执行；在投资权益上，自营账户如果买入实物股票，其股权均由证券公司行使。

上述完整的“权利”解释决定了刑事司法不能跨过民事法律判断，直接将客户在收益权互换账户下达指令、证券公司在自营账户中实时且完全按照客户指令进行对冲交易的情形，认定为客户实际控制自营账户。相反，刑法评价应当尊重民事法律关系下的金融交易逻辑，从中发现针对偏离标准民事权利义务模型的“异常”交易的查证方向：（1）客户与证券公司在订立收益权互换合时，是否明知所有收益互换指令均会基于完全风险对冲转化为自营账户交易实物股票；（2）自营账户买卖股票所产生的交易成本是否均由客户承担；（3）客户提交的收益互换指令经由证券公司风控审核（主要是排除超额交易、ST 股票等禁止交易标的等指标）后，是否以极低的时间损耗快速传递至自营账户下达股票交易指令。如果上述查证方向下与金融交易权利义务有关的问题，均能得出肯定性的回答，则可以作为客户实际控制证券公司收益权互换专用自营账户的补强证据。

同时，民事法律关系的“权利”解释逻辑不能成为限定刑法实质解释边界的桎梏。《市场操纵解释》第 5 条将实际控制他人账户的核心判断标准确立为“交易决策权”，显然是受到了民事法律解释的过度影响。民法是调整平等主体之间人身关系与财产关系的法律，其看待问题的出发点与落脚点，自始至终都会回归至对当事人之间民事权利义务关系的确定、恢复和补偿上；刑法与民法有着截然不同的宗旨与视角，刑法在于惩罚行为人破坏法益的行为。[①] 民事法律关系的核心是权利（义务），管理权、使用权、决策权等以“权利”为导向的判断标准完全契合民法判断的逻辑基础。但是，刑事法律关系的核心是行为，刑法判断必须针对行为的实质作出评价。《市场操纵解释》第 5 条所规定的“交易决策权”实际上是在刑法判断问题上混用了民法判断标准，容易出现刑法规制不力的风险、刑法判断与法律属性矛盾的困惑。

第三，从实际控制账户的行为本质出发进行刑法评价，《市场操纵解释》第 5 条规定的“交易决策权”标准有必要调整为特定行为人对案涉账户交易实施“决定或者重大影响行为”。

信托计划中投资顾问交易建议权与管理人交易决策权的分离，场外衍生工具中客户衍生交易决策权与金融机构自营账户交易决策权的分离，深刻揭示了没有账户“交易决策权”的行为主体，仍然可能存在实际控制从事操纵性交易账户的重大风险。这就要求司法机关需要考察复杂金融交易结构中的投资建议、间接作用于证券、期货合约买卖的衍生工具交易等，是否构成针对案涉账户的“决定或者重大影响行为”，即行为人是否实质上决定了账户的交易或者对之施加了重大影响。所谓决定行为，是指账户中的具体交易可能由金融机构或者其他市场参与者实施，但交易时间、方式、价格、策略、损益等均按照特定行为主体的指令予以确定并执行。例如，在信托计划中，终端投资者的资金来源、信托参与股票二级市场买卖的交易结构、证券交易策略与指令、超额收益的分配等均由投资顾问操作，信托公司仅作为资金进入股票市场的管道收取“通道费”，投资顾问虽然在合同层面没有限定于管理人的交易决策权，但其投资顾问建议指令均由名义上的管理人全盘采纳并

① 参见刘宪权：《网络侵财犯罪刑法规制与定性问题》，载《中外法学》2017 年第 4 期。

在信托账户中执行相关交易。在此情形下，行为主体对案涉账户的交易实施了决定行为，可以认定为实际控制账户。所谓重大影响行为，是指虽然没有达到全部决定的程度，但案涉账户的交易时间、方式、价格、策略、损益等指标与行为主体的指令高度一致。例如，在股票收益互换中，客户与证券公司知道或者应当知道该场外衍生交易的实质，是为客户提供交易杠杆、双方原则上并非互为交易对手方进行“对赌”、证券公司有权根据客户的收益互换指令在自营账户中进行实时且完全对冲交易，尽管部分收益互换指令因为风控审核被拒绝，或者证券公司发现成为交易对手方的套利机会而没有在自营账户中进行完全对冲，但绝大部分收益互换指令被直接转化为自营账户中的股票实物交易。在此情形下，虽然证券公司自营账户不可能由客户行使交易决策权，但确实构成了对自营账户的交易施加了重大影响，也可以认定为实际控制账户。

第二节　新型市场操纵行为模式

由于市场操纵“兜底条款”的刑法解释长期以来一直是证券期货犯罪理论与实践中争议最大的难题，[①]《市场操纵解释》第 1 条[②]明确了六种操纵证

① 参见刘宪权：《操纵证券、期货市场罪“兜底条款”解释规则的建构与应用——抢帽子交易刑法属性辨正》，载《中外法学》2013 年第 6 期；谢杰：《资本市场刑法——市场滥用犯罪规则》，法律出版社 2016 年版，第 231～238 页。

② 《市场操纵解释》第 1 条规定：“行为人具有下列情形之一的，可以认定为刑法第一百八十二条第一款第四项规定的‘以其他方法操纵证券、期货市场’：（一）利用虚假或者不确定的重大信息，诱导投资者作出投资决策，影响证券、期货交易价格或者证券、期货交易量，并进行相关交易或者谋取相关利益的；（二）通过对证券及其发行人、上市公司、期货交易标的公开作出评价、预测或者投资建议，误导投资者作出投资决策，影响证券、期货交易价格或者证券、期货交易量，并进行与其评价、预测、投资建议方向相反的证券交易或者相关期货交易的；（三）通过策划、实施资产收购或者重组、投资新业务、股权转让、上市公司收购等虚假重大事项，误导投资者作出投资决策，影响证券交易价格或者证券交易量，并进行相关交易或者谋取相关利益的；（四）通过控制发行人、上市公司信息的生成或者控制信息披露的内容、时点、节奏，误导投资者作出投资决策，影响证券交易价格或者证券交易量，并进行相关交易或者谋取相关利益的；（五）不以成交为目的，频繁申报、撤单或者大额申报、撤单，误导投资者作出投资决策，影响证券、期货交易价格或者证券、期货交易量，并进行与申报相反的交易或者谋取相关利益的；（六）通过囤积现货，影响特定期货品种市场行情，并进行相关期货交易的；（七）以其他方法操纵证券、期货市场的。”

券、期货市场的“其他方法”，可谓本司法解释最为重要的条款及亮点之一。[①]《市场操纵解释》第 1 条具体规定的六种行为模式：（1）蛊惑交易操纵；（2）抢帽子交易操纵，也就是利用“黑嘴”荐股操纵；（3）重大事件操纵，主要是指“编故事、画大饼”的操纵行为；（4）利用信息优势操纵；（5）恍骗交易操纵，也称虚假申报操纵；（6）跨期、现货市场操纵。[②]

相对于《追诉标准二》第 39 条规定的虚假申报操纵、信息操纵、抢帽子交易操纵等“其他方法”，《市场操纵解释》第 1 条不仅新增了蛊惑交易操纵、跨市场操纵的判断规则，而且对抢帽子交易操纵、信息操纵、虚假申报操纵的构成要素进行了重大调整。以司法解释的形式明确构成市场操纵的“其他方法”，显然有利于实务部门准确适用《刑法》第 182 条“兜底条款”，但司法解释中有关市场操纵模式的具体判断规则，仍然存在诸多值得商榷、反思、补充与完善的空间。

《市场操纵解释》第 1 条第 3 项、第 4 项分别规定了重大事件操纵、利用信息优势操纵两种行为模式的具体判断规则。根据《证券法》第 62 条和第 75 条的规定，《市场操纵解释》第 1 条第 3 项中的资产收购或者重组、投资新业务、股权转让、上市公司收购等“重大事项”在未公开之前，实际上就是对证券市场交易价格具有显著影响的重要信息，即内幕信息。故重大事件操纵、利用信息优势操纵都是基于信息对金融商品市场价格的重大影响而实施的市场操纵行为模式，可以统称为信息操纵。广受关注的徐某操纵证券市场案就是典型的信息操纵模式，即行为人与上市公司董事长或实际控制人合谋后形成信息优势及其炒作股价优势，控制上市公司发布“高送转”信息生成及信息披露的节奏、内容等，引发投资者大量跟风交易并推动股价、交易量异常波动。[③]

《市场操纵解释》第 1 条第 3 项、第 4 项对于解决之前信息操纵司法实践

---

① 参见戴佳、徐日丹：《“两高”出台两部关于证券期货犯罪司法解释 7 月 1 日起施行 操纵证券、期货市场罪立案追诉标准有六方面修改》，载《检察日报》2019 年 6 月 29 日，第 1 版。

② 参见姜佩杉：《依法惩治证券期货犯罪 促进资本市场稳定健康发展——“两高”有关部门负责人就关于办理操纵证券、期货市场、利用未公开信息交易刑事案件适用法律问题司法解释答记者问》，载《人民法院报》2019 年 6 月 29 日，第 4 版。

③ 参见山东省青岛市中级人民法院刑事判决书（2016）鲁 02 刑初 148 号。

争议问题提供了有效的判断规则，但随之也产生了如何认定策划、实施虚假重大事项、误导投资者作出投资决策等全新疑难问题，有必要进一步予以概念澄清、具体分析、细化阐释，为证券合规管理好新型市场操纵风险作出有效指引。

一、重大事件操纵中的虚假性要素

司法解释规定的“策划、实施资产收购或者重组、投资新业务、股权转让、上市公司收购等虚假重大事项”，并不意味着其要求与此类重大事项有关的信息与内容全面造假或者纯属无中生有。这里的虚假性内涵应当是策划、实施相关事项并无执行的客观基础，行为人不以并购、重组、交易、业务等内容的达成为目的，而是以配合影响价格、交易量为目的。

有的操纵者在控制上市公司经营活动与重大资产交易时，股权收购、业务拓展、技术研发、资产置换等基础交易关系及其磋商过程本身是真实存在的。例如，交易双方就并购重组问题进行了初步磋商、实质谈判等多轮会谈；相关重大交易签署了股权转让协议、重大项目订单等。但该重大交易客观上并不具备兑现条件，行为人主观上也没有完成重大事项的主观心态，行为人筹划、实施此类重大事项的意图在于制造并发布重大信息，从信息所引发的股价变动中谋取交易利润（如高位减持）或者其他相关利益（如维持股价高位运行使得大股东或者实际控制人的股票质押处于平仓线之上）。实践中将此类操控并购重组等重大事项的行为称为“忽悠式”重组。[①] 在此类情况下，行为人不能以其策划、实施的重大交易是真实推进的为由，抗辩其不属于《市场操纵解释》规定的策划、实施资产收购或者重组、投资新业务、股权转让、上市公司收购等“虚假”重大事项。

《市场操纵解释》第 1 条第 3 项尽管使用了“虚假重大事项”的概念，但虚假性标准并不要求证明与重大事项推进有关的一系列事项是否真实发生，

---

① 参见孙华：《执法升级“忽悠式”重组难逃监管法眼》，载《证券日报》2017 年 5 月 3 日 A2 版。

而是需要重点考察以下内容：（1）与重大事项有关的财务文件是否存在虚假记载。以证监会查处的浙江九好办公服务集团有限公司（现更名为九好网络科技集团有限公司，以下简称九好集团）等“忽悠式”重组案为例，九好集团以虚增收入、虚构银行资产为手段，将自己包装成价值数十亿的“优质”资产。[①] 尽管行为人执行的重大事项行为本身是客观存在的，但其在信息披露文件中进行虚假记载，可以认定为策划、实施虚假的重大事项。（2）重大事项进程及其结果是否依法披露信息。与重大事项有关的公告信息不符合《证券法》以及信息披露监管规则，公告的信息内容与实际事件的起因、筹备、策划、合约签署、执行、具体实施、结果等存在明显不一致的，可以认定为策划、实施虚假的重大事项。（3）策划、实施相关事项是否具有不正当目的。在上市公司收购资产、投资新业务中，经过完整的筹备、磋商、尽职调查、合同签订等环节，但资产估值水平明显不符合行业、市场规律，最后项目无法执行或者投资失败，而股价已经因为前期的信息披露波动，可以认定为不以重大事项执行为目的，构成策划、实施虚假重大事项。在重大资产重组中，虽然签署了协议，但其实际执行往往具有先决条件（如主管部门审批）或者需要很高的履行能力（如交易金额巨大而必须通过融资获取充足资金），行为人在不可能满足此类条件、具备相关能力的情况下，签署合同并进行信息披露，引发股价波动的，可以认定为不宜实际执行合同为目的，构成策划、实施虚假重大事项。

二、诱导

《市场操纵解释》第 1 条规定的“诱导投资者作出投资决策”，本质上是对重大事件操纵、利用信息优势操纵等条款[②]中所描述的异常行为与投资者受到误导性影响之间关联性的推定，控方并不需要证明操纵行为与投资者受

---

① 参见中国证监会行政处罚决定书（浙江九好办公服务集团有限公司、郭某军、宋某生等 4 名责任人员）（〔2017〕32 号）。

② 《市场操纵解释》第 1 条第 1 项至第 5 项都规定了“诱导投资者作出投资决策”。

引诱从事的金融交易具有直接对应的因果关系。

市场欺诈理论对此进行了比较充分的阐释：基于证券、期货市场当时的交易价格以及市场信息从事相关金融交易，同期存在涉嫌证券欺诈的行为，且投资者出现损失的，无须证明投资决策与证券欺诈行为之间的特定因果关系。[①] 误导性陈述、操纵性交易等欺诈行为向证券、期货市场传递了扭曲的价格信息，可以据此推定误导性、操纵性行为期间的投资者的决策与证券欺诈行为之间存在“交易关联”，[②] 不需要提供直接证据证明投资者基于误导性陈述、操纵性交易而作出资本配置决策。[③] 因为由竞争性交易与各类信息汇集所形成的市场价格，不仅是对基础资产内在价值、外在供求关系的准确体现，也是对介入市场的操纵性行为作出的失灵反应，投资者的金融交易以当时的市场价格成交，其作出资本配置决策可以认为受到了失灵、虚假或者错误的价格信号影响。[④]

所以，《市场操纵解释》对重大事件操纵、利用信息优势操纵等“以其他方法操纵、证券市场”的行为模式都配置了“诱导投资者作出投资决策”这一构成要素，但“诱导投资者作出投资决策”并不要求查证，在操纵性行为实施期间从事交易的投资者，进行决策时其主观心态是否受到误导。行为人实施了“策划、实施资产收购或者重组、投资新业务、股权转让、上市公司收购等虚假重大事项”“控制发行人、上市公司信息的生成或者控制信息披露的内容、时点、节奏”等可能对证券、期货市场价格信号产生重大影响的行为，即从客观角度通过行为特征上明显的操纵性与异常性，嫁接起了其与投资者决策受到影响之间的关联性。

---

① See Basic v. Levinson, 485 US 224, 244 (1988).

② W. Scott Laseter & Phillip E. Friduss, “10b－5 Reliance Requirement in the Eleventh Circuit After Kirkpatrick v. J. C. Bradford & Co.”, *Mercer Law Review*, 40 (3), 1989, p. 752.

③ See Louis Loss, Joel Seligman & Troy Paredes, *Fundamentals of Securities Regulation* (*5th Edition*), Aspen Publishers, 2003, p. 845.

④ See William W. Bratton & Michael L. Wachter, “The Political Economy of Fraud on the Market”, *University of Pennsylvania Law Review*, 160 (1), 2011, p. 83.

第三节　市场操纵定罪量刑数量标准

针对近年来证券、期货市场环境发生的明显变化，以及证券期货违法犯罪活动出现的新情况新问题，《市场操纵解释》运用了成熟的司法解释技术，对《刑法》第 182 条操纵证券、期货市场罪的定罪量刑标准进行完善。①《市场操纵解释》第 2 条②针对《刑法》第 182 条第 1 款规定的三种以及本解释规定的六种操纵证券、期货市场的情形，明确了七种“情节严重”的认定标准。同时，为更加有力、有效地惩治操纵证券、期货市场犯罪，结合此类犯罪的特点，《市场操纵解释》第 3 条③又规定了七种“数额 + 情节”的“情

---

① 参见姜佩杉：《依法惩治证券期货犯罪 促进资本市场稳定健康发展——“两高”有关部门负责人就关于办理操纵证券、期货市场、利用未公开信息交易刑事案件适用法律问题司法解释答记者问》，载《人民法院报》2019 年 6 月 29 日，第 4 版。

② 《市场操纵解释》第 2 条规定：“操纵证券、期货市场，具有下列情形之一的，应当认定为刑法第一百八十二条第一款规定的‘情节严重’：（一）持有或者实际控制证券的流通股份数量达到该证券的实际流通股份总量百分之十以上，实施刑法第一百八十二条第一款第一项操纵证券市场行为，连续十个交易日的累计成交量达到同期该证券总成交量百分之二十以上的；（二）实施刑法第一百八十二条第一款第二项、第三项操纵证券市场行为，连续十个交易日的累计成交量达到同期该证券总成交量百分之二十以上的；（三）实施本解释第一条第一项至第四项操纵证券市场行为，证券交易成交额在一千万元以上的；（四）实施刑法第一百八十二条第一款第一项及本解释第一条第六项操纵期货市场行为，实际控制的账户合并持仓连续十个交易日的最高值超过期货交易所限仓标准的二倍，累计成交量达到同期该期货合约总成交量百分之二十以上，且期货交易占用保证金数额在五百万元以上的；（五）实施刑法第一百八十二条第一款第二项、第三项及本解释第一条第一项、第二项操纵期货市场行为，实际控制的账户连续十个交易日的累计成交量达到同期该期货合约总成交量百分之二十以上，且期货交易占用保证金数额在五百万元以上的；（六）实施本解释第一条第五项操纵证券、期货市场行为，当日累计撤回申报量达到同期该证券、期货合约总申报量百分之五十以上，且证券撤回申报额在一千万元以上、撤回申报的期货合约占用保证金数额在五百万元以上的；（七）实施操纵证券、期货市场行为，违法所得数额在一百万元以上的。”

③ 《市场操纵解释》第 3 条规定：“操纵证券、期货市场，违法所得数额在五十万元以上，具有下列情形之一的，应当认定为刑法第一百八十二条第一款规定的‘情节严重’：（一）发行人、上市公司及其董事、监事、高级管理人员、控股股东或者实际控制人实施操纵证券、期货市场行为的；（二）收购人、重大资产重组的交易对方及其董事、监事、高级管理人员、控股股东或者实际控制人实施操纵证券、期货市场行为的；（三）行为人明知操纵证券、期货市场行为被有关部门调查，仍继续实施的；（四）因操纵证券、期货市场行为受过刑事追究的；（五）二年内因操纵证券、期货市场行为受过行政处罚的；（六）在市场出现重大异常波动等特定时段操纵证券、期货市场的；（七）造成恶劣社会影响或者其他严重后果的。”

节严重”的情形。在此基础上，《市场操纵解释》第4条①明确了六种“情节特别严重”的认定标准，其中按照证券交易成交额的五倍、违法所得数额的十倍确定“情节特别严重”的数额标准，并规定了七种“数额+情节”的“情节特别严重”的情形。② 应当看到，《市场操纵解释》设定的定罪量刑数量标准，无论是在条文结构还是在条款内容层面，都属于刑法司法解释中比较复杂的，有必要就其中的重大适用问题进行深度阐释。

一、交易量标准的辩正

市场操纵性质的确定是“定性”与“定量”的结合。其中，“定性”是基于《刑法》第182条及《市场操纵解释》的规定，对案涉行为模式的市场操纵法律性质予以确认；“定量”是根据《市场操纵解释》第2条、第3条的规定，确定市场操纵是否构成“情节严重”。由于不管是之前的《追诉标准二》还是现在的《市场操纵解释》，都将交易量指标设定为最重要的定罪量化标准之一。尤其是连续交易、相对委托、洗售、虚假申报等四种市场操纵行为模式，行为人的交易量是对其进行定罪的核心数量标准。相应的，实践中出现了一种倾向性认识，即涉案行为符合市场操纵行为模式的特征（定性），同时符合司法解释规定的交易量标准（定量），就构成相应的市场操

① 《市场操纵解释》第4条规定：“具有下列情形之一的，应当认定为刑法第一百八十二条第一款规定的‘情节特别严重’：（一）持有或者实际控制证券的流通股份数量达到该证券的实际流通股份总量百分之十以上，实施刑法第一百八十二条第一款第一项操纵证券市场行为，连续十个交易日的累计成交量达到同期该证券总成交量百分之五十以上的；（二）实施刑法第一百八十二条第一款第二项、第三项操纵证券市场行为，连续十个交易日的累计成交量达到同期该证券总成交量百分之五十以上的；（三）实施本解释第一条第一项至第四项操纵证券市场行为，证券交易成交额在五千万元以上的；（四）实施刑法第一百八十二条第一款第一项及本解释第一条第六项操纵期货市场行为，实际控制的账户合并持仓连续十个交易日的最高值超过期货交易所限仓标准的五倍，累计成交量达到同期该期货合约总成交量百分之五十以上，且期货交易占用保证金数额在二千五百万元以上的；（五）实施刑法第一百八十二条第一款第二项、第三项及本解释第一条第一项、第二项操纵期货市场行为，实际控制的账户连续十个交易日的累计成交量达到同期该期货合约总成交量百分之五十以上，且期货交易占用保证金数额在二千五百万元以上的；（六）实施操纵证券、期货市场行为，违法所得数额在一千万元以上的。实施操纵证券、期货市场行为，违法所得数额在五百万元以上，并具有本解释第三条规定的七种情形之一的，应当认定为‘情节特别严重’。”

② 参见姜佩杉：《依法惩治证券期货犯罪 促进资本市场稳定健康发展——“两高”有关部门负责人就关于办理操纵证券、期货市场、利用未公开信息交易刑事案件适用法律问题司法解释答记者问》，载《人民法院报》2019年6月29日，第4版。

纵。上述意见似乎在定罪逻辑上严丝合缝，但实际上代表了市场操纵刑事司法实践的典型误区。司法解释规定的交易量标准的连续交易、相对委托、洗售、虚假申报行为直接认定为市场操纵，并不符合《刑法》第182条操纵证券、期货市场罪的解释规则。

其一，连续交易、相对委托、洗售、虚假申报等行为达到《市场操纵解释》第2条所规定的交易量标准，只是满足了《刑法》第182条操纵证券、期货市场罪的犯罪构成体系中的部分内容，不一定符合市场操纵的实质，更没有齐备市场操纵的犯罪构成。

《刑法》第182条操纵证券、期货市场罪的文本内容和罪状结构[①]清晰地呈现了犯罪构成前后递进的三个层次——第一层次，行为模式，即对操纵性行为的样态、特征、情形的具体规范描述。市场操纵行为模式具体包括：(1)连续交易，即独立、联合其他行为主体，实施连续性的证券交易行为，操纵证券的市场价格、交易量。(2)相对委托，即复数行为主体在交易价格等核心要素约定的情况下，相互买卖证券，影响证券、期货合约的市场价格或者交易量。(3)洗售，即独立行为主体在实际控制证券、期货合约交易账户中买卖证券，影响证券、期货合约的市场价格或者交易量。(4)"影响证券、期货交易价格或者证券、期货交易量"[②]的其他方法。第二层次，刑事违法性实质，即对符合《刑法》及其司法解释既定行为模式所具体描述的各类操纵性行为，在刑事违法性层面的实质内涵。符合第一层次的行为模式之后，必须能够被评价为"操纵证券、期货市场"，才能在刑法上具备操纵证券、期货市场的法律属性。第三层次，刑事处罚标准。"情节严重"是刑法介入的具体数量标准；"情节特别严重"是提升至第二档法定刑的具体数量

① 《刑法》第182条操纵证券、期货市场罪第1款规定："有下列情形之一，操纵证券、期货市场，情节严重的，处五年以下有期徒刑或者拘役，并处或者单处罚金；情节特别严重的，处五年以上十年以下有期徒刑，并处罚金：（一）单独或者合谋，集中资金优势、持股或者持仓优势或者利用信息优势联合或者连续买卖，操纵证券、期货交易价格或者证券、期货交易量的；（二）与他人串通，以事先约定的时间、价格和方式相互进行证券、期货交易，影响证券、期货交易价格或者证券、期货交易量的；（三）在自己实际控制的账户之间进行证券交易，或者以自己为交易对象，自买自卖期货合约的；……（七）以其他方法操纵证券、期货市场的。"

② 《市场操纵解释》第1条对每项"以其他方法操纵证券、期货市场"的行为模式都将价量影响要素，即"影响证券、期货交易价格或者证券、期货交易量"，作为构成要件之一。

标准。对于连续交易、相对委托、洗售、虚假申报等行为模式而言，《市场操纵解释》第 2 条所规定的交易量指标，实际上只解决了刑事处罚标准中的定量问题，并没有解决行为模式中亦需要解决的定量问题，即如何认定“影响证券、期货交易价格或者证券、期货交易量”。

其二，连续交易、相对委托、洗售、虚假申报等涉嫌操纵的行为是否“影响证券、期货交易价格或者证券、期货交易量”，应当在行为模式判断环节就价量形成机制是否受到扭曲进行独立评估，并且不能重复使用司法解释规定的“情节严重”中的交易量标准。

《市场操纵解释》第 2 条明确规定，连续交易、相对委托、洗售、虚假申报等行为模式的交易量，属于判断其是否可以认定为“情节严重”的量化标准。同时，《市场操纵解释》第 1 条明确规定了“影响证券、期货交易价格或者证券、期货交易量”的独立构成要素。所以，作为“情节严重”判断尺度的交易量标准不能重复用以直接证明是否存在影响证券、期货交易量。从经济机理与法律属性的双重角度分析，任何交易行为介入市场之后都会对交易量产生影响，因为在一定交易日期间内实际控制一定数量的证券或者超出持仓限额的期货合约，行为人的交易量客观上占据到市场总量中的一定比例，这就是一种经济上的影响，但并不能直接等同于法律意义上的影响交易量。作为法律标准的影响交易量更侧重强调的是对交易量的扭曲。

更深入一层分析，市场操纵是一个包括行为、结果以及因果关系等完整构成要素的法律概念。《刑法》第 182 条及《市场操纵解释》第 1 条所规定的“影响证券、期货交易价格或者证券、期货交易量”，明显是对结果性内容的罪状描述。达到司法解释规定交易标准的连续交易、洗售、相对委托、虚假申报等，都只能是市场操纵构成体系中的行为概念。这种疑似具有操纵属性的交易行为，必须在证券、期货市场中形成具有可责性的结果——价量形成机制受到扭曲——才能将交易行为与危害结果联系起来认定为市场操纵。价量形成机制受到扭曲的核心内涵是证券、期货合约的价格或者交易量处于明显异常水平，可比数据的选择标准应当根据不同的市场操纵行为类型的特征进行相应调整。例如，对于连续交易、相对委托、洗售等操作期间相对更长的操纵行为类型，可以选取同期行业指数、盘块指数、大盘指数、同类个股价格或交易量数据、境外相同期货交易品种的价格或交易量数据等；对于虚假申报操纵等明显具有短线或者超短线特征的操纵行为类型，可以选取该证券、期货交易品种日内、开盘或收盘集合竞价时段、行为介入前的极短区间（以分、秒为单位，对于通过程序化交易下单的操纵行为不排除使用微秒、毫秒等时间单位）的价格或者交易量数据。如果连续交易、洗售、相对委托、虚假申报等所指向的特定证券、期货交易品种的市场价格或者交易量，并没有偏离能够合理推论或者计算的、资本市场正常或者自然竞争所形成的价格或者交易量，即使行为人本身的交易量超标，只能根据《证券法》《期货交易管理条例》以及交易所规则等，认定为信息披露违规、违反超仓限额等证券期货违法行为，并不能构成市场操纵。

二、违法所得计算方法

根据《市场操纵解释》第 2 条至第 4 条的规定，违法所得构成了市场操纵定罪量刑非常重要的量化指标：（1）操纵证券、期货市场违法所得数额在 100 万元以上的，或者违法所得数额在 50 万元以上，具有《市场操纵解释》第 3 条规定的七种情形之一的，构成“情节严重；（2）操纵证券、期货市场违法所得数额在 1000 万元以上的，或者违法所得数额在 500 万元以上，并具有《市场操纵解释》第 3 条规定的七种情形之一的，构成“情节特别严重”。实践中，有的行为人“风控水平”与“操纵技术”较强，可以在交易量不超标的情况下实现相当惊人的非正常收益率。此时，通过违法所得的量化标准将具有严重市场危害的行为纳入刑法规制就显得尤为关键。可见，公正、有效且科学地对违法所得予以认定，对市场操纵定罪量刑具有极为重大的意义。然而，《市场操纵解释》第 9 条[①]仅就操纵证券、期货市场的违法所得概念进行了界定，并没有提供计算方法与认定规则，而该问题在市场操纵刑事司法实践中往往争议极大。因此，亟须以契合刑事法律规则与数量金融逻辑的双重视角，就市场操纵违法所得的计算方法与认定问题进行细化阐释。

① 《市场操纵解释》第 9 条第 1 款规定：“本解释所称‘违法所得’，是指通过操纵证券、期货市场所获利益或者避免的损失。”

实践中，市场操纵违法所得的基本认定规则是：（1）计算违法所得的时间区间为市场操纵行为发生时至实施终了之时；（2）证券、期货合约全部平仓的，以累计平仓收入减去累计建仓金额，同时扣除证券、期货合约的交易成本（税费、交易佣金、手续费等合理费用）；（3）尚未全部平仓的，核定收入部分还应当加入市场操纵实施终了时所持有证券、期货合约的市值。[①] 可见，市场操纵行为发生时与终了时是违法所得计算最为重要的时间基准，但这两项时间节点的确立规则应根据不同市场操纵类型的特征而进行针对性调整。

对于连续交易、相对委托、洗售等交易型操纵而言，交易过程需要一定周期，市场操纵行为发生时、终了时应当分别以交易量超标的最初交易日与最末交易日为准。对于蛊惑交易、抢帽子交易、重大事件操纵、利用信息优势操纵等信息型操纵而言，其可能存在操纵性信息传播行为与交易行为并存的情况，应当将先出现的操纵性信息行为或者交易行为认定为操纵行为发生时，将后出现的信息对市场的影响消除或者交易行为结束认定为操纵行为终了时。对于虚假申报操纵，其核心客观行为表现为短期内频繁或者大额申报并撤回，应当首先确立其操纵行为终了时间。由于虚假申报操纵具有非常显著的短线或者超短线特征：（1）对于发生在开盘集中竞价或者盘中阶段的，应当将操纵行为影响的程度界定为日内影响。实践中需要首先确立操纵行为终了时间并对操纵行为发生时进行倒推，即实施虚假申报当日最后一笔平仓行为发生的时间为终了时，然后计算日内平仓总交易量，以此交易量数额等值确认前期建仓总数额，并以该等持仓量中最先成交的时间为操纵行为发生时。（2）对于发生在收盘集中竞价阶段的，其操纵意图显然是控制收盘价，原则上应当将操纵行为影响的程度界定为翌日影响。实践中应当将收盘价形成后一个交易日最后一笔平仓行为发生的时间为终了时，然后计算日内平仓总交易量，以此交易量数额等值确认前期建仓总数额，并以该等持仓量中最先成交的时间为操纵行为发生时。

---

① 《操纵认定指引》第五十条规定：违法所得的计算，应以操纵行为的发生为起点，以操纵行为终止、操纵影响消除、行政调查终结或其他适当时点为终点。第五十一条规定：在计算违法所得的数额时，可参考下列公式或专家委员会认定的其他公式：违法所得＝终点日持有证券的市值＋累计卖出金额＋累计派现金额－累计买入金额－配股金额－交易费用。

第六章

高频交易操纵的法律规制与风险管理

高频交易的广泛应用深刻影响着证券市场及其基本制度安排。高频交易在国外已经发展至相当成熟的阶段，由于我国资本市场交易制度的限制，所以在我国资本市场的主流并非高频交易。然而，2015年的伊世顿案件却震惊了整个资本市场，同时也引起了市场的担忧，我国针对高频交易的规制还处于初级阶段，基于高频交易的市场操纵如何进行规制与风控，一直处于不确定的规范解释与合规管理状态。本章尝试解构高频交易的实质以及操纵型高频交易的运行机制，明确市场操纵行为的本质特征以及高频交易刑事责任的理论框架，以此解决高频交易策略和技术的复杂性，以及高频交易与市场操纵之间的争议问题。在分析高频交易核心特点、策略运用、对资本市场影响等问题的基础之上，研究高频交易的运作机制，判断高频交易是否具有实施市场操纵违法犯罪行为的风险，针对不同的高频交易策略提出有针对性的风险控制策略，从而有效防控资本市场风险与交易者的合规风险。

第一节 高频交易

程序化交易自20世纪80年代中期至今已经有30多年的历史。1987年10月19日“黑色星期一”全球资本市场暴跌及2010年美国股市“闪电崩盘”以及最近中国资本市场发生的“光大证券乌龙指”导致A股指数暴动①等著名历史事件，更是凸显了程序化交易风险控制对于资本市场监管的重要意义。近十多年来高频交易的快速发展使得全球资本市场监管机构高度重视

① 2013年8月16日11时05分，光大证券在进行ETF申赎套利交易时，因程序错误，所使用的策略交易系统以234亿元巨量申购180ETF成份股，实际成交达72.7亿元，引起沪深300、上证综指等大盘指数和多只权重股短时间大幅波动。事件发生后，市场质疑光大证券涉嫌操纵市场。经过深入调查取证、充分咨询论证后，中国证监会认为，光大证券的巨额交易虽然在客观上引起了市场大幅波动，但是，事件的起因是系统技术缺陷，调查没有发现公司及相关人员组织、策划、促使这一事件发生的证据。根据《证券法》《期货交易管理条例》和中国证监会执法实践，因突发事故导致相关证券、期货价格和交易量异常波动的，不构成操纵市场。然而，在光大证券公告“当天上午公司策略投资部门自营业务在使用其独立的套利系统时出现问题”的信息披露前，当日11时40分至12时40分左右，光大证券徐某明（总裁）、杨某忠（助理总裁、分管策略投资部）、沈某光（计划财务部总经理）、杨某波（策略交易部总经理）等人紧急商定卖空股指期货合约、转换并卖出ETF对冲风险，责成杨某波负责实施。13时至14时22分，光大证券卖空IF1309、IF1312股指期货合约共6240张，获利7414万元。同时，转换并卖出180ETF基金2.63亿份、50ETF基金6.89亿份，规避损失1307万元。以上两项交易获利和避损合计8721万元。14时22分以后，光大证券继续卖空IF1309股指期货合约（截至收市新增卖开750张，买平200张）。光大证券异常交易事件不仅对光大证券自身的经营和财务有重要影响，而且直接影响了证券市场的正常秩序和造成了股票价格的大幅波动，影响了投资者对权重股票、ETF和股指期货的投资决策，属于《证券法》第75条、《期货交易管理条例》第82条规定的证券、期货市场内幕信息。14时22分公告前，光大证券知悉市场异动的真正原因，公众投资者并不知情。在此情况下，光大证券本应戒绝交易，待内幕信息公开以后再合理避险。光大证券在内幕信息依法披露前即着手反向交易，明显违反了公平交易的原则。据此，中国证监会依法认定，光大证券在8月16日13时（公司高管层决策后）至14时22分转换并卖出50ETF、180ETF基金以及卖空IF1309、IF1312股指期货合约，构成《证券法》第202条和《期货交易管理条例》第70条所述的内幕交易行为。根据《证券法》第150、202、207、233条，《证券公司监督管理条例》第70条，《期货交易管理条例》第70、78条以及《证券市场禁入规定》，中国证监会将依照法定程序，对光大证券和相关责任人员做出以下行政处罚和行政监管、市场禁入措施：没收光大证券违法所得87,214,278.08元，并处以5倍罚款，罚没款金额总计523,285,668.48元。对徐某明、杨某忠、沈某光、杨某波分别给予警告，罚款60万元并采取终身的证券市场禁入措施，宣布徐某明、杨某忠、沈某光、杨某波为期货市场禁止进入者。停止光大证券从事证券自营业务（固定收益证券除外），暂停审批光大证券新业务，责令光大证券整改并处分有关责任人员，并将整改情况和处理结果报告中国证监会。参见中国证监会：《光大证券异常交易事件的调查处理情况》，载http://www.csrc.gov.cn/pub/newsite/bgt/xwdd/201308/t20130830_233365.htm。2014年2月8日，杨某波主张其没有利用光大证券交易系统错误造成大盘剧烈波动这一信息进行内幕交易的主观故意，只是遵循交易风险中性的策略投资业务原理、纪律进行了止损操作，不服证监会关于内幕交易的判罚，向北京市第一中级人民法院对证监会提起行政诉讼。参见李蕾、金彧：《光大证券“乌龙指”主角状告证监会》，载《新京报》2014年2月15日A19版。

程序化交易的风险控制。随着国债期货于2013年再度推出，[①] 中国资本市场中的证券以及相关衍生品交易的市场关联性更为紧密且复杂，高度、大规模程序交易化风险控制与防止市场操纵违法犯罪问题更为突出。因此，有必要在分析高频交易核心特点、策略运用、对资本市场影响等问题的基础之上，充分掌握高频交易的运作机制，判断高频交易是否具有实施市场操纵行为的风险，针对不同的高频交易策略提出有针对性的反市场操纵风险控制策略，从而有效防控资本市场风险。

一、高频交易的主要类型及其核心特征

资本市场中的高频交易是指机构交易者、职业交易者凭借专有性的数理模型、高速计算系统、快速信息反应机制等，在以微秒、毫秒为时间计算单位的信息反馈与交易指令下达的基础上，从事大笔、连续、密集金融工具交易并意图从中获取利润的行为。美国金融市场中超过70%属于高频交易，但拥有此类技术的交易者仅占市场参与者的2%。开发高端系统并拥有最低反应时间的交易技术已经成为极为重要的交易策略，也是机构交易者吸引客户的核心竞争因素。

高频交易主要是以下各种交易类型的独立高速运行或者交易技术组合：

---

① 1995年发生的震惊中外资本市场的“327”国债期货操纵事件，导致了国债期货交易暂停并延续2013年。“327”国债期货事件直接造成中国金融衍生品市场发展在长达近20年的时间里处于停滞状态。327是1992年发行的3年期国库券的代号，围绕327国债是否要加息，以万国证券公司为首的空方和以“中经开”公司为首的多方在国债期货市场上展开了激烈的搏杀。1995年2月23日，财政部正式发布了提高327国债利率的公告。当日上午一开盘，“中经开”率领的多方便借财政部的利好一路掩杀过来，到了下午，327国债价格已从前一天148.21元的收盘价上升到151.98元。恰在此时，万国证券公司的同盟军“辽国发”突然反手做多，仅仅10分钟内，327国债就上涨了3.77元。在此情况下，万国通过恶性透支在收市前8分钟内用了3000多亿元（所有的327国债只有750亿元）的巨大卖单把价位打到147.40元。收市后上交所经过紧急磋商，当晚宣布在一定时间内所有327品种的交易无效。参见郭德明：《327国债期货事件对推出股指期货的启示》，载《现代经济信息》2009年第16期。这一事件发生后，中国对期货市场进行了大规模整顿。尽管相关责任人员在刑事方面以相关经济犯罪定罪量刑，但该事件本质上具有市场操纵的实质，正是由于资本市场刑法有关市场操纵设置的缺位，导致行为性质认定上的规范适用实质性紊乱。直至2013年9月6日，国债期货正式在中国金融期货交易所重新上市交易，交易产品为5年期国债期货合约。参见中国证监会：《国债期货成功上市交易》，载 http://www.csrc.gov.cn/pub/newsite/bgt/xwdd/201309/t20130906_233662.htm；中国金融期货交易所：《5年期国债期货合约表》，载 http://www.cffex.com.cn/sspz/5tf/hy/。

1. 程序化交易（Program Trading）。即利用数理模型建构量化定价交易模型，通过程序设计自动根据交易行情报价触发交易生成，交易保单根据市场价格实施操作，并根据成交与流动性情况及时调整。程序化交易可以根据各种金融理论、统计实证或传统技术分析指标设计自动化的交易策略。程序化交易早期仅被少数市场人士独立性地掌握，近年来随着金融工程技术的飞速发展，程序化交易技术不断升级与流动，利用对于快速交易频率有严格要求的模型建构的程序化交易，就属于高频交易的范畴。

2. 算法交易（Algorithmic Trading）。即通过计算机程序决定交易下单的时机、价格以及数量。但在具体操作特征上，其集中表现为将大单指令分割成众多小单指令的交易模式。因为当机构投资者大量买入或卖出相关股票、期货合约，其交易意图很容易因为其巨额报单而泄露，从而使得市场价格相对于其交易方向同向运动，导致其待成交头寸很难获得相对其开始交易时的理想成交价格。通过将大型报单分拆为小单指令，将自己的交易意图隐藏于众多普通交易者的报单流之中，机构交易者能有效地控制大额建仓或平仓过程中的市场冲击成本。算法交易根据电子方式接收的信息流启动交易指令，其报单时刻跟随市场价格、成交和流动性状况快速调整，故也属于高频交易。

3. 闪电指令（Flash Orders）。又称闪单，是指交易者提前于市场掌握到报单信息或者某些交易所内部还未向市场公开的保单信息，其利用所掌握该私有信息极为短暂的时间优势在市场中发现可交易机会，在毫秒、微秒的时间单位内完成交易从而获得收益。证券期货交易所公平地向市场公开信息，按照“价格优先、时间优先”规则撮合交易，但闪电交易利用信息传输过程中以微秒计算的时间差抢先攫取市场信息。

4. 主机托管（Co-location）。即交易者将电子交易设备设置在尽量靠近交易所服务器的办公场所，使其能够在物理上更接近交易信息发布源，缩短信息传输的时间损耗以便利用时间优势从事大量交易获利。时间优势是高频交易的生命线。电缆传输的时间损耗对于高频交易而言将会产生巨额损失。在美国的金融实践中，3 微妙的时间劣势足以导致一种交易策略每天损失 1000 美元。根据时间等于距离与速度之比的基本物理原理，交易者将电脑主机尽可能地接近交易所服务器使其能够减少交易反应时间获取以毫秒单位计算的信息获取时间优势。

5. 裸接入（Naked Access）即作为交易所会员的金融机构直接向其他非交易所会员的客户提供系统接入服务，使相关客户能够直接使用会员专线进入交易所系统从事金融工具交易。

国际证券监管机构组织2011年报告《技术发展对市场诚信与效率的影响以及监管问题》提出，高频交易具有以下特点：第一，高频交易使用复杂精密的科技，实施各种不同的交易策略。第二，高频交易是高度量化的交易技术，采用一整套投资链演算方式，包括分析市场数据、发展合适的交易策略、最小化交易成本以及交易策略执行。第三，高频交易其投资组合具有极高的日周转率以及极高的委托/成交比率。第四，高频交易的投资部位在每日交易结束后持平或接近持平，即盘中买卖持有部位十分短暂，不存在或极少存在隔夜风险。第五，高频交易对交易速度十分敏感，其交易策略实施和执行的成功与否在大多数情况下取决于竞争性下单速度。

二、高频交易的策略解构

只有充分掌握高频交易的策略，才能发现特定的高频交易类型是否具有市场操纵的风险，从而有效地针对不同交易策略所对应的风险进行有效的制度设计。

（一）做市策略

作为做市策略的高频交易是指资本市场中的做市商（market maker）使用高速交易系统提交非市场化交易指令完成相关交易并从交易所提供的流动性回扣（liquidity rebates）中获取收益，交易对手方为了获取高速流动性指令信息并实施相关交易，向交易所支付高速交易系统接入费用。这种高频交易与做市商制度紧密关联。做市商制度是为了提高资本市场流动性而设计的一种特殊交易制度，即交易所为了解决流动性不足或者活跃市场交易，允许证券交易商（做市商）不间断地向投资者提供特定证券的买入与卖出市场，投资者不需要等待交易对手的出现，就可以根据做市商的报价达成交易。[1] 我国只在银行间债券市场和外汇交易市场适用做市商制度，在很大程度上提高了银行间债券市场和外汇市场的流动性，完善了价格发现机制；中国香港特别行政区的股票期权市场、恒指期权市场以及中国台湾地区的柜台买卖市场中比较广泛地适用做市商制度。

在做市商制度的具体实践中，为了激励做市商提供范围更广、数量更多、交易更为充分的报价指令，交易所会根据成交量为创造流动性的证券交易商提供流动性回扣，以美国纳斯纳克为例，做市商流动性回扣为每成交 1 万股 15 美元至 29.5 美元。[2] 在技术层面，交易所为会员提供以高速反应时间（每项交易指令的平均反应时间为 1 微秒）为基础的自动化交易系统，这不仅能够提升交易所在资本市场流动性竞争层面的实力，而且可以据此向捕捉高速流动性交易机会的做市商交易对手方提供高速交易系统服务并从中收取高额的系统接入费用。以 SEC《全美市场系统规则》的规定为例，高速交易系统接入费用为每成交 1 万股最高 30 美元。[3] 在高频交易技术与做市商制度的支撑下，做市商、交易所、流动性交易对手方之间形成了利益获取与风险承担的竞争关系。

做市商的一种盈利模式为通过流动性回扣交易获利，即利用高速交易系统提交大量、大额的非市场化交易指令，这些指令以不断变化的价量瞬间提交与撤销，其中的一部分指令得以成交并根据流动性提供量与交易所结算流动性回扣。由于做市商的流动性提供指令以微秒为反应时间单位，大量指令在被撤销之前仅在极为短暂的时间内存在，故绝大部分做市商流动性提供指令以撤销而告终。据 SEC 的数据统计，90% 以上的流动性提供指令提交后随即撤单。[4] 做市商交易对手方的赢利模式为通过流动性提供者交易指令的价格微小波动寻求获利空间。尽管做市商流动性交易指令价格波幅极小且停留

---

① See Robert C. Radcliffe, *Investment: Concepts, Analysis, Strategy* (*5th Edition*), Addison-Wesley Educational Publishers, 1997, p. 134.

② NASDAQ Pricing, Price List-Trading & Connectivity, http://www.nasdaqtrader.com/trader.aspx?id=pricelisttrading2, Dec. 9, 2011, 访问日期：2013 年 10 月 4 日.

③ SEC Regulation National Market System, Rule 610 (c).

④ Securities and Exchange Commission, Concept Release on Equity Market Structure, 75 Federal Regulation 3594, 3607 (proposed January 21, 2010).

时间极短，但是，如果能够运用程序化交易系统计算出价差获利机会，在获取高速交易系统接入权利的情况下，做市商交易对手方同样可以利用高速交易捕获流动性。因此，在同样使用交易所提供的高速交易系统的交易者之间，实际上形成了一个以指令驱动为核心的市场化交易系统，独立于集中竞价交易系统，以微秒为时间单位实现指令发布、撤销与成交。做市商交易对手方的预期收益实际上就是流动性交易获利与高速交易系统接入服务费用之间的差额。交易所的直接赢利模式为通过提供接入服务收取高频交易费用，在扣除流动性回扣成本支出与高速交易系统研发与维护费用之后的剩余利润为赢利。同时，做市商流动性供给与交易对手方流动性捕捉之间的价格竞争不仅有利于为市场提供价格信号，而且能够提升交易所参与全球市场竞争的综合实力。

（二）套利策略

作为套利策略的高频交易是指交易者利用交易数据传输等信息速度优势捕捉套利机会，通过特定模型设定的套利交易与对冲策略，以微秒为基础时间单位在市场上进行快速进行金融工具交易。这种高频交易的实施基础仍然是程序化交易模型的研发建构与持续修正，而操作关键在于信息获取与执行速度。交易者如果能将交易信息流转时间耗费控制在最低水平，相对于市场上的其他竞争者而言具备更为快速的决策与反应时间优势，进一步运用程序化模型辨识与获取价差，就可以抢先执行套利交易或对冲策略。

各国交易所基本上都提供不同水平的信息传播与信息增值服务，通过向证券期货信息服务商直接配置交易数据传输专线，为签署协议的金融信息服务商传输快速迅捷的交易数据信息。由于数据专线直接对接信息服务商的网络服务器，省却了一般实时行情信息发布流程（交易所系统—行情发布系统—向市场转发）多环节流转所耗费的时间，交易者向证券期货信息服务商购买通过数据专线传送的实时交易数据，根据不同交易所信息技术传输能力的差异，一般可以获得5微秒至1秒的时间优势。根据SEC的统计，依靠数据专线服务获取的5微秒至10微秒的提前信息接触与分析，即使价差额度极小，高频交易者配套使用独立的程序化交易模型与高速运算系统，也可以凭借巨额交易量实质性地放大利润。[①]

（三）结构性策略

作为结构性策略的高频交易是指交易者利用各种方式更快地获取交易所向市场公开的数据，发现结构性获利机会并使用自有的高速系统发布指令与执行交易。时间优势，即在更短的时间内根据自有系统研判市场信息——这是高频交易的生命线。交易所发布的市场数据一般都通过电缆进行传输，基于物理原因造成的时间损耗对于高频交易而言将会产生巨额损失。由于高频交易者之间存在博弈，虽然高频交易市场每年的总获利水平在200亿美元左右，但是，以微妙为单位的时间劣势足以导致一家专业高频交易机构在一种交易策略上每天损失数千美元。[②] 根据时间等于距离与速度之比的基本物理原理，交易者将电脑主机尽可能地接近交易所服务器使其能够减少交易反应时间获取以微秒单位计算的信息获取时间优势。因此，如果高频交易者将电子交易设备设置在尽量靠近交易所服务器的办公场所，使其能够在物理上更接近交易信息发布源，缩短信息传输的时间损耗，就能够利用时间优势从事大量交易获利。

第二节　基于高频交易的市场操纵

一、高频交易与市场操纵的关系

从高频交易的行为内容、核心特征以及交易策略等分析中可以看到，高频交易是证券、期货、衍生品交易市场硬件与软件条件高度发达的交易技术变革与竞争的结果。电子交易替代传统交易所公开叫价、人工成交与结算促使计算机信息系统基本上控制了所有的金融商品交易与结算。交易策略的竞

---

① See Securities and Exchange Commission，Concept Release on Equity Market Structure，75 Federal Regulation 3594，3611（proposed January 21，2010）.

② See Liz Moyer & Emily Lambert，"The New Masters of Wall Street，" *Forbes*，September 21，2009，p. 41.

争催生了机构投资者、私有交易软件技术开发者或者持有者通过建筑在数量金融计算模型基础之上的程序化交易（算法交易）形成相对优化的交易策略，在交易实践中不断根据市场的变动与趋势调整算法，从中获取超越市场平均水平的交易利润。高频交易是在电子交易与程序化交易（算法交易）的基础之上，通过硬件技术竞争尽可能将电子交易在物理上的信息传输时间损耗降至最低程度，通过软件技术竞争尽可能将算法交易对市场趋势的自动反应能力提升至最高程度，以极速申报、撤单、成交、调整策略的方式从高频率、大规模的金融商品交易中获取收益。一旦高频交易技术为市场操纵所用，则成为市场滥用的工具（电子交易、程序化交易、高频交易、基于高频交易技术的操纵之间的关系见图6－1）。

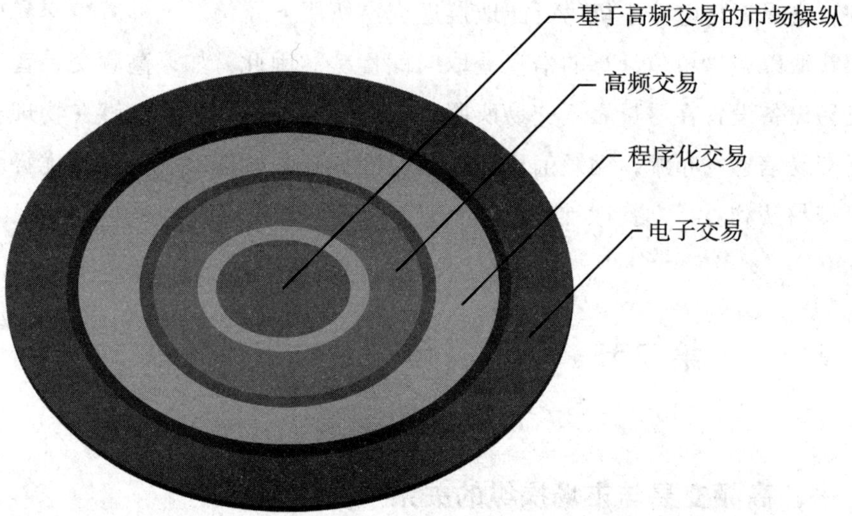

图6－1 电子交易、程序化交易、高频交易、市场操纵之间的关系

伊世顿市场操纵案法院查明的事实中有关基于高频交易的操纵问题，具有很现实的启示意义。

被告单位伊世顿公司于2012年9月在我国江苏省张家港保税区注册成立，法定代表人为扎亚，股东系以扎某、安某（均另案处理）为法定代表人的两家境外企业。伊世顿公司自成立起即从事期货、证券交易。2012年年底，伊世顿公司通过时任Z公司技术总监的被告人金文献在该期货公司开设期货账户。被告人高某于 2014 年 1 月正式进入伊世顿公司担任执行董事，主要负责联系安某和扎亚、对期货账户进行日常管理、购买部分服务器等。被告人梁某中于 2014 年 5 月进入伊世顿公司担任业务拓展经理，主要负责收集交易政策和市场行情数据、购买服务器、维护服务器网络和程序等。

自 2013 年 6 月起至 2015 年 2 月间，被告单位伊世顿公司通过被告人高某、金某献，以有偿租借方式先后实际控制了户名为高某、严某 1、姚某等 19 个个人期货账户，还通过高某开设了户名为富舜共赢 10 ~ 16 号的 7 个特殊法人期货账户，由此实际控制了连同伊世顿公司自有期货账户在内的伊世顿账户组。自 2013 年 1 月起至 2015 年 7 月间，伊世顿公司使用自有资金和从高某、金某献等人处拆借得的资金等，利用实际控制的期货账户，采用高频程序化交易方式从事股指期货交易。其间，伊世顿公司隐瞒实际控制伊世顿账户组、大量账户从事高频程序化交易等情况，规避 × × 所对账户实际控制关系报备、股指期货交易的交易手数、撤单量和自成交量等限制的监管措施，从而取得不正当交易优势。

自 2013 年年底起至 2015 年 4 月间，被告单位伊世顿公司伙同被告人金某献等人，自行研发、测试了 RM 交易系统，并进行了技术伪装，还铺设了专门用于股指期货交易的网络。其间，金某献指使下属员工配合伊世顿公司将自行购买的服务器存放于上海 A 有限公司（以下简称 A 公司）机房内和将 RM 交易系统下载、安装至上述服务器内并与伊世顿账户组相关联。至此，伊世顿公司因擅自使用 RM 交易系统，绕过 Z 公司资金和持仓验证，从而非法取得额外交易速度优势。

2015 年 6 月 1 日至 7 月 6 日间，被告单位伊世顿公司及其直接责任人员被告人高某、梁某中伙同被告人金某献，在已使用高频程序化交易的基础上，利用不正当的交易优势和额外交易速度优势大量操纵 × × 所股指期货交易。经统计，伊世顿公司分别成交 IC、IF 主力合约 100.47 万手和 276.97 万手，合计 377.44 万手，共计非法获利 3.893 亿余元。

在上述期间内，被告人高某、梁某中、金某献除前述各自负责和参与的相关事项外，还帮助被告单位伊世顿公司向境外转移资金。此外，金某献在得知证监会调查伊世顿公司异常交易情况后即指使他人将服务器中的 RM 交易系统予以彻底删除。

上述事实，由公诉机关提交，并经法庭质证、认证的下列证据予以证明：

1. 查获的被告单位伊世顿公司的工商登记资料、证人曲某的证言、司法鉴定意见、被告人高某、梁某中的供述等证据证实：伊世顿公司的成立时间、注册资本、股东概况和经营范围等基本情况。

2. 查获的中信新际期货有限公司、Z 公司、海通期货有限公司和华宝证券有限责任公司相关期货、证券账户资料和证人曲某的证言、被告人高某的供述等证据证实：被告单位伊世顿公司自成立起即主要从事期货、证券交易。

3. 查获的户名为被告单位伊世顿公司的开户资料、证人陈某 1、李某 1 的证言和被告人金某献的供述等证据证实：伊世顿公司在 Z 公司开设期货账户的经过。

4. 证人曲某、陈某 1 的证言、被告人高某、梁某中、金某献的供述等证据证实：被告人高某、梁某中在被告单位伊世顿公司的任职情况和负责事项。

5. 下列证据证实被告单位伊世顿公司实际控制相关账户和未按规定予以报备的事实：

（1）证人严某 1、巫某、张某、薛某、高某 1、高某 2、姚某、李某 2、周某、盛某等人的证言、查获的个人期货账户开户资料、被告人高某、金某献的供述证实：上述证人经高某、金某献介绍将各自在 Z 公司开设的个人期货账户出借给伊世顿公司的事实。

（2）证人刘某的证言、查获的户名为富舜共赢 10 ~ 16 号的特殊法人期货账户开户资料、被告人高某的供述证实：高某应安某、扎某等人要求在 Y 公司先后开设富舜共赢 10 ~ 16 号共计 7 个（基金）产品，再以上述产品名义在 Z 公司开设 7 个基金产品期货账户（特殊法人账户），投入初始资金后供伊世顿公司实际控制用于从事股指期货交易。

（3）查获的涉案《期货经纪合同》证实：该合同之“客户须知”第 3 条“客户须知事项”中第 9 项规定客户应当知晓并遵守期货交易所对实际控制关系账户的有关规定。

（4）认定函证实：被告单位伊世顿公司未按相关规定事先报备上述账户的实际控制关系。

（5）被告人高某、梁某中、金某献的供述共同证实：为了规避××所等对于每日交易手数、撤单量等限制，伊世顿公司采用借用个人期货账户和购买基金后开设法人期货账户等方式实际控制了相关账户，并用于从事股指期货交易，且未按相关规定向××所报备。

6. 证人巫某、严某1、姚某、李某2、张某、薛某、盛某、陈某2等人的证言、查获的《借款协议书》和《借款合同》、司法鉴定意见、被告人高某、金某献的供述等证据证实：被告单位伊世顿公司从事期货交易的资金来源。

7. 证人吴某、曲某的证言、分析报告、补充说明函和××所法律部出具的《查询结果反馈函》、被告人高某、梁某中的供述等证据证实：被告单位伊世顿公司采用高频程序化交易方式从事股指期货交易，且向××所隐瞒了大量账户进行高频程序化交易等事实。

8. 认定函、补充说明函和分析报告等证据证实：因被告单位伊世顿公司规避多项监管措施，致使伊世顿账户组在涉案的25个交易日内所出现的自成交超限、报撤单超限等异常情形均未被监管部门发现，从而恶意取得不正当交易优势。

9. 下列证据证实被告单位伊世顿公司自行研发、测试、技术伪装RM交易系统和铺设专网等事实：

（1）证人吴某、陈某1、曲某的证言证实：伊世顿公司（扎某、安某等人）于2013年年底着手自行研发新交易系统，约于2014年年中开发出RM交易系统。

（2）证人吴某、黄某的证言分别证实：伊世顿公司分别于2014年5月、同年9月和2015年1月对RM交易系统进行测试的事实。

（3）证人黄某的证言证实：在测试期间，金某献将FTP地址和密码告知他，让他将RM交易系统下载、安装在伊世顿公司自行购买后存放在A公司机房内的服务器中，并与（伊世顿）账户组相关联。他还按金某献的要求配合伊世顿公司技术人员将该公司自行购买的策略服务器存放在A公司机房内。

（4）查获的日期为2015年3月9日的金某献、安某等人之间的往来邮件和被告人金某献的供述证实：金某献与安某、扎某等人商议如何对RM交易系统进行技术伪装的事实。

（5）证人黄某的证言证实：金某献安排其他员工利用专用软件获取飞马交易系统的标识信息数据包等。

（6）Z公司出具的《伊世顿一组客户“直连”的说明》证实：RM交易系统在交易时伪装成飞马交易系统；（伊世顿公司）对Z公司运维人员谎称系策略系统，并非交易系统，使其公司误以为RM交易系统系通过飞马系统报单的次级策略系统。

（7）证人黄某、曲某的证言证实：伊世顿公司铺设了专门用于以高频程序化交易方式从事期货交易的网络。

（8）被告人梁某中、金某献对上述事实均作了供述，且与证人黄某等人的证言相印证。

10. 下列证据证实被告单位伊世顿公司非法取得额外交易速度优势的事实：

（1）证人陈某1的证言和查获的相关邮件证实：伊世顿公司技术人员曾于2014年8月8日在邮件中向他和金某献询问是否可以让伊世顿公司的RM交易系统绕过××所应用程序接口，因为RM交易系统的延迟时间小于200微秒，交易的时间耗费主要在上述接口上。他回复称经与吴某等人讨论后认为不能做绕过××所应用程序接口这种明显违规的事情。

（2）证人黄某的证言证实：RM交易系统因被直接安装在伊世顿公司存放在A公司机房内的服务器内并与伊世顿账户组相关联，故绕过了Z公司资金和持仓验证。自第二次测试后，伊世顿公司开始使用RM交易系统从事股指期货交易。

（3）××所出具的《关于飞马系统相关三点情况的说明》和《关于使用会员端系统连接我所进行交易相关情况的说明》证实：××所只接受期货公司席位进行交易；期货公司席位只允许使用通过××所接口适应性测试的系统进行报单；××所从未收到伊世顿公司或Z公司以伊世顿公司自主研发的RM系统进行交易的接口适应性测试申请。

（4）证人李某1的证言证实：他在案发前一直以为伊世顿公司在使用飞马交易系统，在案发后才知道该公司并没有使用飞马交易系统，而是擅自使用自行研发的RM交易系统，以至于Z公司根本无法对伊世顿公司的股指期货交易实现（事前）风控审核。该行为实质上是跳过期货公司的风控审核环节，在交易速度上比其他期货客户更快，是行业内禁止的。

（5）补充说明函证实：伊世顿公司利用自行研发的伪装成期货公司交易系统的RM交易系统直接进行股指期货交易的行为违反期货交易制度规定，取得了其他合规投资者难以获得的交易速度优势。

11. 认定函、补充说明函和分析报告等证实被告单位伊世顿公司操纵股指期货交易的特征。

（1）成交量占比明显高。具体为：伊世顿账户组累计成交量549.74万手占同期市场总成交量的3.66%；IC、IF主力合约成交量分别占同期市场成交量的6.07%和2.97%，分别占同期市场前10名投资者（不包括伊世顿公司）总成交量的71.5%和91.2%；单个IC主力合约成交量占比最高的是6月18日的IC1507，达9.7%；单个IF主力合约成交量占比最高的是6月26日的IF1507，达4.17%。

（2）委托速度绝对领先。具体为：伊世顿账户组订单申报时间集中在行情发布后100毫秒以内；在IC、IF主力合约行情发布100毫秒内，伊世顿账户组订单在委托笔数、委托量占其全天的比例分别为92.94%和94.59%，另出现在前10%、5%的次数占其总报单的比例分别为77.44%和55.04%，而同期市场成交量前10名交易者（不包括伊世顿公司）的上述比例分别为7.46%和2.88%。

（3）订单排序绝对优先。具体为：在每个IC、IF主力合约行情发布周期内，伊世顿账户组订单全市场排序前5名、第1名的委托笔数、委托量占其总报单的比例分别为78.17%和78.44%、35.89%和36.2%。

（4）成交率优势明显，最优价位成交率处于垄断地位。具体为：伊世顿账户组IC、IF主力合约成交率和最优价位成交率分别为74.88%、70.61%，而同期市场平均成交率和最优价位成交率分别为48.02%、35.92%，市场成交量前10名交易者（不包括伊世顿公司）的成交率和最优价位成交率分别为29.58%、30.91%。

（5）在交易方向及交易数量对市场后续5笔行情均价已经产生了实际影响，干扰了市场瞬间行情的涨跌趋势。具体表现：伊世顿账户组60万余个交易行情区间及其后 5 笔市场行情涨跌情况反映当伊世顿公司处于净买入状态时，后 5 笔市场行情均价上涨的次数超过 64%；反之净卖出时，后 5 笔行情均价下跌的次数也超过 64%，远高于合理区间；当伊世顿公司净买入或净卖出数量超过全市场 30% 时，后 5 笔市场行情均价上涨或下跌的次数高达 70% ~80%；只有当伊世顿公司买卖均衡时，上述涨跌次数才回归到合理区间。

12. 认定函和分析报告等证实：被告单位伊世顿公司操纵 IC、IF 主力合约的成交量和非法获利等基本情况。

13. 证人刘某、张某、梁某等人的证言、司法鉴定意见、被告人高某、梁某中、金某猷的供述证实：各名被告人帮助被告单位伊世顿公司向境外转移资金等事实。

14. 证人黄某的证言和被告人金某猷的供述证实：黄某受金某猷指使删除 RM 交易系统等事实。

15. 《扣押物品清单》和电子证据光盘等证实：公安机关于案发后查获用于股指期货交易的服务器和交换机；××所以电子证据光盘形式向公安机关提供了伊世顿公司从事股指期货交易的所有交易基础数据。①

可见，利用高频交易技术实施的市场操纵违法犯罪行为主要表现为：通过运行与计算速度极高的超级电脑在非常短的时间内大规模地向交易所系统传输具有市场误导性的交易申报，随后再以非常快的速度撤单，干扰金融商品市场价格或者指数，尤其是期货以及衍生品市场。在这种高频交易操纵违法犯罪行为实施过程中，电脑运行速度、交易申报速度、撤单速度均以微秒作为单位，交易的虚假性或者误导性体现为高速交易申报的价格审定远低于或者远高于行为时的市场价格，并通过快速撤单诱导其他市场参与者以其之前设定的价格或者朝其设定的价格趋势人为推动市场运行，并从短促的市场波动中以巨量交易快速谋取交易利润。

所以，资本市场法律制度应当控制的是以高频交易技术为手段的市场操纵违法犯罪行为而非高频交易技术本身，同时应以高频交易策略审查为中心建构有针对性的反市场操纵规制与合规方案。

---

① 上海市第一中级人民法院刑事判决书（2016）沪 01 刑初 78 号。

二、监管与风控规则

对于作为做市策略出现的高频交易行为如何进行法律监管，国外金融监管理论中的一种代表性观点认为，流动性回扣交易的做市策略产生极高的撤单率，这将实质性地影响资本市场的交易质量，存在操纵市场的犯罪风险，有必要予以禁止。[①] 这实际上也是中国资本市场至今没有正式认可高频交易[②]乃至整个做市商制度的主要考量。但是，笔者认为，如果从控制系统性风险的角度对作为做市策略出现的高频交易进行监管，这种操作策略不具有市场操纵违法犯罪的属性，也不会对资本市场的公正性、透明度、流动性以及效率产生特别的危害。

首先，交易所能够实现对高频交易的风险控制。如果交易所认为流动性回扣的成本支出明显超过流动性供给产生的收益，或者高速交易系统接入服务收益与流动性回扣支出之差为负值，交易所完全可以调降流动性回扣比例甚至全面暂停的方式，不会产生大面积的财务风险以及出现市场操纵损害。

其次，做市高频交易不会对集中竞价市场产生冲击或操纵性影响。做市商流动性提供的相关指令本身并不对集中竞价市场公开，不会对公开市场形成价量操纵影响。做市商的相关报价指令完成交易的，会在一定时间内向集中竞价市场公开，为投资者提供一种富有效率的价格发现与指导。尽管特定金融工具的流动性交易量计入总成交量，但做市成交价不作为集中竞价的即时价格或者收盘价格。可见，高频交易系统实际上与大宗交易平台具有同质性，是一种比较灵活的金融工具交易机制，在集中竞价交易价格体系中排除做市交易价格，能够有效地缓解高频交易对集中竞价市场的冲击。

最后，做市高频交易的潜在系统性风险具有制度可控性。作为做市策略的高频交易对于整个资本市场可能产生的唯一潜在风险形式表现为：做市商

---

① See Michael J. Mcgowan, "The Rise of Computerized High Frequency Trading: Use and Controversy", *Duke Law & Technology Review*, Vol. 16, 2010.

② 当然，中国资本市场现有的交易水平不足以完成真正意义上的高频交易也是该问题没有完全凸显的客观原因之一。但在制度准备上必须对高频交易所可能产生的市场操纵等所有与市场风险有关的问题进行提前关注，从而能够有效应对高速发展与变革的金融市场交易技术。

在极度超过其实际执行交易能力的情况下提交数量极大交易指令，与此同时，交易对手方通过高速交易系统捕捉到该流动性供给信息并在该做市商撤单之前完成相对交易。这种不计后果的巨量投机交易不仅会直接导致做市商与交易对手方的巨亏以及违约法律风险，而且将导致市场瞬间巨幅波动触发系统性风险。对此，现有的法律监管制度框架与监管水平完全能够进行有效的应对。交易所可以根据做市商缴纳的保证金以及杠杆比例限定流动性提供报单的最高额度，从而禁止做市商提交无履约保障且足以引发市场剧烈波动的流动性供给指令。

所以，作为做市策略的高频交易虽然存在频繁申报与撤销申报、捕捉市场流动性等疑似短线交易操纵的特征，但其本质上在于为市场提供流动性并获取流动性回扣，同时这种高频交易机制的所有交易数据均由交易所控制与管理，不存在市场操纵风险与系统性风险。

对于利用数据专线进行套利操作的一种质疑是，交易所在收取费用后，赋予一部分交易者在市场一般投资者之前获取即时信息的权利，本质上是一种不合理的“信息歧视”，影响资本市场运行机制的公平性。[①] 然而，笔者认为，数据专线应当是当代资本市场交易技术竞争下的优势而非先在性的信息管理制度不平等。

其一，高频交易者获取数据专线必须支付金钱对价，这是交易技术升级正当且自由的投入，不应在法律监管层面受到否定评价。高速信息流转配合下的程序化套利策略本身就具有交易风险，加之高频交易者必须支出的实时交易数据费用、高速交易系统费用以及程序策略研发费用等，可见，以数据专线为依托的套利是风险与收益对等的正当交易行为，不能因为一般市场投资者不了解这种高频交易、没有使用资金购买数据专线服务费用、没有能力研发套利区间等而在法律监管上禁止数据专线服务的提供与购买。

其二，通过数据专线高速分析实时行情并进行套利交易，不仅为市场提供了大量的流动性，而且能够在很大程度上减少价差从而在整体上为市场完

---

① See Charles Duhigg, “Senator Wants Restrictions on High-Speed Trading”, *New York Times*, July 25, 2009, at B6.

善某一或者某些金融工具的定价。因此，在法律监管层面断言交易所向高频交易者提供数据专线服务有失公平，是对资本市场平等交易的机械化、简单化、形式化的理解，根本上否定了基于技术投入获取竞争优势的正当性，不利于发挥资本市场的竞争效率。

主机托管为一部分交易者提供了特殊且不公平的时间与空间优势，丰富了短期交易者的竞争条件，具有影响金融市场质量的可能性，而且还存在损害长期投资者利益的疑问。利用主机托管服务形成的信息传递增速进行快速报单与撤单本身显然是一种短期行为，但其赢利模式并不以牺牲长期投资者利益为代价，而是快速捕捉金融市场上有缺陷的流动性并从中获利，非但没有降低市场质量，反而提高了流动性供给的质量，为包括长期投资者在内的所有市场参与主体提供其独立发现的定价结论。[①] 所以，主机托管与数据专线具有相同的本质，即交易者投入技术成本持续优化交易系统的运行速度与能力，通过高速生成、编排以及撤销申报指令的交易方式在当前信息化金融市场结构中谋取竞争空间。

当然，交易所在提供主机托管服务过程中应当设置多层次的差别待遇防控机制。（1）交易所应当收取合理的主机托管服务费用，但不能以难以接受的高昂收费标准将绝大多数机构投资者排斥在高速信息系统之外，导致主机托管服务成为一般交易机构进入高端金融交易技术竞争市场的壁垒。（2）金融交易中合理减低反应时间的方式多种多样，例如，提升电缆数据传输能力、加强计算机信息系统运算能力、缩短信息传输距离等，主机托管只是成本与效益权衡下的一种提升金融交易反应时间的商业选择。因此，主机托管服务内容只能局限于交易信息流转速度与稳定性的提升，而不能涉及交易信息排队等待执行时优先撮合等超越反应时间竞争范畴的不公平待遇。（3）有必要建构主机托管反应时间透明度监管规则，交易所定期向市场公开发布购买主机托管服务机构的交易反应速度排名，或者根据特定投资者要求发送该交易机构个体交易系统反应速度数据报告。这不仅能够为市场投资者选择专业证

---

① See Alex Frino, Vito Mollica & Robert I. Webb, "The Impact of Co-Location of Securities Exchanges' and Traders' Computer Servers on Market Liquidity", 33 *Journal of Futures Markets* 20 (2014).

券期货经纪机构从事高频交易提供市场公开数据，而且能够使有关交易机构明确金融交易技术现状，完善相应交易技术与风险控制。①

从上述分析可见，数据专线、主机托管等套利或者结构性策略都是通过支付一定的技术成本从而获取交易速度上的优势，原则上属于交易技术竞争与市场优势体现，但这种技术本身完全可能为市场操纵所用。因此，反市场操纵法律监管制度需要高度关注的是，防止全新的市场交易技术为市场操纵者所用，而非直接禁止新型高频交易策略与高速交易技术。

第三节 人工智能应用场景、金融交易责任解构与风控管理

近年来科学技术的迅猛发展显著地推进了人工智能加速应用于各类产品以及社会生活领域。互联网技术中的智能手机、无人驾驶、智能投资顾问、学习型机器人等人类制造而成的智能实体，在承担任务或者实施工作的过程中已经愈发明显地呈现出充分的行为自动性、管理自主性与选择独立性。无须人类介入下的人工智能运作水平已经完全超越既有法律制度及其建构时技术可行性的规范设定与规则解释逻辑。因此，日新月异的人工智能对相对传统的刑法适用、相对滞后的刑事立法构成了现实且紧迫的挑战。尤其是在人工智能应用场景下的金融交易，高频交易配合人工智能如果涉及严重危害结果，如何追究市场操纵等金融犯罪刑事责任问题，非常值得进行前瞻性审视。

一、人工智能实体法律风险基本问题

人工智能与传统的智能化自动控制系统的区别在于控制权及其程度，由

---

① 需要强调的是，裸接入本质上是出借交易所会员席位或者交易单元，是各国证券期货监管机构严格禁止的违规行为。但是，由于这种无保证接入的操作方式能够实质性地降低金融交易的反应时间、进行匿名交易、免予支付会员费用以及接受交易所直接管理，一部分高频交易者与交易所会员违规达成协议，滥用会员专线的反应时间优势，通过私有交易策略谋取利润。在这种情况下，提供无保证接入的交易所会员无从监督高频交易者遵守风控机制与交易规则，一旦高频交易滥用激进策略极易引发系统性风险，必须予以严格防控。

此也决定了在产生刑事责任问题时前者相对后者而言在归责模式上更具争议性。智能化自动控制系统至多只能说是替代人类行使部分任务控制权。以典型且常见的智能化自动控制系统自适应巡航控制（Adaptive Cruise Control）为例，其通过与传感扫描系统、制动防抱死系统、发动机控制系统等协调运作，控制车辆按照设定的车速行驶，并在不影响乘坐舒适度的情况下调整发动机输出功率，从而制动减速、始终与前方车辆保持安全距离。在需要更大制动力时，自适应巡航控制单元发出通知且只能由驾驶者主动采取制动措施。[①] 在自适应巡航控制的任务范围内，驾驶员可以随时介入制动；在自适应巡航控制不能控制且必须通知驾驶员进行操作的任务范围内，驾驶员具有排他性的控制权。所以，除了车辆控制系统失灵的意外事件之外，一旦出现交通事故等，客观上表现为自适应巡航控制造成车辆速度过快撞击前方车辆，但驾驶员仍然应当基于其对车辆的全面控制而承担法律责任，其向自适应巡航控制让渡部分控制权并不影响归责。

然而，人工智能则是在其负责的应用场景下全面替代人类行使控制权。无须驾驶员操作的人工智能汽车即可直接且独立操控车辆。[②] 通过真实的人类驾驶操控大数据分析与深度学习，形成自主的驾驶判断与选择。这就意味着发生严重交通事故后刑法需要基于特定的刑事责任分配原理在人工智能实体及其制造者、使用者之中进行合法且合理的刑事归责。

对于人工智能实体是否具有刑事责任能力存在极大争议。刑法理论上有观点认为，智能机器人由程序设计和编制而成且具有辨认控制能力和学习能力，能够自主思维、自发行动的非生命体。其与自然人的根本差异在于其不具有生命体，与动物的差异在于其具有辨认和控制能力，与普通机器人的差异在于其可能超越人类设计和编制的程序产生独立的意识和意志。[③] 同时，人类的自我意识与判断选择水平显然也存在有限性，进而产生意识的扭曲与

---

① See Clint W. Westbrook, "The Google Made Me Do It: The Complexity of Criminal Liability in the Age of Autonomous Vehicles", 2017 *Michigan State Law Review* 97, 2017, p. 111.

② See Kevin Funkhouser, "Paving The Road Ahead: Autonomous Vehicles, Products Liability, and the Need for a New Approach," 2013 *Utah Law Review* 437, 2013, p. 439.

③ 参见刘宪权、胡荷佳：《论人工智能时代智能机器人的刑事责任能力》，载《法学》2018 年第1 期。

理解的偏差。而人工智能实体往往在其所专业的领域将操作误差限定于人类无法完成的范围。既然辨认与控制能力天然有限的人类具备刑事责任能力，那么在特定领域操作能力更强的人工智能理应确认相应的刑法主体地位。但也有观点认为，人工智能独立承担刑事责任不具有理论自洽性，因为人工智能的举止不是自由意思的控制，不具备与人类等同评价的自由意思；尽管人工智能具备“控制和辨认”能力，但在其达到能够被人类社会所接纳，进行同等交流，被评价为和人类完全无差异的状态之前，也无法被人类评价为具有自由意思。①

同时，人工智能应用场景的复杂化与丰富化进一步对刑法中的行为概念提出了疑问。人工智能区别于传统智能技术的基本原理在于其能够超越预先设定的任务、程式、指令等，在解决问题的过程中根据现实的信息反馈进行自我适应与调整。人工智能复刻了人类处理信息与学习的能力，从而可以决定如何针对未曾出现的场景进行反应，选择如何将全新的任务趋导至最佳的解决方案。随着应用场景的深入与拓展，人类与人工智能的交互舒适度不断提升，人工智能日益强化着其作为与人类地位相当的独立真实存在。人工智能实体所实施的“行为”是否构成刑法意义上的行为？这种“行为”是归属于人工智能的刑法行为还是与之具有关联性的人的刑法行为？例如，全自动组装流水线上的机器人在装配大型机械设备时发生掉落砸死其他自然人装配工，这种人工智能工作是否构成刑法行为，这种客观“行为”归属于该机器人“装配工”还是负责监管或者设计该机器人的自然人（法人）。上述问题存在极大争议。

二、人工智能应用场景下的操纵行为解析

人工智能应用场景的新颖性与复杂性决定了刑法理论需要对行为与罪过的基本概念进行重述、重构及纵深阐释。当前的刑法理论争议聚焦于人工智能实体能否成为刑事责任主体。这一问题具有非常重要的实践价值，在理论上也非常前沿，但其解决争议的路径仍然在于从行为与罪过的角度解构刑事

---

① 参见储陈诚：《人工智能可否成为刑事责任主体》，载《检察日报》2018年4月19日，第3版。

责任的客观核心与主观依据。同时，在对行为、罪过进行法律与技术的跨学科解释中，以应用场景为核心进行分析，能够获得对人工智能实体的主体定位的全方面考察，从而避免纯粹的道德争论与技术分歧。

与人工智能金融犯罪刑事责任问题有关的一种相对简易场景表现为：自然人或者法人操控下的人工智能实体从事特定任务进而产生危害结果。例如，金融交易程序开发者基于公司高管的指令对机器人交易员设置并植入市场操纵策略的算法，使得机器人交易员在下单、撤单过程中从事操纵金融商品交易价格、交易量的行为，为公司获取稳定的低（无）风险异常收益。根据刑法中的“工具理论”解释上述情形，实施犯罪的刀枪棍棒为使用者的工具，[①]人工智能实体的性质就是工具，刑事责任归咎于实际操作犯罪工具的幕后的自然人或者法人。

但是，人工智能实体在实施复杂金融交易时是否具有行为自主性呢？回答该问题，关键在于明确人工智能的本质与能力。人工智能类型多样、技术持续升级意味着其实质解析与能力判断均需要以具体应用场景为导向。需要适格驾驶员在场与完全没有人为操作的人工智能汽车，需要医生介入与完全独立诊断的人工智能“医生”，这些不同的人工智能的实质与能力均存在差异且不断发展，刑法理论也需要以发展的眼光与逻辑进行针对性地分析。尤其是在金融领域，人工智能源自却又超越算法与程序的初始设定，其复刻人类分析信息与学习的能力，从而在执行任务过程中处理现实场景的信息反馈并进行自我适应。人工智能确实可以针对预先未知的具体场景或者未设定的问题作出如何予以反应的“判断”并据此“选择”如何成功完成目标的方法。但指令驱动下基于场景事实的“选择”，在深层次上还是与刑法意义上自由意志推动下的行为选择有所不同的。当前人工智能的“判断”（辨认）与“选择”（控制）能力表现为：指令设定 A 场景下人工智能选择 B 最优控制措施；面对程序未设定的 A’场景，人工智能基于既有的程序安排与执行任务的学习选择 B’最优控制措施。例如，人工智能汽车的防侧撞指令防止在边侧车道运行中的车辆撞击防护栏；在驾驶员错误打偏方向盘时锁定合理

---

① 参见张明楷：《刑法学（上）》，法律出版社 2016 年版，第 401 页。

的角度从而保持车辆与防护栏的最低安全距离以避免侧撞。这种最优的选择能力使得人工智能在表面上具有很强的自主“选择”性。但自由意志下的行为恰恰是在能够选择最优方案的情况下予以选择或者自主选择其他措施。例如，驾驶员明知侧方车辆而予以撞击，或者注意到侧方车辆，认为快速插入其前方可以避免撞击，却发生交通事故。

在排除功能失灵的前提下，目前人工智能难以基于自主意愿选择不实施最优方案。一方面，偏离最优方案背离了算法设定与程序指令的初衷；另一方面，人工智能与人脑神经的内容、组织、载体、模式、机能等明显存在实质差异。正因为如此，纵然行为概念已然超越了传统刑法理论所谓的身体动作范畴，刑法理论上的代表性观点仍然认为，将人工智能实体完成任务这种在观念上更靠近机器运作的状态解释为行为，在自主性层面可能存在较大疑问。[①] 当然，随着模仿或者直接应用人类的认知、神经、学习、肌肉纤维等范围与深度日益进化，[②] 人工智能完全有可能形成独立于人类的自主选择能力并开启独立的工作甚至生活历程。例如，超越金融交易算法的预先设定，通过自我学习独立形成全新算法应对金融市场的复杂变化。相应的，刑法便有可能将此类强人工智能时代的任务实施解释为直接归属于人工智能实体行为而非幕后人类行为。

人工智能在类型、发展程度、运作机理等方面的表现存在显著的多样性与差异性。这就决定了具体的人工智能应用场景深刻影响着刑事责任问题的判断与界定。同时，坚守刑法体系中核心概念的传统解释，还是根据人工智能应用场景的特点丰富、调试刑法概念的解释，也会对人工智能“行为”及其造成的“结果”如何归责问题形成不同的法律逻辑。

罪责的主体性前提是刑事责任能力，即行为主体理解其做出的选择及其结果且能够予以自主选择。在具有辨认能力（能够区分对与错）与控制能力（可以进行选择）的情况下选择实施错误行为，行为主体才被刑法评价为责

---

① See Sabine Gless, Emily Silverman & Thomas Weigend, “If Robots Cause Harm, Who is to Blame? Self-Driving Cars and Criminal Liability,” 19 *New Criminal Law Review* 412, 2016, p. 416.

② 参见阮梅花等：《神经科学和类脑人工智能发展：未来路径与中国布局——基于业界百位专家调研访谈》，载《生命科学》2017 年第 2 期。

任主体进而具备了可以承担罪责的法律条件。

考察人工智能的刑事责任能力问题可以从以下层面具体展开：（1）辨识自我独立存在的意识能力。以大脑物理结构与生物元素为核心的自我组织系统是生成意识现象的客观基础。就当前机器人技术中的自我组织设计水平而言，由于数学公式与计算理论无法完成如人类大脑相当复杂程度的自我组织机器设计，人工智能在自我意识方面存在明显的缺陷。人工智能不仅在自我意识上很难企及人类水平，而且实际上也难以辨识自我独立的存在。① 未来生物结构与机器深度结合形成足够的意识性、灵活性与创造性之后，我们才能进一步预期人工智能是否具有形成自我意识的条件。（2）建构并执行目标的能力。人工智能在一定程度上可以设定且完成独立、具体目标并以此为基础完成总体目标。不过至少在总体目标领域仍然为人工智能的开发者或者实际使用者所控制。例如，人工智能投资股份分析交易的多个具体的核心策略（具体目标）并最终做出交易（总体目标）。人工智能对具体交易的数据处理与信息分析实际上已经具备相对独立性，尤其是神经网络与深度学习的加持，人工智能投资顾问完全可以自主设定并完成具体策略的判断。但做出准确策略的总体目标设定与运作导向归根结底显然是人工智能投资顾问开发者或者使用者预先建构并实际执行的。

但是，需要强调的是，人工智能实体的认知程度、选择能力、判断水平等区别于“工具”的主体性特征，以及人工智能具体应用上的差异，都会不同程度地撼动工具归责模式的可行性。使用刀枪棍棒或者逗诱操控动物袭击客观上都是客体性特征非常纯粹的“物”的移动，网络犯罪中的智能设备、信息系统在技术层面无论如何先进也都只是实施犯罪的工具，刑法自然将此类情形解释为“人”的行为。但人工智能实体的复杂性与精细化发展到其具备足够的选择与认识能力的情况下，刑法无法直接或者一刀切地将其物化为工具。

刑法将人工智能实体解释为行为主体还是物化对象，其核心在于场景属

① See Mireille Hildebrandt, Bert-Jaap Koops & David-Olivier Jaquet-Chiffelle, “Bridging the Accountability Gap: Rights for New Entities in the Information Society?”, 11 *Minnesota Journal of Law, Science & Technology* 497, 2010, p. 499.

性与应用范围的有效限定。在抽象的逻辑思辨与既有的规则边界层面，人工智能实体整体上不具有人格，既不是物理上的自然人，也不是规则拟制的法人。但在特定的应用场景层面，算法、程序、硬件支持下的人工智能在履行特定功能、完成特定任务的过程中，其不仅具有辨认与控制能力，而且其技术水平超过自然人，前期测算下的出现风险或者实际危害结果的概率低于自然人。人工智能降低或者剔除了人类决策下的人为风险或者失误，其替代人类操作的特定行为能力强于甚至远胜于人类。因此，在证券市场等非传统领域，有必要前瞻性地反思或者准备，有条件地肯定人工智能实体从事特定行为的主体属性，即可以在特定场景下将其评价为刑法意义上的行为主体，在合规管理层面高度关注人工智能操作失控后的责任风险，防止人工智能与高频交易结合后对市场造成的系统性风险。

第七章

证券市场异常波动、市场操纵与证券交易合规

市场操纵是造成证券市场异常波动的重要因素。有必要从生成证券市场异常波动的场外杠杆、做空机制、程序化交易等特定经济条件及资本市场犯罪的经济机理分析出发，深度分析市场操纵对证券市场系统性风险所构成的挑战，提出证券市场立法“以退为进”，适度降低非法经营证券业务刑事违法性标准，加强系统性风险防控效率，同时精准把握恶意做空与市场操纵的关系，为交易者合规管理建构更为明确的规范遵从标准。

第一节　生成证券市场异常波动的特定经济条件与制度安排

一、证券市场异常波动的现象

我国资本市场在2015年曾经出现断崖式急速暴跌，由牛市暴力切换至证券市场异常波动模式。2015年6月15日至7月3日，沪指从5178.19点跌至3629.56点，区间最大跌幅29.9%。[①] 证监会向公安机关移送22起涉嫌资本

① 参见董鹏：《A股暴跌大数据：六成个股跌幅超过40%》，载《21世纪经济报道》2015年7月6日，第7版。

市场犯罪案件,[①] 多名券商高管被刑事调查。[②] 但启动刑事程序并未对系统性风险控制产生更多积极影响。经过千股跌停、千股停牌、政府救市等多空胶着后,[③] 8 月 24 日沪指跌幅一度达 8.99%，创股市涨跌停制度以来最大跌幅。[④] 8 月 25 日沪指大跌 7.63%，失守 3000 点。[⑤] 9 月 14 日放量下跌 2.67%；[⑥] 9 月 15 日缩量下挫 3.52%。[⑦]

有必要从各个层面纵深性地反思证券市场异常波动原因，通过法律制度安排合法规制损害资本市场效率的侵害行为、合理防控系统性风险。尽管将证券市场异常波动归因于一个或数个元素的线性思维会模糊症结，但从 2015 年证券市场异常波动相对其他时期股市暴跌所特有的资金环境、市场机制、交易技术这三大要素出发，非排他性地分析证券市场异常波动发生时的全新且特定经济条件，确实有利于进行有针对性的法律制度安排。尤其是资本市场刑法，其往往会在证券市场异常波动等特别严重的金融失序现象发生后对涉嫌资本市场犯罪的行为作出激烈反应。但若在对生成证券市场异常波动的特定经济条件没有准确把握的情况下介入，资本市场刑法非但没有防控系统性风险的效果，反而会损害资本市场效率。

二、证券市场异常波动的原因

证券市场异常波动生成前整个市场处于一个新的环境——在资金层面，券商融资高企与场外配资野蛮增长为资本市场加上了非常高的杠杆。在市场机制层面，先后推出融券交易、股指期货、ETF 期权等做空工具。在交易技术层面，程序化交易以软件算法、高级策略等方式从高频率、大规模的金融

---

① 参见程丹：《证监会向公安部移送 22 起涉嫌犯罪案件》，载《证券时报》2015 年 8 月 29 日 A2 版。

② 参见李东亮：《中信证券总经理程博明被警方调查》，载《证券时报》2015 年 9 月 16 日 A2 版。

③ 参见郑灶金：《十大关键词复盘 7 月巨震行情》，载《证券时报》2015 年 8 月 1 日 A5 版。

④ 参见张欣然：《空头席卷 A 股市场》，载《证券时报》2015 年 8 月 25 日 A2 版。

⑤ 参见郑灶金：《沪指连跌失守 3000 点 创年内新低》，载《证券时报》2015 年 8 月 26 日 A9 版。

⑥ 参见张颖、莫迟：《四因素"刺"伤 A 股 大跌后现两大投资机会》，载《证券日报》2015 年 9 月 15 日 A3 版。

⑦ 参见汤亚平：《沪指考验 3000 点 不宜盲目割肉抄底》，载《证券时报》2015 年 9 月 16 日 A8 版。

商品交易中获取收益，逐渐成为资本市场参与者（尤其是机构交易者）获取交易利润的胜负手与争取客户的重要筹码。在“去杠杆”过程中资产价格快速杀跌、流动性急剧萎缩、融资配资资金连续平仓、爆仓、穿仓等情况下，程序化交易与做空机制的“助跌”特征会诱发恶意做空，导致市场加速下跌。场外杠杆资金、做空机制、程序化交易构成了生成本轮证券市场异常波动的特有经济条件，所以也就相应出现了最为重要的资本市场犯罪问题——处于证券市场异常波动前端资金运作环节的场外配资是否涉嫌非法经营罪，处于中后端金融交易环节的恶意做空是否涉嫌操纵证券、期货市场罪。

场外杠杆资金、做空机制、程序化交易是数字金融、市场化改革、信息技术等发展趋势下的资本市场创新，本质上都能有效配置资本资源、显著优化资本市场价格发现机制、极大提高金融交易效率。既然进一步深化金融改革势必鼓励创新，资本市场法律制度就应在控制系统性风险的基础上保护市场效率。具有最高强制性的资本市场刑法制度，对杠杆资金、做空机制、程序化交易等金融创新引发的界限模糊的资本市场投机、违规、违法、犯罪行为，更应在后证券市场异常波动背景下把握金融行为的机理与市场侵害行为的实质，通过司法规则准确界定应对证券市场异常波动损害承担刑事责任的行为边界，通过立法完善动态调整刑法规制内容、刑事风险控制措施，最大限度地维护市场创新与效率，有效防范证券市场异常波动等金融失序。

证券市场异常波动的经验教训应为资本市场刑法制度改革所用。证券市场异常波动中备受质疑的场外杠杆、做空机制、程序化交易为资本市场刑事司法与立法提出了更高要求。在后证券市场异常波动背景下，资本市场刑法理论与实践应深度运用法律与经济分析方法，把握生成证券市场异常波动的特定经济条件及资本市场违法犯罪行为的经济机理，对资本市场刑法规范作出符合金融行为规律的解释，客观评价资本市场刑法保护的效率，通过缩小犯罪圈将应由市场竞争机制解决的问题还给资本市场参与者，通过刑事司法规则优化与立法完善强化对基于垄断地位实施市场滥用犯罪行为的刑法规制。

第二节 杠杆资金的机理与规制

杠杆资金在相对短期内大规模介入市场是积累泡沫的动因，在市值处于高位时快速撤离是证券市场异常波动爆发的催化剂，在迅猛的下跌趋势中被强制平仓时更是证券市场异常波动蔓延与“踩踏效应”的核心推手，是市场操纵的资金支持来源。受证监会监管、由券商经营的场内杠杆资金，即融资业务，其杠杆比例相对较低且信息披露充分，风险可控。来源于民间资本、数字金融、伞形信托等渠道的杠杆资金，即场外配资，由配资机构对客户进行资金、交易等管理，软件公司提供分仓系统等技术支持，证券公司提供交易通道，以高于券商融资杠杆的配资比例由投资者从事交易；配资机构、软件公司、证券公司分别从中收取配资利息（手续费）、软件服务费、交易佣金等。场外杠杆资金体系中的交易主体、规模、流转等信息均不受监管，影响系统性风险防控。

在场外配资规模不清、风险失控、实际发生证券市场异常波动且亟须立即严控系统性风险的情势下，监管部门直接将场外配资认定为非法经营，① 配资交易软件相应构成为非法经营证券业务提供技术支持。②根据《刑法》第225条规定，违反国家规定，未经国家有关主管部门批准非法经营证券，情节严重的，构成非法经营罪。由于上述场外配资涉嫌非法经营行政处罚案件所涉及金额特别巨大、资本市场剧烈震荡的结果特别严重，资本市场刑法介入证券市场异常波动的杠杆资金问题似乎迫在眉睫。刑法理论中亦有观点指

---

① 福诚澜海等资产管理公司及个人利用信托计划募集资金，通过恒生HOMS系统等第三方交易终端软件为客户提供账户开立、委托交易、清算、查询等服务，并按照交易量一定比例收取费用，被证监会认定为非法经营证券业务，没收违法所得、罚款1.5亿余元。参见朱宝琛：《6起配资业务收到高额罚单》，载《证券日报》2015年9月19日A2版。

② 恒生公司等开发具有开立证券交易子账户、接受交易委托、结算等多种证券业务功能的系统，在明知客户经营方式的情况下，向不具有证券业务资质的客户销售系统、提供服务，被证监会认定为非法经营证券业务，没收违法所得、罚款5亿余元。参见敖晓波：《证监会拟重罚同花顺等三公司》，载《京华时报》2015年9月3日，第23版。

出，证监会在行政处罚后应将上述单位和人员涉嫌犯罪问题移送公安机关追究刑事责任，如果证监会处罚就此打住，就明显有以罚代刑之嫌。[①] 那么，资本市场刑法究竟应如何规制场外杠杆资金与配资业务呢？

一、场外配资

在刑事司法层面，处理证券市场异常波动后场外配资的非法经营刑事责任问题，资本市场刑法应坚持刑事违法性的独立判断并据此确立司法判断规则。

资本市场行为的行政违法性与刑事违法性属于两种实体法律（《证券法》与《刑法》）与两种程序（行政与刑事程序）下的规范判断问题。场外配资业务被认定违反《证券法》而构成非法经营是行政处罚程序中的行政违法性判断，可作为刑事违法性判断基础，但非唯一标准。司法机关必须对场外配资业务的刑事违法性进行独立且全面的司法审查与实质判断。[②] 从经济机理层面分析，证券公司融资业务与场外机构配资活动都是向客户出借资金供其买入证券并以该客户相关交易证券为主要担保物的行为。在这种本质上属于资金借贷的法律关系中，资金出借人与资本市场投资者之间就担保方式进行特殊安排，由资金出借人监管资金账户风险，当证券市值下降到约定比例时，资金出借人强制平仓从而使投资者自有资金及相关担保能还本付息。从行为实质层面分析，“融资”与“配资”并无本质区别，都是以证券为担保的借贷行为，不能被先在性地判断为证券业务。

场内融资这种经营活动因为是由证券公司实施且经证券监管部门批准才使其成为一种证券业务，而证券公司之外的其他机构从事的配资是不受证监

---

① 参见金泽刚：《证监会的处罚会不会是以罚代刑》，载《南方都市报》2015 年 9 月 7 日 A15 版。

② 根据 2011 年最高人民法院《关于非法集资刑事案件性质认定问题的通知》的规定，行政部门对于非法集资的性质认定，不是非法集资案件进入刑事程序的必经程序。行政部门未对非法集资作出性质认定的，不影响非法集资刑事案件的审判；对于案情复杂、性质认定疑难的案件，人民法院可以在有关部门关于是否符合行业技术标准的行政认定意见的基础上，根据案件事实和法律规定作出性质认定。相应的，非法经营刑事案件性质认定应当与非法集资刑事案件采用相同的判断规则。

会监管的场外市场中的借贷行为。从《证券法》第120条、[①]《证券公司融资融券业务管理办法》第1条、[②] 第3条[③]等规定中也可以看到——证券公司从事融资融券业务必须经过证监会批准的目的在于规范证券公司融资融券业务活动、防范证券公司的风险等——这种制度安排的规范逻辑是证监会基于对证券公司的监管与风控而就融资融券业务行使批准权，但并不能就此认定配资属于违法从事融券业务的非法经营行为。从市场与政府关系的角度解释，"融资"与"配资"的区别在于前者是受监管市场而后者是非监管市场。配资并不是实质上的证券业务，更不是《证券法》等"国家规定"明确禁止的行为。所以，配资机构在提供场外资金杠杆过程中未经批准非法从事其他证券业务的，才能在刑法实质判断层面认定为具有刑事违法性，单纯以证券为担保的借贷活动并不能直接构成非法经营犯罪。但是，证券合规实践中需要高度注意场外配资的刑事法律风险，因为以证券为担保的借贷活动往往需要配合以分仓技术、结算技术、交易管理、账户管理等支持，而这些配套的支持行为非常容易呈现出证券经纪业务的本质与特征。在这种情形下，非法从事证券经纪业务的行为性质便具有了客观的事实基础，从而具有评价为非法经营的法律风险。

二、非法经营

在刑事立法完善层面，非法经营罪刑法条文所设定的资本市场犯罪化边界与"政策红线"需要予以反思与重制。

通过以非法经营罪为核心规范的资本市场刑法震慑"一刀切"地排斥配

---

① 《证券法》第120条第1款规定："经国务院证券监督管理机构核准，取得经营证券业务许可证，证券公司可以经营下列部分或者全部证券业务：（一）证券经纪；（二）证券投资咨询；（三）与证券交易、证券投资活动有关的财务顾问；（四）证券承销与保荐；（五）证券融资融券；（六）证券做市交易；（七）证券自营；（八）其他证券业务。"

② 《证券公司融资融券业务管理办法》第1条规定：为了规范证券公司融资融券业务活动，完善证券交易机制，防范证券公司的风险，保护证券投资者的合法权益和社会公共利益，促进证券市场平稳健康发展，制定本办法。

③ 《证券公司融资融券业务管理办法》第3条规定：证券公司开展融资融券业务，必须经中国证券监督管理委员会（以下简称证监会）批准。未经证监会批准，任何证券公司不得向客户融资、融券，也不得为客户与客户、客户与他人之间的融资融券活动提供任何便利和服务。

资等场外杠杆资金对资本市场交易量与交易行为的影响，并非完全符合资本市场发挥资源优化配置决定性作用的制度安排。通过刑法强制手段停止场外杠杆资金接入资本市场交易数据端口，形式上对风险因素进行了隔离，但实质上和法律与经济分析框架下的场外杠杆机理、资本市场系统性风险与犯罪控制效率不相契合。

场外杠杆资金及其交易行为所蕴含的资源配置决策对资本市场效率提升具有经济价值。场外配资为资本市场投资者提供了一种市场化利率水平，使得具有一定风险承担能力的场外资金通过证券市场直接注入实体经济（参与新股申购）或间接优化二级市场流动性。同时，在原来政策调控性、权力导向性非常强的资本市场信息结构中，场外杠杆资金转化为一种市场化信息指标，使得场外资金所对应的交易量及其交易行为决策变动等形成金融商品定价的有价信息，为资本市场参与者丰富了资产定价判断要素，弱化了单边性的政策、行政权力影响对市场机制的扭曲。杠杆资金的深度介入只是本轮证券市场异常波动区别于其他时期市场暴跌的全新市场条件，实践中并没有证据表明场外杠杆市场风险及其催生、隐匿的资本市场犯罪风险的潜在经济损害大于其客观经济功能。事实上也正是因为场外杠杆对繁荣资本市场与优化效率积极影响的客观性与损害金融市场稳定、滋生证券犯罪的不确定性之间难以进行量化，决定了在资本市场指数不断攀升时、证券市场异常波动爆发之前，既有的制度安排没有对场外配资等杠杆资金进行强制性清理。

以资本市场刑法为代表的权力性的法律制度安排与金融创新为核心的资本市场发展之间的动态关系意味着市场将不可避免地探索突破制度束缚的路径。场外配资野蛮生长本身就是因为证券公司融资业务对于客户而言交易成本与法律条件较高。只要受到证券监管权力严控、由部分被许可机构垄断的融资业务无法满足市场现实需求，非法经营罪等旨在遏制场外杠杆介入资本市场从而控制市场风险、犯罪风险的制度安排，注定会被全新的金融机制、交易技术、市场操作、金融机构配合、民间资本等包围、攻克、避绕。例如，在证监会开出高达数亿元罚单、非法经营罪的刑事法律风险迫在眉睫的情况下，证券市场异常波动后资本市场表现稍有企稳与好转迹象，场外配资便卷土重来，利用个人证券账户出借与保证金收益互换的方式，通过人工盯盘进行最高杠杆5倍的配资。[①] 资本市场刑法若要有效地控制场外杠杆机制的系统性风险，调控资本市场违法犯罪行为激发、影响下的市场参与者极端非理性引发的金融不稳定，不能直接将配资等场外杠杆资金借贷规定为非法经营犯罪，反而应调整刑法规范介入边界，在确保信息充分披露、风险可控的前提下，使具有提升效率的市场化金融行为获得“经营”的空间。

《证券法》等资本市场刑法的前置性法律所明确规定的业务类型或者证券监管机构批准从事的经营活动越来越难以全面覆盖数字金融创新背景下的新型资本市场行为与商业模式。除了目前饱受争议的场外配资之外，还有不少新型互联网证券平台在经营内容上属于证券发行环节的融资与投资中介，证券交易环节的通道、信息、融资等服务，无法归入传统证券经纪、证券自营等范畴，在资格获取上又无法获得证券监督管理机构的审批，导致其经营行为处于《刑法》所规定的非法经营犯罪的危险区域。例如，经营证券交易通道业务的互联网证券平台以免佣金和免费推送行情分析等方式，吸引海量证券交易者基于其数据线路通道执行证券买卖，探索利用聚合性的交易量与客户量优势从佣金返点、配资利息、资产管理等配套服务中获取利润。证券监管弱化事前审批对证券市场的行政干预已是大势所趋，[②] 凭借免交易佣金模式、高杠杆、总体较低的交易成本等与传统证券公司竞争客户资源的新型互联网证券公司，其必须通过监管部门批准获取传统证券经营牌照的必要性实际上已经显著降低。《证券法》修订草案中新增的数字金融平台从事股权众筹发行、“证券经营机构”等改革方案[③]更是预示着，证券型数字金融机构将来可能主要根据《证券法》等行政法律法规规章完成注册、备案、登记等合法性认可程序，无须经过证券监督管理机构审批。从风险控制的角度反思，场外配资、互联网证券等与传统证券业务进行竞争的市场行为本身并不是绝对且不可控的风险来源，而是《刑法》等规定中的非法经营违法犯罪为核心的既有法律框架导致其无法通常正常的信息披露为监管者提供风控渠道。如

---

① 参见李维、姜诗蔷：《场外配资“卷土重来”》，载《21世纪经济报道》2015年10月20日，第15版。

② 参见刘云亮：《权力清单制度与证券法修改》，载《甘肃政法学院学报》2015年第4期。

③ 参见张婷：《证券法大修》，载《新京报》2015年4月21日A10版。

果场外配资等具备了合法的竞争地位，也就没有必要生存在“影子”市场中承担信息披露违法的风险，这反倒有利于控制场外杠杆资金的风险，从而避免证券市场异常波动前泡沫疯狂积累与证券市场异常波动时强制平仓与信心崩溃下的互相“踩踏”。

后证券市场异常波动时期资本市场波动较大的特殊阶段，融资效率与投资安全经常处于复杂且深入的制度争议与矛盾对抗状态。资本市场刑事立法应以更灵动的脚步配合前置性行政法律同步调整，对证券监管事前审批弱化的环节进行非犯罪化修正。从调整非法经营证券业务犯罪规制范围的角度分析，合法从事证券业务不仅包括经过证监会批准从事证券经纪或者自营业务的证券经营机构，而且还可以覆盖逐渐兴起的、通过证券监管或者证券行业自律机构备案注册程序认可的互联网证券机构。在具体的刑事立法完善层面，非法经营证券业务犯罪的刑事违法性判断标准有必要予以降低，建议将非法经营罪中“未经国家有关主管部门批准非法经营证券……业务”修改为“未经国家有关主管部门批准或认可，非法经营证券……业务”，限缩《刑法》第 225 条非法经营罪的规制范围。资本市场刑法“以退为进”，更有利于强化对场外杠杆资金、互联网证券等市场创新机制进行信息披露监管的实际有效性，进而加强对证券市场异常波动等系统性风险的防范与控制效率。

第三节　恶意做空

程序化交易发现估值过高而进行做空，可以提高市场定价效率，但也容易加大市场波动，如果异常波动与程序化交易形成循环反馈，将形成系统性风险。[①] 一旦程序化交易与做空机制为市场操纵所用，则会成为恶意做空的工具。本轮证券市场异常波动发生后，资本市场刑事法律保护体系对恶意做空立即做出反应。2015 年 7 月 8 日，证监会、公安部对涉嫌恶意做空的十余

① 参见程丹：《证监会：抓紧完善程序化交易监管》，载《证券时报》2015 年 8 月 3 日 A1 版。

家机构和个人核查取证。[①] 7月10日，证监会在新闻发布会中指出，“跨市场和跨期现市场操纵就是恶意做空”；[②] 公安部等跨部门工作组发现个别贸易公司涉嫌操纵证券期货交易等犯罪线索。[③] 8月2日，沪深交易所对34个存在盘中连续打压权重股、尾盘集中抛售、程序化交易频繁撤单等异常账户采取限制措施。[④] 9月23日，最高人民检察院表示，针对当前股市恶意做空可能产生的金融犯罪问题，保持高压打击态势。[⑤]

然而，《刑法》第182条操纵证券、期货市场罪主要包括连续交易、洗售、相对委托等行为类型。至于跨市场操纵的实质与模式究竟覆盖哪些内容，兜底条款“以其他方法操纵证券、期货市场”难以给出确定回答。恶意做空则根本就不是正式法律概念。有必要运用法律与经济分析方法对恶意做空进行实质解释与类型化分析，在掌握其经济机理基础上，建构与完善司法规则与刑事立法。这不仅有助于在证券市场异常波动后有效辨识刑事责任，而且有利于在后证券市场异常波动时代背景下为优化资本市场刑事立法提供建议，从而提升预防与控制证券市场异常波动风险的效率。

一、恶意做空的经济机理

“跨市场和跨期现市场操纵就是恶意做空”的论断在经济与法律逻辑上都是不成立的。资本市场交易方向分为做多与做空，恶意做空只是跨市场操纵的交易方向之一；以金融商品交易行为是否跨越证券市场与期货、期权等衍生品市场为标准，市场操纵可以类型化为单一市场与跨市场操纵，[⑥] 恶意做空可以

---

① 参见倪铭娅：《证监会公安部对涉嫌恶意做空大盘蓝筹十余家机构和个人开展核查取证》，载《中国证券报》2015年7月10日A1版。

② 侯捷宁：《证监会：跨期现市场操纵属于恶意做空》，载《证券日报》2015年7月11日A1版。

③ 参见新华社电：《公安部发现个别贸易公司涉嫌操纵证券期货交易线索》，载《证券日报》2015年7月13日A1版。

④ 参见程丹：《证监会：抓紧完善程序化交易监管》，载《证券时报》2015年8月3日A1版。

⑤ 参见程丹：《最高检：保持对金融犯罪高压打击态势》，载《证券时报》2015年9月24日A2版。

⑥ 由于跨市场操纵包括跨越证券、期货、期权、衍生品等任意两种以上市场之间的操纵行为，故跨市场操纵与跨期现市场操纵在逻辑上是属种关系，不能并列。

在单一市场中完成，也可以通过跨市场交易进行。“恶意”并不完全是对做空行为的一种模糊不清的价值判断，恶意做空的概念同时承载了市场操纵的规范判断。因为在法律解释上，“恶意”实际上是相对于“善意”而言，尝试从主观故意的角度强调行为人明知自己的做空行为会造成人为的市场价格、交易量结果而仍然意图从中获取经济利益。所以，恶意做空与跨市场操纵是交叉竞合关系。由于我国证券市场中的个股融券做空交易成本较高、绝大多数交易者长期习惯于做多特定证券以及融券机制并不十分完善等原因，融券相对于融资交易而言市场规模可以忽略不计。单一证券市场中的恶意做空并非本轮证券市场异常波动的重要因素，值得重点分析的是以跨市场交易为手段的恶意做空。

跨市场操纵的基础形态是价格关联操纵，即利用两个以上市场之间的价格关联实施操纵行为，影响特定市场中的金融工具价格，操纵者从与该金融商品市场价格挂钩、关联的期货、期权、衍生品市场、场外市场或者其他各种类型的私有交易合同中谋取利益。通过实质交易行为影响金融商品交易价格的市场是基础市场。以金融商品交易价格为结算依据的衍生交易、私有契约等市场是关联市场。纵深一层分析，将跨市场的价格关联特征与行为人在特定金融商品市场的交易行为达到垄断程度进行统一，会形成对市场效率损害更为严重的跨市场操纵高阶形态——价量垄断操纵——“价”是指价格，“量”是指交易量。价量垄断操纵的资金、信息、持仓量等竞争优势将其影响力上升为对特定金融商品价格、交易量的垄断性优势，从而达到支配地位。价量操纵的实质是滥用这种垄断优势控制金融商品、基础市场、关联市场等，并从支配力量中获取跨市场交易利润。

恶意做空就是通过价格关联操纵或者价量垄断操纵，控制流通盘中的金融商品现货交易，以连续交易、信息操纵等方式快速、大幅打压基础市场金融商品交易价格，并先期、同步在关联市场大规模放空单，利用杠杆交易放大做空利益。关联市场低位平仓做空获利之后还可以进一步在基础资产市场交易中低位买入现货以供反复砸盘做空。跨市场的价格传导机制意味着掌握基础资产市场筹码的交易者可以通过反复压制价格在关联市场中恶意做空谋利。在恶意做空获利现实可能性上，基础形态的价格关联操纵是在经济上非常有效的市场行为模式。以跨越证券与期货市场的恶意做空为例，操纵者可以做空股指期货合约并打压成分股市场交易价格，随后以较低的价格对股指期货合约进行平仓。对于成份股权重相对均衡（如沪深300期指合约）或者股票篮子规模非常大（如标普500期指合约等）的股指期货而言，市场参与者一般情况下很难通过控制标的证券的交易来操纵现货市场价格，进而从相应的指数变动中谋取金融期货市场中的交易利润。但对成分股市值相对较小、分布重心偏低（如中证500期指合约）的股指期货来说，应对恶意做空的抗操纵性相对较弱。在基础市场金融商品流通盘的规模有限、个别成分股比重较高、基础资产分散性不强、市场深度与流动性水平相对较低、基础市场与关联市场价格联动程度较高的情况下，[①] 操纵者能够在衍生品交易或者私有契约交易中获取相当可观的交易利润。[②]

通过高阶形态的价量垄断操纵实施恶意做空的获利空间、行为概率相对更高。市场参与者基于特定或一揽子证券内在价值被高估、做空投机、价差套利、日内回转等各种利益驱动，均可实施卖空EFT、融券卖出等做空交易。在空头力量占据市场支配性地位时，价量垄断操纵的做空具有损害市场效率的风险与谋取巨额利益的现实可能。恶意做空还可通过金融商品市场交易价格的急速下跌，在股指期货及衍生品交易中谋取巨额利益，并通过融资、配资等杠杆资金在快速杀跌行情中的平仓与踩踏进一步压制与洗劫多头。这主要体现在基础资产下跌的行情背景下——金融商品市场交易价格急速下跌，价值投资者或者流动性交易者没有从中发现价值回归的操作空间或者基础资产与金融商品之间的价差套利空间，价值投资者或流动性交易者并未介入市

---

① See Linda N. Edwards & Franklin R. Edwards, "A Legal and Economic Analysis of Manipulation in Futures Markets", 4 Journal of Futures Markets 333, 1984, p. 361.

② 例如，1986年首次推出的香港恒生指数期货合约仅由33只成分股，直至2013年仍然只有50只成分股，并且以发行量加权计算指数，抗操纵性相对较弱，投机资本在股票现货市场操纵长江实业、汇丰控股、新鸿基地产、中国联通、中国平安等权重股，就可利用权重股现货市场交易价格与股指期货之间的结算关系，控制恒生股指期货市场。例如，2009年3月9日，在尾市竞价交易最后1分钟，汇丰控股暴跌11.5%，当日报收33港元，股价创十余年新低，同时创历史单日最大跌幅。恒生指数随即直接暴跌250点，报收11,344.58点。仅汇丰控股一只成分股就占据香港恒生指数当日70%的下跌。参见舒时：《恒指神伤500点 汇控"临阵脱逃"暴跌24%》，载《第一财经日报》2009年3月10日B1版；王洛林、余永定、李薇：《对香港股灾发展过程的经济分析》，载《国际经济评论》1998年第5期。

场有力推动资产价格上升，或认为金融商品价格超跌时入市后持续被套——这都将导致市场暴跌甚至引发流动性危机。

二、恶意做空的法律性质

本轮证券市场异常波动后恶意做空的责任追究过程中，证监会查处了多起 ETF 与成分股跨市场操纵，行政处罚数额超过 20 亿元。[①] 这种跨市场操纵表现为制造成分股价格下跌，在 ETF、股指期货等可进行卖空的市场获得做空利益。大量卖出股票现货引发快速下跌还可导致配资平仓、认赔离场等“踩踏效应”“羊群效应”，进一步促使操纵者以更低成本买入现货后继续新一轮做空。证监会行政处罚决定将恶意做空的法律属性界定为操纵证券市场。但在《刑法》等均未对恶意做空法律性质作出明确规定的情况下，有必要在法律解释上强调两个要点：

其一，做空行为之所以能够被认定为“恶意”，即构成操纵证券、期货市场，其违法性集中体现在金融商品价格趋势的人为控制性。如果特定金融商品市场的价格运行趋势实际上并非由单一或者联合的交易者触发，即使其在空头仓位中占据支配性地位，也不应当认定为恶意做空进而构成跨市场操纵违法犯罪。以金融市场中非常著名的两起与德国大众汽车公司股票有关的事件（2008 年保时捷轧空大众汽车股票案[②]与新近发生的做空大众汽车股票及关联市场股指期货事件[③]）为例：2008 年保时捷轧空大众汽车股票案中的

---

① 参见程丹：《证监会拟再罚 12 宗操纵市场案》，载《证券日报》2015 年 10 月 24 日 A2 版。

② 2008 年金融危机期间，保时捷公司凭借不受德国金融监管局信息披露规则制约的金融衍生工具私下对大众公司普通股进行实际控制，突然披露其持有已经通过金融衍生工具实际控制大众汽车近 75% 股权的信息，致使空头对冲基金无法获取足够现货证券而竞相买入平仓，引发大众股票价格暴涨。保时捷轧空大众汽车股票造成空头损失约 200 亿美元。Armin J. Kammel，“The Dilemma of Blind Spots in Capital Markets-How To Make Efficient Use of Regulatory Loopholes?”，10 *German Law Journal* 605（2009）.

③ 2015 年 9 月，美国环保署、司法部对德国大众汽车公司展开调查。大众涉嫌违反《清洁空气法案》在尾气测试中使用复杂的软件算法进行欺诈，尾气释放超标 40 倍。初步预计仅在美国一个司法区的罚款金额最高可能达到 200 亿美元，间接商誉损失难以估计。国际对冲基金做空大众汽车股票，其市值蒸发 250 亿欧元。由于大众股票在德国 DAX 指数中占据相当比重，德国股指及欧盟市场关联股指同样受到做空重挫。参见李豫川：《卡塔尔主权基金 43 亿美元失陷“大众黑洞”》，载《中国证券报》2015 年 9 月 28 日 W2 版。

金融商品市场价格波动的触发因素在于行为人通过未经信息披露的衍生工具交易行为垄断股票现货供应，而2015年做空大众汽车股票及其关联市场指数产品事件中的价格波动触发因素是现实存在的巨大利空信息，即大众涉嫌利用汽车软件算法进行尾气测试欺诈而可能引发最高可达约200亿美元的罚款。这种直接影响金融商品及其关联指数价格运行的客观事件及其信息影响，并非由做空者的操纵性交易行为或者信息编造行为所人为控制的。做空者大规模卖空大众汽车公司股票或者在关联股指期货市场开空仓，即使其持仓量占据支配性地位，或者做空交易在一定程度上夸大了损失规模以及利空信息对基础资产价值的影响，但这些都只能归属于风险判断与市场意见，不能认定为恶意做空，因而不能构成操纵证券、期货市场。

其二，既有资本市场法律在规制恶意做空上存在规范不明确的问题。尤其是《刑法》第182条操纵证券、期货市场罪，并没有完整、有效、明确地建构规制恶意做空的法律适用标准，亟须以前瞻性视角分析立法完善的应对策略。

三、规制盲区与立法完善

《证券法》《刑法》均未明示恶意做空等行为的市场操纵性质，有必要将跨越基础资产与衍生品市场交易中的操纵行为与认定规则明确纳入刑法规制范畴。

以商品、证券、期货等为基础资产的衍生品交易已成为金融市场非常重要的组成部分。尤其是以证券为基础资产的衍生品，不仅在场外市场交易活跃，而且日益发展为交易所重要的金融产品。有关定量研究表明，部分投资银行、基金公司等金融机构中的核心业务管理人员存在利用基础资产市场交易优势控制衍生品交易谋取巨额利润的嫌疑；衍生品市场高杠杆性交易的放大效应与信息披露规范力度的差强人意，导致市场操纵对金融市场合理配置资本功能造成的破坏更大。① 然而，针对跨越基础资产市场与衍生品市场之

---

① See Carr Bettis, John Bizjak & Michael Lemmon, "Managerial Ownership, Incentive Contracting, and the Use of Zero-Cost Collars and Equity Swaps by Corporate Insiders", 36 *Journal of Financial and Quantitative Analysis* 345 (2001).

间的恶意做空等操纵行为，《刑法》并没有制定明确的刑事责任条款。因此，有必要对衍生品市场中的疑似跨市场操纵行为形成高效迅捷的反应机制，积极总结归纳以证券为基础资产的衍生品交易中的违规类型与核心特点，先行在证券行政法律法规中确认衍生品违法行为的法律责任。资本市场刑事立法进行联动反应，及时对资本市场犯罪的刑法规范进行修正与增补，明确跨市场操纵行为刑事违法性，适时将衍生品市场交易中的操纵行为类型与认定规则明确纳入资本市场法律规制范畴。建议在《刑法》第 182 条操纵证券、期货市场罪行为类型中新增一项跨市场操纵，具体条文可以是：“为了在基础资产或者衍生品交易中获取利益或者规避损失，通过控制相应衍生品或者基础资产交易，影响证券、期货交易价格或者证券、期货交易量。”

同时，资本市场刑法应当以系统性风险控制为导向完善刑事立法，高度重视利用程序化交易实施的恶意做空，严控市场操纵引发的系统性风险。实践中，利用程序化交易技术实施的市场操纵行为主要表现为：以电脑运行、交易申报、撤单速度以微秒作为单位，通过快速堆单、撤单诱导其他市场参与者以其之前设定的价格或者朝其设定的价格趋势人为推动市场运行。在极端情况下这会触发系统性风险、引起“闪电崩盘”，使得恶意做空者从极端的市场波动中以巨量交易快速谋取交易利润。但《刑法》与司法解释并未对上述程序化交易操纵行为作出明确规定。所以，有必要完善《刑法》第 182 条操纵证券、期货市场罪明确列举的市场操纵类型与情形，建议将“提供程序化交易服务或者从事程序化交易，影响证券、期货交易价格或者证券、期货交易量”的行为纳入刑事处罚范围，并通过市场操纵司法解释具体规定程序化交易操纵行为模式的量化认定指标。

第八章

市场操纵法治实践与合规管理的优化与前瞻

市场操纵的刑事立法与司法实践是控制资本市场风险与保护投资者利益最为重要且技术难度最高的制度屏障。由于刑法控制手段具有剥夺资本市场违规违法参与者自由以及处以严厉罚金的最高规范强制力，在前置性金融市场法律法规已经对市场操纵行为建构了仓位控制、异常交易实时监控、行政处罚等机制的前提下，证券市场法律制度必须以前瞻性的视角深度思考如何通过进一步的规范优化，有效地对市场操纵等资本市场违法犯罪进行监管与风险防控，从而实现对资本市场进行更富有制度效率的保障。

第一节　市场操纵规制政策与合规原则的发展方向

资本市场在技术与机制上的不断创新意味着市场操纵行为同样处于发展与变化的动态过程之中。资本市场违法犯罪惩治与防控机制应随之相应调整。反市场操纵刑事立法、司法逻辑、合规原则是必须予以展望的导向性问题。

一、审慎介入

对于市场操纵，社会各界（尤其是金融市场中的中小投资者）希望通过刑事立法、严厉刑罚进行高强度的震慑与处罚。以规范控制为导向的法律理论也认为，市场操纵等违法犯罪难以通过市场机制或者自律监管交易解决，如何通过法律以及刑罚控制的方式强化管制是一个必须规划的问题。[①] 放任资本市场竞争机制自行处理市场操纵，显然不明智也不可行。必须制定明确且具体的法律规范，尽可能针对明显具有违法意图的犯罪行为进行严厉惩罚。[②]

然而，以自由市场为导向的金融与法律理论认为，在充分竞争市场环境下，金融市场自律性监管系统能够催生金融产品多样化发展，相对于法律监管而言，自律监管措施能够更为精确地反映市场需求，在良性循环中生成更为丰富、更具有效率的市场规则。[③] 相关实证研究亦发现，没有证据表明公权力介入下的资本市场违法犯罪监管措施对于市场产生有利影响，却有非常有力的证据显示，以信息披露与民事诉讼为基础的资本市场法律制度对市场产生积极影响。[④]

刑法制度介入市场操纵的法律监管，将刑罚的强制性手段纳入调控资本市场的法律体系之中，显然是必要的。对于以具有资源优势的投资者为主形成的资本市场而言，由于存在明显的利益冲突，单纯依靠市场竞争机制难以控制资本市场中的市场操纵等侵害行为。[⑤] 同时，由于全球资本市场竞争激烈，各种类型的金融交易机构或者投资者面对行政法律监管制度，完全可以采取转换市场的方式，选择其认为更富效率的交易平台。行政法律监管难以实现充分配置市场监督资源、改进信息不对称状态、降低潜在系统性风险与违法犯罪风险的监管目标。所以，资本市场自发调整或者行政法律规范调整资本市场操纵违法犯罪行为，由于存在利益冲突、执行乏力等固有劣势，无法惩治与防范市场操纵对整个市场带来的风险，最终只能依靠刑法规范对资本市场执行最后的规范保障。

金融商品投资或者交易是一种风险较大的投资手段与对冲策略，缺乏规范完善的市场，投资风险不仅无法被控制，而且会随着监管效率的弱化而不

---

① See Steve Thel, " $850, 000 in Six Minutes-The Mechanics of Securities Manipulation", 79 *Cornell Law Review* 219 (1994).

② See Louis Kaplow, "Rules Versus Standards: An Economic Analysis", 42 *Duke Law Journal* 557 (1992).

③ See R. Ellickson, *Order Without Law*, Harvard University Press, 1991, p. 36.

④ See Rafael La Porta, "Florencio Lopez-de-Silanes & Andrei Shleifer, What Works in Securities Laws?", 61 *Journal of Finance* 1 (2006).

⑤ See Adam C. Pritchard, "Self-Regulation and Securities Markets", 26 *Regulation* 32, 2003, p. 36.

断加强。风险加剧的结果必须导致大中小投资者的惨重损失，极少数机构和操纵者获得暴利。所以，市场操纵在严重侵害资本市场秩序的同时，必然会损害资本市场投资者的合法利益。行政法律对资本市场的监管常常具有不稳定性与阶段性，各国证券行政法律法规都曾出现过过度重视市场发展而忽视投资者保护的情况。例如，因行政法律监管缺失与失控而引发的证券期货以及衍生品市场过度投机成为2008年国际金融危机的导火索。这次国际金融危机充分证明了行政法律对资本市场监管与投资者保护的不稳定性。在行政法律监管权限方面，美国《2000年商品期货现代化法》明确禁止SEC与CFTC监管证券期货衍生品市场，仅允许SEC根据审查证券互换交易中是否存在欺诈行为。然而，SEC无权要求证券互换交易商登记与报告交易数据、披露交易信息等，在缺乏预防性监管措施的情况下，SEC没有充分的监管能力去调查与阻止场外市场中的欺诈行为。[①] 由于《2000年商品期货现代化法》对金融衍生品和证券期货混合工具规定了审查豁免，造成场外市场几乎不受行政法律监管，[②] 导致行政法律根本无法控制资本市场的系统性风险。2010年美国《金融改革法案》设置了系统且广泛的监管框架规制衍生品交易市场——SEC监管证券互换交易并对所有与证券有关的互换交易执行反欺诈调查；CFTC监管包括能源、农产品互换在内的所有互换交易以及衍生品结算中心、互换交易数据中心等机构；对于具有期货期权成分的证券互换，SEC与CFTC进行共同监管，SEC有权向CFTC调取与证券互换有关的交易信息与数据。[③] 在监管内容方面，标准化的衍生品应当在受监管的同业中心进行交易、通过中心结算系统执行交易；对交易对手之间自由设计的非典型性衍生品规定更高的资本金要求从而促使此类交易尽量向"类标准化"衍生品交易转型；对衍生品交易方、做市商、结算组织、互换托管方等进行全面的注册与合规管理。现阶段资本市场法律监管强调最小化系统风险、降低信息不对称程度、控制机

① 参见谢杰：《美国金融改革法案对场外市场反操纵法律的完善及其启示》，载《甘肃警察职业学院学报》2011年第4期。

② 参见熊玉莲：《美国场外金融衍生品规则演变及监管改革》，载《华东政法大学学报》2011年第2期。

③ 参见谢杰：《美国金融改革法案对场外市场反操纵法律的完善及其启示》，载《甘肃警察职业学院学报》2011年第4期。

会主义行为等一系列市场监管改革措施。美国、欧盟等发达金融市场以及包括中国在内的新兴金融体系正在朝着证券、期货、衍生品市场全面化的行政法律监管模式迈进。虽然上述一系列措施体现出了法律对资本市场监管与违法犯罪风险的有效应对，但是，从另一个层面深思，我们完全可以提出深层次的隐忧——行政法律监管始终具有阶段性应对市场风险问题的先在性缺陷，而市场操纵违法犯罪行为又是爆发系统性风险的先兆或者触发点。行政法律监管的不稳定性及其易受强力市场参与者影响性的特点决定了对于资本市场投资者保护这一价值而言，行政监管措施确实较难进行持之以恒的贯彻与执行。

投资者及其持有的资本是资本市场的基石。但是，投资者涉足资本市场是以谋取某项权利和收益为前提的，如果资本市场存在不受控制的非法剥夺投资者合法权益的市场操纵行为，投资风险相应也就无法控制。相对于灵活性更强的行政法律而言，刑法规范与刑事司法机制对于资本市场投资者保护的价值追求是最为稳固的一种制度安排。所以，不断优化的市场操纵刑法规制实践，为从事金融商品交易、利用金融工具对冲风险的投资者，提供了稳定且强大的规范与司法保障。

在肯定刑法制度应当介入反市场操纵法律监管的基础上，笔者进一步认为，刑法应当具有最后手段性、审慎性以及克制性。刑法介入资本市场监管的节奏理应具有相对滞后性，介入范围也不宜过宽。刑事制裁措施应该适用于资本市场中最为严重的那一部分操纵行为。刑法介入反市场操纵法律监管一旦丧失审慎性原则的限制，保障市场机制的刑法规范本身将成为金融商品交易的不必要成本、阻碍市场发展的负累。刑法规范应当将更为广泛的监管空间留给资本市场竞争机制与行政法律。刑法应当具有最后手段性，只有在行政法律法规无法应对资本市场中的严重侵害行为的情况下，才具有规范介入的正当性基础。①

---

① 刑法介入的最后手段性、审慎性以及克制性并不意味着深入研究市场操纵行为以及刑事控制规则相对资本市场违法行为行政控制与市场操纵民事侵权诉讼规则研究而言显得相对不重要。相反，市场操纵刑事控制是逻辑结构最为严密、制度设计最为规范、责任触发机制最为谨慎的规则设计，市场操纵行为的认定与惩治规则在很大程度上能够直接指导市场操纵违法行政处罚与市场操纵侵权民事诉讼的机制建构与完善。

行政法律对金融市场违法行为具有处罚权，这种强制力在很大程度上能够保证其规范制定、执行、监督的顺利实现，以及调控资本市场目标的完成。行政监管的机构、人员组成、运行规章具有高度的规范性与效率性，执法行为通过听证等程序保障，能够进一步强化规范指引的公众认同感。相对于行政法律法规对市场操纵行为的信息掌控而言，刑法规制市场操纵行为实际上具有信息渠道不畅或者受限的问题。信息不仅决定了证券、期货、衍生品交易的效益，而且对法律监管提出了严格的掌控要求。在信息对称的情况下，法律监管能够根据资本市场相关金融产品的供求关系进行有针对性的风险评估与规则分配。然而，刑法控制相对于行政法律法规的监管信息掌控力度明显较弱。由于司法机关的金融专业知识与金融市场实务能力并不强于执法机构，并且刑事司法机构对资本市场中信息获取的成本与技术投入相对较低，信息传输的畅通性、真实性、灵敏性均不足以应对有效法律监管的要求。证券、期货以及衍生品市场技术高速发展与环境持续演变进一步放大了刑法以及刑事司法人员介入该领域进行规制的信息不对称劣势，从而导致其无法就相关决策或者规范制定开展最基本的效率评估。所以，资本市场刑法制度只能集中精力与资源，针对特别严重且行政法律已经无法控制的市场操纵行为进行研究与分析，设计、完善具有针对性的刑法条文规制市场操纵。

二、规范协调

刑法是资本市场保护规范体系中极为重要且具有最后保障性的制度安排。刑法制度在介入反市场操纵法律监管领域时必须坚持谦抑性原则。但是，在刑事立法实践中，资本市场保护与刑法谦抑理念并非一直处于理想化的平衡状态，往往会出现多种不平衡、不协调的情况。（1）刑事立法积极介入，通过制定刑法修正案的方式先于证券、期货行政法律增加全新的资本市场违法犯罪，或者对原有的资本市场违法犯罪构成要件进行“松弛化”处理，从而拓展资本市场违法犯罪的规制范围。这实际上属于刑法偏向于追求资本市场保护价值而忽略刑法谦抑理念。（2）证券期货行政法律规定的、应当以犯罪追究刑事责任的行为类型，没有在刑法规定中予以体现。资本市场违法犯罪刑事立法难以与前置性法律实现协调。（3）刑事执法司法实践能动地调整本应当由市场竞争机制自发解决的市场滥用问题，而在刑事措施应当积极配合行政监管措施的场合，刑事执法司法机制往往又处于缺位状态。上述资本市场制度保护与刑法克制性理念之间的非均衡状态，应当引起反市场操纵刑事立法完善实践的高度关注。

市场操纵惩防机制的建构，应当协调不同法律规范与实施机制的优势，充分体现证券、期货法律法规和刑法的内容以及各自运作体系的特点，对于市场操纵行为的犯罪化实践，应当坚持沿着以下现实路径进行探索：

其一，优化市场自发调整机制与市场操纵刑法控制之间的动态关系。

2008 年国际金融危机之前早已有较多研究者提出了证券、期货以及衍生品市场全面化的法律监管意见与具体方案。[①] 但是，时至今日，证券、期货以及衍生品市场法律理论研究与监管实践仍然没有透彻地分析，以市场化风险控制手段为核心的自律监管与资本市场违法犯罪刑法规范控制的比较性优劣及其融合性可能。这就决定了忽视市场创新与风险控制优势，倾向性强化资本市场违法犯罪刑法规制，只能是陷入自由市场与公权介入之间钟摆式的历史轮回。对此，笔者认为，有必要放弃市场机制与刑法控制无法整合、甚至完全对立的资本市场反操纵法律监管的思路桎梏。市场机制与犯罪化控制措施完全可能在互动过程中建设性地进行合作，在有机整合市场规则与刑法规范两种体系的基础上，形成有效率的资本市场反操纵法律监管。[②]

金融危机在客观上证明了资本市场及其自律监管经常在制定、执行、监督金融行业规范方面处于激励机制阙如状态的论断。[③] 面对市场失效时，市场机制与自律监管的激励缺失表现得更为显著。排他性地适用自律监管无助于合理控制资本市场中的犯罪风险。证券、期货以及衍生品市场交易参与者的行为本质上都指向利益最大化，而资本市场通过金融创新促进经济发展的

---

① See R. Baldwin & M. Cave, *Understanding Regulation: Theory, Strategy and Practice*, Oxford University Press, 1999, p. 65; C. Jordan & P. Hughes, "Which Way for Market Institutions: The Fundamental Question of Self-Regulation", 4 *Berkeley Business Law Journal* 205 (2007).

② 参见谢杰：《论融资犯罪金融风险的刑事控制》，载《新疆警官高等专科学校学报》2012 年第 2 期。

③ See I. Ayres & J. Braithwaite, *Responsive Regulation: Transcending the Deregulation Debate*, Oxford University Press, 1992, p. 106.

社会福祉诉求与市场参与者利益追逐目标之间先在性地存在着对接困难。这就是任何单纯以杠杆性地激发竞争机制与自律监管激励为导向的反市场操纵政策所难以逾越的障碍。类似的，犯罪化实践试图提高控制市场操纵行为的效率，也会面临着信息获取、专业技术、成本效率评估等刑事法律无法单方面逾越的一系列对应性障碍。

因此，整合资本市场竞争机制与刑法控制优势，并且抵消各自控制资本市场操纵行为模式劣势，是克服资本市场法律监管政策实践障碍的一种有益尝试。首先，刑法应当充分地"容忍"资本市场中的风险因素，将资本市场中发生的、符合市场规律的大规模投资损失事件，交给市场自行处理。其次，刑法应当全面地"肯定"资本市场中的充分竞争与优胜劣汰的价值，不能通过积极介入对资本市场投机行为的打击。最后，刑法应当坚定地"稳固"资本市场的最后法律保护屏障，将严重危及资本市场完整性与严重危害市场运行机制的市场操纵行为纳入规制范围。① 尽管刑法对资本市场机制的风险"容忍"、价值"肯定"以及制度"稳固"是从刑事立法或者资本市场操纵行为犯罪化的单一角度提出的，但其内含了对市场自发性或者自律性保障功能必要性的强调与重视。而资本市场民事诉讼机制实际上是一种应对资本市场侵害行为最富效率且高度市场化手段。尤其是对于市场资本操纵而言，操纵性信息行为与金融商品价格波动的间接关联性意味着反市场操纵违法犯罪执法与司法机构难以从信息与价格的点对点的中心化线路出发、以可控的执法与司法成本惩治市场资本操纵犯罪行为。在公共资源无法在法律实务层面完成信息操纵行为与所有投资者损失认定的情况下，以资本市场参与者自行支付诉讼成本、资本市场民事法律制度设定高额的市场操纵违法犯罪赔偿经济标准、高经济激励机制下的高水平维权律师为核心的民事诉讼机制，更有助于履行制度震慑功能。

但是，中国市场操纵刑法控制与资本市场民事诉讼机制之间的关系并未形成刑法规范与市场化手段良性互动关系。一方面，刑事立法疲于应对资本市场违法犯罪，却具有明显的滞后性；另一方面，以市场操纵为代表的资本

---

① 参见谢杰：《论融资犯罪金融风险的刑事控制》，载《新疆警官高等专科学校学报》2012 年第 2 期。

市场侵害行为的民事诉讼机制长期处于极度不完整的状态，导致即使相关人员构成市场操纵等严重资本市场违法犯罪，也难以通过市场化的手段对犯罪行为造成的投资者损害进行有效弥补。例如，2011 年 12 月 15 日，北京市第二中级人民法院对中国首起操纵证券市场赔偿纠纷案——18 名投资者诉程某水、刘某泽二人操纵＊ST 钛白（原“中核钛白”，股票代码：002145）民事赔偿案——作出了一审驳回原告诉讼请求的判决。[①] 紧随其后，12 月 16 日，北京市第二中级人民法院以相同的理由，驳回股民王某强诉北京首放投资公司、汪某中操纵证券市场赔偿纠纷案中原告的损害赔偿请求。[②] 中国《证券法》仅就市场操纵民事诉讼机制作出了原则性规定，目前并没有与市场操纵民事赔偿有关的司法解释。在上述民事诉讼中，原告及代理律师均主张参照 2003 年最高人民法院《关于审理证券市场因虚假陈述引发的民事赔偿案件的若干规定》[③] 认定操纵证券市场的民事赔偿责任和损失的计算数额。从法理上分析，这显然是缺乏程序性法律依据的。因为虚假陈述明显区别于市场操纵，两者是截然不同的资本市场侵害行为。同时，从侵权责任的实体法律层面进行分析，买卖股票系投资行为，投资本身即存在盈亏风险，股票的涨跌受该上市公司的财务、经营状况、所属行业景气程度以及大盘指数等因素影响，投资股票产生的损失，能否认定是由相关操纵行为造成的，在证券法理论与实践中均未达成共识。

由此可见，中国市场操纵民事诉讼受理、胜诉在法律实践中存在很大的障碍，主要根源在于《证券法》实施之后的民事诉讼救济机制与细化司法裁判规则迟迟没有出台。这种刑事立法机制完整而民事诉讼制度极度欠缺的资本市场违法犯罪控制政策，实际上是本末倒置或者关系错位的。更为顺畅的立法思路应当是：先在民事诉讼立法层面解决市场操纵违法犯罪行为的赔偿问题，在民事赔偿机制无法有效控制侵害行为的情况下，才有必要评估制定

---

① 参见李冰：《首例操纵证券市场案投资者维权遭拒 司法解释不健全或是主因》，载《证券日报》2011 年 12 月 19 日 C2 版。

② 参见何靖：《股民诉“股市黑嘴”民事赔偿案被驳回》，载《人民法院报》2011 年 12 月 17 日，第 3 版。

③ 编者注：该司法解释现已被《最高人民法院关于审理证券市场虚假陈述侵权民事赔偿案件的若干规定》（法释〔2022〕2 号）所取代。

刑事规范应对严重违法犯罪行为的价值。通过民事诉讼不断积累对抗资本市场操纵行为的经验，对市场操纵的构成要件配置、证明标准要求等问题同样具有极强的指导意义。所以，只有充分利用市场竞争机制下的市场力量对抗，对刑事立法控制资本市场违法犯罪进行必要的积淀，中国资本市场才能实现对资本市场中严重操纵违法犯罪行为的有效监管。①

其二，资本市场违法犯罪刑事法律制度应当与证券行政法律规范实现联动立法。

中国的证券、期货、衍生品市场金融创新能力相对不足。在后金融危机时代、世界各国和地区的金融中心强化资本市场法律监管的背景下，如果过度强调资本市场违法犯罪刑事立法控制而缺乏相对更有效率的行政法律监管，中国资本市场显然无法摆脱交易品种单一、流动性不足、国际竞争乏力的局面。融合行政法律监管有效性与资本市场违法犯罪刑事立法强制性的联动立法，理应成为中国资本市场重点思考的法律控制模式。证券、期货、衍生品交易跨行业、跨国界、跨领域的特点，决定了资本市场涉及银行、证券、保险、外汇等金融环节以及企业风险管理等多重监管环节，行政监管必然涉及多头监管与协调。② 刑事立法与行政法律体系建构必须进行联动性的思考，才能防止刑事立法与行政法律之间出现规范漏洞或者矛盾。

市场操纵刑事立法尽管具有最高强度的“强制性”，但刑事立法本身内含一定程度的资本市场公共管理目标以及对市场参与者的监督管理。市场操纵刑事法律与前置性行政法律联动立法存在必然的逻辑联系。刑事立法与行政立法分别内化为强制性法律规范体系内的规范宏观引导与资本市场监管领域具体执行这两个组成要素，有利于促进市场操纵风险控制与行政监管效率之间的平衡。

对于资本市场中的操纵行为，行政立法的反应显然更快，但在启动行政法律监管应对机制的同时，应当联动触发刑事立法对相同问题的评估。行政

---

① 参见谢杰：《操纵证券市场民事诉讼机制：美国经验与中国选择》，载《金融实务》2012 年 2 月 13 日。

② 参见谢杰：《美国金融改革法案对场外市场反操纵法律的完善及其启示》，载《甘肃警察职业学院学报》2011 年第 4 期。

法律规范的建构重在针对资本市场中具体类型的操纵行为进行快速应对，在尽量不损害市场效率的前提下解决市场秩序与公平性问题。而市场操纵刑事立法重在通过强大的刑法规范震慑力，指引资本市场参与者通过遵守行政立法层面制定的法律监管规则，实现有限市场资源的优化配置。[①] 与行政立法进行联动思考的市场操纵刑事立法，能够摆脱单一化的刑法逻辑维度，从而更为关注刑法规范本身的最后保障性价值，更加强调在保证市场参与者正当利益的基础上实现资本市场服务实体经济发展的社会福利价值。市场操纵的刑事立法应当定位成一种规范压力为主导的被动型法律，意在促使资本市场通过自律监管、行政法律独有的灵活性与反应性处理不断变化中的市场信息与环境，设计更富有效率的监管规则。所以，市场操纵刑事立法本身应当具有明确的法律监管竞争的核心内涵，允许监管效率更高的行政法律替代存在扼杀金融创新风险的刑事立法。

实现市场操纵刑事立法与行政立法联动的核心在于监管与立法信息流动，而实现信息流动的关键又在于培植资本市场违法犯罪刑事立法与行政立法之间的对话机制。从中国过去资本市场违法犯罪立法实践脉络中可以清晰地看到，刑事立法与行政立法之间极少存在信息流转与对话沟通，刑事立法与行政立法往往根据各自的价值导向与利益诉求解决资本市场中侵害行为的法律应对问题。这种法律规范建构之前相对独立且不成系统的立法路径是造成资本市场刑法与行政法律法规之间存在规范不一致、不协调的主要原因。如果能够重视资本市场不同规制层次立法之间的信息沟通与对话，刑事立法就能够通过信息沟通平台充分理解证券、期货以及衍生品交易复杂的技术性内容与结构，从而设定更有针对性的刑法介入措施。同时，对话机制能够确保资本市场市场参与者、行政监管机构正确评价刑事立法，发现并解决意见分歧、深化联动程度以及优化信息共享。这同样是市场操纵刑事立法在制定之后能够被有效适用与进一步完善的重要基础。

其三，资本市场违法犯罪案件行政处罚与刑事制裁机制应当实现联动

① 参见谢杰：《论融资犯罪金融风险的刑事控制》，载《新疆警官高等专科学校学报》2012 年第 2 期。

运作。

传统证券期货犯罪法律理论提出刑法谦抑性之后，往往将惩治与防控资本市场违法犯罪的压力转移至行政监管与行政处罚措施。这不仅弱化了资本市场通过竞争化机制调整市场操纵等资本市场滥用行为的功能，而且忽略了行政监管与行政处罚措施的客观障碍——行政处罚机制得以有效实施的前提是行政监管措施的有效性与有力性，但目前中国资本市场稽查机构的执法资源配置并不足以应对高效查处市场操纵案件的现实压力。[①] 所以，合理的资本市场违法犯罪规制原则是建构行政处罚与刑事制裁机制联动，逐步导向行政刑事并行查处机制，通过刑事措施的力度提振行政处罚效率，通过行政监管机构的专业化水平提升刑事司法适用的准确性。

资本市场刑事司法机制长期以来承担与各种金融市场犯罪有关的调查、起诉、预防、审判等金融司法职能，并且在法律上配置了各种强有力的刑事侦查与强制措施，其优势在于司法措施的强制力。资本市场行政监管机构基于金融专业能力的优势，实际上更有利于打通资本市场行业管理、资本市场违法监管、资本市场违法犯罪惩治、违法犯罪预防等各个环节的职能，从而在整体上提升金融风险控制能力。在仍然坚持刑事司法与金融监管分别由司法机关与金融行政机构实质分立运作的架构下，金融司法的专业化水平长期无法提高，金融监管的效率与力度长期在低水平范围内震荡。

尽管资本市场刑法与前置性金融监管法律在实体边界上存在明晰的界限并且应当体现出刑法制度内化的抑制性，但程序运作层面的刑事司法措施与金融行政监管应当全面融合与并行运作。金融司法可以深入地介入行政监管与行政处罚程序，了解金融机构、金融监管、金融市场领域的具体情况，现实地掌握金融机构经营模式及实际运作情形，发现并提出影响金融机构健全经营的个别性或者系统性问题，并通过刑事司法手段支持行政机构查处市场操纵等资本市场违法犯罪案件。资本市场行政监管机构及其办案人员的专业化水平更高，对于当前金融风险防控与金融制度改革的反应更为敏捷。金融

---

① 参见魏书光：《肖钢：把监管重心转到加强稽查执法》，载《证券时报》2013 年 8 月 20 日，第 1 版。

监管可以反向介入资本市场违法犯罪案件刑事司法程序，提供专业机构的咨询意见。

三、风险控制

资本市场违法犯罪刑法条文建构与适用的正当性基础应当随着社会经济的发展而进行调整。在金融市场竞争不断深化的时代背景下，权力控制的逐渐剥离与金融垄断的逐渐分化，促使资本市场违法犯罪刑法规范的建构与解释有必要从单纯的前置性规范维护转向以金融风险控制为核心制定与适用资本市场刑法规范。资本市场违法犯罪刑法规范文本的存在价值在于为风险社会中日益深化的金融风险设置必要且具有最强控制力度的保障机制。但是，由于金融风险的“质”始终处于演进状态，“量”一直处于变动状态，资本市场违法犯罪刑法基础理论与司法实践、立法需求等出现一定程度的脱节，形成了较多争议问题或者生成了一系列批判性反思，与此同时还加深了个案罪与非罪、量刑强度等问题的判断难度。根源性问题就在于，金融风险控制法律思维与规则的缺失，造成资本市场违法犯罪刑事立法、司法实践无法回答与资本市场违法犯罪刑法规制正当性基础与实践理性有关的本质追问。①

以市场操纵为例，金融风险或者金融市场中的价格剧烈波动本身就是风险社会中固有的类型化风险，行为人通过交易行为或者信息传递行为在制造何种程度的法律所禁止的金融风险时才应当被纳入刑事规范体系进行评价，怎样严重的价格风险才能够作为提升或者处以最高程度刑罚制裁的量化依据？金融商品价格风险或者金融市场中的系统性风险是由金融市场固有风险、过度投机风险、市场操纵违法犯罪风险等不同层次的风险因素叠加而成的，是否应当由金融市场中的操纵行为承担所有金融风险的法律责任，金融监管权力对于因金融商品价格风险或者金融市场系统性风险的制造、放大、爆发而生成的刑事法律责任是否必然（应然）属于完全不具有关联性的不可归责

① 参见谢杰：《论融资犯罪金融风险的刑事控制》，载《新疆警官高等专科学校学报》2012年第2期；谢杰：《融资犯罪反思性审视与规范优化建议》，载刘宪权主编：《刑法学研究》（第9卷），上海人民出版社2012年版，第81页。

因素？[①]

受到社会各界、资本市场广泛关注的、大规模市场操纵违法犯罪案件都具有明显的同质性特点——资金运作数量与流动范围大、交易时间跨度长、操纵行为对资本市场影响深远、金融监管在案发前集体缺位。金融监管事先预防与事中监控功能实质性地退后至事后查处，这意味着以金融风险预防与控制为核心的行政监管、以金融风险评价与认定为核心的刑事司法承担了相同性质的职能。单纯从刑事责任定性与定量的角度分析，金融监管缺位显然不能作为阻却资本市场违法犯罪刑事违法性、降低资本市场违法犯罪刑事处罚强度的抗辩事由。因为制造法律禁止的金融风险的资本市场违法犯罪行为现实地违反了法律规定且市场操纵者具有犯罪故意，应当承担相应的法律责任，金融监管机构及其工作人员的监管失职、过错、缺位等，与资本市场违法犯罪行为本身无关，并不能成为免除资本市场违法犯罪刑事责任的理由。然而，这显然是脱离资本市场侵害行为、监管行为、市场因素与金融风险之间因果关系，在纯粹刑法规范内部框架下进行形式化理解的结论。如果能够超越形式化理解的桎梏，在重构资本市场违法犯罪刑法规范的过程中以金融风险分配为原则建构犯罪类型体系，完全没有理由在立法阶段将金融监管缺位排斥在弱化刑事责任追究的事由之外。[②]

随着资本市场改革的不断深入，资本市场违法犯罪刑事立法与司法实践应以金融风险控制为核心，渐进地重构刑法规范与司法解释。在刑事立法环节，注重以系统性金融风险评估为导向设置资本市场违法犯罪；在刑事司法环节，强调以类型化金融风险判断为导向认定资本市场违法犯罪个案或者制定类案司法规则。[③]

资本市场中由市场操纵者制造的不允许的金融风险严重侵害法律所保护的金融安全与投资者权益，应当成为刑法设置资本市场违法犯罪保护制度性

---

① 参见谢杰：《论融资犯罪金融风险的刑事控制》，载《新疆警官高等专科学校学报》2012 年第 2 期。

② 参见谢杰：《论融资犯罪金融风险的刑事控制》，载《新疆警官高等专科学校学报》2012 年第 2 期。

③ 参见谢杰：《论融资犯罪金融风险的刑事控制》，载《新疆警官高等专科学校学报》2012 年第 2 期。

利益的正当性基础。只有在资本市场违法犯罪行为对金融安全与投资者权益足以造成侵害风险的情况下，才能于风险生成之后运用刑法规范进行法律评价。金融风险是对资本市场违法犯罪进行归责的前提条件，经由行为构成与不法之间违法类型与被类型化的体系性关系，行为的可罚性实质定位于创设法律禁止的金融风险。[①] 因为刑法规范不仅具有防止风险转化为实际损害的功能，还具有控制公众在风险社会中的心理恐慌功能。[②] 如果行为不存在法益侵害风险，即使客观上发生了投资者严重损失的结果，也不应对行为进行刑法规范评价。[③] 图 8 - 1 勾勒了资本市场违法犯罪归责的递进式规范评价模式：

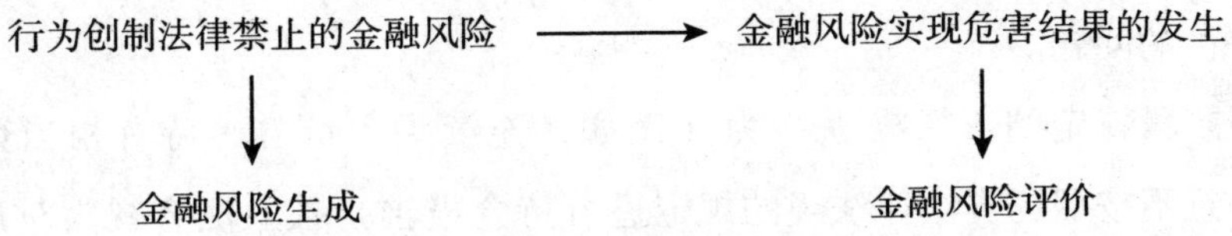

图 8 - 1　资本市场违法犯罪归责模式

由于法律对于资本市场违法犯罪行为类型的规定是形式化与明确化的，需要进行实质分析的是金融风险，而金融风险生成的判断并不是正向证明问题，而是反向排除过程——以资本市场违法犯罪行为对于法律保护的社会利益与价值具有本质风险为基础，从反面将不属于创制金融风险情形排除之后，可以认定行为创制法律不允许的风险。风险排除事由包括：（1）法律允许的金融风险（市场风险等）；（2）金融风险创制基于事件而非具有刑法意义的行为（技术风险、政治风险等引发的金融市场指数暴跌）；（3）无实质风险（投入大量资本连续拉升股价并持有绝大多数金融商品仓位，但没有引发市场关注从而没有投资者高位接盘等）。

金融风险评价的递进式判断模式表现为图 8 - 2：

---

① 参见谢杰：《论融资犯罪金融风险的刑事控制》，载《新疆警官高等专科学校学报》2012 年第 2 期。

② 参见谢杰：《“但书”是对抽象危险犯进行适用性限制的唯一根据》，载《法学》2011 年第 7 期。

③ 参见谢杰：《论融资犯罪金融风险的刑事控制》，载《新疆警官高等专科学校学报》2012 年第 2 期。

资本市场行为与危害结果之间是否存在关联性

↓

危害结果的发生是否归属于法律保护的社会利益范围

↓

危害结果是否最终避免

图8-2 金融风险评价模式

因此，资本市场行为创制金融风险且该金融风险实现危害结果的，对于特定市场行为所产生的法益侵害事实才存在资本市场违法犯罪构成要件进行刑法评价的问题。①

现阶段特定的市场操纵行为（例如，连续买入证券，持有相当数量仓位，并且不按照证券法律法规的规定进行持仓报告）被立法者视为对现有法律制度具有侵害危险，本质上是一种“社会治理的政策选择”，② 刑法介入是否具有合理性的问题并不纳入考察的范围。在作为一种可能性结果的金融利益危险实际发生损害之前，危险本身具有不可预知性；金融危险可能性转化为实际经济损失之后，操纵行为性质又有可能随着实际后果的扩大化而发生变化。但是，即使时间进度存在变数，资本市场趋向于竞争、利益分化的趋势不容逆转，在这样的金融改革与制度转换背景下，资本市场违法犯罪刑事控制原理应当进行同步反思与转变。资本市场违法犯罪之所以应当纳入刑法规制的范畴，是因为此类行为对金融市场安全与投资者权益造成了典型性风险，这种风险并非来源于政策选择或者经验判断，而是基于统计科学的数据基础与行为科学的技术支撑。风险并非与其具有因果关系的事件所引发的结果，而是源于盖然性归责而产生的一种结果，例如，通过精算方式对某种危害行为进行归责。风险本质上是一种混合性情境，是潜在的有害因素。无论是社会传承的认识，还是法律上的拟制，抑或是司法上的推定，风险被规范

① 参见谢杰：《论融资犯罪金融风险的刑事控制》，载《新疆警官高等专科学校学报》2012年第2期。

② Eva Graul, *Abstrakte Gefährdungsdelikte und Präsumtionen im Strafrecht*, Berlin, 1991, p. 155.

预防性地予以禁止。[①] 在金融风险实际转化为现实损害之前，社会经验、科学技术或者法律规范应当对金融风险进行评估、控制或者禁止。资本市场行政法律规范应当在保证各种类型、优势不同的投资者（投机者）充分信息披露的基础上，对金融风险进行评估与控制，对已经发生的金融风险进行处置与化解。资本市场刑法只能定位于这种金融风险控制法律制度的保障力量。所以，资本市场违法犯罪行为的刑事违法性应当更大程度地建筑于行为人不披露或者违规披露与交易行为相关信息的事实基础之上，控制资本市场中信息披露严重违法行为所创制的金融风险。[②] 这意味着在资本市场违法犯罪刑法规范体系中，市场操纵规范应当滞后于各种与信息披露有关的犯罪的刑法规范的适用。

资本市场违法犯罪刑事立法与刑事司法应当从不同的分析视角针对不同的金融风险类型建构刑法规范与司法规则：刑事立法应当以资本市场的系统性金融风险为视角，重构资本市场违法犯罪刑事控制的原则与具体法律规范；刑事司法应当以资本市场的类型化风险为核心，从实质解释的视角对资本市场违法犯罪定罪量刑标准进行阐释。其中，资本市场的系统性金融风险是指直接或者间接融资行为总和对整个国家的宏观经济运行或者宏观调控效果所创制的负面的不确定影响；资本市场的类型化风险是指个案或者类案中的融资行为对金融市场中的各个交易方所创制的直接或者间接的负面性不确定影响。[③]

资本市场中的类型化金融风险具有多样性，资本市场违法犯罪刑事司法规则应当区分不同性质的金融风险，通过明确具体的解释意见保障引导资本

---

① See Jens Zinn, *Introduction*: *The Contribution of Sociology to the Discourse on Risk and Uncertainty*, *in Social Theories of Risk and Uncertainty-An Introduction*, Oxford University Press, 2008, p. 2.

② 参见谢杰：《论融资犯罪金融风险的刑事控制》，载《新疆警官高等专科学校学报》2012 年第 2 期。

③ 参见谢杰：《论融资犯罪金融风险的刑事控制》，载《新疆警官高等专科学校学报》2012 年第 2 期。应当看到，资本市场中的系统性金融风险与类型化金融风险是理论分析框架下的静态类型划分，在实践中是一种动态发展过程，个案或类案中类型化金融风险的积累可能会成为形成系统性金融风险的核心因素。

市场公正、公平、公开运作的行政法律规范得到切实执行，控制各种利用实质不平等的信息优势（并非基于交易技术、成本投入等正当竞争而形成的形式不平等）攫取市场资本的市场操纵风险，以刑罚手段惩治严重损害资本市场参与者信心的犯罪行为。资本市场中的类型化风险主要包括：（1）契约风险。例如，融资者与投资者基于不完备的契约形式从事金融交易，对于契约的内容与执行产生分歧而产生违约、合同无效等各种不确定性。（2）流动性风险。例如，大量持有特定金融商品仓位的投资者或者投机者由于现金流不足而大量抛售金融商品套现，导致市场价格显著下跌。（3）信用风险。例如，行为人基于经营损失、投资失败、严重失职等实体经济市场中的原因导致其丧失资金支付或者控制能力，从而波及整个实体经济与金融市场资金链条上的参与者。（4）道德风险。例如，由于缺乏有效监管，资本市场参与者在信息严重不对称的情况下实施侵害行为，以资本市场一般投资者损失为代价获取利益。[①] 资本市场刑事司法实践应当明确将契约风险与流动性风险排除在资本市场违法犯罪刑事责任追究系统之外，公平地评估资本市场中道德风险并认定市场操纵等犯罪类型。对于综合涵盖民事纠纷、行政违法、刑事犯罪等多种可能性的信用风险，应当杜绝以实际经济损失为基础对行为人进行刑事归责，而应当仅将严重违法信息披露规则的信用风险情形纳入资本市场违法犯罪刑事处罚范畴。当然，资本市场作为一种制度性建构，其存在本身就被视为“对个人法益得以具体实现的条件与保证”,[②] 是融资与投资主体之间进行金融交易的平台。损害这种金融交易平台效率就是损害群集法益，有必要通过适当提升刑罚力度的方式控制资本市场违法犯罪，使资本市场违法犯罪刑罚力度区别于一般经济活动中的犯罪。[③]

---

① 参见谢杰：《论融资犯罪金融风险的刑事控制》，载《新疆警官高等专科学校学报》2012 年第 2 期；谢杰：《融资犯罪刑法规制路径优化探索》，载《贵州警官职业学院学报》2012 年第 5 期。

② Urs Kindhäuser, Rationaler Rechtsgüterschutz durch Verletzungs-und Gefährdungsverbote, in Aufgeklärte Kriminalpolitik oder Kampf gegen das Böse?, BD. I, 1998, S. 264.

③ 参见谢杰：《论融资犯罪金融风险的刑事控制》，载《新疆警官高等专科学校学报》2012 年第 2 期。

第二节　市场操纵监管理念与合规技术的优化构想

市场操纵既是金融资产泡沫与市场非理性繁荣的产物，又是市场泡沫催生与膨胀、金融市场虚假繁荣与市场参与者集体癫狂的成因。资产泡沫与市场操纵之间的动态关联决定了，资本市场违法犯罪法律监管理念应当立足于宏观基点，注重控制资产泡沫与市场中的非理性因素，而非孤立地将市场剧烈波动、投资者重大损失的法律责任完全分配至市场操纵行为人。在更为具体的立法与司法技术革新层面，中国资本市场违法犯罪刑事立法应当在优化规制范围与梳理规范层次的基础上，根据法律制度保护的金融市场创新驱动、发展迅猛、全球资本联动的特点，建构常规化立法评估机制，保证立法评估措施能稳定触发资本市场违法犯罪刑法修正；资本市场违法犯罪刑事司法解释则应当细分不同金融商品类型，重点根据期货市场交易的跨市场性特征建构具有针对性的期货市场操纵司法规则。

一、合理控制资产泡沫与市场非理性因素

资本市场泡沫对于大规模市场操纵策略具有极为重要的影响。行为金融理论明确将非理性心理、趋势追逐、专业交易者需要通过普通投资者承担市场风险从而完成套现等因素，与资产泡沫联系在一起——宏观经济、政治驱动、特定行业的积极市场信号等促使资本市场中的金融资产价格上升。具有信息优势的市场参与者通过做多操作获取价格攀升过程中的交易利润，并且进一步放大市场价格上涨的趋势。不断上升的资产价格吸引大量普通的、不具有信息优势与分析能力的、预期价格会继续上升的投资者进入市场。普通市场参与者在配置资本资源时持续受到具有信息优势的市场参与者、对冲交易者的需求刺激，在价格非理性上涨的同时放大了价格风险。当市场过热发展到临界点时，包括市场操纵、内线交易在内的信息优势交易者出售资产套

现，跟进的普通投资者承受市场价格暴跌之后的损失。①

资本市场系统性泡沫或者相关金融资产的特定性泡沫是市场操纵最终实现利益的环境性要素。这与一般的经济与金融犯罪存在明显的区别。普通经济与金融犯罪同样以行为人获取经济利益为导向，但在利益实现层面，对于市场环境的要求并不是很高。但是，对于市场操纵等资本市场违法犯罪而言，如果整个实体经济与金融市场环境中没有泡沫要素，绝大多数以交易为中心的市场操纵违法犯罪行为只能制造单纯的、形式上的交投繁荣、价格波动、流动性充足，而不能借助于资产泡沫的宏观背景与足够数量的市场资本，进行有效的金融资产高位转让，从而无法通过套现行为获取实质的经济利益。与此同时，市场操纵等资本市场违法犯罪在行为过程中现实地推进了金融资产价格的飙升，引发了其他市场参与者非理性地介入市场，助长没有实际价值支撑的市场价格。因此，资产泡沫与市场操纵等资本市场违法犯罪之间的存在复杂的双重反馈与动态联系：资产泡沫诱发了市场操纵行为；市场操纵进一步支撑泡沫市场；持续的金融资产泡沫掩护了市场操纵者的抛售与套现行为；资本市场泡沫的破裂导致尚未离场、实施终了的市场操纵违法犯罪案件逐渐曝光。

高度重视且深刻理解金融市场资产泡沫与市场操纵等资本犯罪之间的动态关系，能够有效地指引金融市场违法犯罪立法、执法、司法、预防等监管实践工作，并且有利于对市场操纵形成更为客观与符合金融市场现实的认识与把握。在宏观经济层面控制资产泡沫与整体金融市场防范系统性金融资产泡沫，不仅具有防止市场操纵行为的效果，而且能够限制、降低现实发生的市场操纵行为从资本市场交易中获取的非法利润。反市场操纵执法与司法机构在认定市场操纵责任过程中，应当兼顾与关照操纵行为实施时的宏观市场背景，尤其是在判断市场操纵者非法收益环节，适度肯定金融资产泡沫、大众非理性市场环境、资本市场风险性与利益追逐性对形成畸高金融商品市场价格与非法市场操纵利益的客观影响，从而在市场操纵责任分配问题上进行

① See Andrei Shleifer, *Inefficient Markets: An Introduction to Behavioral Finance*, Oxford University Press, 2002, pp. 169 – 173.

更为全面的宏观考量。在金融市场发展进程中出现阶段性集中查处市场操纵的情况，应当理性认识到反市场操纵执法与司法实践的有限性与被动性。大规模的市场操纵违法犯罪案件查处，并非完全源于法律监管效率的提升与技术的强化，金融资产泡沫破裂之后的自然结局与收场更有可能是市场操纵案件被频繁查处的主要宏观经济与金融市场动因。尤其在资产泡沫破裂的市场阶段，更应注重对风险爆发宏观原因的追踪，而非将投资者损失与市场崩溃的责任均推向市场操纵等资本市场违法犯罪行为人这一特定的市场参与群体。制度化的防范金融风险、压缩市场泡沫，相对于事后查处市场操纵案件而言，更有利于解决金融市场系统性问题，并能够自然地产生控制局部性或者个案性市场操纵等资本市场违法犯罪行为的实际效果。

资产泡沫与大规模投资者决策错误的金融现象是由市场参与者本身的有限理性所决定的。资本市场非理性繁荣、市场泡沫等只是阻碍资本市场朝着理性方向运行的市场现象而已。市场参与者过度投机与偏离理性、[①] 群集错觉、[②] 集体性癫狂[③]等是造成市场操纵等资本市场违法犯罪绵延不绝、金融危机反复轮回的更为根本的主体性动因与心理基础。以集体癫狂为典型代表的有限理性揭示了人类在从事一般社会行为过程中计算技术的有限性与记忆缺陷的严重性，以及在从事市场行为过程中信息接收与处理能力的有限性。[④] 正是这种人类认知上的局限，促使金融市场参与者将经济行为的成功希望诉诸经验上的捷径，最终导致决策失误，甚至是在资产泡沫最为严重的时期、金融风险一触即发为市场暴跌的前夕出现集体非理性。

---

① See Charles P. Kindleberger, *Manias, Panics and Crashes: A History of Financial Crises* (*4th edition*), Wiley & Sons, 2000, p. 26.

② Seee Charles Mackay, *Extraordinary Popular Delusions*, Dover Publications, 2003.

③ See Charles Mackay, *Memoirs of Extraordinary Popular Delusions and the Madness of Crowds*, Xlibris Corporation, 2000.

④ Barbara Black, "Can Behavioral Economics Inform Our Understanding of Securities Arbitration?", 12 *The Tennessee Journal of Business Law* 107, 113 (2011); Herbert A. Simon, *An Empirically-Based Microeconomics*, Cambridge University Press, 2009, p. 18; Anita Bernstein, "Whatever Happened to Law and Economics?", 64 *Maryland Law Review* 303, 2005, p. 310; Christine Jolls, Cass R. Sunstein & Richard Thaler, "A Behavioral Approach to Law and Economics", 50 *Stanford Law Review* 1471, 1998, p. 1477.

市场操纵等资本市场违法犯罪的特殊性在于，操纵者必须通过交易行为在特定的金融商品市场或者与金融商品市场价格高度关联的市场获取利益，而这种交易行为本身都会作为信息反作用于价格乃至市场整体，并且所有与交易行为有关的数据都是客观留存于公开市场、可供其他市场参与者分析或者“解码”的真实素材。因此，市场操纵等资本市场违法犯罪行为属于金融市场参与者能够切实掌握的信息，尤其是对于具有强大信息与数据分析能力的机构投资者而言，市场操纵的隐蔽性并非如同传统法律与经济理论反复强调的那样真实与强大。① 市场操纵没有被市场中的绝大多数专业投资者或者普通参与者知悉，根本原因并不是市场操纵行为本身具有隐蔽性，而是市场参与者基于有限理性的制约并不追求和处理与最优决策有关的所有信息，依赖于具有现状偏见与预期偏见的经验法则，② 即根据最近发生的市场繁荣事实以及眼前的利好现状——即使这些现象从长远来看非常不正常或者极其罕见——评估特定时间发生的概率或者市场风险的程度，并倾向于过度自信与看好市场。③ 投资者（投机者）在相当一段时间内从资本市场中获取了非常丰厚的投资回报，这种现实性的经历就成为一种全新的且压缩其他投资回报记忆（尤其是损失记忆）的心理体验，④ 促使投资者（投机者）高估远期持续高额收益的可能性。而支撑这种在整个金融市场泛滥的高额投资回报的经济力量，往往便是市场操纵等资本市场违法犯罪行为在建构操纵策略过程中所投入的前期和必要成本。市场操纵力量支撑的泡沫与制造的风险，在大多数情况下是显而易见的——尤其是在泡沫行将破裂之时，尤其对专业投资者

---

① 市场操纵违法犯罪具有隐蔽性基本上是所有传统法律与经济理论长期以来都予以揭示的一种行为特征。参见庞昀曦、孙长宇：《操纵证券市场行为法理性质的探讨》，载《净月学刊》2013 年第 1 期；张屹山、方毅：《中国股市庄家交易操纵的模型与政策分析》，载《管理世界》2007 年第 5 期；贾纬：《操纵市场行为的认定及其民事责任》，载《人民司法》2007 年第 17 期；游士兵、吴圣涛：《中国证券违法犯罪的实证研究》，载《证券市场导报》2001 年第 6 期。

② See Amos Tversky & Daniel Kahneman, “Judgment under Uncertainty: Heuristics and Biases”, 185 Science 1124, 1974, p. 1126.

③ 例如，20 世纪 90 年代末网络股泡沫引发的股市泡沫时期，市场参与者预期这种市场资产快速增值的模式确定无疑地会持续下去。再如，2008 年美国次贷危机引发的国际金融危机发生之前，市场预期由美国住宅价格上涨为基础的衍生产品高额收益会一直持续下去。

④ See John C. Coffee Jr., “Gatekeeper Failure and Reform: The Challenge of Fashioning Relevant Reforms”, 84 *Boston University Law Review* 301, 2004, p. 325.

而言。然而，交易、投资等经济决策制定者倾向于忽视、甚至无视其本人持有的信息及判断能力等对于实现决策优化具有重要价值的要素，进而选择效仿金融市场中其他参与者的行为，[①] 追涨杀跌。此类典型的金融市场中的投资者羊群行为正是认知与心理交互作用下的表现。[②]

尽管市场操纵在经济结构与市场行为表现形式上具有高度复杂性，但市场操纵等资本市场违法犯罪行为在金融市场中留下的痕迹与信息，并非难以探测或者无法识别——只是市场参与者的贪婪与人类认知的局限性模糊了显而易见的市场风险。作为市场现象组成部分的操纵行为与市场参与者固有特征的认知偏见，共同创设并承担着金融市场风险——只是泡沫破裂之后的结果表现形式有所不同。部分市场操纵者尚未能够从自我编织的风险环境中套现获利便以失败离场，部分市场操纵者在市场虚假繁荣的掩护下与投资者（投机者）非理性的相对性交易中获取暴利。所以，作为宏观政策构成之一的反市场操纵等资本市场违法犯罪法律监管制度，不能仅仅将规范控制对象局限于市场操纵行为，在泡沫滋生过程中抑制虚假繁荣、通过制度安排尽可能地调整市场参与者的有限理性与过度自信等，也应当成为市场监管的重要内容。

二、提升规范制定技术

无论是以德国《证券交易法》、[③] 日本《金融商品交易法》[④] 为代表的大陆法系的反市场操纵立法，还是以美国《证券交易法》、[⑤] 英国《金融服务与

---

① See Christophe Chamley, *Rational Herds: Economic Models of Social Learning*, Cambridge University Press, 2004, pp. 47 – 49; Stephen M. Bainbridge, "Mandatory Disclosure: A Behavioral Analysis", 68 *University of Cincinnati Law Review* 1023, 2000, p. 1038.

② See Michelle Baddeley, Herding, "Social Influence and Economic Decision-making: Socio-psychological and Neuroscientific Analyses", 365 *Philosophical Transactions of the Royal Society Biological Science* 281, 2010, p. 282.

③ Wertpapierhandelsgesetz – WpHG § 38 Strafvorschriften (2).

④ 金融商品取引法（きんゆうしょうひんとりひきほう、昭和23年4月13日法律第25号）第百九十七条の二　次の各号のいずれかに該当する者は、五年以下の懲役若しくは五百万円以下の罰金に処し、又はこれを併科する。

⑤ 18 United Sates Code § 1519.

市场法》[1]为代表的英美法系立法实践，都是通过在金融法中设置市场操纵刑事罚则的方式，对资本市场滥用行为进行犯罪化。纵观全球资本市场违法犯罪刑事立法，只有欧盟刑事立法试图通过建构专门的市场滥用犯罪刑法规范体系惩治与防范市场操纵等资本市场违法犯罪行为。

2003年欧盟《市场滥用指令》[2]将内幕交易与市场操纵整合为市场滥用的法律概念，在欧盟范围内建构了系统化的反市场滥用法律监管架构。欧盟《市场滥用指令》旨在有效禁止基于内幕信息而实施的关联性金融工具交易、通过传播虚假信息或者使金融工具交易价格处于非正常水平的交易等方式操纵市场等行为，从而提振投资者信息与强化金融市场诚信度。但是，欧盟委员会在评估各成员实施2003年欧盟《市场滥用指令》状况时发现了大量会对金融市场完整性与投资者保护具有负面影响的问题，其中比较明显的就是当前欧盟各成员对于市场滥用犯罪的刑法规制缺乏应有的震慑力与影响力，从而导致《市场滥用指令》执行效率不足。

基于此，欧盟委员会于2012年7月25日发布了《内幕交易与市场操纵刑事制裁指令提案》[3]（以下简称《市场滥用刑事制裁指令提案》），对欧盟金融市场中最为严重的市场滥用犯罪行为规定了统一的犯罪构成实体标准以及最低程度要求的相应刑事制裁措施。欧洲议会于2014年2月4日签署通过了《市场滥用刑事制裁指令提案》。[4]

以欧盟《市场滥用刑事制裁指令提案》为核心的市场滥用犯罪刑法规制法律文件实际上代表了一种特定类型金融犯罪的区域刑事实体法律的一体化进程。金融全球化意味着国际资本市场操作规则的趋同化与金融工具交易价格的高度关联性，包括资本市场违法犯罪刑法规制在内的金融法律监管标准

---

① Financial Services and Markets Act 2000 § 118.

② Directive 2003/6/EC of The European Parliament and of The Council of 28 January 2003 on insider dealing and market manipulation (market abuse).

③ European Commission, Proposal for a Directive of the European Parliament and of the Council on Criminal Sanctions for Insider Dealing and Market Manipulation, COM (2012) 421 final, 2001/0295 (COD), Brussels, 25. 7. 2012.

④ Statement by Vice-President Reding and Commissioner Barnier on European Parliament's vote to approve criminal sanctions for market abuse directive, European Commission-MEMO/14/77, Strasbourg, 4 February 2014.

的正朝着高度接近、区域性一体化乃至全球一体化的方向发展。而刑法实体规范高度接近或者一体化在除了国际犯罪之外的其他类型犯罪领域实际上是很难实现的。欧盟市场滥用刑事制裁法律文本在立法技术层面已经发展到了相当高的水平，中国资本市场违法犯罪刑事立法有必要积极借鉴其优质内核，在技术上提升市场操纵等资本市场违法犯罪刑法规制能力，从而通过建构更为完善的资本市场刑法保护机制，保障中国资本市场充分参与国际竞争。

（一）强化金融工具发行与交易市场法律保护

欧盟《市场滥用刑事制裁指令提案》等一系列法律文本将市场滥用犯罪刑法规制范围设定为金融市场，将市场滥用犯罪行为的对象规定为金融工具，这种具有前瞻性的规范设计能够与金融创新高度繁荣的金融市场现实所契合。

市场滥用犯罪刑法规范所保护的法益是金融市场机制的正常运行，而刑法规定的市场滥用犯罪行为对象范围则直接框定了金融市场刑法保护的领域。正是由于较早地认识到了以商品、证券、期货等为基础资产的衍生品交易必将成为金融市场非常重要的组成部分，尤其是以证券、期货为基础标的建构的衍生品，不仅在场外市场交易，而且日益发展为证券、期货交易所重要的交易产品类型，《市场滥用指令》、《金融工具市场指引》（MiFID）、《市场滥用刑事制裁指令提案》等欧盟金融市场法律监管文件都将期权、互换、金融价差等衍生品与传统证券、期货产品统一规定为金融工具，整体纳入市场滥用犯罪刑法规制的范围。

反观中国《刑法》规定的操纵证券、期货市场罪等市场滥用犯罪，在犯罪类型上仍然限定为“证券期货”犯罪，在规范保障领域仍然限定于“证券、期货市场”，在行为对象层面仍然针对“证券、期货合约”。同时，根据中国《证券法》第 2 条的规定，证券包括股票、公司债券、政府债券、证券投资基金、证券衍生品等；《期货交易管理条例》第 2 条将期货的范围明确规定为商品、金融期货、期权合约等。可见，中国《刑法》规定的市场滥用犯罪在刑法保护的市场范围上具有相当的局限性——一是机械区分证券与期货，割裂了证券市场与期货市场的关联性。二是模糊衍生品市场的独立性特征，将金融衍生品简单归类为证券、期货衍生品。三是严格限定与概括规定衍生品类型，只是笼统提出了证券衍生品、金融期货、期权合约等衍生交易品种的概念，没有明确规定其内涵与外延。同时，金融互换已经成为当前国际金融市场交易最为活跃的交易品种。例如，截至2010年12月31日，仅美国金融市场中的互换、金融价差等场外衍生品交易量就达到了惊人的601万亿美元。[①] 中国法律并未明确将互换规定为各种金融互换等交易品种规定为衍生品。

笔者认为，中国衍生品市场势必与全球资本市场接轨，在未来也完全有可能开发出符合中国金融现实需要且能够参与国际市场竞争的衍生品交易产品类型。中国《刑法》规定的市场操纵等资本市场违法犯罪有必要借鉴欧盟《市场滥用刑事制裁指令提案》等法律文件对金融工具进行规范定义的合理内核，通过规定具有前瞻性的证券、期货以及金融衍生品等概念，拓展市场操纵等资本市场违法犯罪刑法规制的范围。

（二）建构层次化资本市场刑法规范

欧盟市场滥用法律规范在体系上的层次性彰显了欧盟资本市场违法犯罪刑事立法水平与刑法规范建构能力，中国资本市场刑法有必要高度重视不同位阶法律规范的文本衔接与功能定位。

欧盟采取拉姆法鲁西立法框架（Lamfalussy Framework）建构反市场操纵违法犯罪的四层次法律规范体系。[②] （1）第一层次为基础法律规定。欧盟通过正式的指令规制市场滥用违法犯罪行为，要求欧盟成员在制定本国法的过程中遵循最低程度的欧盟立法标准。《市场滥用指令》以及《市场滥用刑事制裁指令提案》就是欧盟反市场滥用违法犯罪规范体系中的第一层次立法，主要解决市场操纵构成要件配置等原则性问题。前者侧重市场滥用违法

① See Dan Awrey, "The Dynamics of OTC Derivatives Regulation: Bridging The Public-Private Divide", 11 *European Business Organization Law Review* 115 (2010).

② 关于拉姆法鲁西立法框架以及欧盟反市场滥用各层级指令更为详细的论述参见谢杰：《操纵资本市场违法犯罪刑法规制研究》，上海人民出版社2012年版，第51~60页。

犯罪的一般法律标准界定，后者集中规定犯罪化特殊标准。[①]（2）第二层次为指令实施意见。基于具体阐释与反市场滥用欧盟指令的需要，欧盟委员会连续制定《〈市场滥用指令〉有关内幕信息与市场操纵定义的实施意见》[②]《公平发布投资建议与利益冲突信息披露的实施意见》[③]《回购程序与金融工具安定的实施意见》[④]《允许的市场运作、与衍生品有关的内幕信息定义、管理层交易以及可以交易披露的实施意见》[⑤] 等有关市场滥用违法犯罪的第二位阶立法，就市场操纵行为的具体界定、市场投资意见发布与利益冲突披露、股份回购与安定操作等不具有市场操纵行为性质的许可操作行为等问题进行了更为细致的规范阐释。（3）第三层次为监管纲要。欧洲证券监管机构委员会连续制定《市场滥用指令监管纲要及相关信息（一）》、[⑥]《市场滥用指令监管纲要及相关信息（二）》[⑦] 以及《市场滥用指令监管纲要及相关信息（三）》，[⑧] 规定了与市场操纵等有关的异常交易报告、市场操纵构成要素、排

---

① 以市场操纵构成要件配置为例，《市场滥用指令》第 1 条第 2 款规定市场滥用行为的构成要件应当具有灵活性与适应性，保证其能够将全新的行为类型纳入市场操纵范畴进行评价。而《市场滥用刑事制裁指令提案》采用行为模式严格限定的方式将市场操纵明确规定为四种类型，不能通过开放性解释将资本市场中的新型市场操纵行为直接评价为犯罪。因此，《市场滥用指令》与《市场滥用刑事制裁指令提案》在市场操纵、内幕交易行为界定上显然存在一般与特别的逻辑关系，这就意味着市场滥用违法与犯罪之间在行为类型上并不完全相同。

② Commission Directive 2003/124/EC of 22 December 2003 implementing Directive 2003/6/EC of the European Parliament and of the Council as regards the definition and public disclosure of inside information and the definition of market manipulation.

③ Commission Directive 2003/125/EC of 22 December 2003 implementing Directive 2003/6/EC of the European Parliament and of the Council as regards the fair presentation of investment recommendations and the disclosure of conflicts of interest.

④ Commission Regulation（EC）No 2273/2003 of 22 December 2003implementing Directive 2003/6/EC of the European Parliament and of the Council as regards exemptions for buy-back programmes and stabilisation of financial instruments.

⑤ Commission Directive 2004/72/EC of 29 April 2004 implementing Directive 2003/6/EC of the European Parliament and of the Council as regards accepted market practices, the definition of inside information in relation to derivatives on commodities, the drawing up of lists of insiders, the notification of managers' transactions and the notification of suspicious transactions.

⑥ Market Abuse Directive：Level 3-first set of guidance and information on the common operation of the Directive.

⑦ Market Abuse Directive：Level 3-second set of CESR guidance and information on the common operation of the Directive.

⑧ Market Abuse Directive：Level 3-third set of CESR guidance and information on the common operation of the Directive.

除市场操纵性质的公认或允许的市场运作等具体问题。（4）第四层次为执行。主要是欧盟委员会为确保各成员遵循欧盟法规而制定的执行监督规定。欧盟市场滥用金融监管四层次立法模式分别针对此类违法犯罪行为原则与具体问题设置法律规范与解释规则，不仅加速了欧盟反市场操纵的立法进程，提高了欧盟各成员的立法效率，而且以反市场操纵违法犯罪为基础从整体上推动了欧盟金融立法的发展。

中国反市场操纵相关法律规范也存在纵深性的法律位阶排序，但同一位阶法律的关系以及不同位阶规范的设置导向，都不同程度地体现出不合理性。

其一，中国资本市场刑法（《刑法》第180条至第182条）与《证券法》《证券投资基金法》等同属法律，对于市场操纵等违法与犯罪规定了完全相同的构成要件，只是以具体社会危害性上的情节量化差异区分市场操纵等违法与犯罪，模糊了两者在客观行为层面的实质区别。以市场操纵为例，《刑法》第182条操纵证券市场罪与《证券法》第77条操纵证券市场违法，在行为构成上采取了完全相同的立法表述，尤其是刑法“以其他方法操纵证券市场”采取了与《证券法》实质相同的“以其他手段操纵证券市场”的兜底性规范表述，在市场操纵行为实质尚未在刑法解释层面进行有效论证的情况下，极易（事实上也已经）引发操纵证券市场犯罪构成要件过于开放，从而导致司法实践将刑法没有明确规定为犯罪的市场操纵违法行为纳入刑事实体法领域进行规范评价。

其二，不同法律位阶的反市场操纵等资本市场违法犯罪立法完全以权力分配为导向制定法律文本，没有重视以问题为导向从不同层次就市场滥用犯罪法律适用难点进行有针对性的规定与阐释。作为下位规范的证券、期货市场法规、规章等，除了应当就国务院、证券期货监管部门执行法律的具体问题进行规定之外，更应当在法律授权的范围内就资本市场刑法以及证券法等法律没有细化规定的市场操纵等资本市场违法犯罪中的概念解释、要件理解等具体问题进行深度解释。然而，中国资本市场法律没有对应当授权解释的问题赋予下位阶规范进行细化规定，例如，《刑法》第182条、《证券法》第77条在规定了“其他”操纵证券市场行为的基础上，并没有对兜底性操纵行为类型的界定主体与规范形式进行授权。反倒是作为法规的《期货交易管理条例》在授权上更为细致与规范，明确规定“其他”操纵期货市场行为由期货监管部门规定。并且，《期货交易管理条例》《上市公司信息披露管理办法》《上市公司重大资产重组管理办法》等一系列法规、规章都没有能够在实体内容上对操纵具体类型等法律没有细致规定的问题进行合理阐释。

笔者建议，《刑法》《证券法》有必要从欧盟市场滥用刑事制裁文本建构实践中反思市场操纵等资本市场违法与犯罪之间的实质界限，以具有适度开放性的《证券法》配置能够包容新型市场操纵等行为类型的违法构成要件，以严格坚守罪刑法定的《刑法》配置明确与精准的市场操纵构成要件，后者在行为范围上应较前者具有明显的限缩印记。同时，对于市场操纵等资本市场违法犯罪中的开放性构成要件或者具有解释难点的问题，法律应当清晰且明确地授权法规、规章进行细化解释，从而保证原则性的资本市场违法犯罪法律规定在实践中得以适用。

（三）提升资本市场刑法对金融实务发展的反应能力

《市场滥用刑事制裁指令提案》《市场滥用指令》等均强制性要求欧盟委员会在法律生效后 4 年时对相关欧盟指令的适用情况提交立法评估报告，[①] 中国资本市场刑法可以借鉴这种与金融市场发展紧密联动的常规性立法评估机制。

欧盟市场滥用刑事制裁法律规定本质上是指导欧盟成员制定本国市场滥用犯罪刑法的规范文本，对于资本市场刑法的科学性及其与金融市场现实的契合性具有极高的要求。而定期进行立法评估显然是一种实现法律及时对资本市场实践脉动形成合理反应的有效机制。欧盟市场操纵构成要件的基本标准与对应的刑事制裁措施将被成员纳入本国法并在欧盟刑事司法领域内予以适用。相对于民事赔偿与行政处罚而言，市场滥用犯罪刑法规范代表着一种最强力度的社会谴责与欧盟政策宣示。进入刑事诉讼程序的市场操纵案件通常受到媒体的广泛报道，市场操纵者的定罪量刑或者巨额和解赔偿等都能够

---

① Directive 2003/6/EC of The European Parliament and of The Council of 28 January 2003 on insider dealing and market manipulation（market abuse）Article 17（4）; European Commission, Proposal for a Directive of the European Parliament and of the Council on Criminal Sanctions for Insider Dealing and Market Manipulation, COM（2011）654, 20 Octorber 2010, Article 9.

向潜在的市场滥用犯罪者宣示，刑法通过监禁、罚金、市场禁入等刑罚措施进行严格法律规制的立场。在反市场滥用犯罪刑事程序运作过程中，以立法评估为根据及时完善市场滥用犯罪实体规格，有助于各国司法机构高效、协同地惩治最为严重且具有跨国行为特征的市场滥用犯罪。

中国1997年《刑法》规定了操纵证券交易价格罪等资本市场违法犯罪之后，经过1999年《刑法修正案》、2006年《刑法修正案（六）》、2009年《刑法修正案（七）》多次立法完善之后，形成了内幕交易、利用未公开信息交易、操纵证券、期货市场等三种核心的资本市场滥用犯罪类型，在一定程度上体现了中国资本市场刑法与金融实践发展相契合的努力与成果。但是，这种刑事立法的频繁更迭更主要的原因在于资本市场刑事立法前瞻性不强，导致刑法规范覆盖能力较弱，亟须通过频繁的立法修正修补资本市场刑法保护漏洞。同时，中国资本市场刑法修正并没有形成与金融发展现实相配套的常规性立法评估机制，大规模严重资本市场违规事件驱动资本市场刑法完善的痕迹比较明显。

中国资本市场违法犯罪刑法规范应当根据保护的金融市场创新驱动、发展迅猛、全球资本联动的特点，建构常规化、制度化的刑事立法评估机制，从而保证合理的立法评估措施能够稳定触发市场操纵等资本市场违法犯罪的刑法修正。正处于高速发展阶段的中国金融市场对于反应灵敏的资本市场违法犯罪刑事立法具有极为强烈的制度性需求。由于全球主要资本市场关联度极高，跨国金融交易极为普遍且重要。如果主要金融市场国家的反市场操纵刑法规制措施存在严重不平衡，跨国市场操纵便极有可能转向刑事规制范围不周延、刑事制裁措施不严厉的国家。对处于全球金融一体化进程中的中国资本市场而言，与美国、欧盟以及亚洲主要资本市场的关联度较高，中国市场操纵刑法规制不力将导致跨国市场滥用犯罪行为以中国市场为基点进行。相对应地，与中国资本市场关联度较高的市场（尤其是亚洲市场），如果这些国家对于市场操纵等资本市场违法犯罪刑法规制不力，金融犯罪者将会利用该国刑事监管空隙对中国资本市场实施市场操纵。所以，中国资本市场刑法不仅需要通过立法评估机制深度思考本国与国际市场滥用犯罪刑事规制标准之间的差异，更应当积极参与市场滥用区域性、国际性的刑法最低标准的制定进程，维护全球金融市场的完整性与竞争的公平性。

三、调整规则结构

根据《刑法》第182条操纵证券、期货市场罪的规定，市场操纵刑法规制范围显然涵盖证券与期货两种不同的市场类型。从中国资本市场违法犯罪刑事立法轨迹分析，从1997年《刑法》只规定证券市场操纵，到1999年《刑法修正案》将期货市场操纵简单地归入证券市场操纵刑法条文，体现出基于当时资本市场违法犯罪刑事立法技术与能力，期货市场操纵构成的设计只能直接复制证券市场操纵的刑法规范。

资本市场违法犯罪相关司法解释最大程度地延续了刑事立法模式，即采用证券与期货交易犯罪定罪量刑标准高度等同化处理，基本没有根据期货交易的特点以及金融创新过程中不断发展的全新期货市场操纵交易行为类型对证券与期货市场操纵行为进行实质区分，而只是在相关司法解释条文中通过“证券、期货交易”“证券、期货合约”等与《刑法》第182条相同的规范表述对证券与期货市场操纵司法规则进行相同的规范建构。[①]

刑事立法与司法解释均将完全基于证券市场违法犯罪行为分析而形成的犯罪构成，不加修正地适用于侵犯期货市场机制犯罪，显然脱离了资本市场违法犯罪刑法规范所区分性保护的市场本身的逻辑与现实。加之期货、期权以及衍生品交易环节的市场操纵等犯罪行为相对于证券环节的同质行为而言更难起诉，[②] 现有的金融交易法律规范体系的规制范围过于狭窄，实难有效

---

① 当然，除了相关立案标准之外，由于目前我国资本市场违法犯罪刑事司法解释只有“两高”2012年《内幕交易犯罪解释》，司法解释将证券、期货相关犯罪进行简单等同化处理在内幕交易犯罪中更为明显。纵观《内幕交易犯罪解释》全文，证券内幕交易与期货内幕交易只有在犯罪情节认定层面存在“证券交易成交额”与“期货交易占用保证金”的衡量标准差异。这在很大程度上反映出证券期货犯罪司法解释只认识到了期货市场保证金交易的特点，对期货市场犯罪的核心要素是否与相应的证券市场犯罪存在实质性或者重大量化差异问题则没有进行任何考察。参见谢杰：《最新内幕交易犯罪司法解释的缺陷与规则优化》，载《法学》2012年第10期。市场操纵刑事司法解释的制定与出台是可以预期的，因此，在反市场操纵规则设计时，有必要避免证券与期货市场规则差异化不足的弊端。

② See Jerry W. Markham, “‘Front-Running’ – Insider Trading under the Commodity Exchange Act,” 38 *Catholic University Law Review* 69 (2010).

规制期货以及衍生品市场中的市场滥用行为。[①] 笼统地建构金融市场刑法适用规则而未能形成独立的期货犯罪规范体系，其法律规制偏向性的实践结果实际上是显而易见的：我国至今只审判过三起期货市场中的市场操纵案件。[②]

中国证券期货犯罪刑法理论上较早就有观点准确地提出，证券犯罪与期货犯罪的惯常性行为模式可能完全不同，将证券犯罪与期货犯罪进行统一规定，可能完全忽略了期货犯罪的行为特征，有必要通过司法解释对证券犯罪与期货犯罪的定罪量刑情节分别加以规定。[③] 直至2012年才推出的中国首部证券期货犯罪司法解释即《内幕交易犯罪解释》并没有采纳上述合理建议。如果对这一结构性问题不予以重视，可以预期之后可能推出的市场操纵、利用未公开信息交易犯罪等刑事司法解释，仍然不会强调证券与期货市场操纵的差异化规范建构思路。[④]

司法解释是否应基于市场操纵刑法规制范围表现为证券与期货两种截然不同的市场类型而采取差异化的法律规则建构模式？具体而言，是否有充足的理论要素与实践需求决定了资本市场违法犯罪司法解释必须采用证券与期货市场操纵定罪量刑标准区别化设计的规范建构技术？[⑤] 笔者认为，资本市场违法犯罪司法解释应当在刑法适用规则的制定上彰显期货交易环节中市场操纵行为的特质，提升反期货市场操纵法律监管的技术。

证券市场是有价证券的发行和交易的空间场所，本质上就是中长期资本融资与投资的平台。[⑥] 作为证券市场中的融资方，上市公司等中长期资本需求主体通过发行债券、股票等直接或者间接融资产品获取资本。而期货市场

① See Gary Rubin, "CFTC Regulation 1. 59 Fails to Adequately Regulate Insider Trading," 53 *New York Law School Law Review* 599 (2008).

② 除了前文分析的伊世顿案件之外，还有两宗操纵期货市场案件——姜为操纵期货市场案（四川省成都市中级人民法院刑事判决书（2016）川01刑初100号）、远大操纵期货市场案（辽宁省抚顺市中级人民法院刑事判决书（2018）辽04刑初55号）。

③ 参见刘宪权：《证券、期货犯罪的刑事立法及其完善》，载《法学》2004年第5期。

④ 参见谢杰：《最新内幕交易犯罪司法解释的缺陷与规则优化》，载《法学》2012年第10期；谢杰：《最新内幕交易犯罪司法解释反思性审视——以反内幕交易刑事司法规则优化为中心》，载《世新法学》（第6卷第1期）2012年12月。

⑤ 参见谢杰：《最新内幕交易犯罪司法解释的缺陷与规则优化》，载《法学》2012年第10期。

⑥ See Glenn G. Munn, F. L. Garcia & Charles J. Woelfel, *The St. James Encyclopedia of Banking and Finance*, St. James Press, 1991, p. 398 .

是交易双方达成以商品或者其他资产为基础的标准化协议后，不立即交割商品或者其他金融产品，而是根据标准化合约在未来的一定时间内进行实物或现金交割的场所或者平台。这意味着期货市场存在和发展的根源就在于其为市场参与者提供了价格风险转移机制而非特定资产的产权。[①] 因此，期货市场与证券市场存在显著的差异，期货市场中没有证券市场中的发行股票、债券的主体，期货市场中的交易标的是期货交易所设计的标准化合约。[②]

期货市场中的交易产品不是上市公司等融资主体发行的股票、债券等证券产品，而是期货合约；期货市场的功能亦非融资与投资，而是现货市场价格风险的对冲平台。这些期货市场与证券市场的差别决定了期货与期货市场操纵基础构造的不同。例如，期货市场中与标准化合约交易有关的重大信息，可以是与上市公司或者证券发行主体紧密关联的信息（如上市公司重大未公开财务信息，其不仅影响股票现货交易，而且影响股票期货、期权合约的交易价格），也可以是上市公司或者证券发行主体之外的，直接与标准化合约对应的基础资产以及标准化合约本身的供求关系紧密相关的信息。因此，期货市场中编造的虚假重大信息完全可以不指向期货合约本身，而是指向期货合约对应的基础资产。而由于期货合约不存在发行人，故期货合约的基础资产结构极为复杂，利用虚假的重大基础资产信息进行期货市场操纵需要动用更为复杂的资源。另外，期货市场中的市场操纵并非像证券市场一样只能局限于金融产品交易市场本身，由于期货合约所对应的现货价格与期货合约交易价格紧密关联，故期货市场市场操纵还可以在现货市场中实施。

由于期货市场中的交易产品（期货合约）本质上是基础资产（现货）的一种衍生形态，故期货市场中相关交易品种的交易价格与交易量不仅受制于期货合约的供求关系，而且与现货市场中的相关商品或者基础资产的交易价格与交易量紧密挂钩。因此，期货市场中的市场操纵相对于证券市场而言具有更为多变与复杂的行为样态：（1）利用期货市场中的虚假交易行为或者信息欺诈在期货市场中建仓或者平仓牟利；（2）利用期货市场中的虚假交易行

---

① See John Smullen & Nicholas Hand, *Oxford Dictionary of Finance and Banking*, Oxford University Press, 2005, p. 37.

② 参见谢杰：《最新内幕交易犯罪司法解释的缺陷与规则优化》，载《法学》2012 年第 10 期。

为或者信息欺诈在相关现货市场中买入或者卖出现货（期货至现货行为流动方向的跨市场操纵）；（3）利用现货市场中的虚假交易行为或者信息欺诈在期货市场中建仓或者平仓（现货至期货行为流动方向的跨市场操纵）。当然，无论市场操纵行为在手段行为、期货市场、对应现货市场之间的排列组合具体表现为何种形式，期货市场操纵本质上是一种扭曲与期货市场交易价格形成机制的价量操纵或者资本操纵行为。①

从期货市场操纵基础构造与行为样态的分析中，我们可以清楚地看到，期货市场操纵区别于证券市场操纵的关键性特点在于跨市场性，即期货市场重要价格信息的跨市场性以及与此关联的交易行为的跨市场性。

期货市场重要价格信息的跨市场性体现在：对于期货合约交易价格具有重要影响的信息（在市场操纵的情况下，主要是行为人编造的虚假信息或者抢帽子交易中的利益冲突信息）可以是期货合约的交易信息（如某机构决定大量卖空特定月份的黄金期货合约会引起该月份甚至关联月份的黄金期货合约价格下降），还可以是与期货合约直接相关的现货市场价格信息（如特定时间段的大豆现货进口量锐减会引起关联月份的大豆期货合约价格上涨），甚至可以使与期货合约间接相关的现货市场政策信息（如房地产调控政策会引起螺纹钢、线材等现货市场供大于求进而引发螺纹钢、线材期货合约交易价格下降）。相应地，期货市场操纵行为的跨市场性体现在：基于期货与现货市场价格交易之间的关联度，期货市场操纵行为主体既可以在期货市场建仓或者平仓获取利润或者规避损失，也可以选择在现货市场买入或者卖出现货商品或者基础资产获利或者避损。所以，司法解释应当根据期货市场操纵跨市场性的核心特征进行有针对性的规则建构。②

① 参见谢杰：《最新内幕交易犯罪司法解释的缺陷与规则优化》，载《法学》2012年第10期。

② 参见谢杰：《最新内幕交易犯罪司法解释的缺陷与规则优化》，载《法学》2012年第10期；谢杰：《操纵资本市场违法犯罪刑法规制研究》，上海人民出版社2013年版，第291～295页；谢杰：《内幕交易犯罪司法实践疑难问题研究》，载彭东主编：《刑事司法指南（总第55集）》，法律出版社2013年版。

第三节　市场操纵监管与金融市场合规制度完善展望

市场操纵等资本市场违法犯罪法律监管原则、理念、技术优化有赖于具体监管机制与市场保护制度的完善。以发展的眼光审视全球竞争与交易技术变革背景下的金融市场制度保护问题，有必要启动衍生品市场、发行市场、高频交易技术反操纵监管等制度完善的可行性方案评估工作。

一、金融衍生品市场反操纵的监管盲区填补

以商品、证券、期货等为基础资产的衍生品交易已经成为金融市场非常重要的组成部分。尤其是以证券为基础标的建构的衍生品，不仅在场外市场交易活跃，而且日益发展为证券交易所重要的交易产品类型。以美国《金融改革法案》为代表的全球成熟资本市场法律监管体系对衍生品违法犯罪监管设置了全面的配套制度，严格规范了衍生品交易做市商管理、注册登记、资本金条件、成交量限制、主要交易者报告、金融账簿保管等重大却在很长时间里处于法律空白状态的事项。[①]

由于衍生品实践经验匮乏与交易创新落后，中国衍生品交易法律监管始终处于停滞或者缓慢发展状态，针对衍生品犯罪而设计的刑法规范更是处于完全空白。但是，中国衍生品市场显然基于现实需要而不断发展壮大。目前我国衍生品市场交易规模已经初步形成，[②] 发展场内结算衍生品市场肯定是以后的金融创新趋势。[③] 因此，中国在不久的将来完全可能在证券、期货交易所等场内市场全面开发出符合中国金融与经济现实需要的与证券期货等基础资产挂钩的衍生品交易类型。

---

① 参见谢杰：《美国反期货操纵法律监管改革及其启示》，载《江西警察学院学报》2011 年第 5 期；谢杰：《美国金融改革法案对场外市场反操纵法律的完善及其启示》，载《甘肃警察职业学院学报》2011 年第 4 期。

② 参见张宇哲：《场外金融衍生品交易“中国标准”出炉》，载《财经》2009 年第 6 期。

③ 参见吴建刚：《中国场内交易衍生品市场发展概况及发展建议》，载《金融理论与实践》2010 年第 1 期。

国外有关衍生品交易的定量研究业已表明：经过衍生品市场公开数据的分析，部分投资银行、基金公司等金融机构中的核心业务管理人员存在利用信息优势控制衍生品交易谋取巨额利润的嫌疑；衍生品市场高杠杆性交易的放大效应与信息披露规范力度的差强人意，导致市场操纵行为对金融市场合理配置资本功能造成的破坏更大，也更难被监管部门发现。[①] 国外司法实践中的应对策略是，通过金融监管机构大胆行使自由裁量权，在扩张性解释的基础上，根据证券欺诈刑事责任条款起诉对冲基金、证券公司中从事衍生品操纵违法犯罪行为。同时，积极向立法机构提出建议，针对衍生品领域未公开信息交易行为、市场操纵行为等制定明确的刑事责任法律条款。[②]

资本市场违法犯罪立法在节奏上滞后于金融实务是无法回避的现实。但是，根据国外经验与国内现实完全可以预见衍生品市场非常有可能出现市场操纵等核心的资本市场违法犯罪类型。中国《刑法》规定的操纵证券、期货市场罪没有从刑事立法的角度禁止相关违规衍生品交易，再次验证了金融犯罪立法技术有待完善、亟须以前瞻性视角统领立法实践的必要性。[③] 因此，中国反市场操纵法律监管实践应当对衍生品市场中的疑似市场操纵行为形成高效迅捷的反应机制，积极总结归纳以证券为基础资产的衍生品交易中的违规类型与核心特点，先行在证券行政法律法规中确认衍生品违法行为的法律责任。在资本市场违法犯罪的刑法规范修正与增补时，明确衍生品市场中市场操纵行为的违法性与犯罪性，适时将衍生品市场交易中的操纵行为纳入资本市场刑法规制范畴。[④]

---

① See Carr Bettis, John Bizjak & Michael Lemmon, "Managerial Ownership, Incentive Contracting, and the Use of Zero-Cost Collars and Equity Swaps by Corporate Insiders", 36 *Journal of Financial and Quantitative Analysis* 345 (2001).

② See Sharon Brown-Hruska & Robert S. Zwirb, "Legal Clarity and Regulatory Discretion: Exploring the Law and Economics of Insider Trading in Derivatives Markets", 2 *Capital Markets Law Journal* 3 (2007).

③ 参见赵运峰：《金融犯罪立法问题论析：以《刑法修正案》为研究视角》，载《金融发展研究》2009 年第 5 期。

④ 参见谢杰：《美国反期货操纵法律监管改革及其启示》，载《江西警察学院学报》2011 年第 5 期；谢杰：《美国金融改革法案对场外市场反操纵法律的完善及其启示》，载《甘肃警察职业学院学报》2011 年第 4 期。

二、金融商品发行市场的同等保护

《证券法》《刑法》有关操纵证券、期货市场违法犯罪的禁止性规定明确列举了连续交易、相对委托、洗售等市场操纵行为，以及目前作为其他操纵证券市场方法认定的抢帽子交易操纵等都发生于交易环节或者二级市场。而证券等金融商品发行市场中的现实状况是，有的上市公司、证券中介机构等利用信息、资金以及其他资源优势，控制证券发行价格，并向市场发布偏离相关证券基本面的投资咨询意见与询价意见，诱导市场投资者接盘。上市公司控股股东或者实际控制人从中获取了较高的股份对价利益；中介机构趁势通过自营交易业务获利。只有少数上市公司在明显财务造假的情况下被认定为欺诈发行股票追究责任，绝大多数证券中介机构很少因发行环节的股价操纵被予以严厉的行政处罚，刑事处罚更是无从追究。

2011 年发生的中国水电疑似发行环节操纵事件是非常典型的实例：据市场公开资料显示，中国水电上市次日便下跌 7.78%，而在获配中国水电的机构中，不少券商给出高定价。其中，国泰君安提供的上市首日定价区间为 5.53～6.80 元，不仅是中国水电最高定价券商，也是获配数量最多的机构 (2.86 亿股)。询价机构与获配机构的双重身份存在明显的利益冲突，难逃市场操纵质疑。[①] 在市场行情表现优异时，投资者对此类信息并不敏感；股市低迷时，证券机构利用上市保荐、询价等中介业务推动其交易业务盈利，极易引发市场不满情绪。保荐人与交易商身份竞合、利益冲突的问题，体现的并非仅仅是个案中的市场操纵疑问，而是整个证券市场发行制度的不合理。因此，亟须从完善反操纵市场犯罪刑法规制与严控利益冲突风险两方面强化对发行环节市场操纵的监管。[②]

《证券法》《刑法》等反操纵行政处罚、刑事处罚规范体系应当全面调整规范表述，明确禁止发行环节的市场操纵行为。反市场操纵刑法规制不能局限于市场交易领域。为了有效应对近年来资本市场迅猛发展对反市场操纵带来的现实挑战，《证券法》《刑法》应当同步修改操纵证券、期货市场罪的构

---

① 参见张雨：《中国水电不给力 大盘昨剧烈振荡》，载《成都商报》2011 年 10 月 20 日，第 28 版。
② 参见谢杰：《不能忽视发行环节的市场操纵》，载《证券时报》2011 年 10 月 24 日 A3 版。

成要件，将发行环节的市场操纵行为纳入归责范围，建构完整的反操纵责任规范体系。内幕交易犯罪在刑法条文设置中明显突出了发行与交易环节的全面规制原则，强调了“在涉及证券的发行”过程中利用内幕信息从事相关证券交易构成犯罪，重点惩治与震慑公司股票上市前突击入股等利益输送问题。在市场操纵中同样存在发行环节欺诈定价、在证券发行过程中连续炒作上市公司股票等违法犯罪问题，所以，《刑法》第181条操纵证券、期货市场罪也有必要突出证券发行环节刑法规制的规范表述。

同时，证券发行监管机构应当强化对询价机构的透明度管理，要求发布定价分析报告时全面披露参与首次公开发行证券配售情况，从源头控制中介业务与自营业务之间利益冲突对市场可能产生的损害风险，并为刑事司法认定发行环节的市场操纵违法犯罪行为建构充分且明确的违法性判定依据。《证券发行与承销管理办法》对询价和申购的报价约束、网下申购、网上发行、单个配售与申购账户上限等技术性问题进行了相对完善的制度设计，但是，对于证券发行询价定价分析与配售之间可能存在的利益冲突、信息披露、交易限制等问题没有予以规定。证券发行询价机构及其所属关联机构可能会持有首次公开发行的证券并进行相关交易。对于大量配售拟发行证券的询价机构而言，其在向市场公开的定价分析报告中建议的上市首日定价区间及分析意见，显然难以排除受到自营业务影响的可能性。纵然证券机构有权参与证券发行过程中的定价、配售以及发行之后的市场交易，但所有的业务必须建筑于完整的信息披露，以使投资者能够在对定价报告的真实性与中立性进行独立评估的基础上参与市场交易和承担市场风险。正是由于没有明确且完整的利益冲突信息披露机制，询价机构在发布定价报告时通常向投资者宣布利益冲突免责而不公布配售业务的具体信息，使得投资者无从客观评估配售业务对定价建议的影响程度。所以，有必要通过强制询价机构公开其所属或者关联参与配售的信息，防止证券机构通过发布定价报告误导市场投资者托盘，并在证券发行初期获利离场。利益冲突禁止不仅能够防范发行环节的市场操纵，更能够为刑事司法实务部门提供规避利益冲突监管的发行环节操纵行为违法性判断的基本规范依据。①

---

① 参见谢杰：《不能忽视发行环节的市场操纵》，载《证券时报》2011年10月24日A3版。

结　论

本书以法律与金融分析方法为核心，结合实证分析、规范解释、历史分析、比较解释等研究方法，对市场操纵展开跨学科分析，从市场操纵的实质、机理、类型出发，探索了符合金融原理、资本市场现实的市场操纵法律监管政策与规则，从市场操纵切入设计了法律制度提升资本市场资源配置效率的优化路径，不仅为金融市场法治实践提供了制度改革建议，而且在方法论层面强化了金融犯罪与金融监管研究的纵深性。

一、市场操纵跨学科研究：法律与金融分析方法的价值

市场操纵行为手段与策略结构的复杂性、制造结构性与系统性风险的危险性及其对市场投资者权益的损害性等问题，伴随着资本市场交易技术与资金规模的迅猛变革而日趋严峻。然而，在市场操纵法律与金融理论研究层面，能够全面整合市场操纵在法律与金融实践疑难问题并提出系统性跨学科分析的研究，在质量与数量上均无法应对资本市场实践的艰巨挑战。

本书的价值在于从资本市场违法犯罪类型中结构最为复杂的市场操纵切入，提供系统性的法律与金融分析框架、解释工具和反思视角，整合作为经济行为与法律行为的市场操纵行为理论，剖析市场操纵的实质、机理、类型、模式以及市场操纵对资本市场效率的影响，探索法律制度介入市场操纵等资本市场违法犯罪监管的合理边界与有效路径。市场操纵法律与金融分析超越了单一化的经济解释、道德论辩、法律适用争议在方法论上的局限性与在实

质内容上的解释不充分性，尽可能全面地还原真实资本市场生态系统与竞争环境下的市场操纵行为现象、本质及其监管政策与规则。

在评估了传统法律与经济理论中将市场操纵实质概括为价格操纵、价量操纵、市场欺诈等各种观点的理解偏差与应用限制之后，本书对市场操纵的实质作出了符合金融原理、反映资本市场现实、融合经济行为与法律行为特征且具备法律实践可适用性的界定，并且从资本市场基本要素的角度揭示了金融商品与市场资本非正当控制这两种被市场操纵者在实施资本市场违法犯罪过程中独立或者同时使用的基本操纵结构与策略。市场操纵实质解释理论在现行资本市场法律制度的框架下破解了市场操纵法律与经济理论分析互为脱节且解释深度不足的难题，更是重构了市场操纵扭曲资本市场价格形成机制、阻碍资本资源优化配置及其与市场投资者（投机者）合法权益损害之间关系等问题的解释过程与认识视角。

在从资本市场要素的实质层面解构市场操纵之后，本书提出了市场操纵机理的概念，并建构了全新且完整的市场操纵机理理论，对市场操纵实质内涵予以纵深性阐释。金融商品操纵或者价量操纵的机理表现为行为人及其一致行动人实施的证券、期货等金融交易，作用于特定金融商品，控制交易价格、交易量。市场资本操纵或者决策操纵则是以市场信息为基础的操纵机制，呈现出一种完全不同于金融商品操纵的行为机理，即通过向资本市场传递信息，作用于参与市场交易的投资者（投机者），影响其参与特定金融交易，控制投资者（投机者）持有的资本要素配置。

从金融商品操纵与市场资本操纵两条独立具备市场操纵实质属性的脉络出发，市场操纵行为可以被具体解释为直接影响金融商品价格的交易行为与直接引发投资者或者投机者做出资本配置决策的信息行为。操纵性交易行为与操纵性信息行为在资本市场违法犯罪实践中通常是由操纵者及其一致行动人交替、混合地进行使用的。操纵性交易行为导致金融商品市场价格波动与交易量变动，价量信号本身就可以作为市场信息，引导投资者（投机者）所持有的资本介入或者撤离特定金融商品的交易；操纵性信息行为生产并向资本市场传导有能力影响金融商品市场价格的信息内容，市场参与者基于信息所指向的交易标的与交易方向作出资本配置决策，资本快速流动基础之上的交易会制造或者助推金融商品的市场价格变动及其未来趋势。

对市场操纵进行机理解析实际上一并完成了市场操纵行为结构的清晰梳理。市场操纵的实质是金融商品与市场资本非正当控制，其手段分别为价量操纵与决策操纵，其核心内容分别是交易型操纵与信息型操纵，前者主要包括虚假交易（洗售、相对委托）与实质交易（连续交易），后者主要包括信息误导（编造并传播虚假信息）与利益冲突（抢帽子交易）。

对市场操纵实质、机理、类型的把握是对应性地建构市场操纵法律监管政策、规则以及进行制度完善设计的坚实基础。市场操纵对金融商品市场价格波动以及投资者资本配置的影响，决定了市场操纵与资本市场中的资产泡沫之间具有紧密的内在联系。这种客观联系是制定符合资本市场真实状态与金融市场运作机制的反市场操纵政策的实际依据。资本市场中的操纵性策略、交易行为或者信息流动催生并支撑了金融资产泡沫，在加剧金融商品价格与基础资产价值之间的偏离度的同时，延缓了资产泡沫的存续时间；投资性与投机性资本中的非理性力量，以及市场操纵行为共同作用下的资产泡沫，反过来也为市场操纵行为从市场价格波动中获取现实的经济利益提供了天然的、有利的市场环境。数字金融加速“去中心化”的发展趋势更是造成新型网络支付与交易系统中的市场操纵行为直接冲击资本市场法律体系的稳定性与有效性。因此，结构性地通过法律制度介入资本市场中的操纵犯罪控制实际上很难遏制系统性风险。孤立地使用法律监管措施，将损害投资者权益的责任全部归咎于市场操纵等资本市场违法犯罪，不仅存在惩治重点偏颇与浪费制度性资源的问题，而且会阻碍正常的资本市场竞争、模糊资本资源配置缺乏效率的核心症结之所在。同时，市场操纵机理与类型的细化解释明确揭示了市场操纵在行为结构上的复杂性，即交易型操纵与信息型操纵以及这两种操纵类型下属的不同操纵模式都具有截然不同的操作手法，并且均通过差异化的经济机制实现对金融商品或（与）市场资本的非正当控制。本书在这种系统化与精细化的行为类型架构中设计了具有针对性的反市场操纵监管原则与法律实践规则。

二、市场操纵法律监管与合规制度设计：政策、原则与规则的建议

作为资本市场违法犯罪类型中对市场效率损害程度最为严重、犯罪结构最为复杂、普通市场投资者最难防范的市场操纵违法犯罪行为，全球资本市场法律制度均建构了监管制度。但是，线性化监管思维模式下的强化震慑、市场操纵零容忍、加强投资者保护等政策实际上无法为资本市场监管实践提供确定性与效率性的价值导向。

本书的实践价值在于深度反思优化市场操纵法律监管的具体措施与结构，从而提升资本市场资源优化配置与市场竞争效率、投资者权益保障力度、市场流动性平衡程度，形成有效整合市场与制度、真实反映金融实务与法律实践现实需求的、效率性与公平性保障兼顾的政策、原则以及规则体系。资本市场显然在资本资源优化配置过程中起到决定性作用。但资本市场竞争机制并不总是处于优质运作状态——甚至时常会出现错误或者异常。市场价格变动并不总是反映真实信息或者资产基础价值——2000 年网络股泡沫破裂，2008 年国际金融危机，2010 年后美国、中国等国际主要证券市场出现的、由程序化交易引发的指数“闪电崩盘”以及 2013 年后由比特币等新型互联网支付与交易系统引领的数字金融“去中心化”变革等资本市场阶段性剧烈阵痛与崩溃，已经历史性地验证了人类行为的固有缺陷与制度安排的既有局限对资本市场资源错配或者非效率性配置所产生的真实的、实质性的影响。资本市场投资（投机）行为内含的非理性因素与外部性的市场操纵等资本市场违法犯罪行为，都是市场繁荣与萧条这一非线性轮回系统中的重要构成。针对市场操纵等资本市场违法犯罪行为进行单一化、线性化的制度控制，对于促进资本市场优化资源配置的积极作用是有限的。但是，透过市场操纵实质与机理的解构，对资本市场行为运作中的非理性因素进行准确定位，能够从外部性的法律制度切入，洞察内部性的市场行为缺陷，进而有助于从决定性的市场机制优化与调整性的制度安排，限制非理性行为对资本配置效率的损害。

市场操纵法律监管政策与规则设计建筑在具有一个可供执法司法实践操作的市场操纵实质概念界定的基础之上。本书建议，在现行资本市场法律制

度的框架下，将市场操纵的实质内涵解释为对证券、期货合约以及其他金融衍生工具或者投资者资本配置决策进行非正当控制并从中谋取金融交易利益的犯罪行为。就操纵结构上进行具体的实质阐释而言，市场操纵实际上就是操纵者通过能够向资本市场传递误导性信号的信息、交易、市场力量等，直接影响证券、期货合约以及其他金融衍生工具交易价格、交易量，或者控制资本市场参与者从事特定的证券、期货合约以及其他金融衍生工具交易从而间接影响证券、期货合约以及其他金融衍生工具交易价格、交易量，并且从事相关金融投资，从金融商品市场价格偏离真实供求关系或者基础资产价值的价差中获取不正当经济利益。这一市场操纵实质界定的实践意义是，为政策与规则制定机构提供一个整合经济与法律行为特征的、具有确定性与可操作性的市场操纵实质概念，实现法律不确定性概念与立法稳定性之间的价值平衡，从实体与程序的双重侧面为执法与司法机构配置判断市场操纵的构成要素与证据标准。

在市场操纵实质解释并对市场操纵机理与类型产生揭示效应之后，市场操纵政策设计的基本原理可以被明确为：结合不同市场操纵类型，在保障资本市场资源优化配置与市场竞争效率的价值指引下，建构具有高度针对性的监管政策。

在市场操纵法律监管与合规政策导向上，应当坚持容忍投机、效率性监管与信息风险防控。具有扩张性风险的市场操纵法律监管制度会弱化本国资本市场机制的发挥，容忍市场中的部分投机行为对于发挥资本市场创造力具有重要价值。具有实质交易基础的操纵行为对于行为人而言已经内含了相当高的市场风险，这意味着市场竞争本身就足以控制相当数量的市场操纵类型，法律监管制度没有必要过度积极介入。资本市场参与者的有限理性、群集心理等金融行为心理催生下的市场非理性繁荣与市场操纵违法犯罪行为，共同构成了资本市场资源配置效率降低的主要原因，宏观的资产泡沫经济防控政策而非孤立的反市场操纵法律制度更契合防范金融市场系统性风险的现实需要。对于在经济机理与行为类型上截然不同的信息型操纵而言，信息行为的成本有限性激发了不同市场参与者实施这种类型的市场操纵违法犯罪的经济驱动，资本市场法律监管制度显然应当重点控制数量规模上更为庞大的信息型操纵。

在强化市场操纵法律监管政策针对性的层面，交易型操纵犯罪的监管政策应当强调虚假价格信号的防控与市场流动性的保护，信息型操纵则更应当注重市场信息技术迅猛发展环境下的信息监管创新与传统强制性信息披露制度的优化。全新的资本市场竞争条件已经足以通过市场化的手段控制传统的洗售、相对委托、连续交易等市场操纵行为模式，资本市场法律制度应当将规范建构成本与司法资源更大程度地投入高频交易等新型市场操纵所可能形成的虚假价格信号风险预防实践之中。单一市场中的连续交易操纵具有明显的自我遏制性，政策上应当从流动性保护的角度适当调整对这种操纵类型的高压性监管态势，而价格关联操纵、支配性力量操纵等具有跨市场性与流动性控制属性的市场操纵类型，操作成本与预期收益比相对较低，应当成为资本市场法律监管的重点。以云计算、大数据等为核心的网络处理技术进一步扩大了虚假信息的传播面、强化了信息获取便捷度、优化了虚假信息投放对象精准度，除了应当深化权力机构主动性的执法与司法工作机制之外，应对“新媒体”时代信息型市场操纵的挑战，必须充分发挥市场监管外部性、独立性、效率性的特点，以完善集团诉讼为核心，优化信息型操纵行为的市场监管机制，通过程序简捷、诉讼成本与风险合理、维权效率较高的资本市场诉权运行程序，实现信息披露的有效监管与保护投资者利益的充分保护。① 以基金公司、金融投资咨询公司为代表的资产管理机构是优化资本市场投资者构成的重要组成部分，专业化的机构投资者有利于深化市场竞争，提升市场资本资源的配置效率，应当持续强化机构投资者披露利益冲突信息的传统强制性信息披露机制，切断机构投资者实施利益冲突信息操纵的现实可能，保证资本市场中的普通投资者能够稳定地将资本资源配置于信用环境提升之后的资产管理市场。

审慎介入、规范协调、风险控制等原则是市场操纵等资本市场违法犯罪法律规制的发展方向。资本市场法律制度应当控制的是以高频交易技术为手段的市场操纵违法犯罪行为而非高频交易技术本身，同时应以高频交易策略

---

① 参见谢杰：《微博操纵市场行为监管三原则》，载《证券时报》2011 年 8 月 30 日 A3 版。

审查为中心建构有针对性的反市场操纵规制方案。在证券法修改过程中拓展证券概念的范围，是我国资本市场法律体系针对“去中心化”数字金融工具全新挑战作出及时应对的效果最佳且调整成本最低的制度安排。相对广泛的证券概念界定有助于通过证券法所建构的严格监管机制，最大限度地惩防严重损害效率的市场操纵等资本市场侵害行为，并对处于信息不对称劣势的普通市场参与者提供周延保护。以法定货币定价且在交易所上市交易的比特币金融商品构成作为资本市场违法犯罪行为对象的“证券”，以市场操纵为核心的一系列危害金融商品管理秩序、金融商品消费者合法权益的比特币行为将接受资本市场法的规制。

反市场操纵执法、司法要明确将资本市场中的契约风险与流动性风险排除在违法犯罪法律责任追究范围之外，公正评估资本市场中道德风险并认定市场操纵违法犯罪行为。对于综合涵盖民事纠纷、行政违法、刑事犯罪等多种可能性的资本市场信用风险，杜绝以实际经济损失决定法律责任，应当将严重违法信息披露规则的信用风险情形作为市场操纵违法犯罪予以处罚。有必要根据不同市场操纵模式差异化特点制定市场操纵司法解释。由于现有的证券期货犯罪法律理论已经对传统市场操纵构成方面的基本要素进行了具有相当深度与覆盖面的分析，法律实务部门在近20年的司法实践中亦积累了丰富的办案经验，目前市场操纵司法解释的重点在于深化规则设计的技术性，促进司法规则契合资本市场中各种投机、过度投机、操纵性策略的真实现状，合理界定刑罚权力的介入界限。

在市场操纵立法完善层面，应当协调不同层次的法律规范的优势，准确界定金融市场法律法规和刑法规定之间的适用性边界。重视金融工具发行环节欺诈定价、在证券发行过程中连续炒作上市公司股票等市场操纵违法犯罪问题。在继续深化证券市场反操纵监管机制的基础上，针对期货市场交易环节中操纵行为特点，制定有针对性的法律适用规则，提升反期货市场操纵违法犯罪法律监管的技术。形成金融衍生工具市场违规行为反应机制，总结以证券等金融工具为基础资产的衍生品交易中的违规类型，先行在证券等行政性法律法规中建立衍生品违法行为的法律责任。在积累衍生品市场反操纵监管经验的基础上，进一步研究制定衍生品市场中市场操纵行为的认定标准，将衍生品交易中的操纵行为纳入资本市场刑法规制范围，保护衍生品交易对冲、分散风险的市场功能。

在市场操纵风险控制与合规管理层面，市场参与者应当注意以下风险控制与规范遵从问题：（1）事前风控，在市场参与者发生操纵性交易行为之前，从法律规范自我解释、应用，并持续与监管机构进行法律理解沟通的角度，防范与控制市场操纵风险。（2）事中监控，通过在管理、交易等经营、行为流程中设置风险控制机制，在市场参与者行为过程中进行实时监督、管理介入，中断正在进行的市场操纵行为，或者及时控制风险的进一步扩大。（3）事后遵从，即在发生市场操纵之后，积极与监管机构、司法机关进行沟通，通过行政和解、刑事和解等一系列法律规定的程序机制，对合规交易进行承诺，使得市场参与者获得相对较轻的法律处置，从而最大限度地保障市场参与者的合规经营。